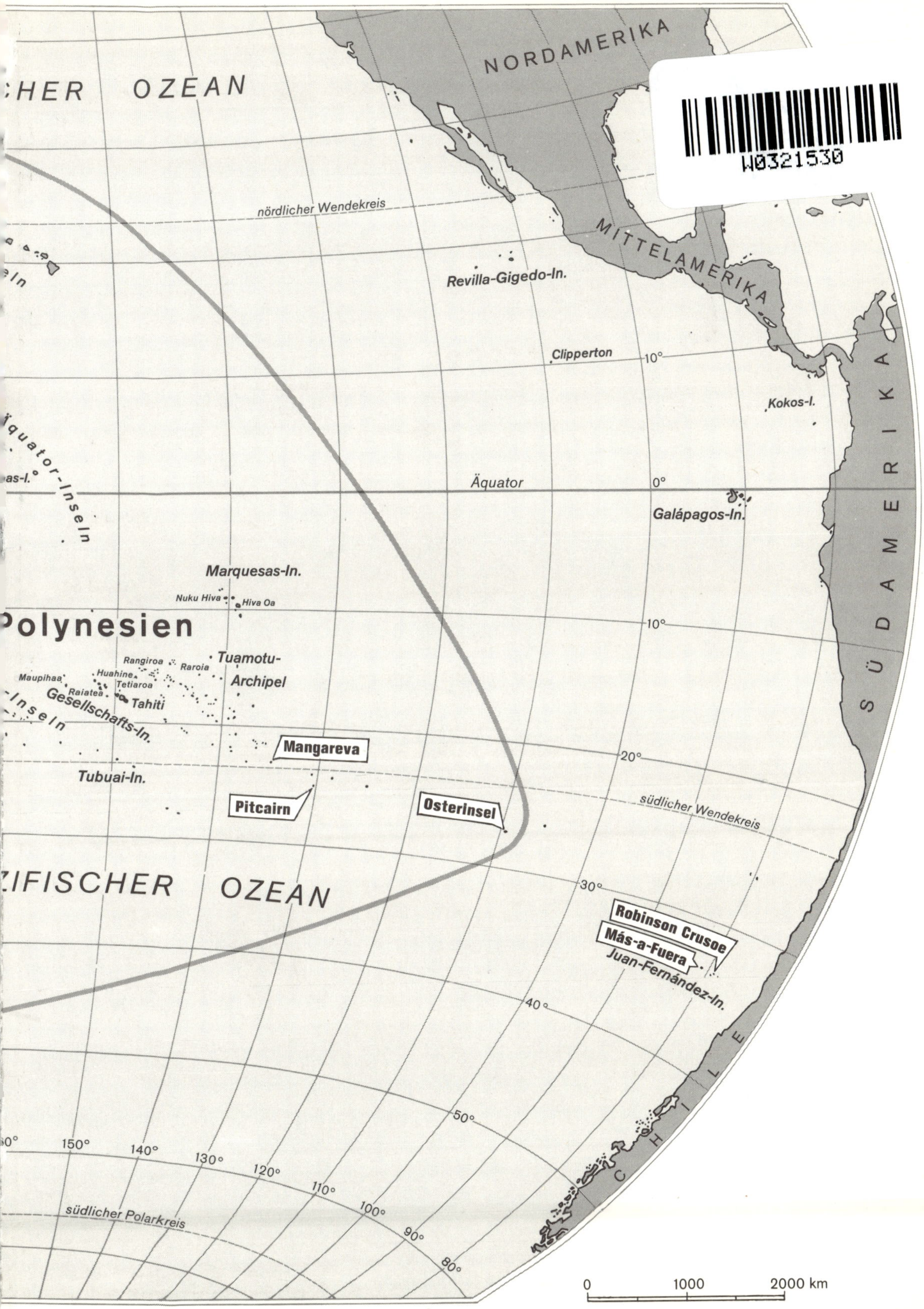

NORDAMERIKA
…CHER OZEAN
nördlicher Wendekreis
MITTELAMERIKA
Revilla-Gigedo-In.
Clipperton
10°
Kokos-I.
SÜDAMERIKA
Äquator
0°
Galápagos-In.
…quator-Inseln
Marquesas-In.
Nuku Hiva
Hiva Oa
Polynesien
Rangiroa
Raroia
Tuamotu-Archipel
Maupihaa
Huahine
Tetiaroa
Raiatea
Tahiti
Gesellschafts-In.
Mangareva
Tubuai-In.
Pitcairn
Osterinsel
20°
südlicher Wendekreis
…ZIFISCHER OZEAN
30°
Robinson Crusoe
Más-a-Fuera
Juan-Fernández-In.
40°
CHILE
50°
150°
140°
130°
120°
110°
100°
90°
80°
südlicher Polarkreis
0
1000
2000 km

Meissner, Inseln der Südsee

Hans-Otto Meissner

Inseln der Südsee

Sieben Reisen ins Paradies

C. Bertelsmann Verlag

Die Fotos zwischen den Seiten 192/193 veröffentlichen wir mit freundlicher Erlaubnis von Thor Heyerdahl. Sie sind seinem Buch »Aku-Aku« (Ullstein-Verlag, Berlin) entnommen.
Alle anderen Fotos stellte freundlicherweise der Autor aus seinem Archiv zur Verfügung.

5. Auflage 1987

Gesamtherstellung Mohndruck Graphische Betriebe GmbH, Gütersloh
Printed in Germany · 3-570-04842-x

Inhalt

Saipan . . . Verschwörung des Schweigens

Lang ist es her, und die Welt sah wesentlich anders aus, da zog die »Yamashiro Maru«, ein japanischer Frachter, ihr Kielwasser durch den südlichen Pazifik. Ein Schiff von knapp dreitausend Tonnen, das neben seiner Ladung auch zwanzig Passagiere beförderte. Das Tempo war eher behaglich als eilig zu nennen. Die »Yamashiro Maru« kam von Satsebo, einem aus militärischen Gründen scharf bewachten Hafen auf der Insel Kyushu. Dorthin sollte sie nach acht bis neun Wochen – so genau konnte das niemand vorhersagen – wieder heimkehren. Vorgesehen war eine Rundreise durch die polynesischen Inselgruppen der Marianen und Karolinen, auch Besuche in Ponapé, Truk und Yaluit – allesamt Inseln, die damals Japan gehörten, aber früher deutsch gewesen waren. Außerdem legte das schon betagte Schiff noch in Menado auf Celebes an, in Manila, Davao und Zamboango auf den Philippinen und in Brunei an der Küste von (damals) Britisch-Borneo. Überall blieb die »Yamashiro« ein paar Tage, um Ladung zu löschen und aufzunehmen. Passagiere beförderte sie nur nach Saipan, Tinian, Rota und Palau. Vor allem nach Saipan, wo ein japanisches Siedlungsprogramm größten Ausmaßes im Gange war. Dorthin brachte die »Yamashiro« Beamte, Ingenieure und Sachverständige mit ihren Familien. Die Herren mit ihren Söhnen verschiedenen Alters reisten und speisten in der Ersten Klasse, ihre Ehefrauen und Töchter dagegen in der Zweiten Klasse, weil es keine Dritte gab. Man schrieb das Jahr 1937, und noch heute versichern ältere Japaner – außer Hörweite ihrer Frauen und Töchter –, damals habe noch Ordnung geherrscht im Reich der Aufgehenden Sonne.

Eine der geräumigsten Kabinen stand mir allein zur Verfügung, denn ich hatte doppelt bezahlt. In jenen Zeiten war das für Reisende mit Dollar, Pfund oder Mark so billig, wie sich das ein heutiger Besucher des Sonnenreiches gar nicht vorstellen kann. Das Essen war japanisch, und zwar der Landesart entsprechend, demgemäß eintönig, fad und reizlos. Der rohe Fisch, Sashimi genannt, wenn frisch von Bord aus gefangen, war noch das beste daran, und natürlich der heiß servierte Saké.

Außer mir war kein weißer Mann, überhaupt kein Nichtjapaner an Bord. War doch die gesamte japanische Südsee, Nanyo genannt, militärisches Sperrgebiet, wenn auch nicht offiziell, so doch insgeheim. Nach dem Friedensvertrag von 1919, der Japan die ehemals deutschen Inseln zugesprochen hatte*, waren dort alle Arten von Befestigungen verboten, auch sonst jede Anlage, die möglicherweise kriegerischen Zwecken dienen konnte. Dennoch hatte Japan die meisten Inseln militärisch

* Schön und edel war es nicht gewesen, wie sich die Japaner in den ersten Tagen des August 1914 benommen haben. Rund heraus erklärten sie dem Deutschen Reich, das ihnen hierfür nicht den geringsten Grund geboten hatte, den Krieg, nur weil sich die so günstige Gelegenheit bot, einen wesentlichen Teil der deutschen Südseeinseln an sich zu bringen, außerdem das blühende deutsche Schutzgebiet von Tsingtau an der nordchinesischen Küste.

versorgt und viele stark befestigt. An sich sollten die »Söhne der Sonne« das polynesische Paradies als »Mandat« verwalten, jeden fremden Besucher hineinlassen und die Eingeborenen auf eine künftige Selbstregierung vorbereiten. Genau das Gegenteil taten sie, zumal die anderen Mächte in keiner Weise protestierten.**

Nur durch besondere Beziehungen, weil der bisherige japanische Marine-Attaché in Berlin vor kurzem ein maßgebender Admiral des Tenno geworden war, hatte ich eine Genehmigung für meinen Besuch im Nanyo erhalten. Mußte mich jedoch verpflichten, alle aufgenommenen Fotos von einer staatlichen Stelle, zweifellos der militärischen Geheimpolizei »Kempetai«, entwickeln zu lassen. Alle Filme erhielt ich später zurück, erstklassig entwickelt und das noch kostenfrei.

Wohlgemerkt bestand kein offizielles Verbot gegen Touristenreisen durchs sogenannte Nanyo. Nur war es leider unmöglich, Schiffspassagen zu bekommen, wenn es eine im verborgenen blühende Behörde nicht wollte. Fremde Schiffe durften Japans Südsee-Inseln nicht anlaufen, und zivilen Luftverkehr dorthin gab es nicht. Soweit mir bekannt, war ich während der relativ langen Zeit vom Beginn des Ersten Weltkriegs bis mehrere Jahre nach dem Zweiten wohl der einzige Deutsche, der eine Rundreise durchs Nanyo unternehmen konnte. An Bord der »Yamashiro« wurde ich vom Kapitän, den Offizieren und auch den Passagieren mit deutlich erkennbarer Vorsicht behandelt. Aber schon nach einigen Tagen wurde es besser, zumal englischsprechende Japaner gern ihre Kenntnisse mit dem nicht alltäglichen Passagier üben wollten.

Das Meer blieb meistens ruhig, und sengende Strahlen entsandte die Sonne aufs Deck. In einer großen, mit Segeltuch ausgeschlagenen und mit Salzwasser gefüllten Kiste konnte man planschen. Die japanischen Damen tauchten nicht ins Wasser, sondern hielten sich fern von den badenden Männern. Fast alle trugen auch während der Seereise ihren Kimono, natürlich den von leichter und luftiger Art, Yukatan genannt. Sie schwiegen, wenn Männer sprachen, und bevor sich ein weibliches Wesen im Deckstuhl neben dem Gatten niederließ, bat es höflich um dessen Erlaubnis. Seltsam erschien mir zunächst, daß die japanischen Männer zum Frühstück mit offenen Schuhbändern erschienen. Aber nicht aus Vergeßlichkeit, nein die Gründe waren andere, wie sich sehr bald zeigte. Kaum waren die Herren an Deck erschienen, um sich von der Nachtruhe zu erholen, kamen binnen kurzem ihre Frauen aus der Zweiten Klasse, verneigten sich, knieten nieder und schlossen mit flinken Fingern die Schuhbänder ihrer Ehepartner und Söhne.

Schon eine Woche waren wir unterwegs, als überm Horizont die dunkle, sehr lange Küstenlinie von Saipan auftauchte, der größten Insel unter den zu Japan gehörenden Marianen.

Es ist immer ein besonders stimmungsvolles Erlebnis, nach langer Fahrt über

** Nach dem Zweiten Weltkrieg hielten es die Amerikaner ebenso. Während der äußerst verlustreichen Kämpfe im Pazifik hatten Marine-Infanterie und Landetruppen der USA den größten Teil des Nanyo erobert. Die amerikanischen Sieger hielten es nach endgültiger Niederwerfung der Japaner (durch die Atombomben) für dringend erforderlich, bis auf weiteres all die schönen, auch strategisch bedeutungsvollen Inseln zu behalten. Beginnend mit dem Jahre 1979 und 1980 werden die verschiedenen Inselgruppen Autonomie erhalten, werden also weitgehend selbständig. Doch wollen sich die USA eine Reihe von Rechten vorbehalten.

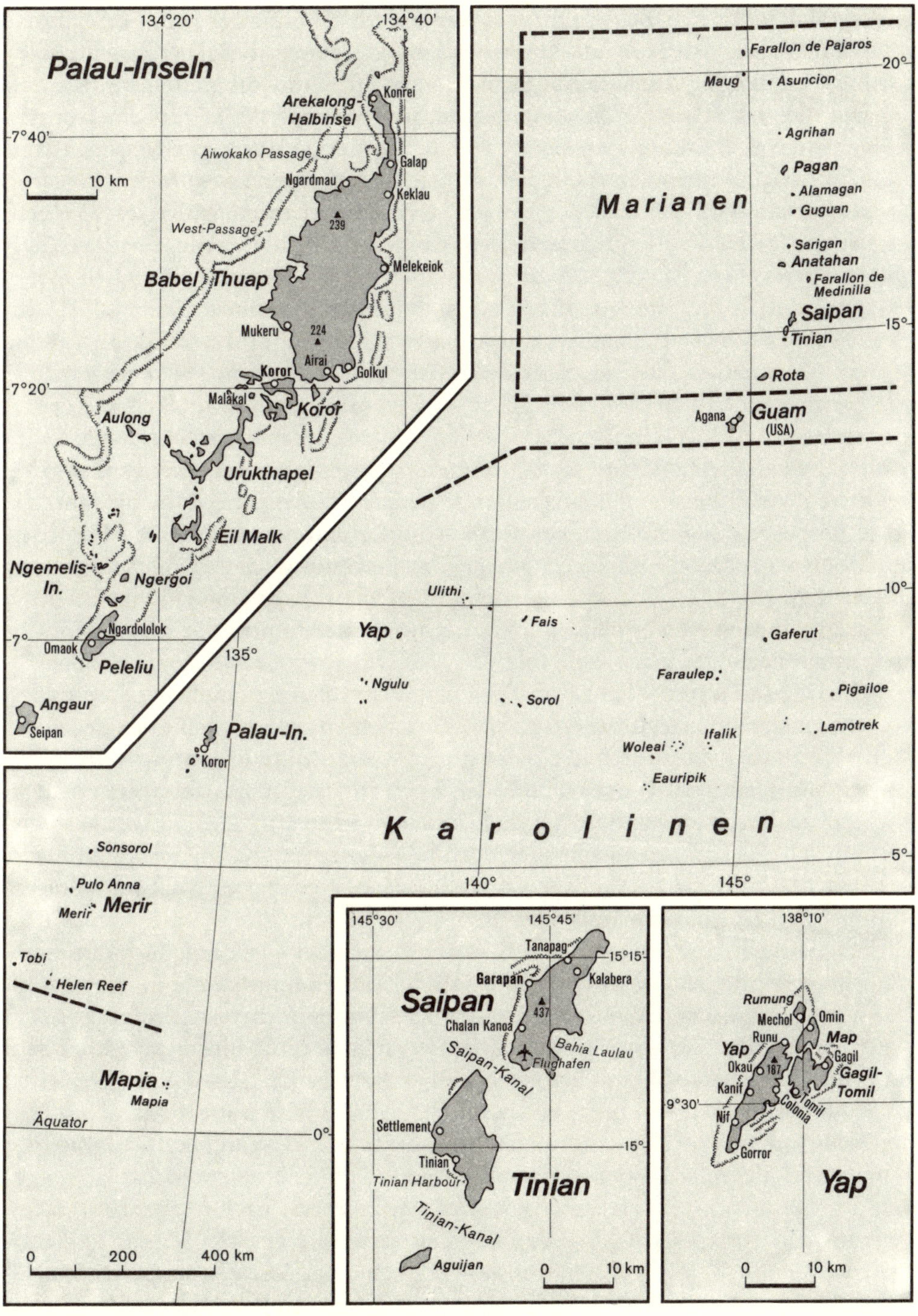
Palau-Inseln
134°20'
134°40'
7°40'
7°20'
7°
Arekalong-Halbinsel
Konrei
Aiwokako Passage
Galap
Ngardmau
Keklau
0 10 km
239
West-Passage
Melekeiok
Babel Thuap
Mukeru
224
Airai
Golkul
Koror
Malakal
Koror
Aulong
Urukthapel
Eil Malk
Ngemelis-In.
Ngergoi
Ngardololok
Omaok
Peleliu
Angaur
Seipan
Farallon de Pajaros
Maug
Asuncion
20°
Agrihan
Pagan
Marianen
Alamagan
Guguan
Sarigan
Anatahan
Farallon de Medinilla
Saipan
15°
Tinian
Rota
Agana
Guam
(USA)
Ulithi
10°
Fais
Yap
Gaferut
135°
Ngulu
Faraulep
Pigailoe
Sorol
Lamotrek
Palau-In.
Ifalik
Koror
Woleai
Eauripik
Karolinen
Sonsorol
5°
Pulo Anna
140°
145°
Merir
Merir
Tobi
Helen Reef
Mapia
Mapia
Äquator
0°
0 200 400 km
145°30'
145°45'
Tanapag
15°15'
Garapan
Kalabera
Saipan
437
Chalan Kanoa
Bahia Laulau
Saipan-Kanal
Flughafen
Settlement
15°
Tinian
Tinian Harbour
Tinian
Tinian-Kanal
Aguijan
0 10 km
138°10'
Rumung
Mechol
Omin
Runu
Map
Yap
Gagil
Okau
187
Gagil-Tomil
Kanif
Tomil
9°30'
Colonia
Nif
Gorror
Yap
0 10 km

endlose Wasserflächen den Schimmer von Land zu erblicken. Allemal geheimnisvolles Land, auch wenn man darüber mancherlei Angaben in dicken Büchern gelesen hat. Nur langsam, viel zu langsam für die Ungeduld der kreisenden Möwen näherte sich das Schiff der allmählich wachsenden Küste. Was man im Fernglas an Einzelheiten erkannte, den Hafen und die Häuser, die Warenschuppen, Hebekräne und schließlich auch Menschen, immer war das neu, erregend und reizvoll. Nahe an Land nahm man den typischen Geruch von Fischmehl oder von verbrauchtem Öl, bald auch von Gewürzen, exotischen Blüten, tropischen Früchten und immerfeuchten Mangroven wahr. Das genießt der Flugpassagier nicht mehr. In weniger als fünf Minuten ist er von hoch droben auf festem Boden und wird gleich zur Mühle der Formalitäten geschleust. Nichts mehr vom Einfühlen in die örtliche Atmosphäre. Das Reisen ist heutigentags allzu rasch, nüchtern, ja geradezu steril geworden.

Saipan im Stillen Ozean, von der Reling eines Schiffes betrachtet, das sich behutsam dem Hafenkai nähert, ist ganz anders, jedenfalls sehr viel romantischer als die platte Asphaltwüste eines Flughafens. Von der Küste ansteigend die grauweiße Stadt, umgeben auf drei Seiten von grünen Gärten mit weißgetünchten Holzhäusern. Daneben, dahinter und darüber weite, wellenförmig angelegte Zuckerplantagen.

Saipan . . . meine erste Südsee-Insel, der im Laufe eines reisefreudigen Lebens noch mindestens hundert andere folgten! Auch für europäische Begriffe haben die Marianen eine lange, teilweise faszinierende Geschichte. Schon Fernando Magellan, der erste Weltumsegler, ein Portugiese in spanischen Diensten, entdeckte die Inselgruppe durch Zufall im ersten Viertel des 16. Jahrhunderts. Weil ihm die sonst sanftmütigen Insulaner ein Boot entwendeten, gab er dem ganzen Archipel zu dessen ewiger Schande den Namen *Islas de los Ladrones*, auf deutsch: *Diebesinsel.* Als Ladronen stehen sie noch heute auf alten Karten, obwohl Karl V. befohlen hatte, die Inseln nicht gar so hart zu strafen, sondern sie nach der Gottesmutter Maria zu nennen, also *Islas Marianas*.

Doch hat leider die Umtaufe den Insulanern nicht viel genützt. Sie waren rettungslos entdeckt und gehörten, ohne daß man sie gefragt oder es ihnen gesagt hatte, zum Spanischen Weltreich, in dem »die Sonne nicht unterging«.

So waren schon bald die schönen Inseln das Ziel wilder Abenteurer, kühner Seeräuber und grausamer Menschenjäger. Eingeschleppte Krankheiten, Feuerwaffen und Feuerwasser kamen hinzu, so daß binnen dreißig Jahren ungefähr 95 Prozent der Bevölkerung vernichtet war. Wesentlich dazu beigetragen hat auch religiöser Fanatismus. Viele der Eingeborenen verweigerten die Taufe, ja wehrten sich dagegen mit Gewalt. Das führte seitens der Spanier zu regelrechten Ausrottungskriegen, zu welchem Zweck zahlreiche Philippino-Soldaten auf den Marianen stationiert wurden. Weil die meisten von ihnen für immer dort blieben, entstand im Laufe der Zeit eine gemischte, Chamorros genannte Bevölkerung.

Wie dem auch sei, ging jedenfalls die Zahl der Eingeborenen erschreckend zurück. Die somit entstandene Menschenleere machte die Inselgruppe für Spanien weitgehend wertlos, ja kaum noch erwähnenswert. Dessen weitgespanntes Kolonialreich war ohnehin zu groß fürs ferne Mutterland. So gut wie nichts hatten die Marianen zu bieten, Schiffe konnten kaum etwas holen und brachten nur wenig hin. Ein verschlafener Gouverneur mit etwa 100 weißen Soldaten und zwei, drei Dutzend Beamten war alles, was Spaniens Herrschaft auf der Inselgruppe repräsentierte. Außerdem versuchten zehn bis zwölf Kapuzinerpatres das Seelenheil der langsam an Zahl wieder ansteigenden Insulaner zu retten. Nachdem auf diese Weise drei Jahrhunderte und noch mehr vergangen waren, zeigte die jüngste – und trotz aller gegenseitigen Behauptungen friedlichste – aller Kolonialmächte, nämlich das Deutsche Reich, unerwartetes Interesse an den vergessenen Inseln. Und siehe da, die Spanier waren zum Verkauf bereit, ja der Preis schien durchaus erschwinglich. Zweifellos sah das Kaiserliche Kolonialamt in den Marianen eine mehr romantische als praktische Bereicherung der seit 1885 allmählich entstandenen Besitzungen in Übersee. Es freute die meisten Deutschen der damaligen Zeit und kostete nicht viel. Bei so guter Gelegenheit kaufte man gleich noch die südlicher gelegenen Karolinen dazu. Am 1. Januar 1900, in den ersten Stunden des zwanzigsten Jahrhunderts, wurde die spanische Flagge eingeholt und statt dessen die schwarzweißrote des deutschen Kaisers gehißt. Seiner Majestät Schiff »Adler« feuerte Salut, und ein Landekommando Seesoldaten präsentierte das Gewehr. Aber schon nach fünfzehn Jahren war alles vorbei.

Was die Insel Saipan betrifft, die an jenem Sommertag des Jahres 1937 vor mir lag, war bis zum Beginn des Ersten Weltkrieges die deutsche Kolonialverwaltung nicht sehr weit gekommen. Mit der Anlage von Plantagen hatte man gerade erst begonnen, weitschauende Pläne lagen noch in der Schublade. Der Hafen befand sich im Ausbau, nur ein paar Schneisen waren als Vorstufe des Straßenbaus in den üppig wuchernden Urwald geschlagen. Die Bevölkerung war friedlich und freundlich, es gab in dieser Hinsicht keine Schwierigkeiten. Eine Schule und ein Hospital für die Insulaner hatte man eingerichtet. Nur achtzehn Deutsche lebten auf der Insel, alles Zivilisten. Es gab keine Soldaten, keine Befestigungen und keine Funkstation. So konnten die Japaner, als sie dem Deutschen Reich den Krieg erklärten (ohne jemals einen bewaffneten Mann an die europäischen Fronten zu schicken), Ende August 1914 sowohl Saipan als auch die übrigen Marianen und Karolinen in aller Ruhe besetzen und schließlich behalten. Ganz im Gegensatz zu den Deutschen überschwemmten sie die größten und vielversprechendsten der neuerworbenen Südseeinseln mit sorgfältig ausgewählten Siedlern aus dem Mutterland, offenbar um das gesamte Nanyo zu japanisieren. 1938 waren bereits 60000 Japaner dort zu Hause – wirklich »zu Hause«, weil man ihnen unmißverständlich klargemacht hatte, daß für sie, ihre Kinder und Kindeskinder Saipan die Heimat sei.

Zu meiner Verblüffung wurde ich mit hohen, ja höchsten Ehren empfangen, obwohl ich doch nur der jüngste Attaché an unserer Botschaft in Tokyo war. Meine Reise durch die japanische Südsee, zwei Jahresurlaube zusammen, geschah aus rein privatem Interesse, obwohl mir das seinerzeit kaum jemand geglaubt hat. Mein Chef und Botschafter, Dr. Herbert von Dircksen, hatte es nicht gerne gesehen und mir das Unternehmen fast verboten. Ihm war natürlich klar, daß die empfindlichen, äußerst mißtrauischen Japaner meine Zweimonatsfahrt durchs Nanyo als befohlene Dienstreise sahen. Zumal sie wegen der unredlichen Besitzergreifung vor damals erst 22 Jahren den Deutschen gegenüber (möglicherweise) ein schlechtes Gewissen hatten. Tatsächlich paßte die unprovozierte Wegnahme unserer friedlich erworbenen, ehrlich gekauften Inseln nicht ins Konzept des vor kurzem feierlich geschlossenen Deutsch-Japanisch-Italienischen Freundschaftspaktes. So wurde ich 1937 bei der Ankunft in Saipan äußerst mißtrauisch von zwei höflichen Herren in Zivil und von zwei ernst blickenden Offizieren der Polizei empfangen, mit einem Blumenstrauß bedacht und zu einem blankpolierten Auto eskortiert. Dem Anschein nach eine hohe Ehre, in Wirklichkeit eine Verhaftung. Wollte ich der Reihe nach schildern, von wem ich zum Tee erwartet wurde, wo ich einen Fingerhut Saké zu mir nahm, es würde den geneigten Leser ermüden. Zwischendurch das Anhören patriotischer Lieder im Kindergarten, das Zuschauen beim Basketballspiel der Buben und Besuch der Zeichenstunde in der Mädchenschule. Ich betrachtete eine Sammlung von Südseemuscheln, bewunderte die Landwirtschaftliche Versuchsanstalt, sah das Auspressen von Zuckerrohr und vieles, noch sehr viel anderes stand auf dem für mich vorgefertigten Programm.

Der offenbare Zweck so lückenloser Beanspruchung war – anders konnte es nicht sein – zu verhindern, daß ich auf eigene Faust irgend etwas sah oder bemerkte, was die Japaner versteckt hielten.

Abends beim Gouverneur schmolz das Eis, und zwar aus beiläufigem Anlaß. Ich fragte, ob auf Saipan noch irgendwelche Relikte aus spanischer Zeit existierten und wie es mit den Chamorros wäre, den missionierten, schon früh hispanisierten und relativ kultivierten Insulanern. Diese seien wohl als besondere Gruppe schon im letzten Jahrhundert verschwunden?

»Aber nein!«, rief erfreut der Gouverneur »sie haben sich unter japanischem Schutz gut entwickelt, die Chamorros leben frei und froh nach ihrer eigenen Art!«

Gleich morgen wollte man mich zu ihnen bringen. Auch zu einem Dorf ehemaliger Samoaner, falls ich das wünschte und sogar zu einigen Familien aus Ponapé.

Die spontane Bereitwilligkeit entsprang wohl der freudigen Erkenntnis, daß man auf solche Weise den ungern gesehenen Fremden am einfachsten von irgendwelchen Stellen hoher Geheimstufe fernhalten konnte. Wie sich folgenden Tages ergab, wurde mir alles gezeigt, was alt war, zur Vergangenheit gehörte und möglichst wenig mit dem japanischen Aspekt der Insel zu tun hatte.

Da war zunächst der katholische Gottesdienst in der ums Jahr 1650 von den Spaniern erbauten »Kathedrale«. Obwohl sie kaum größer war als eine Dorfkirche daheim, hatte die Hauptkirche von Saipan doch auf unbestimmte Art eine ganz besondere Atmosphäre. Verblaßte, sicher von Eingeborenenhand ausgeführte, rührend primitive Heiligenbilder und farbige Fresken. Das Taufbecken eine riesengroße Tridacna-Muschel. Der Priester, ein uralter, weißbärtiger Pater des Kapuziner-Ordens. Er stammte noch aus vordeutscher, aus der letzten spanischen Zeit auf Saipan. Am schönsten die festlichen Kleider der samthäutigen Chamorra-Frauen. Sie trugen, als sei das selbstverständlich, die altspanische Tracht mit typisch hochgestärkten Schultern, die Spitzenmantilla, den großen Kamm aus Schildpatt und den weiten, dunklen Rock. Als die Kirchenbesucher ins Freie traten, die Männer in weißem Hemd und Hose, die Damen wie Señoras und Señoritas im Spanien vergangener Jahrhunderte, war das ein unvergeßliches Bild!

Die meisten Chamorros dürften mehr als einen Schuß weißen Blutes haben oder andere hellhäutige Vorfahren. Sie unterschieden sich schon in der Hautfarbe von allen sonstigen Ureinwohnern der Marianen. Ihre Gemeinschaft lebte für sich in eigenen Ortschaften. Selber habe ich sie in einem Vorort besonderer Prägung gesehen, gewissermaßen in einer Enklave der sonst ganz japanischen Stadt Garapa. Ihre Häuser standen auf Pfählen, waren weiß getüncht, drinnen wohnlich eingerichtet und auffallend sauber.

Ein schöner, scheinbar zufriedener Menschenschlag, relativ wohlhabend und des Lesens wie Schreibens kundig. Als sich zwei oder drei ältere Männer in meine Nähe drängten und mich auf deutsch begrüßten, fuhr gleich das japanische Auto heran, und ich wurde höflichst gebeten einzusteigen.

Nun ging es ein paar Kilometer weit durch Zuckerrohr, dann durch Wald bis zu einer Lichtung mit Feldfruchtbau. Am Rande dieser intensiv genutzten Fläche etwa ein Dutzend Pfahlhütten, mit Kokosfasermatten gedeckt. Große, dunkelhäutige, nur mit Lendenschurz bekleidete Männer, Frauen, Kinder und alte Leute gaben sich davor der Ruhe hin.

Ich sollte sagen, daß ich Deutscher sei, bat der ältere und wohl auch intelligentere meiner japanischen Begleiter.

»Guten Morgen allerseits, meine Herren und Damen ... ich komme aus Deutschland.«

Wirklich, die Leute verstanden meine Worte, jedenfalls die Männer mit grauen Strähnen im Haar. Ich hörte, wie sie »deitsch, deitsches Mann« wiederholten. Sodann war zu merken, daß sie den jüngeren Mitgliedern der Truppe klarmachten, aus welchem Lande ich kam. Jedoch grinsten sie daraufhin keineswegs freundlich, vielmehr gewann ich den Eindruck, als würden die braunhäutigen Menschen nach sehr langer Zeit einen tiefsitzenden Groll aus ihrer Erinnerung hervorholen. Sie redeten untereinander, diskutierten immer heftiger und warfen böse Blicke auf mich. Zwar wollten die Kinder meinem Angebot von Süßigkeiten nähertreten, aber ein barscher Befehl der Eltern hielt sie davon ab.

»Deitschmann nix gut«, fauchte mit funkelnden Augen ein knochiger Mensch. Andere zielten mit ausgestreckten Zeigefinger auf meine schuldlose Brust. Dazu Schimpfworte aus dem Mund fast aller älteren Leute.

»Deitschmann, Mistkerl, Krummhund, Tritt Arsch, mach weg Deitschmann, Saupreiß, Rindsviech ...« So schrien auch die Jüngeren, und ein paar griffen zu

Keulen. Da war es mir ganz recht, daß der Wagen heranfuhr und mich vor der wilden Bande in Sicherheit brachte.

»Nun ja«, sagte in befriedigtem Ton mein Oberbegleiter auf englisch, »soeben hatten Sie Gelegenheit, die Folgen der deutschen Kolonialherrschaft auf Samoa zu sehen. All diese Menschen, sofern zwischen fünfzig und sechzig Jahre alt, wurden mit ihren Familien wegen Widerstands gegen die deutsche Herrschaft aus ihrer Heimat nach Saipan verschleppt, natürlich waren es sehr viel mehr, aber die Väter und Großväter sind seitdem gestorben. Die armen Menschen in lebenslängliche Verbannung geschickt hat damals der Gouverneur Solf.«

Dessen Namen kannte ich gut, war auch mit seinem Sohn in der Schule gewesen. Nach dem Ersten Weltkrieg hatte Dr. Solf die Deutsche Botschaft in Tokyo geleitet.

Als ich ungefähr ein Menschenalter später in Samoa war und freundlicherweise vom Staatschef, einer mit »Hoheit« anzusprechenden Persönlichkeit aus ältestem Inseladel, zu mehreren abendlichen Drinks auf der Terrasse seiner bildschönen Dienstwohnung geladen wurde*, brachte ich das Gespräch auf die von den Deutschen nach Saipan verbannten Samoaner.

Der Hausherr wußte sogleich, um was für Leute es sich handelte, ja er nannte sogar die Namen der Anführer. Es war durchaus keine Revolte gegen die Deutschen gewesen, sondern ein Aufruhr gegen die etablierte Ordnung der eigenen Stammesführer, gegen das »altsamoanische Establishment«, wenn man es so nennen will. Es ging darum, die traditionelle Vorherrschaft der maßgebenden Familien zu brechen, vor allem die Leibeigenschaft aufzuheben. Als man schließlich die führenden Männer gefangen hatte und sie nach alter Sitte an die Kannibalen der Salomon-Inseln verkaufen wollte – durch Vermittlung seefahrender Gauner weißer Hautfarbe –, hatte die deutsche Verwaltung eingegriffen und diese Männer samt ihren Frauen nach Saipan in Sicherheit gebracht. Aber so lange Zeit war inzwischen vergangen, daß man Einzelheiten nicht mehr wußte.

Noch ein Dutzend anderer Deportierter sollten aus jener Zeit auf Saipan übriggeblieben sein, und zwar Leute von Ponapé. Dort war im Jahr 1910/11 eine Revolte, eine echte Erhebung gegen die Deutschen, ausgebrochen, die beiden Seiten viele Menschenleben gekostet hatte. Mehrere, wenn auch nur kleine deutsche Kriegsschiffe, SMS »Nürnberger Comoran« und die später so berühmt gewordene »Emden«, mußten eingreifen und Seesoldaten an Land setzen, bis nach vielen Wochen die Ruhe wiederhergestellt war. Sieben Anführer der Revolte wurden erschossen, mehr als hundert Teilnehmer mit ihren Familien nach Saipan gebracht, wo noch heute einige ihrer Nachkommen leben.

* Der Erbauer der Residenz des Staatschefs von Samoa (immer ein Mann aus einer der beiden großen Häuptlingsfamilien) war Robert Louis Stevenson, einer der großen englischen Dichter des vergangenen Jahrhunderts. Sein bekanntestes Werk ist die »Schatzinsel«, auf Samoa geschrieben. Stevenson, der von Jugend auf an Tuberkulose litt, suchte mit seiner Familie 1890 Heilung im günstigen Klima von Samoa. Nach eigenen Plänen entstand dort die Villa »Vailima«. Stevenson starb im September 1894 und wurde auf dem Gipfel eines Berges in Samoa beigesetzt. Aufrichtig betrauert von den Insulanern, die ihn »Tusitala« nannten, auf deutsch »Geschichtenerzähler«. Als Samoa 1900 deutsch wurde, hat man die Villa Vailima erweitert. Sie wurde Wohnsitz des deutschen Gouverneurs. In neuerer Zeit wiederum erweitert ist Vailima nun Amtswohnung des Fürstpräsidenten und gesellschaftlicher Mittelpunkt des selbständigen Staates Westsamoa.

Als ich während dieses Frühjahrs wieder auf Ponapé war, gelang es mir, dank der landeskundigen Führung durch den luxemburgischen Pater Zewenz, den versteckt im Dschungel liegenden deutschen *Soldatenfriedhof* zu finden, der im Jahr 1911 für 43 Gefallene angelegt worden war. Ich meinte dort bestenfalls noch Reste von rostzerfressenen Kreuzen und Teile von Gedenktafeln zu finden, stieß aber zu meiner größten Überraschung auf einen vorbildlich gepflegten, reich mit Blumen und Blüten verschönten Park, dessen Grabstätten renoviert, ja vermutlich neu angelegt waren. Davon tragen zwei noch das Staatswappen des damaligen Deutschen Reichs. Ein ponapésischer Gärtner war vorhanden, der nichts weiter zu tun hat als den Friedhof und dessen Gräber zu pflegen.

Wer das veranlaßt hat und für alle Kosten aufkommt, war nicht leicht zu erfahren. Erst Pater Zewenz konnte es nach meiner Abreise klären, wenn auch der Verantwortliche zunächst gebeten hatte, nicht genannt zu werden. Es ist der einheimische Ladenbesitzer José R. Cruz. Ihm hatte es leid getan, daß sich niemand mehr ums Gedenken an die hier Gefallenen bemühte und der alte Friedhof verkam. Zu fern von Ponapé lebten die Nachkommen der hier Bestatteten, sicher hatte man daheim die deutschen Seesoldaten schon seit langem vergessen.

Ich habe von dem Friedhof Fotos gemacht und mit Erklärungen an alle möglichen deutschen Stellen geschickt und hoffe sehr, daß José R. Cruz einige Worte der Anerkennung zugehen.

Als in Amerika der Wilde Westen zu Ende ging, herrschten bis über die Wende des Jahrhunderts hinaus ähnliche Verhältnisse in der Südsee. Joseph Conrad, Jack London, Louis Stevenson und andere Autoren haben viele solcher Abenteuer, darunter recht schaurige Geschehnisse dramatisch und spannend geschildert.

Gegen Tagesende zeigte mir der höfliche Aufpasser noch das »Deutsche Krankenhaus«. Es erhob sich aus einem verwilderten Garten und stand, wie üblich bei allen älteren Gebäuden, auf Pfählen. Vor Zeiten war es weiß gestrichen gewesen, Spuren davon waren noch zu sehen. Drinnen zwölf Räume inklusive Operationssaal. Benutzt wurde das Spital schon längst nicht mehr, aber die inzwischen verrosteten Betten standen noch immer da. Vielleicht wollte man primitiven Gemütern am Beispiel der alten Baracke vorführen, wie weit es doch die japanische Krankenversorgung im Vergleich zur deutschen gebracht hatte.

Bis gegen Mitternacht hielten mich meine Begleiter unter ihrer Aufsicht. Davon verbrachten wir die meiste Zeit in einem Teehaus mit verschüchterten Geishas.

Garapa, die ganz und gar neue Hauptstadt der Inseln, war zu hundert Prozent japanisch, und zwar modern japanisch. Nichts, aber auch gar nichts ließ erkennen, daß man sich auf einer polynesischen Insel befand. Keinen Menschen sah ich aus dem dahinrollenden Wagen, der anders aussah, anders bekleidet war oder sich anders benahm als ein Japaner. Bemerkenswert nur, daß es hier auf Saipan keine älteren Leute gab, auch nichts, was an die alte Tradition, die Künste und Kultur des Mutterlandes erinnerte. Im Zentrum der Stadt die gleichen Geschäftshäuser, Amtsgebäude, Kaufhäuser und Banken des modernen Betonstils wie in mittelgroßen Städten Japans. Dahinter und am Rand der Ortschaft die gleichen langweiligen, schäbig gebauten Fertighäuser aus Holzplanken, wie man es vom eigentlichen Japan gewohnt ist. Kleinbetriebe am Straßenrand, Schuppen aus Blech, Abfallhügel und Abstellräume für alles mögliche. Ebenso wie leider im Mutterland überall die Masten für Strom und Telefon. Ein häßlicher Wirrwarr von Drähten, Wäscheleinen und Fahnenstangen. Keine Spur von Baustil, von Palmblattdächern, vom offenen Herdfeuer, kein Hauch von Blumenduft und Südsee.

Jedoch man muß es den Japanern lassen, ihr Bienenfleiß und die wohlüberlegte Planung hatten aus der relativ großen, in deutscher Zeit ungenutzten Insel eine der größten Zuckerrohr-Plantagen der Welt gemacht. Die gesamte gewölbte Oberfläche Saipans, die Höhen und Niederungen, wo überhaupt nur Platz dafür war, wirklich alles und jeder Fleck war mit Zuckerrohr kultiviert. Fahrwege und Kleinbahnen beförderten die Ernte zu den rauchenden, dampfenden, süßlich riechenden Pressen. Eine geradezu ansteckende Betriebsamkeit hatte, so gewann man den Eindruck, jeden einzelnen Menschen erfaßt. Angeführt wurde das Ganze, autokratisch geleitet und organisiert von Matsue-san, dem eminent klugen, menschenfreundlich gesonnenen Generalmanager der Insel. Seine Arbeiter und Angestellten haben ihm in Garapa ein überlebensgroßes Bronzedenkmal auf einem Marmorsockel errichtet, gut zehn Meter hoch. Das ist alles, was von Matsue-san und seinem Reich des Zuckerrohrs heute noch übrig ist.

Immerhin war es Matsues Weitblick und Entschluß gewesen, gleich nach der japanischen Besitzergreifung sämtliche von den Deutschen angepflanzten Kokospalmen, 15 000 Stück dem Vernehmen nach, abschlagen zu lassen, die gerade eben begonnen hatten, Früchte zu tragen. Sofort wurde statt dessen Zucker angebaut. Das nämlich war es, was Japan dringend brauchte, wohingegen kein Mangel an Kopra herrschte.

Früh am Morgen glitt die »Yamashiro Maru« wieder aufs Meer hinaus. Doch war sie nicht lange auf hoher See, weil wir schon am nächsten Tag die Insel Tinian, am übernächsten die Insel Rota anliefen. Auch dort die offizielle Begrüßung, aber nicht die gleiche lückenlose Bewachung wie auf Saipan. Vermutlich hatten die Japaner auf Tinian und Rota nur Geheimnisse zweiter und dritter Ordnung zu verbergen. Mein Interesse für Restbestände der Vergangenheit war schon nach Tinian gelangt, auf dem Funkwege vermutlich. So ließ der weißgekleidete, mit Goldstreifen betreßte Inselgouverneur nur wenige Minuten bei Jasmintee und gezuckerten Sojabohnen verstreichen, um mich alsdann in seinen Dienstwagen zu setzen, der gleich in Richtung des Urwalds davonfuhr. Im Halbdunkel, unter dichtgeschlossenem Laubdach gab es nur die mit Farnkraut überwucherte Fahrspur. Darauf schwankte und wankte der Wagen wie ein Schlauchboot bei Windstärke acht. Dann jedoch Sonnenlicht voraus, und wir gelangten auf eine weite, breite Lichtung. In deren Mitte – ich wollte meinen Augen nicht trauen – erhoben sich die gut erhaltenen Reste eines antiken Tempels.

Damals hatte ich noch keine Zeile über die rätselhaften Ruinen von Tinian gelesen. Konnte also nicht begreifen, wie derartige Steinsäulen ur-europäischen Stils im Dschungel der Südsee möglich waren. Allerdings sie waren vierkantig, im Gegensatz zu altgriechischen Säulen. Das Kapitäl hatte verblüffende Ähnlichkeit mit frühestem dorischem Stil. Ebenso schienen Anordnung wie Abstände der griechischen Antike zu entsprechen. Von Dach und Fries, vom Tympanon keine Spur erhalten . . . falls früher vorhanden. Japans Gouverneur konnte zu dem imponierenden Bauwerk nichts erklären. Wie sollte er auch? Später in Tokyo und noch später in Europa war nichts und niemand zu finden, der mir Auskunft über Tinians rätselhafte Ruinen geben konnte.* Selbst in Berichten aus deutscher Kolonialzeit ist meines Wissens keine Erwähnung des »Tempels von Tinian« vorhanden. Sicher scheint nur, daß diese Bauwerke nicht von den Vorfahren der heutigen Bevölkerung stammen. Deren Kultur war keineswegs zu solchen Leistungen fähig. Also ein anderes Volk mit völlig anderer Entwicklung aus einer ganz anderen Gegend der Welt?

Durch ein Ereignis, das erst viel später stattfand, nämlich im August 1945, ist Tinian weltberühmt geworden. Von hier aus sind amerikanische Maschinen gestartet, um die ersten Atombomben der Geschichte zu werfen, auf Hiroshima und Nagasaki. Acht Jahre zuvor konnte sich niemand ein derartiges Grauen vorstellen, ich als junger Mensch am allerwenigsten.

Auf der Rückfahrt, ziemlich am Ende der langen Seereise war ich nochmals auf Saipan und erlebte wieder die »höfliche Verhaftung«. Mit keinem Menschen außer meinen Begleitern habe ich gesprochen und von Saipan noch weniger gesehen als auf der Hinreise.

Wenn ich nun von Amelia Earhart schreibe, könnten Sie meinen, der Setzer habe sich in ein anderes Kapitel verirrt. Aber Miß Amelia Earhart hat viel mit Saipan zu tun, wenn auch erst am Ende ihres großartigen Lebens. Geboren wurde die zu ihrer Zeit weltberühmte Frau im Jahre 1898. Als junges Mädchen war sie aufopfernde Krankenschwester in Lazaretten des Ersten Weltkrieges und lernte danach – sehr gegen den Willen ihrer Eltern – fliegen.

Bald danach war Amelia der erste weibliche Pilot im Flugpostdienst. Aber nicht einmal mit den damals sehr riskanten Nachtflügen gab sich das tollkühne Mädchen zufrieden. Nur ein Jahr nach Charles Lindbergh, also 1928, flog Amelia Earhart als erste Frau über den Atlantik, danach mit zwei anderen Piloten in der West-Ost-Richtung von Neufundland nach Wales. 1932 überquerte sie wieder den Atlantischen Ozean, diesmal ganz allein. Was Leistungen solcher Art in jenen Jahren bedeutet haben, kann heute kaum noch jemand ermessen. Mindestens zwei von drei derart kühnen Versuchen endeten mit Absturz und Tod der Besatzung.

Amelia Earharts Wuschelkopf, ihre Stupsnase und frischfröhlichen Augen hatte damals fast jeder Mensch dutzendmal in Zeitungen oder Wochenschauen gesehen.

* In allen erreichbaren Bibliotheken und Staatsbüchereien, sowohl in unseren wie amerikanischen, habe ich nach einer wissenschaftlichen Darstellung oder Erklärung der Ruinen von Tinian gesucht. Bisher leider vergeblich. Mein wiederholtes Anfragen (1978) bei den Behörden in Tinian und Saipan, weshalb denn gar nichts zur Erhaltung der prähistorischen Reste getan werde, blieb ohne Antwort.

Amelia war ein Inbegriff für Mut und Charme, für grenzenlose Energie und schwungvolle Tatkraft, nicht minder auch für weibliche Anmut. Abermals ganz allein flog Amelia 1935 von Hawaii nach Kalifornien. Inzwischen hatte sie geheiratet und beschlossen, die Fliegerei aufzugeben. Aber zuvor noch die letzte große, die größte, jemals von einer Frau versuchte fliegerische Leistung. Zusammen mit dem besonders auf Langstrecken bewährten Fred Noonan plante sie einen Flug um die Welt. Ihre Maschine war eine zweimotorige Lockheed. Im Sommer 1937 begann der sorgfältig vorbereitete Flug Amelias und Fred Noonans.

Alles ging glatt und nicht der geringste Schaden ereignete sich. Zwei Drittel des Weges um die Welt hatten die beiden bewältigt. Weil am 2. Juli 1937 die Wettervorhersagen so gut waren, daß sie nicht besser sein konnten, begannen Amelia und Fred Noonan ihren Weiterflug von Lae in Neuguinea in bester Zuversicht. Ideales Flugwetter beim Start, und es sollte weiter so bleiben. Die Maschine war vollgetankt, weit über den Bedarf der Entfernung hinaus.

Zum letzten Mal wurde die Lockheed Amelia Earharts über der Howland Insel gesehen, bei raschem und offenbar störungsfreiem Flug. Seitdem ist Amelia Earhart verschollen.

Keine Spur von ihr und dem Kopiloten, kein noch so geringer Rest der Maschine wurde entdeckt. Wochenlang und monatelang hat man den Ozean abgesucht, zuverlässige Leute entlang allen Küsten und Stränden ausgesandt, um Überbleibsel zu finden. Auf sämtlichen Inseln der Südsee, auch wenn sie nur entfernt in Frage kamen, wurden die Gendarmen, die Kolonialbeamten und auch die Missionare angewiesen, auf irgendwelche Anzeichen zu achten, die möglicherweise das Verschwinden Amelia Earharts, ihres Kopiloten und der Lockheed erklären konnten. Bedenkt man, daß die vorgesehene Flugroute auf guten Karten abgesteckt war, daß klares, schönes, windstilles Wetter herrschte, ist nicht zu begreifen, daß von Menschen und Maschine kein noch so geringer Rest entdeckt wurde. Ebensowenig ließ sich jemand finden, der Hinweise auf ein abgestürztes oder notgelandetes Flugzeug geben konnte. Als im Juni 1928 der Polarforscher Ronald Amundsen bei der Suche nach der verschollenen Nobile-Expedition im Nebel der eisigen Arktis verschwand, in grenzenloser Weite, ohne daß man seinen Kurs kannte, wurden eines Tages doch Reste eines Schwimmers der Maschine entdeckt. Aber auf bekanntem Kurs über vielbefahrenen Gewässern blieb Amelia spurlos verschollen.

Erst um die Mitte der sechziger Jahre tauchten Gerüchte und Berichte auf, die erst sehr vage, dann etwas präziser behaupteten, irgend jemand habe auf einem Schrotthaufen, der vom Zweiten Weltkrieg auf Saipan noch übrig war, Teile eines Motors der Lockheed gefunden – vom selben Typ und Jahrgang wie damals die beiden Motoren in der Maschine Amelia Earharts. Schließlich entdeckten Reporter zwei, sogar drei schon betagte Fischer auf Saipan, die angeblich gesehen hatten, wie damals ein weißer Mann und eine weiße Frau an Bord eines japanischen Geländewagens in den Urwald gebracht wurden. Die Beschreibung der Gefangenen paßte auf Amelia Earhart und, wenn auch weniger bestimmt, auf Fred Noonan. Dann war zu lesen, ich weiß nicht mehr wo, daß »glaubwürdige Insulaner« amerikanischen Offizieren versichert hätten, daß sie vor langer, schon sehr langer Zeit Augenzeugen der Notlandung eines fremden Flugzeuges gewesen waren. Am sandigen Strand von Saipan, und zwar im Westen der Insel, soll die Maschine gelandet sein, weit entfernt von jeder menschlichen Niederlassung. Sie holperte dabei ruckartig und kam plötzlich zum Stillstand. Als sich die Gewährsleute am nächsten Mittag wieder einfanden, waren von dem Flugzeug nur noch Radspuren zu erkennen. Zahlreiche Menschen waren inzwischen dort gewesen, deren Fußstapfen sich am Waldrand verloren.

Jeder von uns weiß, daß Zeitungen und Zeitschriften nicht immer die lautere Wahrheit drucken, sondern sich oft auf mehr oder minder phantasievolle Berichte ihrer Reporter verlassen. Dies um so mehr, wenn zu gegebener Zeit keine großen, für Millionen Leser erregende Dinge geschehen.

Aber immerhin, Saipan lag auf dem Wege Amelia Earharts nach Australien, Saipan war ihr nächstliegender Orientierungspunkt nach dem Überfliegen der Howland-Insel.

Keinesfalls konnte es den Sonnensöhnen gefallen, daß eine fremde, zumal amerikanische Maschine die Saipan-Insel überflog. Die verbotenen Befestigungen mußten geheim bleiben, unter allen Umständen! Denkbar ist andererseits, daß Amelia und ihr Begleiter den Auftrag hatten, sich diese Anlagen aus der Luft anzusehen.

Fügt man eines zum anderen, ergibt sich die Vermutung, sogar die Wahrscheinlichkeit, daß die erschreckten Japaner beim Auftauchen der verdächtig tief fliegenden Maschine ihre Nerven verloren und die Lockheed beschossen, wenn nicht direkt, so doch um eine Landung zu erzwingen.

Als die Japaner sodann entdeckten, daß sie die weltberühmte Amelia Earhart vor sich hatten, gab es – um weltweite Empörung zu verhindern – keinen anderen Ausweg, als die junge Frau, ihren Begleiter und auch die Maschine spurlos verschwinden zu lassen.

Wenn es so oder ähnlich gewesen ist, das notwendige Schweigen wurde bewahrt!

Im Juni 1937 ist Amelia Earhart zu ihrem Weltflug gestartet, sodann in der Nähe von Saipan verschollen. Anfang August des gleichen Jahres bin ich auf der Insel gewesen und wurde von meinen amtlichen Begleitern nicht für einen Minutenbruchteil aus fugendichter Bewachung entlassen. Jedes Gespräch mit Eingeborenen, auch mit Japanern ohne amtliche Eigenschaft, wurde verhindert. Alle Fotos mußte ich abliefern und konnte keinen Schritt eigenen Weges gehen. Ich meine, das gibt zu denken!

So einfach es 1914 gewesen war, die Marianen-Inseln zu besetzen, so schrecklich war nach dreißig Jahren für die Japaner der Verlust. Nicht genug mit dem Tod von Zehntausenden auf Saipan, hat das von Tinian ausgeschickte Verderben zumindest 200000 Menschenleben vernichtet. Mit seiner massenmörderischen Fracht rollte der amerikanische Bombentransporter »Enola Star« am 6. April des Jahres 1945 auf der Insel Tinian zum Start.

Nichts davon war denkbar oder nur vorstellbar, als 1937 die »Yamashiro Maru« ihren Anker wieder aufnahm, um die schönen, die grünen, die sonnenbestrahlten Marianen-Inseln zu verlassen. Unser Bug durchschnitt die weichen Wogen, sanfter Wind wehte aus dem Süden, und ich glaubte, daß es ein großes Glück war zu leben, und zwar auf dieser Welt.

Jedoch auf diese Welt kam schon bald wieder ein großer Krieg, der fast fünf Jahre gedauert und weitgehend die Geschicke der Menschheit verändert hat.

Es war am 11. Juni des schrecklichen Jahres 1944, als zweihundert Bomber der amerikanischen Luftwaffe über die 25 Kilometer lange, stark befestigte, bisher vom pazifischen Krieg kaum berührte Insel Saipan rauschten. Fast tausend Tonnen Sprengstoff explodierten, auch Brandbomben prasselten herab, die den größten Teil der Holzgebäude in Flammen aufgehen ließen. Die sofort zur Abwehr aufsteigende japanische Luftwaffe verlor binnen weniger Stunden 147 Maschinen. Zur Verteidigung von Saipan standen 22000 Mann des Heeres bereit, kommandiert von General Yoshiga Saito, sowie ungefähr 7000 Seesoldaten unter Befehl des Vizeadmirals Chichi Sagumo. Auf ihren weit draußen kreuzenden Transportschiffen hielten die Amerikaner 44000 Marine-Infanteristen für den Sturm auf die Insel bereit, dazu 16000 Mann des Feldheeres. Kommandeur beider Teil-Streitkräfte war Brigadegeneral Ralph Smith. Während die rollenden Bombenangriffe in den folgenden Tagen weitergingen, hatten die Japaner nach ihren schweren Verlusten kaum noch Abfangjäger in der Luft. Sie mußten sich mit Flakfeuer begnügen, holten aber nur elf feindliche Bomber aus dem Firmament. Aber es wurde noch schlimmer, viel schlimmer für die Verteidiger. Erschienen doch drei, vier und bald sogar fünf amerikanische Schlachtschiffe draußen vor der Küste. Drei Tage und Nächte lang belegten sie aus sicherer Entfernung die Befestigungen auf Saipan mit pausenlosem Feuer.

Jedoch Japan mußte unter allen Umständen den Fall von Saipan verhindern. Konnte doch die Lage der Insel dem Feind erlauben, von dort Bombengeschwader gegen das japanische Mutterland zu schicken. Außerdem war Saipan, wenn es den Amerikanern in die Hand fiel, die denkbar beste Basis, um Truppen und Material für eine spätere Landung in Japan selbst anzusammeln.*

Zur Rettung der Insel entsandte die japanische Seekriegsleitung den besten T ihrer noch vorhandenen Flotte. Es war aber nicht mehr genug. Die Amerikane konnten der heranrauschenden Streitmacht des Tenno die etwa doppelte Feuerkraft entgegenstellen. Auch an Schiffszahl und Tonnage waren die Yankees zweimal so stark. Am 16. Juni kam es zur Seeschlacht. Nicht nur daß die Japaner sechs von ihren neun Flugzeugträgern verloren, es wurden auch 747 Maschinen abgeschos-

* Tatsächlich wurden nach der Eroberung nicht weniger als einundeinviertel Million Sturmtruppen für dieses Vorhaben auf der Insel stationiert. Wegen der Kapitulation Japans infolge der beiden Atombomben auf Hiroshima und Nagasaki kamen sie jedoch nicht zum Einsatz.

sen, und mitsamt ihren Besatzungen stürzten sie ins Meer. Die Reste der geschlagenen Flotte drehte ab, und damit war das Schicksal von Saipan entschieden.

Am 15. Juni erfolgte die Landung, nach pausenlosen Bombenabwürfen und erneutem Beschuß aus allen Rohren der schwimmenden Artillerie. Sodann ergoß sich aus 700 Landungsfahrzeugen eine Welle amerikanischer Sturmtruppen nach der anderen. Schon bei Anbruch der Dunkelheit befanden sich ungefähr 20000 Amerikaner auf der Insel. Aber noch 23 Tage vergingen bei erbitterten, beiderseits verlustreichen, alle Siedlungen und Gebäude vernichtenden Kämpfen, bis es den überlegenen Kräften der Amerikaner gelungen war, die ungefähr noch 5000 zum Widerstand fähigen Japaner auf der nördlichen Landspitze einzukesseln.

Da geschah das Unvorstellbare! Als sie den sicheren Untergang vor Augen hatten, war es mit dem damals herrschenden Ehrgefühl japanischer Soldaten unvereinbar, sich zu ergeben, ja überhaupt in Gefangenschaft zu geraten. Also kam es zum »Selbstmordangriff« der eingeschlossenen Fünftausend. Mit dreifachem Banzai auf ihren Kaiser, den Sohn des Himmels, stürmten plötzlich die todgeweihten Männer in die völlig überraschten Amerikaner. Die wurden buchstäblich fortgeschwemmt. Mit Handgranaten, Pistolen und Maschinenpistolen, mit Säbeln und Bajonetten, am Ende auch mit Messern, Knüppeln und Fausthieben wurde der Kampf weitergeführt, wobei die erschütterten Amerikaner Schritt für Schritt zurückgingen. Aber die Japaner hatten keine Chance. Fast alle Ärzte waren gefallen, so gab es auch für die Verwundeten keine Hilfe mehr.

Wie hoch bei Anbruch der Dunkelheit die Zahl der noch lebenden Japaner war, ist nicht bekannt. Die Schätzungen schwanken zwischen 800 und 1600 Mann. Diese stürzten sich über die senkrechten Felsen der Küste in den Tod.

General Saito und Vizeadmiral Nagumo, beide in ihren Befehlsbunkern, schossen sich in den Kopf oder haben sich nach altjapanischer Sitte mit scharfem Dolch entleibt. Genaueres weiß man nicht.

Aber damit war des Selbstmordens noch kein Ende. Eine ungewisse Zahl von Zivilisten – etwa 3000 Personen vermutet man – warfen sich von einer Felswand ins Meer. Darunter die Witwen gefallener Soldaten, alte Männer, junge Mädchen und sehr viele Kinder.

33 Jahre nach diesen Ereignissen, 40 Jahre nach meinem ersten Besuch in Saipan, betrete ich die Insel zum zweiten Mal. Nichts mehr, nicht mehr das geringste erinnert an die blühende Plantagenlandschaft, an die meilenweiten Zuckerrohrfelder japanischer Kolonialzeit. Völlig verschwunden, dem Erdboden gleichgemacht sind die beiden, damals von quirlendem Leben erfüllten Städte Garapa und Tanabag. Deren Trümmer haben schon längst amerikanische Bulldozer ins Meer geschoben. Statt dessen sind einige wenige neue Ortschaften in der allbekannten amerikanischen Machart entstanden. Mehr Wohnplätze werden nicht gebraucht, denn nach Vertreibung und Vernichtung der auf insgesamt 100000 geschätzten japanischen Neusiedler leben heute nur noch 12500 Menschen auf Saipan, fast alle Nachkommen der schon seit langem gemischten Chamorros.

Von der ehemals deutsch-evangelischen Kirche steht noch ein von Wildwuchs überzogener Turm. Von jener 300 Jahre alten spanisch-katholischen Kathedrale, wo ich einst die Taufbecken aus Tridacna-Muscheln bewundert habe, mehr aber noch die altspanische Sonntagskleidung der Frauen und Mädchen, sind kaum noch Fundamente vorhanden. Droben auf einem der Berge sollen noch Reste des um 1900 von den deutschen Kolonialherren erbauten Leuchtturms zu sehen sein.

Am radikalsten hat sich die Landschaft verändert. Aus den Kokosplantagen der deutschen Zeit und den Zuckerrohrfeldern der Japaner ist graugrüne Wildnis geworden. Das abseits der Straßen und Strände etwa 250 Quadratkilometer weite hügelige und bergige Land besteht völlig und ausschließlich aus bis zu drei, in Senken sogar vier Meter hohem Gestrüpp. Dessen dichte Verfilzung kann meines Erachtens nur in einem geländegängigen Fahrzeug stärkster Motorleistung überwunden werden. Weil man die während der monatelangen Kämpfe total verwüstete Insel wieder begrünen wollte, ließ man schon 1946, dem Rat amerikanischer Experten zufolge, aus der Luft viele Tonnen Samen von sogenannten Ohau-Sträuchern über die ganze Insel verteilen.*

Es geschah mit fabelhaftem Erfolg oder Mißerfolg, wie man es betrachten will. Jedenfalls ist das Teufelszeug nicht mehr wegzubringen. Alle sonstige Vegetation im menschenleeren Hinterland wurde davon völlig ausgerottet. Nur mit Mühe und chemischen Mitteln ist es noch möglich, Gartenland und bebautes Land vor der ebenso rasch wie aggressiv um sich greifenden Pest zu retten. Etwa 100000 Menschen hatten vor dem Kriege ihr Auskommen und ihre Nahrung auf Saipan gefunden, dazu noch dem japanischen Mutterland gewaltige Mengen von Rohrzucker geliefert. Heute dagegen ist Saipan eine landwirtschaftliche Wüste. Welch beschämendes Ergebnis der bald 35 Jahre andauernden amerikanischen Verwaltung, die Trusteeship genannt wird. »Treuhandschaft« ist damit gemeint und soll in patriarchalischem Sinne dem gegenwärtigen wie künftigen Wohlergehen der Eingeborenen dienen. Ein UNO-Auftrag, der meines Erachtens nicht erfüllt wurde.

So fragt man sich zu Recht, von was die Leute leben? So unglaublich, so überraschend es klingen mag, wieder leben sie von und teilweise mit den . . . Japanern!

Wer sie nicht selbst im heutigen Saipan gesehen hat, wird kaum für möglich halten, in welchen Massen sie auftreten. Zwar kommen die meisten nur für wenige Stunden aus Japan herüber, aber sozusagen im rollenden Einsatz. Sie brausen heran in Chartermaschinen der Japan Airlines, ungefähr 250 Personen pro Flug. Sie landen auf dem riesigen Rollfeld, das seinerzeit von den USA für Anti-Japan-Bomber gebaut wurde. Sie strömen in geschlossenen Kolonnen und geballten Klumpen durchs nagelneue, ausnahmsweise geschmackvoll im polynesischen Stil errichtete Flughafengebäude, um gleich die funkelnagelneuen Busse zu besteigen, wo sie dicht gedrängt beisammensitzen. Weiter geht es in gewagtem Tempo und rasender Kurventechnik durch die hügelige, teilweise bergige Insel bis zu deren

*Weil ich dies Wort von Einheimischen nur gehört, aber nie gelesen habe, mußte ich es hier phonetisch wiedergeben. Erst später erfuhr ich den wissenschaftlichen Namen: Camara lantana.

nördlichster Spitze. Nahe dem Marbelpoint, in unmittelbarer Nähe eben jenes Geländes, wo am 5. Juli 1944 die 5000 noch übrigen Verteidiger den Selbstmordangriff unternahmen, verlassen die Japaner ihre Busse. Sie tun es, so möchte man sagen, still und gefaßt.

Wirklich, man muß das gesehen haben, um es zu glauben. Alte Männer und Frauen, Mütter, Kinder, Familienväter und gehbehinderte Greise. Sicher sind manche oder viele davon Söhne, Töchter und weitere Verwandte der damals Gefallenen. Alle bewegen sich in geschlossener Formation zu den zerbombten Geschützen, den Stollen im Berg und natürlich zu den Felsenkammern, wo sich die Kommandeure entleibt haben. Sie stehen am Rande jener Klippe, von der sich die immer noch Lebenden hinabstürzten, und stehen vor den Gedenksteinen mit japanischen Schriftzeichen. Irgend jemand macht den Anfang, dann singen alle einheitlich die Nationalhymne, auch andere Lieder, die entweder patriotisch oder dem Gedenken an die Toten geweiht sind. Dann verbeugen sich alle sehr tief und das mehrere Male. Richten den Körper wieder auf und eilen zu den Fahrzeugen.

Es muß deshalb so rasch wie möglich geschehen, weil schon die nächsten Busse anrollen und Parkplatz benötigen. So geht das Tag für Tag, ungefähr von 9 Uhr früh bis eine Stunde vor Dunkelwerden. Ich habe nachgerechnet und komme auf etwa 5000 Menschen pro Tag.

Wer über Japan redet, über das heutige, das hochmoderne Japan und dabei Prognosen für die Zukunft stellt, sollte nicht vergessen, wie lebendig das alte Japan der Vergangenheit ist und seine Tradition weitergibt an Kinder, Kindeskinder und deren Enkelkinder.

»Saipan wieder fest in japanischer Hand« sagen, wenn auch scherzhaft, die Amerikaner, wobei sie nur erwähnen, was jeder Besucher selbst sieht.

Es begeben sich noch andere Japaner nach Saipan, nicht nur die Besucher der Selbstmordklippen. Es sind die Badegäste am rosafarbenen, sandigen und meist sonnigen Strand. Japaner fast ohne Ausnahme, junge Leute oder Ehepaare mit Kindern. Da hebt sich ein Riesenhotel nach dem anderen aus dem Boden. Natürlich finanziert vom japanischen Kapital, entworfen von japanischen Architekten und gebaut von japanischen Facharbeitern unter Leitung japanischer Ingenieure. Die meisten der phantasielos hochgezogenen Betonkästen sehen aus wie durchschnittliche Touristensilos in Tokyo. Doch es soll besser werden, und einige der neuesten Bauten haben bereits Geschmack und eigenwilligen Südseestil entwickelt.

Alles Personal, fast ohne Ausnahme, wird vom Mutterland nach Saipan gebracht – gewissermaßen die zweite, durchaus friedliche Invasion. Das *Royal Tanga*, das *Saipan Beach* und das *Saipan Continental* waren die ersten Großhotels, die fertig wurden. Weit und wunderbar der Blick aus allen Fenstern, flott der Service und hoch die Preise, aber die wohlhabenden, hart arbeitenden Japaner zahlen sie ohne weiteres. An Saipans westlicher Küste jedoch, wo Korallenriffe die Badegäste fernhalten, da liegen noch die vom Rost zerfressenen und salzverkrusteten Reste von einem halben Tausend zerschossener Sturmboote aus Saipans schlimmen Tagen.

Yap, eine Insel wie sonst keine

Zwischen meinem ersten Besuch auf der seltsamen Insel und dem zweiten liegen viele Jahre. Fast eine Ewigkeit, könnte man sagen. Aber machen wir's der Reihe nach und lassen Sie mich zuerst aus der abenteuerlichen Vergangenheit dieser Inseln berichten. Jugendlich offen für alle Eindrücke, noch reichlich naiv und voller Vertrauen ins vorwiegend gute Gemüt der Menschen, kreuzte ich 1937 an Bord der friedlichen »Yamashiro Maru« durch den Stillen Ozean.

Von Saipan, Tinian und Rota dampfte der Frachter, ohne im geringsten sein Tempo zu beschleunigen, den Karolinen entgegen. In engen Schleifen und weiten Bogen, um möglichst keine der bewohnten Inseln auszulassen, schipperte die angejahrte, aber noch rüstige »Yamashiro« durchs Seegebiet der Westlichen Karolinen. Davon gibt es viele hundert, vielleicht mehr als tausend, je nachdem, welche Mindestgröße man für eine Insel voraussetzt. Es sind aber nur zwanzig bewohnt oder werden zum Zwecke des Fischens, auch der Gewinnung von Kopra häufig besucht. In manchen Atollen blieben wir nur so lange, bis die für dort bestimmte Fracht gelöscht war und wir an Bord hatten, was im japanischen Mutterland erwartet wurde. Gelegentlich wurde kein Boot der »Yamashiro« ausgeschwungen, weil uns Signale von Land wissen ließen, es sei nichts abzuholen.

Ich entsinne mich noch gut ans Ulithi-Atoll, weil dort die Lagune weiter und breiter sein soll als bei uns der Bodensee. Innerhalb des Korallenrings liegen sechs, sieben oder acht bewohnte Inseln. So war ich, wenn auch nur für wenige Stunden auf Faralop, auf Fais und Ngulu sowie auf Map. Nur von Mikronesiern waren die niederen, fruchtbaren, dicht bewachsenen Eilande bewohnt. Hervorgegangen sind die Mikronesier aus einer Mischung der Polynesier mit den Melanesiern, außerdem verwandt mit den Urvölkern Indonesiens. Braun schimmern ihre Augen, schwarzbraun das Haar und gelblich-braun ist die Hautfarbe. Das Gesicht hat mitunter so europäische Züge, daß man vermutet, es gehöre ein britischer Seemann oder spanischer Pirat zur Reihe der Vorfahren. Doch meist ist das eine irreführende Vermutung. Es gab solche Typen, wie frühe Entdecker berichten, selbst auf solchen Eilanden, wo nie zuvor ein Weißer hingekommen war.

Von Map hatte schon ein anderer Frachter die für uns bestimmte Kopra abgeholt, also blieben wir nur zur raschen Löschung der eigenen Ladung. Jedoch auf den etwas größeren Inseln Tomil und Rumang hatte ich Gelegenheit, mich besser umzusehen, weiß aber nicht, auf welcher es gewesen ist, wo im Durcheinander von Feuerholz, geborstenen Fässern, schwarzen Schweinen und zerzausten Hühnern, zwischen Abfall wie Unrat eine zerborstene Säule lag. Vom oberen Teil war noch ein gekröntes Wappen erhalten, vom unteren eine Inschrift in spanischer Sprache. Doch war sie wegen allzu starker Verschmutzung nicht zu entziffern. Die in der

Nähe lebende Familie wußte weder, woher die halb im Boden versunkene Säulenhälfte kam, noch hatten sie dafür das geringste Interesse.

Aber Granit war das Material. Davon gibt es im gesamten südpolynesischen Raum kein natürliches Vorkommen, wie mir vierzig Jahre später ein geologisch gebildeter Fahrtgenosse an Bord der »Explorer« versichert hat. Meines Erachtens (falls ich der Phantasie freien Lauf lasse) konnten es die Reste einer jener, vorsorglich schon in der Heimat hergestellten Wappensäulen sein, die von spanischen Kapitänen an neu entdeckten Küsten errichtet wurden, um sie damit als spanischen Besitz zu kennzeichnen. Das mag im Jahre 1565 gewesen sein, als Villalobos das Ulithi-Atoll mit den darin befindlichen Inseln nach allen Regeln damaliger Besitzergreifung für Spanien annektierte.* Taufpate der Karolinen war, ohne es im geringsten zu ahnen, Spaniens König Carlos I.

An den Säulentrümmern im Ulithi-Atoll waren zu meinem Bedauern keine Zahlen, auch keine Buchstaben zu entziffern. Nie hätte ich mir an jenem Tage träumen lassen, nach genau vierzig Jahren wieder an gleicher Stelle zu stehen.

Auf Rumang, so schien mir, lebten die schönsten Mädchen Mikronesiens. Schlank, flink und reizvoll lächelnd, das Gesicht mit roten Kringeln und blauen Strichen bemalt. Der Grasrock wippte verführerisch und desgleichen die knospenden Brüste.

»Sie können sich eine auswählen«, bemerkte ein würdevoll vorbeischreitender Mann mittleren Alters. Aber ich hatte meine Zweifel, ob es ernst gemeint war. Da rief auch schon die Sirene der »Yamashiro Maru« zur Rückkehr aufs Schiff.

Sodann strebten wir nach Yap, einer dichtbewachsenen, mit graugrüner Vegetation bedeckten, bis zu etwa zweihundert Meter ansteigenden Insel, reich an Buchten und Fjorden. Rostrot die Küste aus Steingeröll, schwarzgrau der Mangrovensumpf und hellrosa an einigen Stellen der sandige Strand. Von See aus ist nicht zu erkennen, daß Yap genaugenommen aus vier Inseln gleicher Art besteht, denn nur durch schmale Meeresengen sind die Landesteile voneinander getrennt. Als die Anker vor Colonia, der winzigen Hauptstadt, ins Wasser klatschten, um das brave Schiff für fast eine Woche festzuhalten, wußte ich bereits, daß eine Reihe von Besonderheiten gerade diese Insel vor so vielen anderen auszeichnete. Ganz im Gegensatz zu Saipan, Tinian und Rota war auf den vier Inseln von Yap meine Bewegungsfreiheit in keiner Weise beschränkt. Ein bebrillter Gouverneur namens Sato herrschte über Yap. Etwa fünfzig Jahre alt mochte er sein und wirkte sehr würdig in seinem weißen, mit goldenen Rangabzeichen geschmückten Tropendreß. Der lange Schleppsäbel erschien mir schon damals wie ein Relikt aus vergangener Zeit. Aber Sato-san, der vermutlich einer Samurai-Familie entstammte, ging ohne seinen Säbel nicht aus.

Er lud mich zum Essen ins private Haus, und schon während wir die ersten Mini-

* Zwei solcher Säulen habe ich auch in ganz anderen Gegenden gesehen, an der Lüderitzbucht im (ehemals deutschen) Südwestafrika und beim Kreuzkap nördlich von Swakopmund. Allerdings waren es Reproduktionen. Die Originale hatte man schon vor dem Ersten Weltkrieg ins Berliner Meereskundemuseum gebracht.

gläser mit heißem Saké zur Brust nahmen, erklärte Sato-san zu meiner angenehmen Überraschung, daß auf seiner Inselgruppe nichts verboten, auch nichts verborgen sei. Ich könne überall hingehen, hinpaddeln, ja sogar hinschwimmen.

Während sonst die Japaner bemüht waren, den von ihnen beherrschten polynesischen Raum mit möglichst vielen Familien aus den übervölkerten Gebieten des Mutterlandes zu besiedeln, hatten sie offenbar nicht die gleiche Absicht auf Yap und den Inseln nahebei.

Die häufigen, oft sehr starken Regenfälle haben zu weitgehender Erosion des Bodens geführt. Wer produktive Felder und Gemüsegärten haben möchte, muß sie fleißig düngen. Als Düngemittel dienten und dient noch heute Seetang, Unkraut und sonstiges von den Frauen gesammelte Pflanzenmaterial. Was die Ernte bringt reicht zwar für den eigenen Unterhalt, zumal die Versorgung durch Fischfang, das magere Geflügel und halbwilde Schweine bereichert wird, an Export, vielleicht gar an Plantagenwirtschaft ist jedoch kaum zu denken. Eine Reihe von heute noch befolgten Tabus und Traditionen erschwert die Wirtschaft der Insel. So darf beispielsweise Taro nur von Frauen gepflanzt, gepflegt, geerntet und zubereitet werden. Die stets der Frau gehörenden Tarofelder sind oft weit von anderen Gärten und Feldern der Familien entfernt. Wenn auch früher weiße Pflanzer immer wieder versucht haben Kokosplantagen anzulegen, ein dauerhafter, genügend Gewinn bringender Erfolg wurde es in keinem Fall.

Die so weit verbreiteten Klagen über das Verschwinden alter Sitten, Gebräuche und Traditionen mag für viele andere Südsee-Inseln stimmen, aber nicht für Yap. Ganz im Gegenteil war und ist altes Brauchtum häufig eine schwere Belastung fürs tägliche Leben. Dies und jenes darf der Mann nicht essen, vieles andere die Frau nicht berühren. Monatelange Tabus folgen einem Todesfall, jahrelang darf man auf bestimmten Feldern nichts ernten, gewisse Fische nicht fangen und noch so manches andere ist zu beachten. Wer die Menschen von solch beschwerlichen Sitten befreit, hat keine ehrwürdige Tradition zerstört, sondern den heutigen Menschen viel Gutes getan.

Ebenso unklar wie verwirrend sind die Besitzverhältnisse. Schon die deutsche Verwaltung hat sich zehn Jahre lang (bis 1910) bienenfleißig bemüht, gute Ordnung wie Übersicht ins verwirrende System zu bringen. Immerhin mit dem Erfolg, daß die in festen Händen befindlichen Ländereien genau vermessen wurden und die Besitzer entsprechende Urkunden erhielten, mit deutschem Adler und Kaiserkrone. Bei den kolonialen Bezirksämtern, also auch für die Inselgruppe Yap, hat man regelrechte Grundbücher angelegt, die sowohl von den Japanern (1914–1945) wie später von den Amerikanern als unanfechtbarer Besitztitel anerkannt wurden. Daran halten sich auch die neuerdings entstandenen, von Eingeborenen geführten Behörden in den sogenannten USA-Trust-Territories.

Zentrum der Insel war damals und ist heute noch der Marktplatz von Colonia mit ein paar Ladengeschäften an der Hauptstraße. Das Verwaltungsgebäude der Japaner, das Gästehaus, das Spital und ein paar Geschäftskontore befanden sich am gleichen Platz, ebenso die Zitadelle. Letztere ein historisch bemerkenswertes, darüber hinaus seltsames Gebilde, das seitdem noch seltsamer geworden ist. Die Spanier hatten mit dem Bau der Festung begonnen, nach der einen Lesart schon um 1650, nach der anderen erst um 1750. Vieles wurde im Lauf der Zeit verändert, vergrößert oder umgebaut. Während meines ersten Besuches war es ein abgeschrägtes quadratisches Bollwerk mit etwa vier Meter hohen, früher weißgestrichenen, dann graugewordenen Korallenblöcken. Das Innere war bis zur Mauerkrone mit gestampfter Erde aufgefüllt. Drinnen Kasematten, Kerker, Kammern für Munition, Waffen und Vorräte. Obenauf die aus importierten Ziegelsteinen errichteten Wohnungen für Kommandant, Offiziere und Soldaten. Als 1898 die Deutschen kamen, haben sie darüber, und zwar aus gleichfalls importiertem Schnittholz, ihre bescheidenen Büros und ein schlichtes Krankenhaus errichtet, das – vielfach repariert und renoviert – noch heute besteht. Im Abstand von 40 Jahren habe ich vom gleichen Standpunkt aus das nun schon historische Gebäude fotografiert. Die Japaner, als sie 1914 Yap annektierten, bauten sich auf einem Hügel schräg gegenüber ihre Verwaltung, komplett mit Tori und Shintotempel. Was nach der Zerstörung durch amerikanische Bomben davon bestehen blieb, hat man neuerdings als Sitz der autonomen Yap-Regierung ausgebaut.

Während der letzten 70 Jahre haben über der Zitadelle fünf Flaggen geweht: die spanische, die deutsche, die japanische, die amerikanische und neuerdings noch eine erst kürzlich entworfene Fahne der USA-Territories. Als sechste und vorläufig letzte wird im nächsten Jahr noch die ganz und gar eigene Fahne der Insel Yap hinzukommen. Sie zeigt auf gelbem Grund zwei Kokospalmen nebst weißer Sonne über einem grünen Hügel. Als Kuriosum der Geschichte hat man den »Regierungshügel« noch mit einer kürzlich wiederentdeckten spanischen Bronzekanone geschmückt.

Frauen und Mädchen trugen damals, tragen in der Mehrheit heute noch den bis zu ihren Waden hinabreichenden, schwungvoll schwankenden, reizvoll raschelnden Grasrock. Wegen seiner vielen übereinanderliegenden Schichten sieht das Gebilde aus wie eine Krinoline. Das Material kostet nichts, der Rock wird in wenigen Stunden hergestellt, um normalerweise für zwei Wochen seinen Dienst zu versehen. Wenn aber langanhaltender Regen rauscht, füllt sich der Grasrock so intensiv mit Feuchtigkeit, daß er nicht mehr trocknet. Also weg damit in den Busch, gleich wird sich die Frau einen neuen machen.

Seinerzeit trug man die Brüste frei, wenn auch manche Frau dazu neigte, sich beim Besuch von Colonia den Busen zu bedecken. Es konnten womöglich die nach außen so sittenstrengen Japaner daran Anstoß nehmen. Als um die Jahrhundertwende protestantische Missionare sichtbar schwellende Brüste für unmoralisch hielten, schenkten sie den Frauen und Mädchen buntbedruckte Hemden zur Bekleidung ihrer Oberkörper. Da schnitten die Mütter entsprechende Löcher hinein, weil ja ihr Baby der unverhüllten Mutterbrust bedurfte. Sonst besaßen die weiblichen Bewohner von Yap keine Art von Kleidern, abgesehen von einer schwarzen Schnur um den Hals, sobald sie dem Kindesalter entwachsen waren. Diese wurde an bestimmten Tagen durch eine rote Schnur ersetzt.

Die Männer begnügten sich mit einem Lendenschurz aus Kokosfasern, Pandanusrinde oder Ziegenleder, dem sogenannten »Tu«. Stoffe mochte man für diese Zwecke nicht. Große Taschen, aus Palmblattstreifen geflochten, dienten und dienen noch heute zum Transport von Werkzeugen, Betelnüssen mit dazugehörenden Stampfern wie natürlich auch der unentbehrlichen Pfeife. Auch war es Sitte und ist teilweise immer noch üblich, die Säuglinge in Palmblattaschen zu transportieren. Wer zum Inseladel gehört, zu den »Pilung«, trägt einen großen, bis drei Handbreit langen, kunstvoll aus Mangrovenholz geschnitzten Kamm im wildwuchernden Haupthaar, dessen drei oder vier Spitzen nach vorn zeigen, was irgendwie herausfordernd wirkt.

Die Hauptstadt Colonia (der seinerzeit übliche spanische Name für jeden Hauptort einer größeren Insel) war während meines ersten Besuches von etwa 500 Menschen bewohnt, darunter schätzungsweise 20 japanische Familien und halb so viele Beamte ohne Familien. Ein Hotel gab es nicht, nur ein häßliches, aus vorfabriziertem Schnittholz zusammengeschraubtes Drei-Stock-Haus für durchreisende oder nach Yap versetzte Japaner. Mehrere für japanische Bedürfnisse gedachte Kaufläden waren auch vorhanden, ebenso eine Teestube, ein Gemeindesaal sowie zwei, drei japanische Handelskontore nahe der Mole. Von Militär und Marine war nichts zu sehen, auch keine Spur von der Luftwaffe. Zur Aufrechterhaltung der Ordnung, so schien es, genügten ein paar Polizisten.

Ein junger Mann, der fließend Englisch sprach, sich sogar auf Japanisch verständigen konnte, wurde mir als ständiger Begleiter, wohl auch als diskreter Überwacher zugeteilt. Sehr höflich war er, außerdem ein Enkel oder Neffe oder sonst naher Verwandter von Ruepong, dem höchsten Häuptling der Inselgruppe. Wie es sich gehört, besuchten wir den zuerst. Ein kleiner, schmaler, schon gebückt gehender Mann war der Häuptling Ruepong. Sofern man sich erinnert, daß zu jener Zeit die deutsche Herrschaft erst 23 Jahre zurücklag, war es nicht allzu erstaunlich, daß Ruepong bei meiner Vorstellung »Guten Morgen, Herr Amtsrat«, sagte und sich nach dem Wohlergehen meiner Gattin und der Kinder erkundigte, obwohl ich nichts davon hatte. Als er noch weitere wohlerzogene Redensarten losgeworden war, versiegten die Kenntnisse in unserer Sprache, so daß fortan sein junger Verwandter übersetzte.

Zunächst lobte Ruepong sein gutes Verhältnis wie überhaupt das Verhalten der Japaner. Bessere Menschen gab es nicht, ihre väterliche Fürsorge kannte keine Grenzen. Nur schade, daß sie von den Yapleuten so viel unbezahlte Arbeit verlangten. Bedauerlich auch, daß die Polizei so häufig harmlose Leute ohrfeigte, ohne zu sagen, weshalb. Wenn sich daraufhin Ruepong bei Sato-san beschwerte, schaute dieser zwar traurig zur Decke und zog hörbar die Luft ein, aber ändern konnte er nichts. Ja wirklich, der Amtsrat Arno Senft, der war wie ein Vater gewesen . . . gelegentlich auch wie ein strenger Vater. Aber die Sprache von Yap hatte Amtsrat

Senft gelernt . . . die Grundbücher hatte er eingerichtet. Die Straßen bauen lassen . . . auch freundschaftlich mit Ruepongs Vater verkehrt . . . bis zum traurigen Tage seines Todes. Da hatte man Geld gesammelt für ein Denkmal, um Vater Senft zu ehren!

Alsdann folgte, aus Vorsicht, falls Lauscher in der Nähe waren, ein neues Loblied auf die japanischen Halbgötter.

Mein Begleiter, Christian Ruepong mit Namen, brachte im Pfahlhaus seines hohen Verwandten, aus einem verbeulten und verschlossenen Blechkasten verschiedene, arg vergilbte Ansichtspostkarten aus deutscher Zeit zum Vorschein. Sehr interessante Fotodokumente für einen Besucher mit historischem Interesse. Darauf sah ich kuttentragende Missionare mit weißen Tropenhelmen in einem wackligen Kanu. Höflich lupften sie den Helm und »Grüße von den Karolineninseln« stand auf der Postkarte. Da war auch ein leider beschädigtes Foto des erwähnten Inselgouverneurs Arno Senft, aufgenommen im Jahre 1905, außerdem Inselansichten, Fotos vom Dorfleben und vom schöngeschnitzten, bunt bemalten Allmännerhaus. Über der Eingangstreppe war, gut zwei Meter breit, die Darstellung eines kanonenbestückten Dampfschiffes gepinselt. Es trug am Heck die peinlich genau gemalte Flagge der Kaiserlich-Deutschen Kriegsmarine.

Das »Failu« genannte Allmännerhaus wollte ich gern im Original sehen. Gleich machten wir uns auf den Weg, Christian Ruepong und ich.

Bei Tage dürfen Frauen und Mädchen das Failu nicht betreten, wo die Jungen und Junggesellen leben und sich die gestandenen Männer treffen, wie bei uns in einer Wirtschaft. Im Schutz der Dunkelheit, wenn die reifen Mädchen ins Failu schlüpfen, geschieht natürlich sehr vieles, jedoch in aller Unschuld. Es ist ja Sex für die Menschen der Südsee eine ebenso natürliche Sache wie Essen, Trinken und Verdauen. Haben sich nach vielen zweiseitigen Versuchen die passenden Paare gefunden, ziehen die beiden zusammen und gründen eine Familie, wobei sich fortan der Mann wie auch die Frau relativ treu verhalten.

Wirklich, das Failu erwies sich als sehr interessant. Ein ziemlich großer, gut gepflegter spitzgiebelig mit Palmgeflecht gedeckter Bau. Das Ganze stand auf nur meterhohen Pfählen, und beide Giebel waren vornüber geneigt. Die Darstellung des Schiffes war nach wie vor vorhanden, aber die Farben erneuert. Jedoch am Heck wehte nicht mehr Kaiser Wilhelms Flagge, sondern die flammensprühende Sonnenfahne des Tenno. Angeblich hatten es die Japaner so verlangt.

Der braune Christian trug als moderner Mann und Mitglied des regierenden Hauses, abweichend von der yapesischen Tradition, eine fast weiße, wenn auch äußerst kurze Kniehose. Schadhafte Stellen darin waren mit Flicken übernäht. Viel erzählte er mir über Sitten, Brauchtum und Probleme. Vor allem war wichtig zu wissen, daß es auf seiner Insel drei scharf voneinander getrennte Sozialschichten gab: den *Adel*, die *Freien* und die *Sklaven*. Tatsächlich dürfte das viel komplizierter sein und schwierig zu erklären.

Wahrscheinlich geht die noch heute bestehende Dreiklassenordnung auf drei

Wellen der Einwanderung zurück. Die zuerst vorhandene Bevölkerung wurde von später kommenden, in der Entwicklung weiter fortgeschrittenen Eroberern unterworfen, das heißt dienstbar gemacht. Als lange danach die dritte Welle kam, wurde sie zur beherrschenden Schicht über beide schon vorhandenen Klassen. Jedoch mit dem Unterschied, daß die zweite Welle noch immer über der ersten stand. Es ist aber m. E. irreführend, den »dritten Stand« einfach Sklaven zu nennen, weil es für sie keine persönlichen Besitzer gibt. Der »dritte Stand« ist dem sogenannten Adel zu Dienstleistungen verpflichtet. Aber nur einer der zwölf Oberhäuptlinge kann dazu Anweisung geben, und die Zwangsarbeit sollte gemeinsamen Interessen dienen. Eheliche Verbindungen zwischen den Klassen sind ausgeschlossen. Sie vermischen sich also nicht, leben auch räumlich getrennt.

Es muß wohl ein System sein, das in der Praxis leichter zu ertragen ist, als es sich anhört. Trotz der deutschen, japanischen und amerikanischen Bemühungen, es abzuschaffen, blieb das unsoziale Dreiklassensystem bis heute erhalten, jedenfalls in seinen Grundzügen, obwohl die herrschende Klasse keine Möglichkeit hat, irgendeine Dienstleistung des »dritten Standes« zu erzwingen. Von Gewaltanwendungen der einen oder anderen Seite ist nichts bekannt.

Archäologische Funde, auch anthropologische Untersuchungen datieren das Erscheinen der ersten Bewohner auf den Inseln von Yap um etwa 3000 Jahre vor Christi. In noch weiter zurückliegender Vorzeit waren alle Inseln des südpazifischen Raumes menschenleer. Alsdann wurde erst Tahiti mitsamt den Inseln seiner Nachbarschaft von seefahrenden Immigranten bevölkert. Viel später dann von Tahiti aus die übrige Inselwelt, letzten Endes auch Neuseeland und die Hawaii-Inseln.

Auch sonst war mein Begleiter Christian Ruepong über alles, was seine Heimat, die Menschen und ihren Glauben betraf, gut informiert. Als ich fragte, welche Vorstellung die Yapesen von ihrer Herkunft hätten, hörte ich zum erstenmal, daß sie früher unter Wasser gelebt haben, ähnlich den Fischen, aber in derselben Körperform wie heutigentags. Allerdings war die Nabelschnur länger als bei der Geburt neuzeitlicher Babys. Durch diese Nabelschnur, deren äußerstes Ende droben an der Oberfläche schwamm, atmeten die »submarinen« Menschen.

Eines Tages sei der »Große Wind« gekommen, erklärte mir der junge Mann, dessen unvorstellbare Gewalt das Meer aufgewühlt und die darin lebenden Vormenschen in weitem Bogen an Land geworfen hätte. Dort blieb ihnen gar nichts anderes übrig, als wie Geschöpfe des Landes zu leben. Sie warfen ihre Nabelschnüre von sich und atmeten durch den Mund, wie sie es noch heute tun.

Der alte Glaube, die Welt der heidnischen Götter und Geister war sehr differenziert. Da gab es *Ligulik* als das höchste Wesen, als den personifizierten Kosmos. *Legerin* war Chef aller Götter, ihm zur Seite stand *Jalafat*, der Schöpfer alles Bestehenden. Weiter gab es den düsteren *Luk*, Gott des Todes und der Krankheiten, *Kukubalad*, Beschützer der Felder und Gemüsegärten, sowie *Mavapu* die Sonne. Außerdem *Ilagot*, den Beschützer der Alten und Schwachen, nicht zu vergessen

Urur den Mond sowie *Muibat*, Dämon des Krieges, und *Karanem*, den Beherrscher der Haie und Wale. Es sollen hundert, ja noch mehr gewesen sein. Zu Ende mit ihnen ist es noch lange nicht, da sich heidnische Begriffe durchaus friedlich mit nur teilweise verstandenen christlichen Vorstellungen mischen. Weil die Insel Yap mit ihren Nebeninseln mehr als zweihundert Jahre lang von spanischen Mönchen des Kapuzinerordens, von 1900 bis 1915 von deutschen Kapuzinern, missioniert wurden, gehören etwa Neunzehntel der Bevölkerung zur römisch-katholischen Religion. Jedoch haben sich bei der Volkszählung von 1954 noch immer einige hundert Yapesen ganz offen zu ihrem alten heidnischen Glauben bekannt.

Während meines damaligen Besuches versicherte mir mein Begleiter, daß in Rul noch einige Familien leben, die *Palalagebag* beherrschen, die sonst »verlorene« Ursprache der Insel. Es war, so nehme ich an, die Sprache der ersten oder zweiten Einwandererwelle. Wovon die Yapesen nach wie vor überzeugt sind, das sind ihre ständigen, wenn auch unsichtbaren Begleiter, die *Tamarag*, ihre Schutzengel. Wer sich das Wohlwollen eines Medizinmannes erworben hat, durch ausreichende Geschenke versteht sich, kann sich gegebenenfalls seiner Feinde durch »Knochenpieken« entledigen.* Zu diesem Zweck wird die zu Tode gewünschte Person in Gestalt eines Menschenknochen symbolisch dargestellt. Den hält man über ein glimmendes, mit allen möglichen Zutaten bereichertes Feuerchen, wobei das Symbol des bösen Feindes unter mancherlei höllischen Verwünschungen mit einem Hölzchen, besser noch mit einem rostigen Nagel gepiekt wird. Wenn es der andere erfährt und er fest an die Wirkung des Zaubers glaubt, kann es schon sein, daß er vor Angst und Entnervung zusehends verfällt, schließlich sogar stirbt.**

Ein Besuch führte mich zu *Inifel*, dem zu jener Zeit angesehensten und, wie behauptet wurde, erfolgreichsten Medizinmann, Zauberer und Geisterbeschwörer der vier Inseln von Yap. Ein verschmitzt lachendes, klapperdürres Männlein unbestimmten Alters war Inifel, von oben bis unten mit Muscheln, Vogelfedern, Rattenschwänzen, Patronenhülsen, Streichholzschachteln und anderen Talismanen behängt. Gerne wollte er mir helfen, falls ich seiner Dienste bedürfe, etwa im Fall unerwiderter Liebe, nachlassender Manneskraft oder zwecks Beseitigung unsympathischer Personen. Aber nichts dergleichen schien mir dringend zu sein.

Übrigens taucht der Name »Inifel« in alten und neuen Berichten von Yap immer wieder auf. Selber habe ich beim zweiten Besuch erneut einen Beschwörer namens Inifel kennengelernt. Entweder vererbt sich die unheimliche Kunst vom Vater auf den Sohn, oder »Inifel« ist unsterblich. Am Tage seines scheinbaren Todes wechselt er nur den Körper.

Bei John Stanislaus Kubary, dem deutsch-polnischen Erforscher Yaps um die Mitte des vorigen Jahrhunderts, habe ich gelesen, daß seinerzeit die Oberhäupt-

* Allgemeiner ist der englische Fachausdruck »bonepicking«

** »Bonepicking« ist ein weitverbreitetes Verfahren in verschiedenen Erdteilen. Es war, ist vielleicht noch bei den ostgrönländischen Eskimos sowie bei den Ureinwohnern im Herzen Australiens üblich. Dort habe ich es bei Experten der Schwarzen Kunst gesehen, jedoch nur als Beispiel, nicht in tödlichem Ernst.

linge, die von fremden Besuchern für »Könige« gehaltenen Herren von Yap, die meisten der benachbarten Inseln mit Hilfe der Medizinmänner beherrschten. Für den Fall des Ungehorsams, wenn etwa die geforderten Tribute ausblieben, drohten die Inifels mit einer Dürrekatastrophe oder verheerenden Wirbelstürmen. Weil die Medizinmänner, dank ihrer besonderen Begabung wie auch Naturbeobachtung, die Entwicklung des Wetters im voraus wußten, sind dann ihre Drohungen fast immer eingetroffen. Jedenfalls waren die Betroffenen fest von der Macht des Hexers überzeugt, der solche und andere Unwetter auslösen konnte. Seine Belohnung war königliche Gunst, was die Erfüllung aller nur möglichen Wünsche bedeutete.

Wirklich ist Yap eine Insel wie sonst keine. Nur dort gab, gibt es noch immer eine Währung in Stein, und zwar aus runden, in der Mitte durchlöcherten Steinen. Davon erreichen höhere Werte die Größe von Mühlsteinen und darüber.

Fai ist nicht nur das größte Geld der Welt, es ist auch das schwerste. Selbst Münzen relativ geringen Wertes passen nicht ins Portemonaie. Auch sie haben einen Durchmesser zwischen 20 und 30 Zentimeter, wobei das Pfundgewicht der Zentimeterzahl entsprechen dürfte. Schon mittlere Werte kann niemand alleine tragen, beträgt doch ihr Durchmesser einen halben Meter und mehr, das Gewicht über hundert Pfund. Außerdem gibt es noch Dutzende von Steinmünzen bis zwei Meter Breite, sogar bis 230 Zentimeter. Äußerst selten, von allerhöchstem Wert sind Geldgiganten von 230 bis 270 Zentimeter Durchmesser, wobei die letztere Ziffer den absoluten Rekord darstellt und sich in der Ortschaft Nif befindet.

Das Material aller Fai-Münzen ist Argonit, wobei die milchig weiße Farbe mit hellbraunen Adern und Punkten darin besonders geschätzt ist. Also richtet sich der Wert nicht allein nach Größe und Gewicht, sondern auch nach Art des Argonits. Weiter für den Wert maßgebend ist der mehr oder minder glatte Schliff sowie der gleichmäßige Abfall der Fai-Stücke zu den Rändern hin. Auch das Loch in der Mitte, von einer halbfingerhohen, etwa handbreiten Rundung umgeben, wünscht man sich glatt, gleichmäßig und kreisrund.

Aus praktischen Gründen ist das Loch sehr wichtig, nämlich zum Transport des Fais. Zwecks Ortsveränderung wird eine starke Stange hindurchgesteckt. Deren vorderes wie hinteres Ende ruht auf zwei Geldsteinträgern. Bei den großen, entsprechend gewichtigeren Münzen braucht man zur Fortbewegung vier Leute. Die allergrößten Fais, wie beispielsweise die Rekordmünze in Nif, läßt man auch beim Besitzwechsel am gleichen Ort. Ebenso das Steingeld der Gemeindekasse. Es wird aus Gründen des Prestiges an der Hauptstraße aufgestellt, gegenüber dem Gästehaus, wo die Beratungen stattfinden und vor dem sich überhaupt alles trifft.

Jeder im gleichen Ort weiß, wem die großen Geldsteine gehören, gleich, wo sie aufgestellt sind. Außerdem haben die besseren Fais ihren Namen, und allbekannt ist ihre Lebensgeschichte. Selbst für die Südsee sind die Fais von Yap ein Kuriosum sondergleichen. Nur einige Inseln in unmittelbarer Nachbarschaft sind gleichfalls Anhänger des Steingeldes. Die Erfindung des Fais ist ebenso unbekannt wie der etwa tiefere Sinn. Viele Theorien gibt es darüber, aber keinen Beweis. So wird unter anderem behauptet, daß Fai als Symbol der Sonne ... des Mondes ... der Erdscheibe gilt. Wie dem auch sei, die erstaunlichen Geldmünzen sind vorhanden, ein paar hundert in jedem Ort. Keine Familie gibt es, die nicht über ein paar Geldsteine verfügt. Sie liegen, stehen und lehnen vor dem Wohnhaus ihrer Besitzer. Sie erhöhen deren Ansehen, wohl auch den Kredit. Jeder hat sozusagen sein Bank-Konto ausgestellt.

Aber wo kommt das Steingeld her, wie und mit welchen Werkzeugen wird es bearbeitet? Argonit, das Material des Geldsteins, kommt auf Yap nicht vor, die Steinbrüche befinden sich auf der Insel Babel Thuab, die zur Palau-Gruppe gehört, fast 450 Kilometer von Yap entfernt. Der schon erwähnte John Stanislaus Kubary*, der um 1850 jahrelang auf Yap und den benachbarten Inseln gelebt hat, schildert in einem seiner Forschungsberichte, daß er mit eigenen Augen »mehrere hundert« Yapesen bei der Fai-Gewinnung gesehen hat. Mit geradezu fanatischer Hingabe arbeiteten die Männer hoch über den hellen, steil ins Meer fallenden Klippen. Weil für das Herauslösen passender Steinbrocken weder Stahläxte noch Schießpulver und erst recht keine Bohrer zur Verfügung standen, schafften die Männer mit scharfgeschliffenen Tridacna-Muscheln, mit Steinhämmern, Holzpflöcken und sprengten das Gestein durch Erhitzen und Abkühlen. Danach die Formgebung, das Glätten und Polieren mit Sand, die Herstellung des Tragelochs in der Mitte.

Auch andere Zeugen, wie die deutschen Südseekaufleute Tetens und Weber, bestätigen, es sei die schwerste, langwierigste und auch gefährlichste Arbeit gewesen, die man sich denken könne. Viele halbfertige Fais zersprangen, andere rollten ins Meer und wieder andere gingen beim Transport in den Kanus wie auf Flößen verloren. Es waren ja nach dem Ende der eigentlichen Arbeit rund 450 Kilometer Fahrt übers offene Meer zu leisten, mit dem Wind im Mattensegel und den Muskeln der Paddler als Antriebskraft. Dabei wurden die Flöße mit schweren Fais von mehreren Kanus gezogen. Drei bis vier Wochen dauerte die Reise, wenn es gutging. Wofür das alles? Eine Frage aus unserer Zeit, unserer meist wirtschaftlich denkenden Welt. Den damaligen Yapesen ging es um die Schaffung bleibender Werte zur Erhaltung einer aktiven Handelsbilanz, zur Erhöhung des Prestiges.

Vergeblich gab ich mir alle Mühe, den wirklichen Wert der Fais zu erfahren. Der schwankte von Stein zu Stein, auch das bestimmte Stück wurde von verschiedenen Leuten verschieden bewertet. Für ein relativ großes Fai konnte man zwei vollerwachsene Kokospalmen erwerben, für ein etwas kleineres bestenfalls eine Palme kaufen. Eine mittelgroße, milchig weiße, glattpolierte Münze mit dunklen Äderchen war etwa doppelt so viel wert wie das Wohnhaus, an dem sie lehnte.**

Bis wann, möchte man fragen, war die Währung noch in Kurs? Noch für die Jahre um 1937 kann ich die Fais als Zahlungsmittel bestätigen, zumindest hat mir Christian Ruepong versichert, beim Kauf und Verkauf von Grundstücken wechsel-

* In amerikanischen Quellen wird Kubary als »Pole« bezeichnet, obwohl er im damaligen Deutschland geboren wurde und bis zum Ende dort lebte und all seine Schriften in Deutsch verfaßt hat.

** Steingeld diente auch zur Begleichung von Blutschuld, damit konnte man den Rachefeldzug betreffender Familien abwenden.

ten Steinmünzen den Besitzer. Jedoch für den täglichen Gebrauch galt der japanische Yen. Daneben waren als Kleingeld jene handtellergroßen, flachen Muscheln im Umlauf, die wir auch in unverarbeitetem Zustand als Perlmutt bezeichnen. Sie waren durchbohrt und an Schnüren aus Palmfasern befestigt, etwa zehn Stück hintereinander. Morgens konnte ich ganze Scharen von Frauen sehen, die sich mit prall gefüllten, aus besonderem Gras geflochtenen Taschen plagten. Darin schleppten sie ihr Kleingeld zum Markt. Ein Strang mit zehn Muscheln, sagte mir Christian Ruepong, sei ungefähr einen amerikanischen Dollar wert, damals entsprechend ca. vier Reichsmark. Wie dem auch sei, die seltsame Währung von Yap hatte einen sehr bedeutenden Vorteil, sie war unter allen Umständen wertbeständig.

Das war sie auch, als ein superschlauer Südseehändler auf den Gedanken kam, große Mengen von Fais mit Sprengpatronen aus den Felsen zu lösen und sie mit dampfbetriebenen Schleifmaschinen zu polieren. Damit, so glaubte er, müsse es ihm möglich sein, jede Menge von Kopra zu kaufen. Das versuchte auch der auf Yap lebende, aus Irland stammende, allgemein in üblem Ruf stehende O'Keef. Worauf die Medizinmänner, besonders der hoch angesehene Inifel, erklärten, das von den »Nobodai«, das heißt von den Fremden hergestellte Fai wäre verhext und verflucht, es habe überhaupt keinen Wert. So gut wie jeder glaubte das, und was von dem »falschen Fai« nach Yap gelangte, wurde entschlossen ins Meer gerollt.

Sofern ich damals richtig gehört habe, wurde die so mühsame Produktion von Geldsteinen in den Jahren 1930 und 1931 für immer eingestellt. Wollten doch die Japaner keine andere Währung dulden als ihre Papier-Yen. Schon vor Kriegsbeginn 1939 hatte man, und zwar seitens der Japaner, die Ausfuhr von Geldsteinen verboten. Die Amerikaner haben die »merkwürdigste Münze« der Welt unter Denkmalschutz gestellt. Eine Dame in den USA bemüht sich um die Aufstellung einer Liste aller Stücke von Fai, die sich außerhalb der Yap-Inseln befinden. Einige der Geldmünzen kann der geneigte Leser im Bremer Übersee-Museum bestaunen.*

Soviel ich frühen Quellen entnehmen konnte, haben die spanischen Entdecker und Besucher des Yap-Archipels nichts von dem Steingeld erwähnt. Adalbert von Chamisso**, der als Gast des deutschen Kapitäns in russischen Diensten Otto von Kotzebue*** eine von dessen Weltumseglungen mitgemacht und auch den dritten Band von Kotzebues Tagebuch geschrieben hat, staunte zwar über das Fai, meinte jedoch, es habe den Häuptlingen als Art von Thronsitz gedient! Der französische Seefahrer Dumont D'Urville**** hielt die Steinmünzen für Eßtische, aber er wußte schon, daß ihr Material von der Palau-Insel Babel Thuap stammte.

Ein deutscher Besucher von Yap hat, so las ich vor geraumer Zeit, ohne mich der Quelle zu erinnern, im Jahre 1910 für ein Fai von 35 Zentimeter Durchmesser

* Ein schmales, aber recht informatives Buch mit sehenswerten Fotos über Fais schrieb Cora Lee C. Gilliland: »The Stonemoney of Yap«, Smithsonian Inst. 1975, Washington DC.

** Geboren 1781 auf Schloß Benacourt in Frankreich, doch als Kind schon mit seiner Familie wegen der Französischen Revolution nach Preußen geflüchtet. Student der Botanik. Preußischer Leutnant, außerdem Schriftsteller, Dichter und Dramatiker.

*** Otto von Kotzebue (1787–1846), deutscher Seefahrer in russischen Diensten, umsegelte die Welt dreimal.

**** Dumont D'Urville, Jules (1750–1842).

zehn Goldmark bezahlt. Für die gleiche Summe bekam damals ein Koprakäufer 1000 Kokosnüsse. 1935 wurden für eine Steinmünze von nur 30 Zentimeter 75 Dollar gezahlt. Dann jedoch stieg bei Museen und Sammlern das Interesse für Fais, und es steigt noch immer. So erhielt ein Mister Gibbs im Jahre 1971 von der New Yorker Carnegie-Bank für ein Fai mittlerer Größe gleich 5000 US-Dollar. Heute soll kein Fai von guter Qualität und Halbmeter-Größe für weniger als zehntausend Dollar zu haben sein. Falls Sie ein solches Stück besitzen und in Dollars tauschen wollen, ist als zahlungskräftiger Sammler von Primitivgeld besonders die schon erwähnte Carnegie-Bank in New York daran interessiert. Vor dem Kriege war es noch möglich, sowohl in der Südsee wie sonst bei naturnahen Völkern die interessantesten Artifakte, darunter auch die erstaunlichsten Masken, Zauberstäbe und Symbolfiguren für bescheidene Summen zu erwerben. So habe auch ich versucht, wie sich denken läßt, während der knappen Woche auf Yap ein Fai zu kaufen. Transportprobleme, wie sie heute wegen der hohen Kosten des Übergewichts im wahrsten Sinne des Wortes so schwerwiegend sind, hatte ich keine. Ein Passagierfrachter wie die »Yamashiro Maru« beförderte alles kostenfrei, was sich in meiner Kabine verstauen ließ. Jedoch ein anderes Problem schien unlösbar zu sein. Wollte sich doch keine der »steinreichen« Familien von nur einer schwergewichtigen Münze trennen. Zwar freundlich lächelnd, aber ganz entschieden wurde allenthalben mein Wunsch nach Fai abgewiesen. Selbst die Fürsprache des japanischen Gouverneurs half da nichts, ja bewirkte möglicherweise das Gegenteil. Andererseits konnten auch Häuptling Ruepong und sein Neffe Christian nichts zu meinen Gunsten erreichen. Von ganz anderer Seite kam überraschender Erfolg.

Es war am vierten Tag meiner Wanderung durch abgelegene Dörfer auf allen vier Inseln von Yap. Schon übermorgen gedachte Kapitän Minami den Anker seiner »Yamashiro Maru« zu lichten. Ein Tag mehr konnte möglicherweise vergehen, aber bestimmt keine zwei. Ein federleichtes Boot hatte mich über die nur schmale Meeresenge nach Gagil gebracht, der zweitgrößten Insel des Archipels. Hier schien es wirklich so, als habe die Zeit nichts verändert, absolut nichts. Nirgendwo die geringste Spur von japanischem Einfluß, erst recht keine Spur ehemals deutschen Wirkens. Bei den Hütten, auch in den Hütten nichts aus fremden Ländern.

Als Weißer, wenn auch braungebrannter Weißer, fiel ich auf. Die Kinder liefen mir nach, junge Frauen und Mädchen versteckten sich. Dabei sah ich doch gar nicht so übel aus! Auf Gagil fehlten sogar jene breiten Wege, auf die zu Beginn des Jahrhunderts der deutsche Amtmann so großen Wert gelegt hatte. Also folgte ich schnaufend und durchgeschwitzt den verschlungenen Pfaden der Inselbewohner. Mitunter zeigten die Leute in eine bestimmte Richtung und riefen zwei, drei Worte, von denen eines wie B a d r e h klang, das andere wie O i s e p i b. Ohne zu begreifen, was es heißen sollte, folgte ich den Hinweisen. Mir kam es ohnehin nur darauf an, eine polynesische Insel zu durchqueren, die geblieben war wie vor hundert, vor vielen hundert Jahren.

Da öffnete sich der feuchtwarme Wald, und durch eine Gruppe von Kokospalmen sah ich nahe dem Korallenstrand eine weißgekalkte Kapelle mit kleinem Glockenturm. Daneben ein niedriges, sorgfältig gemauertes Steinhaus spanischen Stils. Kreischende Kinder meldeten meinen Besuch. So kam es, daß wir uns im gleichen Augenblick gegenüberstanden, beiderseits mit dem Ausdruck maßlosen Staunens. Der andere war Padre Eusebio vom Orden der Kapuziner. In vielgeflickter, durch jahrzehntelangen Gebrauch dünn geschabter Kutte, wirkte der etwa Siebzigjährige ganz unwirklich, fast möchte ich sagen als geisterhafte Erscheinung: der Schädel kahl, der grauweiße Bart fast zur Leibesmitte herabhängend und tief eingesunken die Augen.

Erst wußte keiner, welche Sprache anzuwenden sei. Zunächst versuchte es der Padre mit Latein und ich mit japanischen Brocken. Auch der Versuch des Spaniers, in der eigenen Sprache zu reden, gelang nicht. Hatte er doch seit Abzug der Spanier 1899 kein spanisches Wort mehr gehört. Französisch verstand er nicht und ebensowenig mein Englisch. So meinte er langsam und mühevoll, ob ich möglicherweise etwas von der deutschen Sprache kenne.

Der von seinen Landsleuten vergessene, von den japanischen Kolonialherren nicht zur Kenntnis genommene Missionar lebte und wirkte seit länger als einem halben Jahrhundert auf dieser tropischen Insel.* Weder hatte Padre Eusebio jemals seine Heimat wiedergesehen noch die Inselgruppe für kurze Zeit verlassen. Niemand besuchte ihn, niemand schrieb ihm. Es wußte wohl niemand mehr außerhalb dieses engen Umkreises von seiner Existenz. Padre Eusebio sorgte selbst für sich, bebaute seinen Garten und sammelte die Früchte der von ihm selbst gepflanzten Kokospalmen. Auch ging er dem Fischfang nach und hielt sich Hühner. Gewiß las er jeden Tag seine Messe und hielt Gottesdienst für etwa 60 bis 70 katholisch getaufte Insulaner. Neugeborenen spendete Padre Eusebio die christliche Taufe, firmte sie zu gegebener Zeit und geleitete die Toten zur letzten Ruhe. Gott hatte ihm diese Stelle auf Erden bestimmt, und bis zum Ende seines Lebens gedachte der Gottesmann seine Pflicht zu erfüllen. Zufrieden mit seinem Los, verlangte er nichts, absolut nichts von der übrigen Welt.

Wirklich, für sein leibliches Wohl brauchte er nichts von anderen Leuten. Dafür gab ihm Gottes Schöpfung alles auf der fruchtbaren Insel. Er lud mich zu gekochtem Fisch und gerösteten Bananen ein.

Ganz ohne Probleme, sagte er, ganz ohne bösartige Widersacher ginge es auch hier nicht ab. Ein sehr geschickter Zauberer und höchst erfolgreicher Machamach, mit anderen Worten ein hartgesottener Heidenpriester, machte ihm das Leben schwer. Der unselige Mensch verhindere die Rettung so mancher verlorenen Seele,

* Nach Übernahme der Inselgruppe durchs Deutsche Reich wurden nach und nach die spanischen Kapuziner durch deutsche Missionare des gleichen Ordens ersetzt. Nur ein Pater Salerius, der geborener Deutscher war, blieb auf Yap. Bis 1904 war der Austausch beendet. Dabei wurde aus nicht mehr feststellbaren Gründen Padre Eusebio zurückgelassen. Wer sich mit der Südsee und ihrer Geschichte beschäftigt, wird des öfteren auf Schicksale von »Vergessenen« stoßen. Da haben weiße Männer schon viele Jahre und Jahrzehnte auf Inseln gelebt, die man offiziell eben erst entdeckt hatte, und irgendwo existieren noch uralt gewordene Überlebende aus völlig anderen Zeiten. Seit langem schon habe ich eine Liste solcher Leute und ihrer Namen zusammengestellt, um später . . . vielleicht wenn es die Zeit erlaubt, über sie zu schreiben. Aber zu wenig bewiesene Tatsachen sind über sie bekannt, außerdem ist zu befürchten, daß zu viele Leser solche Storys ins Reich der Phantasie verweisen.

um die er sich bemühe. Tomivil sei der vielböse Feind, und leider habe ihn Satanas mit großer List ausgestattet.

Was ich weiter zu hören bekam, bewies mir aufs neue, wie sehr sich die Wirkung bewährter Medikamente durch die Anwendung uralten Aberglaubens verdoppeln, wenn nicht gar verdreifachen läßt. Allen Hokuspokus, von Generationen seiner Vorväter überliefert, betrieb Tomivil nach wie vor, sich dabei den Anschein gebend, als glaube er daran mit allen Kräften seiner schwarzen Seele. Gemahlene Schlangenzähne und pulverisierte Rattenohren, die Asche von Menschenhaar und Fußnägeln, auch sonstige Paraphernalia angeblich heilender Hexenkunst brachte Tomivil bei Kranken zur Geltung. Aber nicht nur das! Der ohne Zweifel sehr intelligente Höllenfreund hatte seinerzeit im deutschen Hospital auf Saipan als Heilgehilfe gewirkt. Wobei nicht ausbleiben konnte, daß er unter anderem auch die »richtigen« Medikamente kennenlernte.* Tomivil, der Listenreiche, mischte seit jenen Jahren unter die Mixturen finsteren Aberglaubens, ohne Wissen seiner Patienten natürlich, die wirkungsvollsten Produkte der deutschen, der englischen nun auch der japanischen Medizin. Beides zusammen, der alte Heidenglaube einerseits und moderne Medikamente andererseits, brachten Tomivil Erfolge, die würdig waren, allgemein bestaunt zu werden.

»An seinem rechten Ohr, das durchbohrt ist, baumelt eine Bambusdose«, erzählte Padre Eusebio in einem Ton, der Abscheu und Bewunderung zugleich verriet. »Den Kranken sagt der Schurke, darin befinde sich das Knochenmehl von hundertjährigen Fledermäusen oder ähnlichen Unsinn. Aber es ist in Wahrheit Salvarsan, und damit heilt er die Syphilis. Doch eines Tages wird der Satan ihn holen und furchtbar wird Tomivil brennen im Höllenfeuer!«

Warum eigentlich, war ich nahe daran zu fragen? Warum sollte Tomivil so streng bestraft werden, wenn er doch geplagten Menschen auf wirkungsvollste Weise zu helfen imstande war! So stark auch der Glaube Padre Eusebios sein mochte, er war in mittelalterliche Enge eingeschlossen. Das zeigte auch die altertümliche Art, wie er die Sachlage schilderte.

»Mit Kopra läßt sich der schlaue Fälscher, der Gottesverleumder bezahlen, ganz einfach mit Kopra. Davon kann er jede Menge an die japanischen Händler in Colonia verkaufen. Also hat Tomivil viel bares Geld, um sich im japanischen Krankenhaus neue Medizin zu verschaffen, ja sogar aus der Ferne zu bestellen und sich kommen zu lassen.«

Natürlich war besonders schlimm an der Sache, daß Tomivils Ansehen mit jedem Heilerfolg weiter zunahm, also die Aura des alten Kapuziners verdunkelte. Zum Heidenpriester liefen die Leute in ihrer Not, weil sie den für mächtiger hielten. Die alten Götter und Geister konnten zufrieden sein!

* Professor Dr. Robert Koch, Entdecker des Erregers der Tuberkulose, Cholera und Malaria, außerdem Hauptbegründer der Bakteriologie und Nobelpreisträger für Medizin, war während seiner weltweiten Forschungsfahrten gleich nach der Jahrhundertwende auch in den deutschen Schutzgebieten der Südsee gewesen und hat danach von Berlin aus dafür plädiert, die kleinen Spitäler im fernen Schutzgebiet mit modernsten Medikamenten zu versorgen.

Der bedauernswerte Padre verdiente nichts, ja er hatte seit etlichen Jahren keinen Geldschein mehr gesehen. Aber dringend brauchte er nun ein paar Küchengeräte, auch einen Schleifstein, Nähzeug und Schreibhefte. Weil das für meine Begriffe nur wenige Mark ausmachte, bat ich um Erlaubnis, dafür aufzukommen.

»Nein, aber nein . . . wo denken Sie hin, lieber Herr? Ich hab' ja Geld, nur ist es so umständlich, die schweren Stücke nach Colonia zu tragen . . . mein Alter . . . wissen Sie, mein Alter hat mir den Rücken gebeugt. Aber falls Sie mir freundlicherweise ein paar Fais in japanische Yen wechseln wollen?«

Der gute Padre mußte es zweimal, ja noch ein drittes Mal sagen, weil ich erst kein Wort herausbrachte. Wirklich, so war es, mein Gehör hatte mich nicht getäuscht. Ein verstorbener Insulaner katholischen Glaubens hatte dem guten Padre drei relativ große Geldstücke hinterlassen. Zwischen sechzig und neunzig Zentimeter betrug ihr Durchmesser, während meines Erachtens das Gewicht zwischen ein und anderthalb Zentner schwankte. Ich kaufte, genauer gesagt, ich wechselte alle drei Münzen aus massivem Argonit in papierne Yen. Diese entsprachen, – wenn meine Rechnung stimmt – dem damaligen Gegenwert von etwa 200 D-Mark. Der Padre schien überwältigt von der Höhe meines Angebotes. Nach seiner Ansicht war er auf Jahre hinaus mit Bargeld versorgt.

Starke Männer, je zwei für einen Fai, schleppten meinen yapesischen Schatz an Bord der »Yamashiro Maru«. In deren Bauch schwammen die zentnerschweren Geldstücke nach Yokohama, zwei Jahre später an Bord der »Potsdam« erst nach Hamburg, sodann nach London, wohin mich das Auswärtige Amt im Frühjahr 1939 versetzt hatte. Dort blieben sie, allein schon ihres Gewichtes wegen, als der Zweite Weltkrieg ausbrach und wir von der Deutschen Botschaft gegen die Britische in Berlin ausgetauscht wurden. Das Haus am Belgrave Square 12, wo ich gewohnt hatte, wurde von deutschen Bomben in Schutt und Asche gelegt. Weil es doch nicht zu ändern war, vergaß ich all mein Hab und Gut, das dort im Keller eingelagert war. Aber auch heutigentags geschehen noch Wunder. Kaum hatte das Jahr 1951 begonnen, erschien vor meinem Notquartier in Neuhaus am Schliersee ein ziemlich großer Lkw, von dem eilig herbeigebetene Hilfskräfte eine an mich adressierte, ungeheuer schwere Kiste entluden. Als es mir nach mühsamer Arbeit gelungen war, sie aufzubrechen, standen oder lagen vor mir zwei der vor zwölf Jahren aus Korea mitgebrachten Steinskulpturen, außerdem alle drei Fai von Yap. Den kleinsten davon habe ich einem guten Freund geschenkt, die anderen befinden sich in Schräglage neben dem Eingang unseres jahrhundertealten Berghofes bei Marquartstein in Oberbayern. Das vielleicht schönste an der Geschichte war, ich möchte noch kurz erwähnen, der Anstand jener englischen Beamten, welche mir die unvorstellbar schwere Kiste frachtfrei, das heißt auf Kosten der britischen Steuerzahler an den Schliersee geschickt hatten. So erlebte ich noch einmal, vielleicht zum letzten Mal die feine englische Art.

Die Queen von Mapia

Gerade hatte ich ein paar Postkarten im japanischen Laden gekauft, da wurde ich mit meinem Namen angesprochen. Eine füllige Frau auf der Schattenseite der Fünfzig lächelte übers ganze zimtbraune Gesicht. Die Haare grau, die Augen dunkel und die Backen hängend, das war der erste Eindruck. Weiter abwärts ein Gesäß von imponierendem Ausmaß, dazu bloße, breit ausgetretene Füße auf verstaubter Straße. Keine schöne Erscheinung, gewiß nicht, dennoch eine Erscheinung von besonderer Art. Das Kattunkleid war befleckt, und dessen Knöpfe in Gefahr, vom mächtigen Busen gesprengt zu werden. Jedoch wurden all solche Nebensachen überboten vom beherrschenden Blick. Dazu paßte gut die gerade Nase, die einen betont energischen Charakter verriet.

»Ich hab' den Wunsch, Sie zu grüßen«, sagte die Frau in gutem Deutsch, »dreiundzwanzig Jahre sind es her, seit ich zum letzten Mal 'nem Landsmann begegnet bin . . . mein Name ist Weber . . . Daisy Weber heiße ich.«

Eine Deutsche, konnte das möglich sein? Eigentlich sah sie nicht danach aus. Immerhin waren aber der Schnitt ihres Gesichts und die dunkelgrauen Augen nicht von polynesischer Art.

»Wo haben Sie so gut Deutsch gelernt und . . . nichts davon vergessen?«

»Im Hause meines Vaters . . . aus Hamburg ist der gekommen, und ein deutsches Kinderfräulein hab' ich auch gehabt, und drei Jahre war ich bei Bremen im Pensionat.«

Jedes Wort richtig betont, und kein grammatischer Fehler fiel mir auf.

»Ich hab' den Wunsch, hier wegzukommen, und hoffe, Sie werden mir helfen dabei«, brach es mit bitterer Stimme aus ihr hervor.

»Sie gehören doch zur Deutschen Botschaft in Tokyo, Herr Doktor, also bin ich an der richtigen Adresse. Aber davon später . . . Sie bleiben ja noch ein paar Tage. Auf Ihrem Schiff basteln die noch immer an der Funkanlage herum. Erst mal werde ich Sie mit unserer Insel bekannt machen, wie's Ihnen die Japse bestimmt nicht zeigen!«

»Ich habe schon ziemlich viel von Yap gesehen«, war meine betont zurückhaltende Bemerkung.

»Ich weiß . . . ich weiß . . . beim Padre Eusebio waren Sie auch und haben ein paar Fais mitgebracht. Ich hätte Sie schon gleich getroffen, werter Herr, aber ich mußte in Ruhe meine Pacht kassieren. Also jetzt besuchen wir erst mal den Amtmann Senft . . . den guten Arno Senft!«

Sie hatte den hiesigen Vertreter des längst abgedankten Kaiser Wilhelms gut gekannt, vom Tage seines Eintreffens auf Yap bis zu seinem Tod auf der ihm liebgewordenen Insel. Auch beim Hin und Her der Übergabe von Yap, schließlich auch beim Hissen der deutschen Flagge im Oktober 1899 war Daisy dabeigewesen. Sie redete davon, als sei das erst vor kurzem geschehen. Höchst feierlich war das vor sich gegangen, mit Salutschüssen von SMS »Adler«, sodann das Abspielen beider Nationalhymnen und abends ein großes Fest. Daisy bekam feuchte Augen, als sie von jenem Tag erzählte, da war sie schon ein erwachsenes Mädchen gewesen. Sie hatte mit den jungen Offizieren bis zum Morgengrauen Walzer getanzt. Es war einer der schönsten Tage ihres damals erst sechzehnjährigen Lebens. Das Fest in ihrem Elternhaus war einmalig gewesen. Nichts damit vergleichbares hatte Yap zuvor und danach jemals erlebt. Etwa 100 Gäste waren geladen, vom »Adler« und die spanischen Herren von der Zitadelle, die anderen Weißen auf der Insel und die führenden Häuptlinge. Nur gab es zu wenig Damen für so viele Herren. Aber die es gab, seien wie Wirbelwinde mit wechselnden Partnern übers blanke Parkett gefegt. Herrlich hatte man getafelt von Decken aus Damast, im schimmernden Schein von vielen Lichtern aus dem Kronleuchter an der Decke. Edelste Weine aus ihres Vaters Keller waren serviert worden, sogar Champagner aus Frankreich. Die Weberschen Diener steckten in blauer Livree mit silbernen Knöpfen, und sogar weiße Handschuhe hatten sie an. Solche Sachen bestellte Vater bei »Braun« in Berlin. Die Damen des Hauses in tief ausgeschnittenen Abendkleidern, die Herren im schönsten Tropenfrack oder in weißer Uniform der Marine. Grenzenlos schien Frau Daisys Phantasie zu sein, als sie vom Luxus ihres Elternhauses fabelte, von einem weißen Holzpalast auf einer Halbinsel am Hafen von Colonia.

Jawohl, ihr Vater war so etwas wie ein König gewesen, der Regent über ungefähr 8000 Insulaner. Hatten ihn doch die Häuptlinge während einer großen, feierlichen, zu diesem Zweck einberufenen Versammlung zum Oberhäuptling aller Stammeshäuptlinge und Sippenführer gewählt. Zwanzig bis fünfundzwanzig Jahre vor der deutschen Flaggenhissung war das gewesen. Theo Weber verfügte damals und später noch über eine Privatarmee von vierzig gut gedrillten, einheitlich uniformierten Soldaten von der Insel Sonsorol, die er gleichfalls beherrschte. Zwölf Paddler in roten Jacken bewegten sein Staatskanu durch die Lagune und in den anderen Teil von Yap. Sie grüßten ihren Inselchef beim Besteigen des Bootes mit senkrecht erhobenen Paddeln, wie das auch bei Königen und Fürsten im fernen Europa üblich war.

»König Theos Artillerie«, wie sie sagte, bestand aus vier kleinen Kanonen, und die befanden sich auf den vier Ecken seiner privaten Festung, gleich neben seinem Holzpalast. Am Fahnenmast wehte die Flagge des Regenten von Yap, in den Farben Grün-Weiß-Grün. Die »Royal Family« hatte musikalisch begabte junge Leute zu einem Quintett ausbilden lassen, das sowohl Operettenmelodien wie Tango und Walzer darbieten konnte. Frau Daisy entsann sich an abwechselnd wirkende Erzieherinnen im väterlichen Haus, eine englische Gouverneß war der französischen Gouvernante gefolgt, außerdem gab es einen deutschen Hauslehrer.

Die Alte spinnt, davon war ich schon bei ihren ersten Worten überzeugt. Dank ihrer blühenden Phantasie hatte sich die Ärmste eine Märchenwelt aufgebaut, eine paradiesähnliche Vergangenheit. Nur so, schien es, konnte sie die lustlose Gegenwart ertragen.

Aber, liebe und verehrte Leser ... alles stimmte ...! Fräulein Daisy Weber sagte nichts als die reine Wahrheit, wenn auch angereichert vom bekannten Gold der Erinnerung. Davon abgesehen waren die von ihr geschilderten Tatsachen echt und hatten sich in großen Zügen so zugetragen.

Dafür nenne ich drei Zeugen, drei seriöse, absolut glaubhafte Zeugen. Sie haben den Holzpalast Theo Webers mit eigenen Augen gesehen, auch seine private Streitmacht, ebenso die Staatsbarke mit den rotberockten Paddlern, auch die vier schon ziemlich alten Kanonen und die grün-weiß-grüne Fahne des Inselherrn. Alle drei Zeugen haben in Webers Residenz gespeist, getafelt und getanzt.

Zeuge Nummer eins war der damalige Leutnant zur See von Spiegel, im Zweiten Weltkrieg einer der berühmtesten U-Boot-Kapitäne und Verfasser von Marinebüchern. Spiegel hat sowohl die Flaggenhissung auf Yap miterlebt wie auch das von Daisy beschriebene Fest im Holzpalast. Etwa fünf Jahre lang kreuzte dieser Offizier an Bord von SMS »Adler« und SMS »Iltis« durch die ehemals deutsche Südsee. Im Zweiten Weltkrieg amtierte er als Generalkonsul in Marseille, und beide waren wir über ein Jahr lang im gleichen Internierungslager (bei Salsomaggiore, Italien) zusammen. Wie zu begreifen, spielten beim abendlichen Gedankenaustausch seine und meine Erinnerungen an die Südsee eine große Rolle. Die Schilderung von Daisy Weber über ihr Elternhaus und jene des Kapitäns von Spiegel deckten sich.

Zeuge Nummer zwei ist der einstige Funker von Yap, mit dem ich nach einem Vortrag in Wiedenbrück sehr eingehend und ausführlich über den König Theo von Yap gesprochen habe. Auch er hat Daisy Webers Erzählungen bestätigt, machte nur gewisse Abstriche, was den »Luxus« im Elternhaus Daisy Webers betraf.

Zeuge Nummer drei ist, leider muß ich nun sagen, war ein weit über achtzigjähriger Rentner in München, namens Koller, den meine Frau und ich beim Ausführen des Hundes sehr oft im Englischen Garten von München getroffen haben. Er war Bootsmann auf SMS »Königsberg« gewesen, sofern ich das richtig behalten habe. Bei jeder seiner Rundfahrten durch die deutsche Südsee lag der Kreuzer für einige Tage bei Yap vor Anker. Stets bei solchen Gelegenheiten war der Bootsmann Koller gerngesehener Gast der Familie Weber gewesen, denn er verstand es ausgezeichnet, zur eigenen Laute bayrische Schnaderlhüpferl zu singen. (Was er später mit viel Erfolg in Münchner Lokalen getan hat.) Gern erzählte Koller davon und bestätigte, die Webers hätten auf Yap gelebt »wie Gott in Frankreich«. Die Yapesen hätten zu ihm aufgeschaut wie zu einem regierenden Fürsten. Das habe Weber auch verdient, betonte Freund Koller, weil er den Yapesen in jeder Notlage half, oft bis an die Grenze des Möglichen.

Viel war möglich, damals in der Südsee, so etwa in der Zeit von 1850 bis 1900*.

* Theo Weber war nicht der einzige Inselchef weißer Hautfarbe. Mit List, Gewalt, reichen Geschenken sowie auch mit guten Werken war es einer ganzen Reihe romantisch veranlagter oder geltungssüchtiger Südseehändler gelungen, zum maßgeblichen, mehr oder minder diktatorisch regierenden Oberhaupt aufzusteigen.

Damit gelangten wir zum Denkmal Arnold Senfts. Weil von dem Gebilde ein Foto in diesem Buch erscheint, brauche ich das Monument nicht zu beschreiben.

Angenehm überraschend ist der gute, sorgfältig gepflegte Zustand des etwa zwei Meter hohen Gedenksteins. Es sieht aus wie erst gestern abgewaschen.

»Nicht wahr, man sieht's«, meint Fräulein Daisy mit leiser Stimme, »bis vor drei Tagen hat er draußen vor der Mole vier bis fünf Meter tief im Wasser gelegen!«

So erfuhr ich, und zwar in allen Einzelheiten, daß die Japaner, gleich nach der Besetzung von Yap im September 1914, das harmlose Monument ziemlich weit draußen ins Wasser geworfen hatten. Sie meinten, dann würden die Yapesen ihren Kaiserlich Deutschen Amtmann bald vergessen. Als man, vor weniger als einer Woche, dem japanischen Inselchef, den zierlichen, stets heiter lächelnden Sato-san vom bevorstehenden Besuch eines Beamten der Deutschen Botschaft Mitteilung machte, ließ er sogleich das Denkmal mittels einer Winde aus dem Wasser holen, sorgsam reinigen und wieder auf den alten Platz stellen.

Da steht nun das Monument, ganz so, als habe es sich gut 30 Jahre nicht vom Fleck gerührt.

»Lange bleibt's aber nicht«, meinte Frau Daisy, ihre massiven Schultern zukkend, »sobald Sie fort sind, geht Arno Senft wieder baden!«

So geschah es auch. Wenn nicht alles täuscht, was ich bei meinem zweiten Besuch gehört habe, liegt der Gedenkstein mit Bronzeplatte noch heute dort, wo ihn die Japaner bei der zweiten Fortschaffung versenkt haben. Neuerdings besteht relativ gute Hoffnung, daß der historische Gedenkstein gehoben, renoviert und an seinem alten Platz wieder aufgestellt wird. Der »Sprecher des Abgeordnetenhauses« von Yap hat es verbindlich zugesagt. Die Durchführung bleibt dem bundesdeutschen Chef des dortigen Touristenbüros überlassen, einem passionierten Taucher namens Gnatz aus der Umgebung von München. Dieser machte mir den Eindruck, als werde er das Denkmal finden, alle paar Wochen erkundige ich mich danach. Weil nach meinem vierjährigen Bemühen und dauerndem, den Verantwortlichen im Bonner Auswärtigen Amt auf die Nerven gehenden Nachfragen die erstklassige Wiederherstellung von zwei alten deutschen Denkmälern in Westsamoa (Apia) durchgeführt wurde, sollte auch meine ganz und gar private Initiative in Sachen des Arno-Senft-Gedenksteins auf Yap gelingen.

Ein heißer Tag, ein feuchter Tag wie fast jeder des ganzen Jahres auf Yap. Auch wenn meine Wege von Dorf zu Dorf im Schatten liegen, da sich droben die Wipfel der Kokospalmen berühren, die brütende Hitze kann auch das Laubdach nicht vom Boden abhalten. Da schlafen und träumen auch bei Tage die Männer vor ihren Hütten. Wenn Frauen fleißig arbeiten ist keine Not am Manne. Diese alte Weisheit gilt auch hier, gilt ganz besonders in der Südsee. Beim Fischfang allerdings, wenn dafür die rechte Zeit und das passende Wetter gekommen ist, sind die Männer tüchtig. Sie lassen nicht nach, bis das Boot mit glitzernder Beute, auch mit Krebsen, Krabben und Muscheln gefüllt ist. Meist handelt es sich bei ihren Fahrzeugen noch um kunstvoll hergestellte, aus einem Stamm gehauene Einbäume.

Vom Weg abzuweichen, ist nur an wenigen Stellen möglich. Tiefgrüne, dornige und verfilzte Wildnis erfüllt allenthalben die Insel. Wo bisher die Bewohner nicht versucht haben, den wenig fruchtbaren Boden zu kultivieren, blieb der Tropendschungel. Da gedeihen keine Kokospalmen, ebensowenig Sagopalmen und auch solche nicht, die Datteln tragen. Selbst Brotfruchtbäume muß man hierzulande hegen und pflegen, sonst wird nichts daraus.

Ein etwa zwölfjähriger Junge, mit nur schmalem Lendenschurz bekleidet, stand drunten an der Gangway, mich abzuholen. So war es mit Daisy Weber abgemacht, die mich zum Sundowner auf die Veranda ihres Hauses geladen hatte. Sundowner . . . ein alter, von den Briten übernommener Brauch in den Tropen, daß man sich bei Sonnenuntergang einen Drink genehmigt. Aber nicht vorher, keinesfalls während des hellen Tages, weil ja im heißen Klima der Alkohol müde macht. Der Junge lief mir voraus, ich schritt gemächlich hinterher. Fühlte mich aber overdressed, im weißen Tropenanzug mit Jacke und Krawatte. Aber damals war es so üblich, nach der feinen englischen Art, wenn man eine Dame der guten Gesellschaft zum Sundowner besuchte.

Für meine Begriffe war das Haus der fülligen Frau nicht mehr als eine windschiefe Holzbude und ihre Veranda ein quietschender Bretterboden. Wie mir schien, hatte die Herrin des Hauses schon vor Erscheinen des Gastes einige Drinks zu sich genommen. Was sie mir einschenkte, vermochte ich nicht zu definieren. Der Saft einheimischer Früchte war sicher darin, gemixt mit irgendwelchem scharfem Schnaps. Jedoch, es ließ sich trinken, und es wurde mir nicht schlecht davon.

»Also ich bin 'ne Deutsche, müssen Sie wissen, und die Deutsche Botschaft in Tokyo ist zuständig für mich.«

Dies genau waren jene Worte, mit denen sie das denkwürdige Gespräch begann.

»Wann und wo geboren«, wurde ich amtlich, »Name und letzte Anschrift der Eltern, am besten wären wohl Ausweispapiere. Wie steht's damit?«

So leicht war Frau Daisy nicht zu erschüttern. Der Name ihres Vaters sei Theodor Weber, aus Hamburg stammend und dort wahrscheinlich ums Jahr 1855 auf die Welt gekommen. Sie selber sei 1883 auf der Insel Nauru geboren, die später ebenfalls zum deutschen Schutzgebiet in der Südsee gehört hat. Ein Geistlicher der Bostoner Mission habe sie »Daisy« getauft. Das müsse in seinen Berichten vermerkt sein, die er regelmäßig ans Mutterhaus in Boston verschickt habe. Im übrigen sei sie auch in der Ausländerkartei des Gouverneurs Sato-san als deutsche Staatsangehörige vermerkt.

Ich solle weiter gut zuhören, ermunterte mich Daisy Weber, denn bald komme sie zur Hauptsache, das heißt zu ihrer Frau Mutter und deren Abstammung. Aber zuvor noch ein paar Worte, den weitgereisten Vater betreffend. Wie es seinerzeit in Seestädten häufig vorkam, war der junge Theo seiner Schule und dem Elternhaus entlaufen. Er wollte die Welt sehen und eines Tages selber Kapitän werden, auf eigenem Schiff. Zunächst schuftete Theo Weber als Schiffsjunge auf einem Windjammer. Dann als Steuermann auf einem australischen Schoner im südlichen

Pazifik und schließlich sogar als Kapitän mit drei Mann Besatzung auf der eigenen Zwei-Mast-Barke. Ein nur kleines, schon recht altes und nicht mehr ganz seetüchtiges Schiff dürfte das gewesen sein. Frau Daisy zögerte nicht, dies einzugestehen. Es muß zwischen 1875 und 1880 gewesen sein, als Theodor zur Insel Nauru kam, um Perlmutt, Trepang und Kopra an Bord zu nehmen. Zu jener Zeit war der Handel im weiten Pazifik noch immer vorwiegend ein Tauschhandel, aber gerade deshalb ein gutes Geschäft für schlaue Leute. Gab es doch in dem großenteils noch herrenlosen Raum weder Zölle noch Steuern. Keine Behörde mischte sich ein, sofern man nicht eines der schon bestehenden Kolonialgebiete anlief. Auf den kleineren, auf den abseits gelegenen Inseln hatten die Insulaner noch nicht begriffen, wie schamlos sie übervorteilt wurden. Es kam darauf an, schneller zu sein als die Konkurrenz und neue Gebiete zu erschließen, die noch kein »weißer Hai« abgegrast hatte. Noch wichtiger war die Gewinnung der Gunst des jeweiligen Inselkönigs.

Damals regierte auf Nauru* ein gewisser Harris, trotz seines Namens und christlicher Taufe ein Polynesier von reinstem wie auch edelstem Geblüt. Doch sein Korallenthron war ins Wanken geraten, böse Verwandte hatten gegen ihn eine Verschwörung angezettelt. Theo Weber erkannte seine Chance. Weil zu seinem Geschäft auch der Waffenschmuggel gehörte, konnte er sich dem bedrängten Häuptling nützlich erweisen. Mit ein paar Dutzend Gewehren kam Theo an Land und schulte des sogenannten Königs tapfere Krieger im Gebrauch der Waffen.

Bald hatte Theo ohne eigene Verluste den Sieg für seinen polynesischen Freund errungen. Dem König Harris lag sehr daran, sich den Schutz des weißen Mannes zu erhalten, und er schenkte ihm 1000 Kokospalmen mitsamt den nötigen Arbeitskräften. Daraus zog Theo Weber den denkbar besten Nutzen, nicht minder auch der braune König. Weit von Nauru entfernt gab es nämlich noch eine Insel,

* Nauru, 21 Quadratkilometer groß mit heute etwa 5000 Einwohnern, ist ein relativ flaches, maximal 20 Meter hoch aus dem Meer ragendes Atoll. Zusammen mit den Marshall-Inseln gelangte auch die Insel Nauru während der Jahre 1880 und 1884 erst in die Hände der deutschen Neuguinea-Company, um sodann als Schutzgebiet vom Deutschen Reich übernommen zu werden. Es handelt sich, was erst später bekannt wurde, um die wirtschaftlich reichste Insel des gesamten polynesischen Raumes, denn vier Fünftel des Bodens von Nauru bestehen aus einer 21 Meter dicken Schicht von Guano-Phosphat. Aus dem Jahresbericht von Dr. Albert Hahl, ehemals Generalgouverneur der deutschen Schutzgebiete in der Südsee (»Deutsch-Neuguinea«, erschienen 1936 im Verlag Dietrich Reimer), steht unter anderem zu lesen: Vor der deutschen Flaggenhissung haben sich die 14 Familiensippen auf der Insel in geradezu verheerendem Ausmaß gegenseitig bekämpft und waren nahe daran, sich auszurotten. Geldgierige Waffenhändler hatten den Insulanern dafür die Mordinstrumente nebst Munition geliefert. Es ging um die Durchsetzung eines gemeinsamen Oberhauptes, das man in früherer Zeit, bevor die Waffenschmuggler kamen, gewählt hatte. Nach Übernahme durch die Deutschen wurde die Bevölkerung entwaffnet, man ließ ein Oberhaupt wählen und begnügte sich für die Verwaltung der Insel mit nur drei deutschen Beamten. Nach einer Grippe-Epidemie im Jahr 1910 waren nur noch 1387 Insulaner übrig. Die bis auf über 2000 anwuchsen, als 1920 wieder eine Grippe-Epidemie die Bevölkerung halbierte. 1934 lebten wieder 2677 Menschen auf der Insel und heute sind es, wie gesagt, rund 5000. Zur deutschen Zeit befanden sich drei Schulen mit 200 Schulkindern auf Nauru. Die Missionierung blieb weiterhin Aufgabe der Bostoner Mission. In der deutschen Zeit wurde mit dem Abbau von Phosphaten begonnen, dessen Gesamtmenge von Experten auf 40 Millionen Tonnen geschätzt wurde. Als man pro Jahr 400000 Tonnen davon abtransportierte, mußte der Vorrat für etwa 100 Jahre reichen. Die Deutschen exportierten 1907 erst 11000 Tonnen, 1910 bereits 142000 Tonnen. Mit Ausbruch des Ersten Weltkrieges wurde die Insel von australischen Truppen besetzt, im Zweiten Weltkrieg jahrelang von den Japanern, geriet danach wieder unter australische Schirmherrschaft, um 1960 ein selbständiger Staat zu werden. Es ist gemessen an seinem Umfang und seiner Bevölkerungszahl einer der kleinsten Zwergstaaten auf der Welt, jedoch Mitglied der UNO. Dank des fabelhaften Reichtums an Phosphaten genießt die Bevölkerung von Nauru das höchste Pro-Kopf-Einkommen aller Staaten überhaupt! Man ist im Begriff, buchstäblich den Boden abzutragen, auf dem die superreichen Insulaner leben, und in alle Welt zu verschicken. So werden die Gewinne schon jetzt wertbeständig im Ausland angelegt, und man denkt daran, später einmal den gesamten Staat mit seinem Staatsvolk auf eine andere, käuflich erworbene Insel zu verlegen.

Mapia** mit Namen, auf die Harris im Verlauf eines komplizierten Erbgangs Anspruch erhob. Theo half ihm nach bewährter Weise, diesen Anspruch durchzusetzen. Es knallten ein paar Schüsse, kostete aber keinen Toten. Schon war man Herr der Lage. Nun bekam Theo die einzige Tochter des dankbaren Königs zur Frau und sie wiederum die Insel Mapia als späteres Erbe zugesichert.

Damit war Theo Weber für immer aller Sorgen enthoben. Aber seinem Temperament genügte nicht, was erreicht war, ihn verlangte nach weiteren Taten. Seine Frau in guter Obhut zurücklassend, segelte der Schwiegersohn des Nauru-Königs nach Australien und kaufte sich ein besseres Schiff. Die Kopra von seinen tausend Palmen hatten ihm dafür die notwendigen Mittel verschafft. Der unersättliche Theo wollte mehr und noch mehr. Er fuhr aus, um neue Möglichkeiten zu finden, die er in der Karolinen-Gruppe auch fand. Er gründete Faktoreien auf Kusai und Sonsorol, trieb Tauschhandel im ganzen Archipel und blieb mitunter für ein volles Jahr verschwunden.

Weil die Erzählung Frau Daisys an jenem denkwürdigen Abend mehrere Stunden in Anspruch nahm, zudem mit vielen Abweichungen, Rückblenden und Wiederholungen angereichert war, lassen Sie mich bitte ihre Story nach Art des Zeitraffers wiedergeben. Für das Verständnis, für die Glaubwürdigkeit dieser Geschichte möchte ich erneut daran erinnern, daß sich während der zweiten Hälfte des vorigen Jahrhunderts in weiten Teilen der Südsee auch sonst viele dramatische, wildromantische, zum Teil mörderische Geschehnisse abgespielt haben. Damit verglichen, so könnte man sagen, sei der »Wilde Westen« in den USA ein Spielplatz wohlerzogener Kinder gewesen. Ging es doch im Südpazifik weit wilder zu. Weiße und halbweiße Glücksritter unter Segel, hartgesottene Unruhestifter schürten Rebellionen gegen die angestammten Häuptlinge, unterstützten mit Pulver und Blei die eine gegen die andere Seite und verwirrten den gesunden Menschenverstand durch hochprozentigen Alkohol. Durch List und Gewalt gelang es ihnen des öfteren, regelrechte Herren von dieser oder jener Insel zu werden. Zu den erfolgreichsten Selbstherrschern über ganze Völker, weite Landstriche und auch die schönste Insel gehörte unter vielen anderen die sogenannte Queen Emma auf der Gazellenhalbinsel, der Marquis de Raye in Neuguinea, auch der weiße Radja von Sarawak, dessen Kinder und Kindeskinder bis 1952 regiert haben. Auch ein gewisser Cook, dessen Nachkommen noch bis vor kurzem absolut regierende Herren ihrer Insel waren, zählte dazu. Man lese darüber die hinreißenden Südsee-Bücher von Joseph Conrad, Jack London, Louis Stevenson und zahlreiche andere.

Frau Daisy bestritt keineswegs die Möglichkeit illegaler Geschäfte ihres Vaters.

** Die Insel Mapia, heute von ungefähr 300 Menschen bewohnt, war noch bis zu den letzten Tagen des vorigen Jahrhunderts ohne Kolonialherren. Sodann wurde Mapia vom Deutschen Reich beansprucht, weil aber auch Niederländisch-Indien nahe an Mapia heranreichte, erhoben gleichfalls die Holländer Ansprüche. Der oben erwähnte Dr. Albert Hahl hatte 1901 in Makassar mit einem Vertreter des holländischen Generalgouverneurs wegen Mapia verhandelt. Dies mit dem Ergebnis, daß einerseits Holländisch-Indien zugunsten des Deutschen Reichs auf die Insel Sonsorol verzichtet, während das Deutsche Reich keine Ansprüche mehr auf Mapia erhob. Auf der kleinen, ganz unwichtigen Insel Mapia hat nie ein holländischer Vertreter amtiert, auch später hat es dort keinen australischen oder japanischen Beamten gegeben. Als aus Niederländisch-Indien die Republik Indonesien wurde, gehörte auch Mapia dazu, aber die Verwaltung blieb weiterhin ganz in den Händen eingeborener Häuptlinge.

Aber zuversichtlich hoffte sie, daß er sich nicht an Menschenjagden beteiligt habe, also kein, gewissermaßen nebenberuflich, »Blackbirder« gewesen sei. Dennoch scheint sicher, daß er Schwierigkeiten mit den Spaniern bekam. Dies geschah im letzten Viertel des vorigen Jahrhunderts, besonders zwischen 1880 und 1890, als sich die spanischen Kolonialherren entschlossen, die auf dem Pergament schon längst zu Spanien gehörenden, aber weniger bedeutenden Inseln mit Garnisonen zu besetzen. Darüber kam es zu Aufständen der Insulaner, die überraschend gut mit neuen Gewehren ausgerüstet waren. Der Vizekönig in Manila verdächtigte Weber des streng verbotenen Waffenhandels. Als 1887 im unruhigen Ponapé die Zitadelle trotz ihrer feuerspeienden Uraltkanonen von den Insulanern gestürmt und die gesamte spanische Garnison, etwa 150 Mann, niedergemacht und alsbald darauf in Yaluit die gesamte Besatzung der »Santa Theresa« ermordet wurde, machte sich ein spanisches Kriegsschiff an die Verfolgung des vermutlichen Waffenlieferanten.

Theo Weber wurde überrascht, ergriffen und nach Manila gebracht. Aber es scheint, daß man ihm nichts nachweisen konnte. Vielleicht hatten einflußreiche Leute besondere Gründe, ihm aus der Patsche zu helfen.

Wie dem auch sei, Weber wurde freigesprochen. Der Prokurator bebte vor Zorn, als er Theo entlassen mußte, von dessen Schuld er überzeugt war, und schwor, ihn bei passender Gelegenheit noch zu fassen. Aber der selbstsichere Theo gab nicht viel auf die Drohung des Staatsanwalts, erhielt seinen Schoner zurück und begab sich wieder ins Archipel der Karolinen.

Vor der Insel Yap, die Theo bisher nur selten betreten hatte, lief sein Schiff auf Grund. Die Reparaturen zwangen ihn zu längerem Aufenthalt. Daisy meinte, das müsse um das Jahr 1880 gewesen sein. Jedoch ein solcher Termin widerspricht dem Verdacht, daß Weber am Aufstand in Ponapé, sieben Jahre später, beteiligt war. Überhaupt schien es leider so, daß bisweilen die zeitlichen Angaben der guten Daisy konfus waren.

Jedenfalls war der Schiffbruch bei Yap, zumindest dessen Folgen, ein glückliches Ereignis für Theo Weber. Er sah schon bald, welch große Möglichkeiten ihm die Insel bieten konnte. Obwohl sie theoretisch den Spaniern gehörte, war dort keine spanische Behörde, auch kein Spanier zu finden. Im übrigen gab es auf der Inselgruppe keinen gemeinsamen Häuptling. Jeder Ort, erst recht jede der dicht benachbarten Inseln war selbständig, und es herrschte noch ungebrochen das Drei-Klassen-System. Darüber kam es zu Reibereien, die führende Schicht lebte in ständiger Furcht vor einer Erhebung ihrer Untertanen. Theo Weber versprach, sie von dieser Angst zu befreien. Er holte sich, nachdem sein Schiff wieder flottgemacht war, vierzig zuverlässige Männer von Sonsorol herüber, bewaffnete sie und trainierte sie. Mit dieser seiner Privatarmee erstickte er jeden Gedanken an Aufruhr, die vielen kleinen und wenigen großen Häuptlinge konnten aufatmen. Gern waren sie bereit, den mächtigen weißen Mann als ständigen Beschützer anzuerkennen. Bald danach wählten sie ihn zum Chef der Insel. So war Theo Weber binnen weniger

Wochen König von Yap* geworden, immerhin ein Herrscher über 3500 Menschen, über vier größere Inseln und ein Dutzend kleiner, aber bewohnter Atolle. Folgerichtig mußte damit Yap das Zentrum seines Wirkens werden. Von dort aus organisierte Weber eine Reihe von Handelsstationen, die von Nauru bis Mapia, von Kusai und Sonsorol bis nach Palau reichten. Überall besaß er das Handels-Monopol. Keine andere Firma konnte auf einer von »seinen« Inseln bleibenden Fuß fassen.

Theo holte seine Frau nach Yap und begann auf einer kleinen Insel oder Halbinsel, dicht vor der Einfahrt in den natürlichen Hafen Colonia, seine Residenz zu erbauen. Ein Haus, so groß und schön wie seines, gab es im Umkreis von 500 Meilen nicht. Es war ein Palast, bescheidener ausgedrückt eine Holzvilla von zwei Stockwerken, allseits von breiten Veranden umgeben. Mit Möbeln aus Teakholz und Mahagoni war das Gebäude geschmackvoll eingerichtet, es gab Leuchter aus Kristall und Vorhänge aus Musselin. Im Speisezimmer wurde mit Silber und feinem Porzellan gedeckt. Mehr und mehr geriet Frau Daisy ins Schwärmen. Prachtvoll gerahmte Bilder hingen an der Wand. In einem Saal reichten die Regale mit Büchern bis zur Decke hinauf. Das alles und noch mehr hatte der Hausherr selber aus Sydney, Melbourne und Hongkong geholt. Aus Deutschland war ein Klavier gekommen, die Teppiche aus Teheran. Wenn König Theo Gäste empfing, war die dunkle Dienerschaft in blaue Livree mit Silberknöpfen bekleidet. Die Boys trugen weiße Strümpfe, aber keine Schuhe. Noch schöner waren die Bootsleute ausgestattet, zwölf herkulisch gebaute Männer. Scharlachrote Jacken spannten sich über ihre Brust, schneeweiße Hosen um ihre Schenkel. Sobald der Herrscher von Yap sein Boot betrat, schmetterte der Mann im Bug auf einer silbernen Trompete!

»Ja, mein Vater war ein wirklicher König . . .«, erklärte Daisy Weber erhobenen Hauptes, »über unserem Schloß wehte die grün-weiß-grüne Flagge von Yap, die mein Vater selbst entworfen hat. Wer damals zu unserer Insel kam, wußte sich vor Staunen kaum zu fassen. Wobei Sie aber bitte nicht vergessen wollen, daß sich die Herkunft meiner mütterlichen Familie über dreiundzwanzig Generationen erstreckt. So 'ne lange Ahnenliste haben die Adligen in der deutschen Heimat nicht, aber unsereins hat sie lebenslänglich im Kopf . . . soll ich sie Ihnen aufzählen?«

»Nein, bitte nicht, ich könnte keinen Namen behalten.«

»Unser Stammvater, das war Kurubus.«

Diesen mutmaßlichen göttlichen Ahnherrn mußte sie loswerden, denn zu groß war die Ehre, von ihm abzustammen! Dabei war Frau Daisy, wie sie gelegentlich erwähnte, eine fromme Christin, die sogar im Kirchenchor sang.

Sie vermochte sich an einige Besuche aus früherer Zeit zu erinnern, so an den Leutnant Hoffmeier von SMS »Iltis«, auch an Kapitän von der Schulenburg, der

* Wenn hier wiederholt von »Königen« die Rede ist, hat das in Wahrheit mit echten Königen damaliger Zeit, erst recht mit den Monarchien der Gegenwart wenig oder gar nichts zu tun. Hatte doch mancher von ihnen nicht so viele Untertanen wie jeder bessere Raubritter im europäischen Mittelalter. Besser wäre es, von Häuptlingen, Stammesführern, Inselchefs und dergleichen zu sprechen. Aber es hat sich nun mal der Ausdruck »König« für die Inselbeherrscher eingeführt, vermutlich weil es romantischer klingt.

um 1900 mit dem Kleinen Kreuzer »Königsberg« in Yap gewesen war. Ebenso an den Kapitän von Schack, den Kommandanten von SMS »Seeadler«.

Während seiner Glanzzeit besaß König Theo eine Flotte von sieben Schiffen. Keines davon war groß, aber jedes gut bewaffnet, was (nebenbei gesagt) gegen die internationalen Bestimmungen verstieß. Der Hafen von Yap war durch eine Festung aus Erdwällen geschützt und mit den schon erwähnten Kanonen bestückt, wobei mir nicht ganz klar ist, ob damit die spanische Zitadelle gemeint war, die Theo möglicherweise für seine Zwecke benützt hat.

Unterdessen war König Harris von Nauru und Mapia mitsamt seinen Söhnen ermordet worden. So übernahm Theo Weber auch diese beiden Inseln, allerdings im Namen seiner Frau, weil nach polynesischer Sitte nur Blutsverwandte eines verstorbenen Häuptlings zur Nachfolge berechtigt sind. Weit voneinander entfernt lagen die Teile seines Reiches, deshalb war König Theo meist unterwegs. Dabei vernachlässigte er jedoch keineswegs seine Handelsgeschäfte in anderen Bereichen. Er tauchte in Hongkong auf und in Sydney, in Manila und Brisbane. Auch in Mapia, Nauru und Palau konnte man nie vorher wissen, wann der weiße König erschien. Sein Vermögen wurde, wenn das überhaupt in Zahlen auszudrücken war, auf eine Million Dollar geschätzt. Das waren Golddollar damaliger Zeit, vergleichbar mit etwa dem sechsfachen Wert heutigentags.

Aber, die Sache hatte einen Haken. War es doch Theodor Weber, diesem reichen und tüchtigen Mann, unmöglich zu erwerben, was man »gesellschaftliche Stellung« nennt. Das aber war in jenen Zeiten für die Geltung eines Mannes, auch in dessen eigenen Augen, viel wichtiger als heute. Die europäischen Konsuln in den Hafenstädten lehnten ab, mit ihm zu verkehren. Die steifen Klubs der großen Handelsherren blieben Theo Weber verschlossen. Selbst Leute, mit denen er geschäftlich zu tun hatte, grüßten nur andeutungsweise, wenn der »König von Yap« durch eine Hotelhalle ging. Zu viele Gerüchte gab es, die von dunklen Machenschaften und noch schlimmerem wissen wollten, in die Weber früher verwickelt war, vielleicht noch immer.

Auf Yap führte er ein untadeliges Familienleben. Sein Sohn, der ihm als Theodor II. hatte folgen sollen, war schon mit sieben Jahren gestorben, weshalb der Vater seine beiden Töchter Eugenia und Daisy so gut wie nur möglich erziehen ließ. Sogar ein spanischer Musiklehrer weilte für zwei Jahre auf der Insel. Daisy war sehr musikalisch und entzückte ihren Vater am Piano. Daisy und Eugenia sprachen ebensogut Deutsch wie Englisch und Spanisch, verstanden natürlich auch die Sprachen von Yap, Nauru und Mapia.

Gegen Ende des Jahrhunderts begannen die Schwierigkeiten. Die Regierung in Madrid erinnerte sich der Insel und schickte einen Capitan mit zwei Leutnants, zwei Beamten sowie einer unbestimmten Zahl philippinischer Soldaten nach Yap. Der Offizier war ziemlich erstaunt, dort einen weißen König mit eigener Truppe vorzufinden. So verlangte der Vertreter des spanischen Vizekönigs von Theo, daß er seine Flagge einzog und die Privatarmee auflöste. Weber seinerseits sah in der spanischen Landung eine »fremde Invasion« und drohte mit Kriegserklärung. Seine vier Kanonen wurden geladen, die Truppe von Yap marschierte auf, und treu hielt das Volk zu seinem König, wie es Frau Daisy ausdrückte. Aber zu scharfen Schüssen kam es nicht. Der spanische Offizier begnügte sich, seine Fahne lediglich auf der Zitadelle zu hissen, und im übrigen standen beide Seiten Gewehr bei Fuß. Nach einer gewissen Zeit einigte man sich auf privater Basis. Die beiden Herren lebten friedlich nebeneinander unter beiden Flaggen.

Vier bis fünf Jahre vergingen ohne Zwischenfall. Dann erschien eine deutsche Korvette, deren Kommandant erklärte, die Insel gehöre nunmehr zum deutschen Kolonialbesitz. Der Spanier wußte von nichts und weigerte sich, seine Flagge herunterzuholen. So wehten für mehrere Wochen drei Fahnen über Yap. Jene von König Theodor, eine spanische und eine deutsche. Im übrigen machten die Herren gute Miene zum verworrenen Spiel und luden sich gegenseitig zum Essen ein.

Schließlich kam aus ferner Heimat ein Kleiner Kreuzer Seiner Majestät des Deutschen Kaisers und brachte eine Abschrift des spanisch-deutschen Vertrages mit, aus dem hervorging, daß zusammen mit den Marianen und Karolinen auch die Insel Yap verkauft worden war. So wurde die spanische Flagge unter Trommelwirbel eingezogen, aber Theo Webers Fahne durfte bleiben. Der deutsche Kapitän erwies sich als guter Diplomat und meinte, sie sei eben die Hausflagge einer privaten Firma. Dagegen sei nichts einzuwenden.

Was dann weiter geschah, wußte auch Daisy nicht so klar zu berichten. Ihr Vater habe zunächst so getan, als begrüße er seine Landsleute mit großer Freude. Wie Theo Weber sagte, aber wohl nicht dachte, war er stolz darauf, sein kleines Reich an Kaiser Wilhelm II zu übertragen. Natürlich blieb ihm sein privater Grundbesitz auf Yap und den anderen Inseln sowie das weitgespannte Netz seiner Handelsstationen. Nauru war gleichfalls deutsch geworden, und wie Daisy Weber durchblicken ließ, habe sich Vater Weber dort um die Nachfolgerechte seiner Frau gekümmert. Unterdessen wurde Frau Dalabo Weber, Daisys Mutter, als die abwesende Inselkönigin von Mapia betrachtet. War es doch so, daß die fernen europäischen Kolonialherren nach der Methode des »Indirect Rule« verwalteten, das heißt, sie regierten nach Möglichkeit durch eingeborene Herrscher. Um Kosten wie Mühe zu sparen, ernannten sie auf abseits liegenden Inseln ganz einfach den dortigen Häuptling zu ihrem offiziellen Vertreter, womit alle Beteiligten recht zufrieden waren.

Weil Frau Dalabo ihre Herrschaft nicht selber ausübte, regierte an ihrer Stelle ein Vertrauensmann, den natürlich Theo Weber bestimmt hatte.

Wie gesagt, liegt die Vermutung nahe, daß es in Theos Vergangenheit dunkle Punkte gab. Gründlich, wie die deutsche Verwaltung ist, war sie den Gerüchten beziehungsweise den Anzeigen nachgegangen, die Herrn Theodor Weber, gebürtig aus Hamburg, betrafen. Um was es ging, hat auch seine Tochter nie erfahren. Schon möglich, daß der Prokurator von Manila die Akten des Verdächtigen via Madrid nach Berlin geschickt hatte. Dort wurden sie von kompetenten Juristen geprüft, mit dem vermutlichen Ergebnis, daß man es für notwendig hielt, Konsequenzen zu ziehen. Im Gegensatz zu früher war ja nun Theo Weber zu fassen, lebte er doch auf deutschem Hoheitsgebiet. Nicht ausgeschlossen ist, daß ein Haftbefehl gegen den bisherigen König von Yap erging. Wahrscheinlich wurde er gewarnt, vielleicht auf Weisung von höchster Stelle, weil man den Skandal vermeiden wollte. Jedenfalls packte Theodor Weber, nach Erinnerung seiner Tochter um das Jahr 1910, sehr viele Koffer, belud eines seiner Schiffe mit allem verfügbaren Vorrat an Kopra und Perlmutt, um danach die Anker zu lichten.

Sein Ziel war Sydney, wie er sagte, um dort die Ladung zu verkaufen. Aber nie ist Theodor Weber in Australien eingetroffen. Weder von ihm noch von seinem Schiff und dessen Besatzung ist irgendwann eine Nachricht aufgetaucht. Vielleicht hat ein Taifun den Schoner mit Mann und Maus in die feuchte Tiefe gerissen. Jedoch bei einem Menschen wie Theodor Weber halte ich es für wahrscheinlicher, daß er den Namen seines Schiffes änderte, auch die Papiere fälschte, um sich allen Nachforschungen zu entziehen. In südamerikanischen Häfen kam es damals nicht auf Genauigkeit an. Viel Zeit dürfte dem Ex-König von Yap für neue Abenteuer kaum mehr geblieben sein, denn zur Zeit seines Verschwindens war er schon 65 Jahre alt.

Nach langer Zeit der Ungewißheit wurde Weber für tot erklärt, verschollen auf See. Seine Witwe verpachtete die Plantagen, überhaupt das ganze große Unternehmen an eines der Hamburger Handelshäuser. Während Schwester Eugenia später nach Mapia zog, um dort für ihre ältere Schwester die Herrschaft auszuüben, blieb Daisy mit ihrer Mutter auf Yap. Es ging ihnen gut, sie lebten weiter im Holzpalast und bezogen ihre Pachtgelder aus Hamburg. Als der Erste Weltkrieg begann, hörten die Hamburger Zahlungen auf, und im Herbst 1914 besetzten japanische Marinesoldaten das einstige Königreich Theodor Webers. Bald darauf starb seine Witwe, Frau Dalabo Weber. Ein Jahr später wurde der Holzpalast mit allem Inventar ein Raub der Flammen. Prinzessin Daisy zog in eine Hütte, wo sie von der bescheidenen Pachtsumme lebt, die sie für einige ihr auf Yap verbliebenen Grundstücke erhielt. Eines Tages, das grauhaarige Fräulein wußte selber nicht mehr, wann es gewesen war, gelangte auf weitem Umweg ein offizielles Schreiben der Niederländisch-Indischen Regierung in ihre darüber vor Aufregung zitternden Hände. Schwester Eugenia war auf Mapia gestorben und somit der Thron des Inselchens verwaist. In eindeutigen Worten wurde Daisy Weber aufgefordert, sich baldmöglichst nach Mapia zu begeben, um dort die Herrschaft über rund 300 friedfertige Insulaner zu übernehmen. So befand ich mich, genaugenommen, in Gegenwart der rechtmäßigen Queen von Mapia!

»Ich will weg von hier«, rief die Frau in einem überraschenden Ausbruch von Heftigkeit, »ich muß weg von hier . . ., aber die verdammten Japse geben mir keinen Ausweis, sie wollen mich nicht weg lassen, diese . . . diese . . .!« (Dabei gebrauchte die Royal Lady eine Reihe von Ausdrücken, die im Druck nicht wiederzugeben sind, jedenfalls nicht in einem von mir verfaßten Buch.)

Richtig böse war sie und ihre Augen glühten.

»Und warum lassen die Japaner Sie nicht weg, Frau ... Fräulein ... verehrungswürdige Queen?«

»Die meinen, ich würde draußen erzählen, wie sie hier die Leute behandeln. Nur ein paar Sack Reis für die ganze Kopraernte bekommen die Menschen von Yap, und wer was dagegen sagt, den hauen sie durch!«

Ob sie noch ihren alten Paß habe, fragte ich, oder sonst ein Papier, aus dem ihre deutsche Staatsangehörigkeit hervorgehe.

»Alles verbrannt, Herr Attaché, nichts mehr haben wir retten können aus unserem Haus.«

Aber es bestünde kein Zweifel an ihrer deutschen Nationalität, versicherte Daisy, der alte Häuptling Tomivil sei noch am Leben, der wisse genau Bescheid. Häuptling Tomivil sei vom deutschen Amtmann in Yap die rechte Hand gewesen, und gut könne er lesen. Er habe auch im Register gesehen, daß ihre Eltern richtig verheiratet waren, daß sie von ihren Eltern das richtige Kind sei.

»Die Japse haben's nie bestritten – weil Mutter und ich Angehörige vom deutschen Staat waren, haben sie uns doch alles ... fast alles weggenommen, damals, wie sie kamen im vierzehner Jahr!«

Hoheitsvoller wurde sodann ihr Blick, als sie die Augen hob, um weit aufs Meer zu schauen.

»Jawohl, ich bin die Königin von Mapia ... mein Volk erwartet mich auf meiner Insel ... ich kann Ihnen die Briefe zeigen, Herr Attaché, sogar von den Holländern. Aber die Japse lassen mich nicht weg ..., ich soll hier zugrunde gehen!«

Gouverneur Sato-san hatte mich zum Abendessen geladen, mit Saké, Sashimi und feingeschnittenem Seegras. Als sich die Stimmung gelockert hatte, kam ich auf Fräulein Weber zu sprechen.

»Ein Problem, diese Frau, ihre Not macht mir große Sorgen«, lächelte Sato sanft, »nur muß ich sagen, daß sie gerne Reiswein trinkt und gar nicht auf mein gutes Zureden hört. Fräulein Weber ist mitunter sehr betrunken. So bietet sie ein schlechtes Beispiel für die guten Leute hier, das können Sie mir glauben, verehrter Herr.«

Dann sei es doch besser, wenn sie die Insel verließe.

Das sei sehr viel besser, meinte auch Sato-san, aber leider ginge von Yap kein Schiff nach Mapia.

»Unser Schiff läuft auf dem Rückweg Menado an«, erinnerte ich, »da wäre die Frau schon auf Celebes bei den Holländern, und die könnten ihre Passage nach Mapia arrangieren.«

Sato-san zog mehrmals tief die Luft ein, wie es Japaner tun, wenn sie verlegen sind.

»Aber sie hat kein Geld für die Passage, gar nichts mehr, was sie verkaufen kann. Die geringe Pacht der Anteile von einer Kokosplantage reicht gerade für ihren Schnaps. Aus meiner Kasse muß ich das arme Weib ernähren.«

So versprach ich, Daisy Webers Reise zu bezahlen, natürlich nur den billigsten Platz an Bord.

»Sie werden Ihr Geld nie wiedersehen, verehrter Herr, das ist sicher!«

»So ist es, Sato-san, bestimmt werde ich nichts wiedersehen, aber der Frau muß geholfen werden. Und Ihnen auch . . . Sie wollen doch Daisy Weber loswerden.«

Tatsächlich vergaß er darüber die fehlenden Papiere, oder wenn er daran dachte, konnte man es den Holländern in Manado überlassen, sich damit zu befassen. So bezog am nächsten Tage Queen Daisy mit nur geringem Hausrat die »Yamashiro Maru«.

Während der Reise nach Menado bekam ich sie kaum zu Gesicht. Die Passagiere der Ersten Klasse durften nicht ins tiefere Deck und die Fahrgäste von drunten nicht aufs Oberdeck. Auch für die Majestät von Mapia gab es da keine Ausnahme. Als in Manado die holländische Hafenpolizei an Bord kam, wurde die Frau ohne Paß und Papiere eingehend vernommen. Vorläufig durfte sie nicht an Land. Unser Käpten fürchtete schon, er bekäme sie nie mehr von Bord. Ich meinerseits rechnete aus, was es wohl kosten werde, wenn ich Frau Daisys riesige Rundreise über Davao und Tokyo zurück bis Yap bezahlen mußte. Von den Vorwürfen ganz zu schweigen, die mir unser Botschafter wegen unbefugter Einmischung machen würde.

Als ich vom Ausflug in die Umgebung Menados zurückkam, war Daisy Weber nicht mehr da. Ein weißer Beamter hatte sie abgeholt, sogar mit einem Diener, der ihr Gepäck schleppte. Zum Erstaunen der Japaner hatte man sie ausgesucht höflich behandelt, man hatte ihr sogar ein feines Auto zur Verfügung gestellt.

An dieser Stelle war, für die folgenden zwanzig Jahre, meine Geschichte von Queen Daisy zu Ende. Danach aber kam es zu einer abschließenden Folge.

1957 war es, schon spät im Herbst in unseren Breiten, aber nach dem australischen Klima im schönsten Frühling, als Marianne und ich auf dem guten Hapag-Schiff »Dortmund« nach einer Reise von 29 Tagen vor der Hafenstadt Perth auf Reede lagen. Da wir wegen des Wochenendes der australischen Hafenarbeiter noch nicht an Land durften, saßen die wenigen Passagiere des 10000 Tonnen-Frachters mit dem Kapitän und dem Chefingenieur auf Deck beisammen, genossen die Abendbrise und tranken einen Sundowner nach dem anderen. Dabei erzählten wir Geschichten, aber wahre Geschichten sollten es sein. Am besten konnte Dr. Randolph erzählen. Drei Jahre war er Arzt der UNESCO in Südkorea gewesen und hatte anschließend sechs Jahre in Makassar auf der Insel Celebes praktiziert. Da lerne man schon merkwürdige Leute kennen, sagte er unter anderem. Man glaube es sonst kaum, welche unwahrscheinlichen Schicksale die Inseln der Südsee gesehen hätten.

»Erzählen Sie doch«, drängte unser Kapitän, »aber die Wahrheit, die reine Wahrheit muß es sein.«

Dr. Randolph tauchte hinab in seine Erinnerungen: »Nun ja, beispielsweise war da . . . das heißt kam in meine Praxis, und zwar in Makassar auf Celebes, eine alte, unwahrscheinlich korpulente Frau. Trotz ihres polynesisch dunklen Teints sprach sie fließend Deutsch. Schlampig war die Dame angezogen, aber von einem devoten Dienerpaar begleitet. Sie schien über reichlich Geld zu verfügen. Nichts wollte sie für umsonst, nein, sie war nicht darauf angewiesen. An sich war die Frau kerngesund, wenn man von den üblichen Bandscheiben bei solcher Leibesfülle absieht. Dennoch wünschte sie eine Behandlung, eine Sonderbehandlung. Ob Sie's mir glauben oder nicht, ich sollte dafür sorgen, daß sie noch dicker wurde. Denn sie war Königin auf ihrer Insel, und dort stand Körperfülle im höchsten Ansehen, besonders bei den Herrschern wurde das geradezu verlangt . . . je schwerer, um so besser!«

»Und Ihre braune Queen, Doktor, wo lag deren Königreich?« wollte der Chefingenieur wissen.

»Sie regierte über Mapia, das ist eine kleine Insel mit vielleicht 300 Einwohnern. Sie liegt nordwestlich von Neuguinea, ungefähr auf halbem Wege nach Celebes.«

Mir wurde heiß und kalt zugleich. Solche Zufälle kann es doch nicht geben! Meine Frau sah mich an, denn natürlich kennt sie alle meine Erlebnisse, fast alle jedenfalls.

»Und diese braune Queen hieß Daisy Weber?« fragte ich den Doktor.

Er setzte sein Glas ab, daß es laut klirrte.

»Ja, aber . . . woher wissen Sie . . . waren Sie in Mapia?«

»Nein, in Mapia bin ich nie gewesen. Aber sie hieß Daisy Weber, diese so überaus schwere Queen . . . das stimmt doch?«

»Daisy Weber . . . ja, stimmt, ich erinnere mich genau, und sie sagte, daß ihr Vater ein deutscher Pflanzer gewesen sei, der Inhaber einer Insel. Aber erzählen Sie doch, bester Freund, wenn Sie noch mehr von der Daisy wissen!«

Ich erzählte, und so war des Staunens kein Ende mehr. Zufälle gibt's im Leben, darüber waren wir uns alle einig, Zufälle, die's eigentlich nicht geben kann!

»Da haben Sie sozusagen einer Königin auf den Thron verholfen«, amüsierte sich der Kapitän.

»So ist es«, war meine bescheidene Antwort, »aber ich hab' kein Großkreuz dafür bekommen!«

Wie es mit dem Reisegeld geworden sei, das ich für die massive Majestät ausgelegt hätte, wollte Dr. Randolph wissen.

»Jawohl, auf Heller und Pfennig hab' ich's wiederbekommen . . . genauer gesagt auf Yen und Sen. Die Kleinigkeit war schon überwiesen, als ich in Tokyo anlegte . . . übrigens von der holländischen Gesandtschaft.«

In dem schon vor längerer Zeit erschienenem Buch »His Majesty O'Keefe« der beiden Amerikaner Klingman/Green, das in den USA weite Verbreitung gefunden hat und von Hollywood ca. 1952 verfilmt wurde, wird die abenteuerliche Geschichte des Theo Weber und seiner Familie so dargestellt, als beziehe sich alles oder fast alles, was mir Daisy Weber selbst erzählt hat, auf den irisch-amerikanischen Südseehändler O'Keefe. Anzunehmen ist, daß die Autoren des romanhaften Werkes die farbigen Abenteuer des echten O'Keefe, der längere Zeit als Kaufmann und Koprahändler auf Yap gelebt hat, der stärkeren Wirkung wegen mit der Lebensgeschichte und den Leistungen Theo Webers vermischt haben. Was bei dieser Mixtur aus Dichtung und Wahrheit herausgekommen ist, stellt allein O'Keefe in den Mittelpunkt, obwohl er in Wahrheit nur einer von sechs oder sieben Händlern oder Handelsvertretern auf Yap gewesen ist. Aus deutschen Kolonialarchiven geht hervor, daß O'Keefe schon lange vor der Jahrhundertwende auf Yap eine zeitweise bedeutende Rolle gespielt hat, allerdings keine rühmliche. »Er war ein Gewaltmensch«, so schreibt auch R. Decken in seinem, vor bald einem Jahrhundert erschienenen Buch »Die Carolinen«. Weiter im Text hört man über O'Keefe: »Seine Angestellten zitterten vor ihm . . . einem von ihnen passierte hierbei das Unglück, ein Auge zu verlieren . . . wofür der geflüchtete O'Keefe vom deutschen Gericht in Herbertshöhe (der offiziellen Hauptstadt des deutschen Südseegebiets) zu einer längeren Gefängnisstrafe verurteilt wurde.« Wie selbst Klingman/Green in ihrem Buch »His Majesty O'Keefe« schildern, wurden dem von ihnen zum Helden hochstilisierten O'Keefe auch Mord, Folter, Menschenhandel und andere, nicht weniger verdammenswerte Verbrechen vorgeworfen. Das jedoch, behaupten Klingman/Green, ginge auf Verdächtigungen seitens anderer Südseehändler zurück, die grenzenlos neidisch gewesen sein sollen auf O'Keefes finanzielle Erfolge. Fest steht, daß O'Keefe mit zwei Frauen verheiratet war, sich also der Bigamie schuldig gemacht hat. Dennoch hat die über 30 Jahre lang bestehende amerikanische Verwaltung auf Yap dafür gesorgt, daß heute O'Keefe von vielen unwissenden Bewohnern und Besuchern der Insel als Vorkämpfer für Handel, für Kultur und amerikanische Tüchtigkeit angesehen wird. Es gibt in Yap eine O'Keefe-Gesellschaft, eine O'Keefe-Bar und anderes mehr, weshalb ich des öfteren Briefe meiner Leser erhalte, die mir mehr oder minder freundlich eine Verwechslung von Theo Weber mit O'Keefe vorwerfen. Dem ist aber nicht so, was sich beweisen läßt: Daisy Weber sprach einwandfreies Deutsch mit teilweise altmodischen, gelegentlich auch vulgären Ausdrücken. Beim japanischen Gouverneur bestand kein Zweifel an ihrer von der Vaterseite her erworbenen deutschen Staatsangehörigkeit. Außerdem haben mir die oben erwähnten drei Zeugen bestätigt, daß es Theo Weber gewesen ist, der auf Yap beherrschenden Einfluß besaß und ausübte, jedenfalls solange, bis sich die deutsche Verwaltung voll und ganz etabliert hatte. Diese drei Zeugen, mit denen ich selber gesprochen hatte, waren Gast im Hause Theo Webers gewesen, haben Webers beide Töchter Eugenia und Daisy, ebenso deren halbpolynesische Mutter Dalabo gekannt.

Auch Dr. Randolph, der 20 Jahre nach meinem Gespräch mit Daisy die »Queen von Mapia« in Makassar behandeln durfte, kam nicht auf den Gedanken, daß sie irgend etwas anderes als eine Halbdeutsche mit dem Namen Daisy Weber sein konnte.

Erlebnisse in Palau

Weil die brave, die hochbetagte »Yamashiro Maru« wegen ihrer beschädigten Funkanlage in Yap so viel Zeit verloren hat, will der Käpten in Koror möglichst rasch fertig werden. Mit den Augen der Reederei gesehen mag das gewiß lobenswert sein, aber in meinem Sinne war es nicht. Erlebte ich doch eine exotische, eine wunderbar schöne Welt. Ein Labyrinth von unzählbaren Inseln und Inselchen, alle vom gleichen, weit hinausreichenden Korallenriff umgeben. Tiefgrüne Meeresarme zwischen hochgewölbten Felsenbuckeln, alle bedeckt von unentwirrbar dichter Vegetation. Sonnenbeglänztes Wasser, glasklar durchsichtig bis zum farbenflimmernden Grund. Gähnende Höhlen im Gestein, vor denen miteinander verflochtene Lianen hängen, als hätten die Höhlenbewohner ihre Bude dichtgemacht. Puderfeiner Sand zwischen senkrecht abfallenden Wänden. Farbschattierungen droben wie drunten und im wildwuchernden Dschungel so vielfach wechselnd, daß man sie nicht zu beschreiben vermag.

Könnte man das alles fotografieren, fehlte doch das Gezirp der Insekten, das Kreischen der großen und Girren der kleinen Vögel. Wäre es auch möglich, die Geräuschkulisse mit Hilfe bester Apparaturen getreu dem Original aufzunehmen, müßte man doch auf den Duft verzichten, den undefinierbaren Duft von Blüten, Salzwasser und Seetang, den Geruch von Fäulnis, reifen Früchten und dem Rauch verglühender Kokosholzkohle, wie der Wind ihn mit sich führt. Ich schrieb damals, im Spätsommer 1937, meinen Eltern nach Berlin: »Es ist hier so unsagbar schön, daß man vor lauter Staunen und Bewundern ganz vergehen könnte, soweit man nicht schon vor lauter Hitze vergangen ist.«

Auch in Koror wurde ich beschattet, von zwei jungen Beamten in Zivil, die sich ohne Scham und Scheu, vor allem ohne Sachkenntnis, als Studenten der Botanik ausgaben. Ihnen war es recht, und gewiß noch mehr ihren Vorgesetzten, daß ich nichts weiter wollte als die unvergleichlich schöne Landschaft genießen, Bootsfahrten zu noch im Urzustand verbliebenen Dörfern zu unternehmen und mich auf die Suche nach den sagenhaften Salzwasserkrokodilen zu machen. Dabei konnte ich kaum auf irgend etwas stoßen, das die Japaner zu verbergen wünschten.

Aber so unglaublich naiv waren meine Begleiter vom Militärischen Abschirmdienst, daß sie selbst mir die Lage der »Objekte« verrieten. Auf meiner aus Tokyo mitgebrachten Karte der Palau-Gruppe erklärten mir die lächelnden Leute, wo ich nicht hingehen dürfe. Man hält es nicht für möglich, aber sie malten mit Bleistift Kringel um jene Stellen auf meiner Karte*.

* Wer mir nicht glaubt, kann das gleiche auch im Buch »Riptide in the South Seas« von Williard Price (William Heinemann Ltd., London, Seite 178 ff.) bestätigt finden.

Was die Krokodile betraf, war mir seinerzeit noch unbekannt, daß sie auch im Meerwasser leben. Deshalb wollte ich zunächst nicht glauben, daß es in den Gewässern um Palau solche Echsen gab. Darunter so große und allgemeingefährliche Krokodile, daß man in der Lagune bei Koror weder schwimmen noch tauchen konnte. Sogar der Fischfang war stellenweise gefährlich, weil schon mancher Insulaner beim Einholen der Netze ums Leben gekommen war.

Als wir anderentags wieder ausfuhren, die beiden angeblichen Botaniker, zwei Paddler und ich, gelangten wir gegen Mittag in eine sagenhaft schöne, fast kreisrunde, vollkommen stille Bucht, in der sich unzählige Eilande aus dem Wasser erhoben, keines breiter oder weiter als etwa ein Tennisplatz. Alle steil, alle unbesteigbar, außerdem noch fugendicht bewachsen. Jahrmillionen des Wechsels von Ebbe und Flut hatten das poröse Gestein so tief ausgehöhlt, daß wir dicht an den Inselrändern unter einem Felsendach dahinglitten. Dabei hing draußen, das heißt von oben über die Kante hinab, ein herabhängender Vorhang aus Lianen, Wurzelfäden und wippenden Zweigen. Der trennte uns von der Außenwelt, ähnlich einem Fenster aus biegsamen Stäben. Er hielt auch das Sonnenlicht ab, so daß wir uns dahinter im Halbdunkel bewegten.

Dabei kamen wir öfters an Eingängen tiefer Höhlen vorüber, manche reichten wie Tunnel bis zur anderen Seite. Manchmal fuhren die Paddler hinein oder ganz hindurch. Beim dritten Mal war es ziemlich dunkel in dem Gewölbe, wo es dazu noch übel roch. Um zu vermeiden, daß wir irgendwo anstießen, holte mein Oberaufseher seine Stablampe hervor und leuchtete. Vierzig Jahre sind seitdem vergangen, aber dieser Anblick . . . jene schrecklichen Sekunden von damals lassen mir noch heute kalte Schauer über den Rücken rinnen.

Zehn . . . zwölf . . . vielleicht zwanzig grellrote Punkte leuchteten auf, als der Lampenschein ins Dunkel strahlte.

Krokodile, graugrüne, gräßliche Krokodile bewohnten die Höhle . . . breite, große und größte Krokos lagen auf feuchtem, verschmiertem Gestein . . . klumpig hingelagert und scheußlich anzusehen.

Einige hielten den grausigen Rachen weit offen, deutlich waren die gelbweißen Zahnreihen zu sehen. Kein Wort konnte ich sagen, keinen Finger bewegen.

Die Reptile gerieten in Bewegung, schauerliches Geplansche und Spritzwasser. Das rauhe Geräusch schabender Leiber war zu hören. Eine Welle von Gestank breitete sich aus.

Wahrscheinlich hatte der Lampenschein die Krokos ebenso geschreckt wie uns ihre rotglühenden Augen. Sonst haben ja Krokodile keine Angst vor Menschen. Die ekligen Echsen hätten uns packen können wie reife Früchte.

Als die beiden Bootsleute zu sich kamen, paddelten sie aus Leibeskräften in entgegengesetzter Richtung. Aber irgendwie kamen wir doch hinaus. Käsegelb waren die Japaner im Gesicht, aschgrau die Palaumänner, und ich selber, sagten mir die anderen, war weiß wie frisch gefallener Schnee.

An Koror, Hauptstadt und wichtigster Hafen der Palau-Insel, habe ich keine so klare Erinnerung. Das war nämlich keine Stadt, auch kein Städtchen für unsere Begriffe, überhaupt war Koror keine Ortschaft! Eigentlich gab es darin mehr Wald und Felder als Straßen und Wege mit Wohnungen. Über viele Quadratkilometer dehnte sich Koror aus, entlang einer Meeresbucht zwischen Hügeln und Teichen, Strand und Sand. Selbst die modernen japanischen Bauten, Büros und Kontore, Post, Polizei und andere Ämter lagen nicht beisammen wie sonst bei dem an Ordnung gewohnten Volk. Danach mußte suchen, wer es nicht wußte. Warenschuppen und Wohnhäuser hier oder dort oder weiter weg. Dazwischen Gemüsegärten, Reisfelder, windschiefe Hütten und bescheidene Teestuben. Kokospalmen, Brotfruchtbäume wechselten ab mit Kaufläden, Holzstapeln und Werkstätten. Sandwege kreuz und quer, Telefonmaste und häßliches Drahtgewirr. Eine Schule mit japanischer Fahne, ein Markt mit vielen Frauen, herrenlose Hunde, schwarze Schweine und zahlreiche Ziegen. Ein Funkturm im Hintergrund, Sitzbänke zwischen Blumenbeeten im Vordergrund. Fahrräder, auch Motorräder, sogar hin und wieder ein Taxi. Wegen so weiter Entfernungen im Stadtbereich habe auch ich sie öfters gebraucht. Das war Koror im letzten Viertel der japanischen Zeit.

Vergeblich meine wiederholte Frage nach Resten aus deutscher Zeit, die ja erst 23 Jahre zurücklag. Fehlanzeige, nichts mehr zu finden, sagten auch meine Begleiter. Verschiedene Brände weiten Ausmaßes hatten Koror heimgesucht. Wenn es dann so richtig trocken war, zwischen den Regenzeiten, brannten die Häuser, Schuppen und Schulen des alten Koror wie Zunder. Seinerzeit war ja alles aus Holz gebaut, und fliegende Funken wirbelten weit.

Was man mir zeigte, war droben auf einem abgeflachten Hügel mit herrlicher Weitsicht ein schweres, schönes, von Rost überzogenes Kanonenrohr mit britischem Königswappen. Aus der Mitte des 18. Jahrhunderts mochte es stammen. Doch wußte niemand zu sagen, unter welchen Umständen das starke Geschütz nach Palau gekommen war. Möglicherweise ein Überrest von der »Antelope«, einem britischen Dreimastsegler, der 1783 am Korallenriff von Palau gestrandet war.

Meinen »Botanikern« habe ich mittlerweile so viel Vertrauen eingeflößt, daß sie nichts dagegen haben, wenn ich alleine durch Koror bummle. Irgendwie hat sich hier das Leben, auch das Zusammenleben der Japaner mit den Palauern ganz gut eingespielt. Ähnlich wie auf den Yap-Inseln scheinen die klimatischen Verhältnisse, auch die Bodenqualität nicht so gut zu sein, daß sich Masseneinwanderung für die Japaner lohnt, so bleibt überwiegend die eingeborene Bevölkerung unter sich. 1937 lebten nach japanischen Angaben ungefähr 6000 Eingeborene auf den Palau-Inseln. Es sollen jedoch vor der Einschleppung völkermordender Krankheiten zwischen 50000 und 100000 gewesen sein.*

»Nicht nach rechts, Bruder«, sagte mir ein junger Mann, »gehe nach links und geradeaus, dann siehst du bald das weiße Haus und die Kirche.«

* Heute sind es wieder 15000

Erst beim letzten Wort riß es mich herum, der Mensch hatte deutsch gesprochen!

Aber schon war er irgendwo in einem Laden verschwunden. Ein Palauer war es, so um die zwanzig, in hellgrauen Jeans, mit Brille auf der Nase. Wie ein Student.

Was hatte er gesagt? Links und geradeaus, dann würde ich schon das weiße Haus und die Kirche sehen. Sicher hatte er gemeint, ich suche etwas Bestimmtes ... vielleicht die Kirche. Was für eine Kirche mochte das sein? Interessant wäre es, einen Missionar zu treffen, vielleicht wieder einen vergessenen Kapuziner.

Ja richtig, da hinten stand eine Kirche, recht bescheiden im Ausmaß, mit weißer Farbe frisch gestrichen, sonst aber schmucklos. Das ebenerdige Haus daneben mußte die Wohnung des Geistlichen sein. Kinderspielzeug im Garten ... auch ein Kinderwagen mit blonder Puppe darin, einer lebenden Puppe.

Messerscharf schloß mein Verstand, daß hier kein Kapuziner seines Amtes waltete, überhaupt kein dem Zölibat verpflichteter Gottesmann. Ein Protestant oder Artverwandter mußte es sein. Sicher ein hellhäutiger Mann, wie das Blondkind vermuten ließ. Als ich näher trat, öffnete sich die Kirchentür und vor mir stand ... anders läßt es sich kaum beschreiben ... Jesus von Nazareth.

Die Erscheinung Christi, wie sie unendlich oft im Bild, als Skulptur, ebenso auf der Bühne und im Film dargestellt wird.

Das lange, braune, leicht gewellte Haar, der gepflegte Bart, die hellen Augen, sogar die erhobenen Hände, ganz das irdische Ebenbild des himmlischen Heilands.

»Seien Sie willkommen ... habe schon von Ihnen gehört!«

Nur sein Gewand war anders, als wir es vom Nazarener gewohnt sind. Hier der Verkünder von Gotteswort trug ein weißes Leinenhemd und Leinenhose mit Ledergürtel. Aber die Sandalen waren wie beim Begründer des Christentums.

»Wir haben gehofft, daß Sie zu uns finden«, sagte er, »aber drängen wollte ich Sie nicht und herbeiholen erst recht nicht!«

Ich will es kurz machen, denn eingehende Erklärung der Zusammenhänge würde zu weit führen:

Es war Pastor Wilhelm Siemer, von der Liebenzeller Missionsgesellschaft, etwa vierzig Jahre alt, verheiratet mit einer ebenfalls für die Mission tätigen Deutschen und Vater von drei Kindern. Seine Mission, die Liebenzeller, hat schon lange vor der Jahrhundertwende in der Südsee gearbeitet, besonders in Neuguinea. Nach der deutschen Flaggenhissung kam sie auf die Marianen und Karolinen. Wie es möglich gewesen war, ein, sogar zwei Niederlassungen noch unter japanischer Herrschaft zu erhalten, sagte mir zwar Pastor Siemer, aber während der langen Zeit danach habe ich es vergessen. Aber Geld oder sonstige Versorgung kam nicht mehr aus der Heimat. Seit Adolf Hitlers Machtergreifung war es, angeblich um kostbare Devisen zu sparen, den Missionsgesellschaften nicht mehr erlaubt, ihre Niederlassungen in fernen Ländern finanziell zu stützen. Falls draußen die Missionare keine andere Möglichkeit fanden, sich und ihre Mission zu erhalten, sollten sie heimkehren. Die Familie Siemer war geblieben.

Soweit wie möglich sorgten die Gläubigen für ihren Pastor, dessen Frau und die Kinder. Viel brauchen bescheidene Leute ja nicht, wenn sie ohne Wunsch auf Gewinn in der Südsee leben. Etwas verdiente Pastor Siemer durch das Sammeln und Präparieren von Kleintieren für deutsche Museen, auch mit Fotos für ethnographische Zeitschriften. Manchmal kam das Geld bis nach Koror, aber öfter ging es verloren. Wenn Briefpost an die Siemers durchkam oder Nachrichten von ihnen eine deutsche Adresse erreichten, war das eine große Seltenheit. Die strenge Zensur der Japaner arbeitete nicht nur erstickend langsam, sie verschlampte auch in sehr vielen Fällen die Weitersendung der Post.

Merkwürdig nur, daß kein Wort von dieser Familie in den Listen unserer Botschaft stand. Ich hatte vorher gründlich nachgesehen, ob es irgendwo im Nanyo deutsche Staatsangehörige gab. Da war aber niemand gewesen, jedenfalls keiner, der sich irgendwann bei der Botschaft in Tokyo gemeldet hatte, wie es eigentlich Vorschrift war.

Aber vielleicht meinte Siemer, es sei besser für ihn, nicht aufzufallen im japanischen Sperrgebiet. Durch die regelmäßigen Zusendungen aller Mitteilungen unserer Botschaft an Deutsche im japanischen Territorium wäre er aufgefallen, ganz bestimmt!

Wenn aber die Japaner den fremden Missionar nur ungern sahen und seine Verbindung zur Heimat so drastisch erschwerten, warum ließen sie ihn und seine Familie nicht ausreisen?

Pfarrer Siemer hatte es oft genug angeregt, aber man wollte erst seine Fahrkarte sehen und das Transitvisum durch Japan, auch die Nummer seiner vorbestellten Kabine wissen. Ohne Post, ohne Geld war das eine wie das andere unmöglich. So hatte sich Wilhelm Siemer in christlicher Demut mit seinem Schicksal abgefunden, wie jener spanische Kapuziner auf der Insel Gagil in Yap. Aber seine Frau litt unter Elephantiasis der Beine, auch unter einer anderen Tropeninfektion. Dringend mußte sie in ärztliche Pflege, natürlich in der Heimat. Sonst war es über kurz oder lang um ihr Leben geschehen. Auch eines der Kinder war nicht gesund.

Alles dies, so wie eben berichtet, habe ich erst nach und nach von den Siemers erfahren.

Gründlich, wie die Japaner waren und noch sind, hatten sie als Ersatz für die fremden katholischen wie protestantischen Missionare eigene, das heißt japanische Geistliche desselben Glaubens vorgesehen, teilweise schon ins Nanyo gebracht. Also konnte auch Wilhelm Siemer mit gutem Gewissen seinen Posten verlassen, wenn es nur möglich war.*

* Der schon erwähnte amerikanische Reisende und Schriftsteller Williard Price hat in seinem Buch »Riptide in the South Seas« (1936) gleichfalls die Siemers erwähnt und spricht von ihnen mit hoher Anerkennung. Besonders rühmt er die Kartoffelpuffer, den Sauerbraten und Obstkuchen (deutsch geschrieben in dem englischsprachigen Buch) von Frau Siemer, außerdem die musikalische Begabung des Pastors auf der Orgel wie auch sein Zitherspiel. Das Innere des Hauses, schreibt Price, war eine deutsche Oase in japanisch-polynesischer Umgebung. Was die Entwicklung der Palau-Inseln betraf, hatte sich Wilhelm Siemer – wie W. Price berichtet – in bezug auf die Eingeborenen sehr pessimistisch geäußert. Er meinte, sie würden in der Masse japanischer Einwanderer untergehen. Das ist nun anders gekommen.

Sein christusähnliches Aussehen, seine ausdrucksvolle Gebärdensprache und der makellose Lebenswandel der Familie übte auf die Insulaner eine bezwingende Wirkung aus. Des Pastors Kirche war voll, man erfüllte ihm jeden Wunsch und bewahrte seine Familie vor leiblicher Not. Er genoß das höchste Ansehen bei den führenden Sippen der Insel, erst recht natürlich beim »König«.

Damals lebten schon über 6000 Japaner in der Palau-Gruppe, also hatten sie schon die Gesamtzahl der Eingeborenen erreicht. Dennoch war Palau bisher noch nicht von den Japanern so überfremdet wie während der gleichen Zeit Saipan, Tinian, Rota, Pagan. Jedoch brachten besondere Schiffe im Abstand von drei bis vier Wochen jedesmal rund 200 japanische Neubürger zu den Palau-Inseln. Davon stammten die meisten von den übervölkerten Riu-Kiu-Inseln (Okinawa), die Japan erst um 1870 annektiert hatte. Sie waren großenteils chinesischer Abstammung, aber mindestens so fleißig wie die Japaner. Ein Beispiel für das zielbewußte, äußerst energische Handeln der japanischen Entwicklungsbehörden war die Erschließung von Babel Thuap, der größten, aber kaum besiedelten Palau-Insel. Kaum hatten die japanischen Experten herausgefunden, daß sich der Boden zum Anbau von Tapioka und Ananas eignete, wurden in Windeseile Straßen kreuz und quer durch Babel Thuap gebaut, Wasserleitungen gelegt und Drähte gezogen, noch bevor sich nur eine Familie dort niedergelassen hatte. Aber die Neusiedler kamen binnen eines Jahres, und drei Jahre später, so hörte ich daheim, war fast die ganze Insel kultiviert. Nachdem aber das siegreiche Amerika die Japaner 1945 bis 1947 allesamt vertrieben hatte, wurde auch die Insel Babel Thuap wieder zur menschenleeren Wildnis.

Eine personell stark besetzte landwirtschaftliche Versuchsstation war schon lange vor meinem Besuch bei Koror eingerichtet. Mit eingeführten Pflanzen wurde experimentiert, desgleichen machte man Versuche mit Haustieren, einschließlich der Zucht von Wasserbüffeln. Es wurden sogar Wildtiere in Gehegen gehalten, darunter eine kleinwüchsige Art von Rotwild. Der sogenannte Marianen-Hirsch (Cervus marianus) soll es gewesen sein. Dem Vernehmen nach gab es davon viele frei lebende Rudel droben in den Bergen, wo gute Äsungsflächen lagen. Diese oder eine ähnliche Art von Südsee-Rotwild lebt auch in menschenfernen Regionen auf Ponapé.

Schon am ersten Tag brachte mich Pfarrer Siemer zum Oberhäuptling von Palau, den man auch während deutscher Zeit »König« nannte. Er hieß Abidul, war gewiß nicht kleiner als 1,90 Meter und gewachsen wie eine Tanne im Schwarzwald. Straff hielt sich der stattliche Mann, und sein Auftreten war von selbstverständlichem Stolz. Ohne die dunkle Hautfarbe hätte man seine Gesichtszüge für europäisch gehalten, möglicherweise sogar für dinarisch. Sein Alter betrug etwa 70 Jahre. Aber kaum wie ein Sechziger sah er aus. Abiduls Sippe entstammte den Sternen. Angeblich glaubte er das selber, trotz christlicher Taufe und regelmäßigen Kirchgangs.

Wie mir scheint, ist »Abidul« nicht so sehr der persönliche Name des jeweiligen Königs, sondern die Bezeichnung seines Ranges, seiner erblichen Stellung. Sah ich doch unlängst eine Zeichnung, angefertigt von der Hand eines ungenannten

Schiffsoffiziers, datiert vom Jahr 1710. Sie stellt den damaligen Oberhäuptling »Abba Thule« von Palau dar. Phonetisch ist es dasselbe Wort wie Abidul, auch der heutige (1978) Nachfolger heißt Abidul, ein Mann von etwa 35 Jahren, der verständliches Deutsch spricht, weil er als Sergeant der US-Luftwaffe drei Jahre in Bamberg und Nürnberg zugebracht hatte. Zur Zeit ist er offiziell der Bürgermeister von Koror.

Vom Protokoll schien König Abidul nicht viel zu halten. Nur einen knappen, sehr knappen Lendenschurz trug der hohe Herr um seine Hüften, als er mich am Eingang seines Gartens empfing (s. Foto). Der Premierminister ihm zur Seite hatte immerhin ein graues Netzhemd zu seiner kurzen, vielfach durchlöcherten Hose angelegt. Weit besser gekleidet ein etwa zwanzigjähriger Enkel der Inselmajestät, namens Akihan. Dieser junge Mensch mit starker Brille war von Kopf bis Fuß in die Festkleidung eines Konfirmanden gehüllt. Verschiedene Stifte, auch Füllfedern in seiner Brusttasche verrieten, daß er des Schreibens, wahrscheinlich auch des Lesens kundig war. Was nach der Begrüßung im Freien drin im Hause folgte, hat mich fast aus den Schuhen gekippt.

»Darf ich bitten, Herr Doktor, in mein bescheidenes Haus zu treten . . .«, sagte lächelnd der nahezu nackte Potentat. Sein brillentragender Enkel fügte hinzu: »Seit zweiundzwanzig Jahren sind Sie der erste Deutsche, der uns besucht . . . ausgenommen natürlich Familie Siemer.«

Die fehlerlose Beherrschung der deutschen Sprache, verbunden mit weltmännischen Formen, war noch längst nicht alles, was an Überraschungen auf mich einstürzte. Hinzu kamen die Einrichtung des Hauses sowie ein Reisebericht des Hausherrn.

Von außen gesehen war König Abiduls Residenz grau von Alter und schlicht mit Palmblatt gedeckt, wenn auch ungewöhnlich groß. Drinnen jedoch war die ganze Aufmachung überwiegend westlich, ja »altwestlich«, wenn man so sagen darf. Ein Wohnzimmer im Jugendstil mit allem, was zeitgerecht dazugehört. Das Herrenzimmer des Inselkönigs sah ähnlich aus wie bei meinem Großvater in Straßburg, war es doch im Schnörkelstil der neunziger Jahre gehalten. Als ich ein großes, silbergerahmtes und handkoloriertes Foto erblickte, und zwar das Bildnis eines hoheitsvoll dreinschauenden Herrn in ordenbedeckter Gardegrenadieruniform, der Schnurrbart hochgezwirbelt, die rechte Hand auf den Säbel gestützt und die linke hinterm Rücken verborgen . . . wirklich und wahrhaftig war das niemand anders als Wilhelm II., von Gottes Gnaden Deutscher Kaiser und König von Preußen (1880–1918). Damit noch immer nicht genug, befand sich auf dem weiß gebliebenen Rand des Porträts in markigen Zügen die von Seiner Majestät höchstselbst geschriebene Widmung:

»Unserem getreuen König Abidul von Palau . . . Wilhelm I. R.«

»Ja wirklich, Sie können mir das glauben«, erinnerte sich der Hausherr. »Es war eine wunderbare Reise nach Berlin. Auf Einladung Seiner Kaiserlichen Majestät konnte ich aufbrechen und wieder heimkehren . . . Im Sommer 1907 war es gewesen. Auch eine Rundreise durchs deutsche Wunderland konnte ich auf Kosten des Kaisers durchführen.«

Viel, sogar sehr viel hatte der hochgewachsene Mann aus Mikronesien erlebt. Empfang bei Hofe, Besuche in Potsdam, Logenplatz in der Oper, und Ehrengast war er gewesen bei der Kaiserparade auf dem Tempelhofer Feld. Alles und noch mehr hatte man dem Inselkönig aus der Südsee geboten. Überzeugend war ihm gezeigt worden, wie glücklich sich jedes Kolonialvolk preisen konnte, wenn es die Ehre hatte, Schutz und Fürsorge des Deutschen Reiches zu genießen.

Abidul strahlte, als nun wieder die schönen Bilder vor seinem geistigen Auge erschienen. Mit treuem Sinn hing der alte Mann noch an der »guten deutschen Zeit«, wie er jene 15 Jahre nannte. Nur der am besten deutsch sprechende seiner sechs Enkelsöhne sollte Nachfolger werden, das war sein Wunsch. Also hatte der hier anwesende Akihan* beste Chancen, den imaginären Inselthron zu besteigen, der unter japanischer Herrschaft wohl mehr ein Schleudersitz war.

»Schlechte Zeiten«, nannte Seine Majestät die Gegenwart, »schlechte Zeiten wie noch nie.« Fehle doch den Japanern jeder Sinn für Tradition und Etikette. Von anderen Völkern, gerade von den Menschen der Südsee verständen sie so gut wie nichts. Nicht minder dürftig sei es um ihre staatsmännische Klugheit bestellt. Wäre es doch in ihrem eigenen Interesse, die Inselbewohner des Nanyo indirekt zu regieren, also durch erbliche Häuptlinge. Er, Abidul, könne bei den Japanern nur Wünsche oder Beschwerden vorbringen, jedoch keine Vorschläge machen. Verständnis für die Lage der Eingeborenen fände man bei so eigensinnigen Kolonialherren nur selten oder nie. Allerdings, das müsse gesagt werden, die medizinische Fürsorge habe wesentliche Fortschritte gemacht, und den japanischen Ärzten sei es gelungen, Seuchen ganz zu vermeiden, auch die Sterblichkeit bei Neugeborenen entscheidend zu vermindern. Ja, wirklich, auch die Palau-Menschen könnten sich neugezogenen Samen und Setzlinge kostenfrei von der Versuchsstation holen.

»Aber als Volk . . . als die ursprünglichen, als die angestammten Bewohner unserer Inseln, werden sie uns . . . ja werden uns die Japaner verschlingen«, war Abiduls düstere Meinung von der Zukunft, »sie werden täglich mehr, da kommen wir nicht mit. Sie sehen ja, daß schon heute Koror halb japanisch ist. Die Unterschiede sind groß . . . natürlich, was kommt mit den Jahren, wird nicht gut sein für uns. Wir sind gewohnt, auf das zu warten, was die Natur uns bescheren will. Die Japaner ruhen und rasten nicht, bis ihnen der vielgeplagte Boden genau das gibt, was sie wollen. Sie gebrauchen Gewalt dazu, wir lassen uns beschenken vom guten Boden, wenn . . . wenn er schenken möchte, und waren immer zufrieden. Die Japaner sind nie zufrieden . . . ich bedauere diese Leute. Sie werden von ihrer Unzufriedenheit getrieben und immer weiter getrieben.«

Wer uns gesehen hätte, bei dieser Unterhaltung vor mehr als vierzig Jahren, dem

* Auch der junge Akihan ist wieder ein Beispiel für die oft verblüffende Lernfähigkeit polynesischer Menschen. Außer Deutsch sprach und schrieb Akihan noch gut Englisch, verstand Spanisch, beherrschte auch recht gut Japanisch. Außerdem waren ihm noch einige der Südseedialekte geläufig.

würde es wohl kaum noch glaubhaft erscheinen. Der Wohnraum im deutschen Schnörkelstil, wegen der herabgelassenen Schilfmattenvorhänge in Halbdunkel getaucht. Der große alte, kaum bekleidete Herr und Inselkönig, gelöst und souverän in einem samtgrau bezogenen Sessel. Hinter ihm, auf dem ovalen Tisch, das Porträt des abgedankten deutschen Kaisers. Gegenüber Abidul der Missionar in hellschimmerndem Weiß, äußerlich so ähnlich der allgemeinen Vorstellung von Jesus Christus. Daneben der schmale, bebrillte, hochintellektuell wirkende Erbe und Enkel im Konfirmandenanzug. Sodann ich selbst, gerade 25 Jahre alt, aber aussehend wie ein Primaner, in Khaki mit kurzen Hosen, dazu den Tropenhelm – der heute nirgendwo mehr von Weißen getragen wird. (Im Haus des Königs liegt der natürlich auf dem Boden neben mir.) Vor uns Gläser aus Bleikristall, nur mit Fruchtsaft gefüllt, denn es gab keinen Alkohol im Hause Abiduls, der ebenso Feind des Rauchens war. Leicht und gelöst war die Unterhaltung, ganz in der Art gesellschaftlicher Konversation. Abidul fragte, ob ich schon die Geschichte vom Prinzen Boo Lee kenne, der seinerzeit in London so großes Aufsehen erregt habe. »Nun ja, es liege auch weit zurück«, meinte der Hausherr. Genauer gesagt habe die Sache mit dem Schiffbruch des Britisch-Indischen Dreimastseglers »Antelope« begonnen, im Jahre 1783. Dessen Kapitän, die Offiziere und alle Mannschaften konnten sich bei Koror an Land retten und wurden von den Palauern gastfrei aufgenommen. Ebenso freundlich halfen die Insulaner den Zimmerleuten der »Antelope«, eine seetüchtige Schaluppe zu bauen. Als sich diese eines Tages auf die weite, gewiß nicht einfache Fahrt nach Manila machte, war der zweite Sohn des damaligen Königs mit von der Partie. Ein tüchtiger Mensch muß es wohl gewesen sein, ungefähr 20 Jahre alt und von den Engländern Boo Lee genannt. Er gelangte tatsächlich nach London, hatte unterwegs akzentfrei Englisch gelernt und wurde als »Prinz von Palau« bei Hofe vorgestellt. Dank der fabelhaften Lernfähigkeit mancher Südseemenschen benahm sich Boo Lee so erstklassig in der ihm völlig fremden Welt, daß ihn die sonst betont exklusive Londoner Gesellschaft in ihre Kreise aufnahm. Was der »Prinz von Palau« dabei erlebte und in welche Amouren er verstrickt wurde, hat der englische Schriftsteller G. Kent in Buchform geschildert. Doch habe ich leider das Buch in keiner Bibliothek gefunden. Wie es aber so vielen, wenn nicht den meisten Menschen der Südsee erging, die damals ins kühle neblige, feuchte, für sie so ungesunde England verschlagen wurden, erlag auch Boo Lee nach einigen Jahren der Tuberkulose.

Während unter japanischer Herrschaft die staatsrechtliche Stellung Abiduls gleich Null war, auch in praktischer Hinsicht seine Bedeutung mehr und mehr verblaßte, ist im Entwurf zur kommenden Verfassung der demnächst autonom werdenden Inselgruppen der USA-»Territories« ausdrücklich vorgesehen, daß die Träger traditioneller Würden als Kandidaten aufzustellen sind. Das bedeutet für Palau die »Wahlmonarchie«, also weiter die ungebrochene Erbfolge der Nachkommen Abiduls.

Mit seinem Enkel Akihan war ich viel unterwegs, zu Fuß, im Kanu und auf dem

Fahrrad. Erstaunlich zu sehen, wie der präsumtive Nachfolger Abiduls allenthalben ehrenvoll, auch freudig begrüßt wurde. Darauf reagierte der Nachkomme von Sterngeistern mit leutseligem Lächeln. Er hat mich etwa ein Jahr später in Tokyo besucht, dabei unter anderem erzählt, wie ihn die Kempetai (japanische Militärpolizei) nach meiner Abreise von Palau stundenlang verhört habe. Nur wegen des ausgedehnten Zusammenseins mit dem deutschen Besucher. Weil Akihan nicht immer gleich die rechte Antwort einfiel, hatte man ihn mehrmals geohrfeigt.

Dem Pastor von Palau bin ich schon zehn Jahre danach wieder begegnet. Da nahm er die Gelegenheit wahr, sich auf besondere, ganz ungewöhnliche Weise für meine Mithilfe bei Übersiedlung seiner Familie in die Heimat zu bedanken. Damals in Palau konnte ich ihm nicht helfen. Das war die Sache weitaus höherer Herren und, davon abgesehen, hatte ich bereits die Queen von Mapia an Bord!

Aber wieder in Tokyo angekommen, ließ sich doch eine Lösung finden. Gleich habe ich meinem Chef, dem Botschafter Dr. Herbert von Dircksen, den Fall Siemer, vor allem die gesundheitlichen Sorgen der Familie berichtet, dabei auch nicht die verschiedenen Probleme der Heimreise vergessen. Seinerseits hat sogleich der Botschafter dem Auswärtigen Amt in Berlin berichtet, und das mit dringender Bitte um Rückführung der Familie, was zur Rettung der sonst todgeweihten Frau unbedingt nötig sei. Eile sei dringend geboten, weshalb man auch hohe, sogar höchste Stellen der japanischen Regierung einschalten müsse. Eine Kopie des hochoffiziellen Berichtes schickte ich mit meines Chefs Genehmigung ganz privat an meinen Vater, den ich ersuchte, unbürokratisch zu helfen.*

Kaum waren beide Sendungen, die amtliche wie private, nach ungefähr 20 Tagen in Berlin angekommen, setzte sich der sonst schwerfällige Behördenapparat in ungewöhnlich rasche Bewegung. Keine Spesen wurden gescheut, anstatt Erlasse und Berichte zu versenden, schellten die Telefone. Mein Vater war selbst beim japanischen Botschafter in Berlin, unser Botschafter in Tokyo sprach persönlich mit dem Außenminister in Tokyo.

So kam es, daß schon bald alle fünf Siemers mit Sack und Pack in Tokyo eintrafen, wo sie ihre Schiffskarten bis Hamburg erhielten. Der Zustand von Frau Siemer allerdings hatte sich verschlimmert. So sehr, daß man sie an Bord des Hapag-Schiffes »Potsdam« nicht aufnehmen wollte. Erst ein erneuter Telegrammwechsel mit Berlin machte es möglich. Daheim kam die Kranke sogleich in ärztliche Fürsorge, und zwar mit bestem Erfolg. Noch weiter lief der Erfolgsfilm. Dem Pastor Siemer wurde eine Pfarrei in Franken anvertraut, wo sich zu seiner größten Freude eine altberühmte Orgel befand. Die Anschaffung eines neuen Hausstandes wurde möglich und noch vieles andere mehr.

Es klingt wie ein Märchen, aber gute Werke zahlen sich aus, gerade wenn man niemals darauf spekuliert hat.

Es kam der 11. März 1948, und ich stand zwecks Entnazifizierung vor der

* Mein Vater war damals Reichsminister und Chef der Präsidialkanzlei. Das einflußreiche Amt hatte er im März 1920 übernommen und behielt es bis zum Mai 1945.

Geheimnis der Vergangenheit! Die Reste eines aus behauenen Steinen errichteten Tempels (?) auf der nur selten besuchten Marianen-Insel Tinian. Wann das Bauwerk von welchem Volk geschaffen wurde, vermag niemand zu sagen.
Vorhergehende Seite: *In der Südsee irgendwo*

Links oben: *Auf Yap, einer Insel der ehemals deutschen Karolinengruppe, hat seinerzeit der Inselgouverneur diese erstaunlich breiten Wege anlegen lassen.* – Rechts oben: *Auf Yap, auf Map und den benachbarten Inseln wird heute noch von fast allen Frauen und Mädchen der raschelnde Grasrock getragen. Hier wird ein junges Mädchen von der Großmutter fürs Tanzfest geschmückt.* – Unten: *Nicht für Touristen tanzen die jungen Leute, sondern für sich selbst. Hinter ihnen eine Reihe des berühmten »Fei« genannten Steingeldes von Yap.*

Bis zum Jahre 1940 gehörten auf Yap und den benachbarten Inseln solche Steinmünzen zur landesüblichen Währung. Zur Fortbewegung der großen, oft mehrere Zentner schweren »Fei« steckte man eine Stange durchs Loch, die alsdann zwei Männer auf die Schultern nahmen.

Zwei Steinmünzen in meinem Garten. Von Yap habe ich die beiden »Fei« im Jahr 1938 mitgebracht. Heute sind auf Yap alle registriert und stehen unter Denkmalschutz. Auch meine Fei wird später ein Museum für Völkerkunde erhalten.

Spruchkammer II in der Seestraße 1 zu Stuttgart. Als vom »Gesetz Betroffener«, wie es in geschraubter Sprache hieß, war ich angeklagt, dem verbrecherischen System im Krieg und Frieden, daheim und im Ausland gedient zu haben. Zwar wurden mir keine bestimmten Delikte vorgeworfen, aber wer mit so jungen Jahren schon Konsul in Mailand, sogar Panzeroffizier und ähnliches gewesen war, bei dem wurden Verfehlungen als selbstverständlich angenommen. Nicht das Gericht mußte bei jenem seltsamen Verfahren eine Schuld des »Betroffenen« beweisen, sondern dieser seine Unschuld.

Kaum hatte der »öffentliche Kläger« die in solchem Fall übliche Anklage verlesen, da öffnet sich die Tür. Alle Zuhörer, ungefähr dreißig an der Zahl, drehen sich um . . . und trauen ihren Augen nicht.

Da steht, Sie haben es schon erraten, lieber Leser, da erscheint das Ebenbild unseres Heilands im Saal der Spruchkammer. Ein paar graue Fäden im Haupthaar und weiße Strähnen im Bart, das kann den Pfarrer Wilhelm Siemer nicht verändern. Leuchtend blau sind nach wie vor seine Augen unter buschigen Brauen.

»Ich komme als Zeuge für die Unschuld des hier Angeklagten«, dröhnt des Pastors klangvolle Stimme.

Er nennt seinen Namen, legt die Personalpapiere vor und wird gebeten, Platz zu nehmen.

Aber fürs Stillsitzen und Anhören inhaltloser Tiraden, bis man ihn fragt, dazu ist der Pastor aus Palau nicht gekommen. Stehen bleibt er und predigt mit grollender Stimme den Herren wie Damen der Spruchkammer innere Einkehr und reumütiges Bekenntnis ihrer Sünden. Dazu gehöre auch ungerechte Verfolgung der Gerechten. Wer unter ihnen ohne Sünde sei, möge werfen den ersten Stein!

Man hört den Geistlichen mit Staunen und Verwirrung, leider auch mit hier und da vernehmbarer völlig falsch plazierter Heiterkeit.

Alsdann muß ich mein Haupt verhüllen, kommt doch Pfarrer Siemer auf meine bewiesene Unschuld zu sprechen, schildert mich als Engel der Leidgeprüften, als Wohltäter der Südsee und Vorbild eines Christenmenschen. Weil er als Missionar bei Heidenvölkern alle Register kennt, mit denen man schwankende Seelen bewegt, weil seine Worte wie Gedanken alle möglichen Tiefen und Höhen durchdringen, spricht er für etwa eine halbe Stunde vor reglos gebanntem Publikum.

»Veranlassen Sie nunmehr die allein mögliche Entscheidung«, mahnt er mit Polterstimme das erschütterte Gericht, »aber vergessen Sie nicht, der höchste aller Richter schaut Ihnen zu!«

Der Vorsitzende, ein gelernter Jurist, braucht gewisse Zeit, sich zu fassen. Erleichtert aufatmend wendet er sich dann zum »Öffentlichen Kläger«, der hauptberuflich ein Wohnungsamt leitet.

»Herr Ankläger, stellen Sie Ihren Antrag . . .!«

Der junge Mann erhebt sich, schaut rings im Saal herum, zuckt etwas hilflos mit den Schultern und sagt entschlossen: »Ich beantrage die Entlastung des Betroffenen . . . den Freispruch also!«

Der Vorsitzende nickt und erteilt meinem Verteidiger das Wort.

Dr. Schwamberger erhebt sich, um ebenso kurz wie kühl zu erklären, daß er denselben Antrag stelle wie der Öffentliche Kläger.

Der Vorsitzende wirft einen Blick auf die Beisitzer, welche durch knappe Bewegung ihrer Häupter gleiche Meinung zum Ausdruck bringen.

Die Herrschaften gehen gar nicht erst zur Beratung hinaus. So wird gleich die »Entlastung« verkündet.

Die meisten Zuhörer klatschen, nur eine rothaarige Person mit scharfer Zunge hinter schmalen Lippen, so eine, die man in Bayern Bissgurn nennt, ruft entrüstet:

». . . Da sieht man's wieder, die Macht der Kirche . . . unerhört, eine Schande so was!«

So fing das Leben wieder an, jedoch für die meisten von uns in einer anderen Welt. Was mich betrifft, in so völlig verwandelten Verhältnissen, daß keine Hoffnung bestand, jemals wieder in die weite Welt hinauszukommen. Beruflos war ich geworden und die Familie ruiniert. All mein Besitz hatte sich infolge des Krieges in nichts aufgelöst. Von dem Schwarm vermeintlich guter Freunde waren nicht mehr geblieben als Finger an einer Hand, und selbst das erscheint noch als übertrieben. Wegen meines Vaters früherer Stellung war unser Name verfemt. Obwohl durch Entlastung seitens der Spruchkammer rehabilitiert, vergingen doch zwei Jahre, bis ich wieder einen Paß bekam – keinen Diplomatenpaß. Aber wie mir binnen kurzem klar wurde, bewegt man sich mit dem üblichen Paß weniger auffällig und sogar bequemer durch die meisten Länder der Welt.

Diese Welt fuhr fort, sich zu verändern. Für mich wurde sie besser mit jedem Jahr. Kaum konnte ich es fassen, aber es lösten sich so gut wie alle meine Probleme in Wohlgefallen auf. Der frei gewählte Beruf des Schreibens schenkte mir nie geahnten Erfolg. Wie es dann die Entwicklung mit sich brachte, gelangte ich eines Tages wieder nach Palau. Nach vierzig Jahren, um es genau zu sagen.

Schon gegen Ende des Zweiten Weltkrieges waren die Japaner abgezogen. Vom Hagel unzähliger Bomben war auch der Archipel von Palau in verheerender Weise heimgesucht worden. Seitdem hatten die USA auch diese Inseln annektiert. Erst wurden sie militärisches Sperrgebiet, und kein Wort durften die Einheimischen mitreden. Nach circa 20 Jahren verhielt sich die amerikanische Verwaltung ziviler, nachsichtiger und hilfsbereiter. Neuerdings besteht sogar Aussicht für die Palauer, daß sie binnen zwei, drei oder erst in vier Jahren weitgehend Selbstregierung erhalten, wenn sie auch durch viele Verträge an die USA gebunden bleiben.

Also, nun ist es wieder soweit. Wir haben das Jahr 1979. Durch eine vor siebzig Jahren von den Deutschen ins Korallenriff gesprengte Rinne rauscht unser Schiff bei herabgesetzter Fahrt in den Hafen von Malakal, um sich steuerbords an die Pier zu legen. Koror, Hauptstadt der Palau-Gruppe, liegt nur wenige Kilometer entfernt im hügeligen Land.

Abgesehen von den Umrissen der kleinen Insel Koror und der viel größeren

Babel Thuap erkenne ich nichts mehr von damals. Es wurden ja die einstige Ortschaft Malakal und was sonst die Japaner geschaffen hatten durch Bombenteppiche so stark zerstört, daß ein totaler Neubau sämtlicher Ortschaften und Anlagen notwendig gewesen war. Leider geschah dies ohne Mitarbeit irgendeines nur halbwegs erfahrenen Stadtplaners. Ganz im Gegensatz zur umweltfreundlichen, auf Lebensqualität bezogenen Entwicklung in den Vereinigten Staaten selbst, wo neuerdings beneidenswerte Könner am Werke sind, hat sich in den US-Treuhandgebieten des Pazifik die amerikanische Antikultur mit dem ihr eigenen Ungestüm weithin ausgebreitet. Demgemäß auch droben in Koror das gleiche deprimierende Bild wie in den Randzonen von US-Städten, wenn die so recht vergammelt sind. Da ist der langweilige Supermarkt, dort sind schäbige Tankstellen, weiter die angestaubten Drugstores und der Krimskrams in Souvenirläden. Dazwischen die Snackbars, Eisbuden und Beersaloons, die Klimperbuden mit den Spielautomaten, die Stripteaselokale und natürlich die überall abgestellten Autowracks. Die abstoßend häßlichen Straßen sind flankiert von schiefstehenden Masten für Licht, Telefon und so weiter. Vieldutzend schlaffe Drähte überqueren das Ganze. Rasselnde Lastautos, knatternde Mopeds und rumpelnde Busse, schon längst reif zur Verschrottung, dazu Dreiradfahrräder, mit schweren Lasten bepackt.*

Drei schmuddlige, glühendheiße Busse stehen bereit, uns auf gewundener Asphaltstraße mit teilweise herrlich schönen Ausblicken in die kleine Hauptstadt zu bringen. Was wir in Koror betreten und besichtigen dürfen, ist allein das vorerst noch recht bescheidene, ganz und gar private Museum. Es liegt auf einer droben abgeflachten Anhöhe und erlaubt einen wahrhaft herzbewegenden Weitblick auf die buchtenreiche Inselwelt. Besonders sehenswert scheint mir im tropischen Garten ein ziemlich großer, ganz von blühendem Lotos bedeckter Teich.

Ausgerechnet dies Minimuseum wird von echt kultivierten und interessierten Menschen geleitet, von einem amerikanischen Ehepaar namens Owens. Seit einem Vierteljahrhundert schon sind die Owens ansässig in Palau und ernsthaft verliebt in die kulturhistorischen Hintergründe der Inseln. Als ich Mrs. Owens meine Uraltfotos aus dem Jahre 1937 vorweise, erkennt sie gleich die Familie Siemer, den alten König Abidul, auch seinen Enkel Akihan und die seitdem verschwundenen Allmännerhäuser. Beide Owens wissen von Arno Senft auf Yap, haben sogar die Geschichte der Königin von Mapia gehört und wollen gleich in alten Schriften kramen, um mir dies oder jenes aus der Vergangenheit zu zeigen. Die Museumsfrau führt mich in einen Nebenraum, wo ein sehr alter Mann mit der Reparatur von frühen Schnitzereien beschäftigt ist. Der freudig grinsende Greis spricht langsam,

* Man versteht nicht, warum das so sein muß. Aber auf Pago-Pago, Saipan, Guam sowie anderen von den Amerikanern verwalteten Inseln ist es nicht anders. Keine Behörde, keine Stelle, auch keine irgendwie kulturell beauftragte Person ist vorhanden, um die leichtfertige Auflösung des alten Brauchtums, der Reste von Tradition, die Verschandelung von Natur und Landschaft zu verhindern. Die fast völlige Vernichtung der rätselhaften Ruinen auf Tinian ist dafür nur eines der schlimmsten Beispiele. Es geschieht durch direktes wie indirektes Verschulden gedankenloser, pflichtvergessener Amerikaner, die ohne Sinn und Verstand irgendwelche Ämter bekleiden, während zur gleichen Zeit in den USA mächtige private Körperschaften sowie verantwortliche Behörden in geradezu grandioser Weise um die Erhaltung kultureller, traditioneller und von der Natur geschaffener Werte bemüht sind.

aber fehlerfreies Deutsch. Er war ein guter Freund der Siemers und wurde noch in der spanischen Zeit in Koror geboren. Als er meine alten Fotos betrachtet, zittern seine Hände.

Wie Mrs. Owens sagt, könne sich der Alte auch an den deutschen Maler Max Pechstein erinnern, der 1913 mehrere Monate auf Palau gelebt und gemalt und dem heute Achtzigjährigen als Bub die Staffelei getragen hat. Einige Bilder, die Max Pechstein auf den Palau-Inseln gemalt hat, sieht man im Brücke-Museum, Berlin-Dahlem.

Ich frage . . . frage . . . frage, was aus jenen Leuten geworden ist, denen ich seinerzeit begegnet bin. Der hochverehrte König Abidul starb gleich nach dem Pazifischen Krieg. Sein Enkel Akihan folgte ihm nach, wurde aber bald schon in die Ewigkeit abgerufen. Jetzt ist ein anderer Abidul Oberhäuptling der Palaugruppe, einer von Akihans Söhnen. Schon hat die gute Museumsfrau ihn angerufen, und Abidul der Soundsovielte läßt herzlich bitten, ihn gleich zu besuchen. Er will für den Abend, bis mindestens um Mitternacht, ein Südseefest mit Mädchentanz und gefüllten Spanferkeln organisieren.

Neuerdings habe der Inselkönig wieder relativ großen Einfluß in Palau, erklärt Steven Owens. Höchstwahrscheinlich könne er in Kürze mit der Stellung eines konstitutionellen Monarchen rechnen. Haben doch die USA den Insulanern zugesagt, daß sie demnächst eine interne Selbstregierung erhalten. Infolgedessen haben schon die wahlberechtigten Bürger beschlossen, neben dem Parlament noch ein Oberhaus zu konstituieren, dem alle durchs Erbrecht bestimmten Häuptlinge angehören. Diese wählen sodann einen König, und natürlich wird es kein anderer sein als der durch Herkunft wie Gewohnheitsrecht dafür vorbestimmte Abidul. (Wobei ich zu fragen vergaß, ob er noch das Bild Kaiser Wilhelms II. mit höchsteigener Widmung besitzt.)

Im übrigen gibt es wieder einen deutschen Missionar auf Palau. Im Augenblick sogar zwei, der eine ist gerade gekommen, und der andere wird bald gehen. Sie wollen gleich ins Museum kommen und von mir hören, wie das seinerzeit mit der Familie Siemer war.

Da ein schriller Schrei! Die schon betagte Mrs. Debenham ist vom schlüpfrigen Rand des Teiches gerutscht und steckt, wie sie ausruft, bis zu den Knien in Schlamm. Höfliche Herren helfen der triefenden Dame heraus. Doch hat sie beim Fall ihre Kamera verloren, weshalb gleich zwei Kavaliere danach suchen. Gerade hat einer die Kamera erwischt, läuft laut schreiend das Ehepaar Owens herbei.

»Get out . . . for havens sake get out . . .!« warnen beide mit entsetzten Gesichtern, »da sind doch zwei Krokos drin . . . zwei große Krokos!« Alle sind wir zutiefst entsetzt.

»Nur gut, daß wir sie gerade kräftig gefüttert haben . . . mit 'ner halben Ziege pro Rachen. Daran dürften sie jetzt noch kauen!«

Als lebendige Erinnerung an die vor etwa zehn Jahren so verheerende Krokodilplage will man sie im Teich des Museums bewahren.

Sehr positiv ist zu bewerten, daß die Owens mitkommen, als unser Schiff den Malakal-Hafen für eine Kreuzfahrt zwischen den »Sieben Inseln« verläßt. Unbedingt braucht man dafür Begleiter, die sich im Labyrinth der engen Gewässer und pilzförmigen Eilande auskennen. So besteigen wir mit dem Ehepaar Owens in Führung bald darauf die Schlauchboote.

Allmählich erkenne ich die Gegend wieder. Es sind dieselben, in den herrlichsten Farben schimmernden Gewässer, die mich schon damals auf höchste entzückt haben. Wieder bestaune ich die gebuckelten, von undurchdringlichem Dickicht bewachsenen Inseln mit überhängendem Rand. Irgendwo in der Nähe muß die schaurige Höhle sein, jener nachtdunkle Tunnel, in dem wir damals die gräßlichen Krokodile antrafen. Aber welche Insel es war und wo der Höhleneingang gewesen ist, könnte ich nach so langer Zeit nicht mehr sagen.

»Wir dachten, alle seien ausgelöscht von dem Monsieur Henri, und wir hätten Ruhe«, berichtet kopfschütttelnd Steven Owens, »aber ein paar Dutzend sind übriggeblieben, und die vermehren sich rapide!«

Wirklich, die Salzwasserkrokodile im Seebereich von Palau und besonders bei den »Sieben Inseln« sind ein Phänomen eigener Art. Es war um die Mitte der sechziger Jahre (genau kann ich es nicht sagen), als sich urplötzlich die Krokos ungewöhnlich rasch vermehrten, ja geradezu explosionsartig. Sie waren nicht nur im Begriff, den Fischbestand zu ruinieren, es konnte auch kein Schwimmer, erst recht kein Taucher mehr seines Lebens sicher sein. So weit kam es, daß die gräßlichen Krokos Angler aus den Booten rissen und selbst Netzfischer anfielen, die gerade ihre Beute aus dem Wasser zogen. Da erschien kein anderer als mein weltreisender, auch waidmännisch passionierter Freund André Henri* in Palau. Gleich hörte Henri von der Kalamität, sah einige verstümmelte Opfer und erklärte sich bereit, die menschenverschlingende Plage auszurotten.

Weil er als Gegenleistung nichts verlangte, ließ man ihm freie Hand. Ließ ihn auch frei über die kostbare Haut der Krokos verfügen. Freund Henri, der stets ein begabter Organisator gewesen ist, engagierte ein paar tüchtige Gehilfen, mietete drei Boote mit Außenmotor und bewaffnete sich wie die Seinen mit grellweiß leuchtenden Stablampen. Alles, was ein honoriger Waidmann keinesfalls tut und was bei uns streng verboten ist, haben der führende Friseur des Fünften Kontinents und seine Krokokiller getan. Jagen bei Nacht, jagen mit Licht und jagen ohne Unterschied von Alter oder Geschlecht. Über 3000 Krokodile sollen den Mordschützen zum Opfer gefallen sein. Am Ende sah es dann wirklich so aus, als wären keine mehr da!

* André Henri, geborener Franzose und im Elsaß aufgewachsen, wurde in mehreren deutschen Großstädten vom Lehrling zum Gesellen und zum Meister der Damenfrisierkunst ausgebildet. Nach Australien emigriert und dort zur einsamen Spitze der Haute Coiffure emporgestiegen, eröffnete André Henri in Melbourne den elegantesten, natürlich auch teuersten Frisiersalon, wurde außerdem Präsident des Friseurverbandes im gesamten südlichen Pazifik. Lediglich noch die Direktion seiner Unternehmen behaltend, verbringt der sprachgewandte Haarkünstler die meiste Zeit auf Weltreisen und weltweiter Jagd. Wir kennen ihn schon (reiner Zufall war die erste Begegnung) seit mehr als zwanzig Jahren, haben ihn in Australien besucht und als Gast bei uns gehabt. In diesem Frühjahr unternahm ich mit dem guten Freund in Australien die Bahnreise von Sydney nach Perth und wieder zurück auf der gleichen Strecke.

»Aber es blieben doch welche übrig«, bemerkte Mrs. Owens, »nun steht doch zu befürchten, daß sie aufs neue überhandnehmen, dann muß wieder etwas geschehen.«

Gar nichts braucht geschehen, falls man den für die Palau-Inseln verheerenden Plan verwirklichen sollte, ausgerechnet im Bereich des Naturwunders der »Sieben Inseln« einen riesigen Öltankerhafen zu bauen. Er soll dem Vernehmen nach schwimmende Giganten bis 700000 Tonnen Tragfähigkeit aufnehmen. Man will von ihnen, die für japanische Häfen zu viel Tiefgang haben, das arabische Öl in kleinere Tanker umleiten, die es dann zu den Zielhäfen weiterbefördern.

Alles in allem ein Projekt, das verspricht, etliche Milliarden Dollar zu verschlingen. Bei passender Gelegenheit wird sodann ein Leck im Schiffsboden oder, schlimmer noch, der Zusammenstoß von zwei Supertankern genügen, um alles Leben bei den »Sieben Inseln« sowie deren Umgebung total zu vernichten. Aber heutigentags ist der Ölstrom weit wichtiger für die Menschenwelt als sämtliche Krokodile und Korallen. Doch wollen wir die Hoffnung nicht aufgeben, daß dieser Giftkelch an Palau vorübergeht.

Erst bei Anbruch der Dunkelheit sind unsere Schlauchboote wieder zurück. Im eigenen Motorboot braust das Ehepaar Owens nach Malakal, während unser Schiff langsam wendet und Kurs auf die Insel Sonsorol nimmt. (Gerade bin ich von meiner achten Südsee-Reise heimgekommen. Auch Palau, meine dortigen Freunde und den »kommenden König« Abidul habe ich wiedergesehen. Die schönste Nachricht von dort ist, daß der naturverderbliche Plan des »Superölhafens« einstimmig von den Sprechern aller Stämme und Sippen abgelehnt wurde!)

Wir fanden Menschen auf Merir

Wenn Sie eine genaue Karte haben, über gute Augen verfügen und ein Vergrößerungsglas zu Hilfe nehmen, können Sie *Merir* entdecken. Das Inselchen befindet sich rund 350 Kilometer nördlich des Äquators und nach Westen hin doppelt so weit vom 140. Längengrad entfernt.

Und wer von Palau nach Süden segelt, vorbei an Sonsorol ungefähr in Richtung zur Meeresstraße zwischen dem westlichen Ende von Neuguinea (West-Irian) und der Molukkeninsel Halmahera, wer sich auf diesem nur selten befahrenen Wasserweg befindet, müßte bei klarem Wetter den Korallenring erblicken und in dessen Mitte die flache, aber lückenlos bewaldete Insel Merir. Allerdings, man muß beim Ansteuern von Merir schon aufpassen und geduldig das Fernglas vor die Augen halten. Der Ring des Atolls ragt nur knapp aus dem Wasser, und nichts ist höher auf Merir als die Baumwipfel. Nur vom Mastkorb aus oder von der Kommandobrücke wird die Suche nach Merir gelingen.

Schon gestern in den Abendstunden hat die Reiseleitung auf Wunsch romantisch veranlagter Passagiere im Einvernehmen mit unserem Käpten beschlossen, auf dem Eiland eine Landung zu versuchen, eine »nasse Landung« selbstverständlich. Eine total verlassene Insel sollte es sein nach Auskunft der amerikanischen Mandatsregierung für die Marianen und Karolinen. Seit spätestens Kriegsende war Merir nicht mehr bewohnt und würde, soweit den Behörden bekannt, nur höchst selten oder gar nicht besucht. Der haargenauen Spezialkarte unseres Schiffes zufolge hatte die kreisrunde Insel einen Umfang von knapp sechs Kilometern.

So muß sich dort, weil vollkommen ungestört, Fauna wie Flora im natürlichen Zustand befinden. Besonders unsere Schnorchler sind im voraus begeistert von dem zu erwartenden Bild unter Wasser. Die leidenschaftlichen Taucher, eine elitäre Gruppe um die Tiefseestars Ron und Valerie Taylor, polieren bereits ihre Ausrüstungen, füllen ihre Unterwasserkameras mit frischen Filmen.

Der kommende Tag ist wolkenlos klar, und nur leichter Wind kräuselt ein wenig das Wasser. Südseegewohnte Augen können erkennen, und zwar an den verschiedenen Wasserfarben, wo die See noch Tausende von Metern tief ist, sich dann aber schroffe Gebirge vom Meeresboden erheben.

Indessen wird droben der Standort des Schiffes und der bestmögliche Kurs zum Atoll von Merir bestimmt. Das ist nicht so problemlos, wie es klingt, weil die scharf gezackten Gipfel von Unterwassergebirgen gelegentlich bis knapp unter die Oberfläche steigen. Aber das Echolot macht es möglich, solche Gefahren beizeiten zu erkennen. Als schließlich die Korallenkette im Fernglas auftaucht, noch etwa 15 Kilometer entfernt, erscheint sie lediglich als dünner, dunkler Strich am Horizont.

Wie nun die »Explorer«* mit nur halber Kraft dem Strich näher und immer näher kommt, wirkt das stille Wasser innerhalb des Ringes wie ein strahlendblauer See.

Schon sind vier Zodiacs ausgeschwenkt, die sich wie Entenküken um ihre Mutter sammeln. Weil nicht alle Wünsche gleichermaßen zu erfüllen sind, besteigen die Schnorchler das erste und die Taucher das zweite Schlauchboot. Die eigentlichen Inselbesucher zählen nicht mehr als 14 Personen und werden auf die beiden anderen Zodiacs verteilt. Ein gutes Drittel der »Explorer« hat weder fürs eine noch andere Interesse und bleibt an Bord. Weil unser Schiff draußen vor dem Riff keinen sicheren Ankerplatz findet und wegen seines Tiefgangs nicht in den Ring einfahren kann, bewegt es sich bei möglichst langsamer Fahrt im Kreise. Durch Sprechfunk besteht ständiger Kontakt zu den Zodiacs.

Angeführt von Dr. Lyall Watson, einem auch bei uns bekannten englischen Schriftsteller, seemännisch geführt von dem Tonganer Harry und dem Isländer Erik, schnurren wir zunächst eine gute Meile, vielleicht auch zwei an der Außenkante des Ringes entlang, bis sich darin eine brauchbare Lücke öffnet. Da geht es im rechten Winkel hindurch, und gleich sehen wir mit Verblüffung, daß die Wassertiefe kaum noch einen Meter beträgt. Verzweigte Korallenstücke und kriechende Krebse sind zum Greifen nahe, ebenso wulstige Seegurken, verschiedenste Arten von Muscheln und rasch sich bewegende Schwärme bunt schillernder Fische. Deren Größe reicht von fingernagelkleinen bis zu meterlangen Geschöpfen. Hier braucht man weder Maske noch Schnorchel, auch kein Tauchgerät, um sich der vielfältigsten Wunder einer polynesischen Lagune zu erfreuen. Nur langsam gleiten wir darüberhin, um zu vermeiden, daß irgendein scharfbezahnter Korallenstock ins Schlauchboot klaffende Löcher reißt. (Sogleich versinken würde es allerdings nicht, weil die dicken Schläuche von zwei Dutzend Luftkammern unterteilt sind.)

Da wird schon das Wasser tiefer, bald ist vom Grund nichts mehr zu sehen. Auch die Fische sind nicht mehr in gleich großen Mengen vorhanden. Befindet sich doch der größte Fischreichtum an den Lücken im Korallenring, wo das einfließende und abfließende Wasser die meisten Nährstoffe mit sich führt. Harry dreht seinen Außenborder auf volle Touren, und mit angehobenem Bug braust das Bootchen der noch immer fernen Insel entgegen.

Bis wir dorthin kommen, vergehen ungefähr anderthalb Stunden. Wegen des niedrigen Wassers fahren wir während der letzten paar hundert Meter im Schritt. Dann müssen wir aussteigen, um mit vereinten Kräften das Boot zu ziehen,

* Die »Lindblad Explorer«, 1969 in Finnland gebaut, wird für »Lindblad Travel« von der Swedish-America-Line betrieben, fährt jedoch unter panamesischer Flagge. Mit 2300 Tonnen Wasserverdrängung und 85 Meter Länge ist sie relativ klein, aber mit 3800-PS-Dieselmotoren recht stark, mit 15 Knoten Geschwindigkeit auch recht schnell. 50 Kabinen können bis zu 92 Passagiere aufnehmen, meistens sind jedoch nur 60 bis 70 Passagiere an Bord. Die Besatzung und Personal zählt 75 Köpfe, hinzu kommen der Reiseleiter und eine Anzahl Lektoren. Das Schiff ist bestens mit Zodiacs (Schlauchbooten) ausgestattet, die überall landen können. Für ein reisefreudiges, vielseitig interessiertes Publikum bietet die »Lindblad Explorer« eine Kombination von Expedition und komfortabler Schiffsreise und bevorzugt in ihrem sich jedes Jahr änderndem Programm noch weitgehend unbekannte Reiseziele dieser Welt.

schließlich übers scharfkantige Geröll zu schleppen. Nur gut, daß unsereins schon bei vorhergehenden »nassen« Landungen gelernt hat, auch im Wasser und gerade im Wasser feste Schuhe zu tragen. Ich hab' mir meine Tiroler Jagdstiefel angezogen. Wenn sie hinterher auch nicht mehr fürs Gebirge tauglich sind und im Papierkorb meiner Kabine zurückbleiben, haben sie im Korallenmeer wertvolle, sogar unentbehrliche Dienste geleistet.

Nun stehen wir am Strand der unbewohnten Insel, bestaunen deren Verlassenheit und die gewaltige Größe der herumliegenden Tridacna-Muscheln. Die Wäsche eines mittleren Haushalts hätte darin Platz gefunden (bevor die Waschmaschinen aufkamen). Welch wunderbare Wirkung würde es haben, so denke ich, wenn man die Tridacnas als Blumenbehälter im Garten verteilt oder sie als Waschbecken im Bad verwendet. Wären nicht die Probleme des Transportes, könnte sich jeder von uns ein paar Dutzend der Riesenmuscheln mitnehmen, ohne eine Mark dafür zu zahlen.

Gern wollen wir die einsame Insel umrunden, was nach meiner Schätzung nicht länger als zwei bis drei Stunden dauern kann. Wir teilen uns in zwei Gruppen. Jeder von ihnen wird zur Umkehr nach anderthalb Stunden geraten, ja sogar anbefohlen, falls sich bis dahin nicht beide Gruppen getroffen haben. Zwei Bootsleute bleiben an den Zodiacs zurück und halten Sprechfunkkontakt mit den beiden Gruppenführern. Ein ebenso kluges wie vorsichtiges Arrangement, so scheint mir, und es hat sich auch bewährt.

Der von der Wasserkante bis zum Waldrand etwa drei Meter hoch steigende, vielleicht dreißig Meter breite Hang ist von rosarotem Korallensand bedeckt, tief und locker, warm und weich. Viel Treibholz wurde angeschwemmt, das im Laufe der Zeit schwarz und schwer geworden ist, ja sich manchmal versteinert anfühlt. Ganz anders in polaren Regionen, dort liegt an Stränden massenhaft Treibholz übereinander, das grauweiß gebleicht ist, leicht von Gewicht und von der Luft zum bestmöglichen Brennholz ausgetrocknet. Hier jedoch könnten die angeschwemmten Stämme, so vermute ich, längst nicht mehr brennen. So gewaltig sind oft ihre Ausmaße, mit hoch sich erhebendem Wurzelwerk, daß sie von keiner mir bekannten polynesischen Insel stammen. Von weit her müssen sie kommen, wurden aus dunklen Urwäldern, von starken Strömungen zum wogenden Meer gebracht. Sicher hat ihre Reise, von Wellen, Wind und Strömung bewegt, viele Jahre, womöglich Jahrzehnte und vielleicht Jahrhunderte gedauert, bis sie am Strand von Merir ihre vorläufige Ruhe fanden. Ich weiß, daß auf manchen Südseeinseln, wo aller Baumbestand fehlt, die großen Reiseboote und Kriegskanus einzig aus Treibholzstämmen gebaut wurden. Wenn es keine mehr gab, wenn alle verbraucht waren, kam die Kunst des Schiffbaues zum Erliegen.

Muscheln, wohin man sieht und tritt. Viele der kleinen zerknistern unter meinen Stiefeln, viele der faustgroßen würde ich gerne mitnehmen. Jeder Sammler solcher Sachen muß am Strand von Merir in Entzücken geraten. Wer gar zu den Kennern zählt, zu den passionierten Konchologisten, dem werden hunderterlei wissenschaftlich festgelegte Namen im Kopf herumschwirren. Weder bin ich das eine noch das andere. Um so mehr freut mich der an Form, Farbe und Verschiedenheit so reiche Anblick. Weil manche der Wandergefährten von Muscheln weit mehr wissen als andere, hat sich die Gruppe auseinandergezogen. Vor mir sind nur drei Gestalten mit Dr. Watson in Führung. Was mich reizt, sind sonderbare Gebilde weit voraus, die sich jedoch beim Näherkommen als angeschwemmte Baumstämme ausweisen. Da liegen auch leere Fässer von Bord irgendeines Schiffes, gelegentlich auch die Reste von nicht mehr zu erkennenden Schiffstrümmern.

Die Neugierde bewegt mich, vom hellrosa Streifen am Strand abzubiegen. Wie das Innere von Merir sich ausnimmt, möchte ich wissen. Leichter die Absicht als deren Ausführung, denn ich gerate gleich in ein Gewirr von mannshohem Gras, in wucherndes Kraut und Dorngestrüpp. Wie Balkensperren liegen übereinandergetürmt die vom Sturm gebrochenen und wegen hohen Alters gestorbenen Stämme. Was noch aufrecht steht, erhebt sich windgebogen und von Parasiten behangen aus dem verfilzten Gestrüpp. Oft ragen vollkommen blattlose Äste ähnlich Skeletten in die blauklare Luft. Droben sitzen, schweben und segeln wahre Wolken von gefiedertem Volk. Kleine und große, farblose und bunte Vögel, kreischende, rufende und auch solche, die nach passenden Partnern girren. Von der Lagune, noch vom Strand aus haben wir die vielen verschiedenen Flugtiere gar nicht so recht bemerkt. Hier aber hausen sie, leben sie, paaren sich und ziehen ihre Jungen auf. Es ist ja Merir, das vergleichsweise winzige Eiland in so weitem Meer, der einzige Fleck, wo Vögel festen Boden und Äste finden. Weiter aber ist in dem Dickicht nicht durchzukommen. All das Unterholz miteinander verworren und verschlungen. Feucht und stellenweise sumpfig ist der Boden. Wären aber diese Stellen mit fauligem Süßwasser nicht vorhanden, müßte womöglich die fliegende Fauna verdursten.

Nur mit Mühe finde ich aus dem Labyrinth wieder heraus und laufe weiter am warmen, weichen Strand. Von der »Explorer« ist nichts zu sehen. Vermutlich ist das weit draußen kreuzende Schiff hinter die Krümmung des Horizonts geraten. Ein paar Sekunden lang kommt mir der Gedanke, was wohl aus uns Landgängern würde, falls das Schiff (man denke ans ungelöste Rätsel des Bermuda-Dreiecks*) ebenso plötzlich wie spurlos verschwände. Nun ja, zwei bis drei Tage hätten wir keine leibliche Not zu befürchten. War doch aus bestimmten Anlaß vom Kapitän die allgemein gültige Weisung ergangen, daß jeder Zodiac bei jeder Fahrt und jedem Aufenthalt an Land wasserdicht verpackte Lebensmittel, auch Trinkwasser mitnehmen muß.**

* Ein *Schmarrn*, auf gut bayrisch. Was allein schon durch die Tatsache bewiesen wird, daß keine Versicherung der Welt für Schiffe, die sich häufig oder stets im Bermuda-Dreieck bewegen, höhere Prämien berechnet. Das würden die Versicherer ganz bestimmt tun, vor allem die älteste, berühmteste und erfahrenste, Lloyds in London, wenn wirklich für das Bermuda-Dreieck ein erhöhtes Risiko bestünde.

** Während jener Antarktisreise, die auch ich mitgemacht hatte, mußten etwa vierzig Schiffskameraden wegen plötzlich ausbrechendem Unwetter auf einer der Falkland-Inseln die ganze dunkle und stürmische Nacht verbringen, bis man sie endlich mit den Zodiacs aufs Schiff holen konnte. Es war den Kameraden nicht allzu schlecht ergangen, weil es ihnen gelungen war, sich bis zur einzigen auf Carcass Island vorhandenen Schafsfarm durchzuschlagen. Aber seitdem war bei Landgängen für Notproviant gesorgt, auch wenn man bisher noch nichts davon gebraucht hatte.

Eine Stunde mochte bei flottem Fußmarsch schon vergangen sein, weshalb ich schätze, schon auf der anderen Seite von Merir zu laufen. Da höre ich von weit her meine Vorgänger rufen. Die Schritte beschleunigend, bald sogar im Dauerlauf trabend, eile ich zu den drei Gefährten. Lyall Watson hat seinen arg verbeulten Strohhut, noch so eine richtige Kreissäge, ins Genick geschoben und starrt in den Sand vor seinen Füßen. Das gleiche tun die beiden anderen. Auch mir verschlägt es die Sprache, als ich dort entdecke, was sie fassungslos betrachten . . . menschliche Fußspuren. Wobei mir mein Jägerauge verrät, daß die Abdrücke frisch sind und von zwei verschiedenen Menschen stammen. So ähnlich wie uns mag es Robinson Crusoe zumute gewesen sein, als er auf seiner nur von ihm bewohnten Insel die Spuren eines Mannes erblickte, des Mannes »Freitag«.

»Porca miseria«, sagt der Italiener. »A los huevos del caballo di Santiago«, flucht der Spanier. Während Dr. Watson hörbar schnauft und ich kopfschüttelnd bemerke: »You should it not for possible hold!«

Also gibt's doch Menschen auf Merir! Was für Menschen mögen das sein? Mit spannungsgeladener Entdeckerfreude beschließen wir, den Spuren zu folgen. Lyall Watson, der als Expeditionsleiter wie selbstverständlich auch dieses Unternehmen leitet, geht raschen Schrittes voran. Geradewegs ins Dickicht führt die Spur, allerdings auf einem, wenn auch nur schmalen, so doch freigeschlagenen und ausgetretenen Pfad.

Überraschung Nummer eins ist ein Auslegerkanu von mittlerer Größe, das man zur Sicherheit vor Sturm und Hochwasser zwischen die Bäume gezogen hat. Vorn am Bug ist es eingedrückt, also ohne gründliche Reparatur nicht zu benützen. Überraschung Nummer zwei ist ein von Rost überzogenes Flugabwehrgeschütz, das ein Oberstleutnant der Reserve (wie beispielsweise der Verfasser) ohne sonderliche Mühe aus dem Zweiten Weltkrieg datiert. Es steht auf einem aus Korallenblöcken gemauerten Podest. Die Überraschungen drei, vier und fünf bestehen aus den gleichen Kanonen auf ebensolchen Podesten. Ganz offenbar handelt es sich um Reste einer japanischen Artilleriestellung aus dem großen Krieg. Danach erblicken wir als nächste und totalste Überraschung eine recht geräumige, jedoch ziemlich rostige Wellblechhütte, für deren Stand man wegen besserer Weitsicht einen Erdbuckel aufgetürmt hat. Der Geruch von Holzrauch verrät, daß die Hütte bewohnt ist.

Bei unserer im Wisperton geführten Beratung steht Vorsicht im Vordergrund. Es könnte sich ja hier um versteckte Piraten handeln, vielleicht gar um gewissenlose Rauschgifthändler. Ebenso können es geflüchtete Schwerverbrecher oder allerletzte Überlebende der japanischen Armee sein. Hatte man doch von versprengten Resten tennotreuer Truppen gelesen, die bis dreißig Jahre nach der Kapitulation noch meinten, sich im Kriegszustand zu befinden. Die konnten uns womöglich für einen amerikanischen Spähtrupp halten und mit dem nach altgewohnter Weise verfahren.

»Wir schleichen uns an«, schlägt Lyall vor, »im Schutze der Vegetation . . . und mit zehn Schritt Abstand der eine vom anderen. Ich . . . jawohl, ich übernehme die Verantwortung. Ich schleiche als erster!«

Den tapferen Meeresbiologen einem ungewissen Schicksal zu überlassen, das kann nicht geschehen! Ich folge Lyall Watson nach, dicht hinter seinen vorgebeugten Schultern. Wann und wie die beiden anderen Explorer nachkommen, kümmert uns nicht.

Wir hören Kinder rufen, Hühner gackern, und dazu klappert Geschirr. Japanische Soldaten, die heute gut sechzig Jahre alt wären, können's nicht sein!

So schleichen wir weiter und hören die Stimme eines Mannes, der zu einer Frau spricht. Sie gebrauchen, wie mir scheint, die Bahasa Indonesia, die erst seit etwa 1950 in allen Schulen Indonesiens eingeführte Staatssprache. Etwas beruhigter schleichen wir weiter, lautlos natürlich und mit angespannten Nerven.

Jetzt hört es sich an, als klappern Kinder mit Löffeln, und die Mutter sagt – soviel von der Sprache kann ich verstehen – sie sollten gefälligst warten.

Damit sind wir hinter dem Haus, huschen geduckt an der Wand entlang zur Veranda. Lyall, den dämlichen Strohhut noch immer auf seinem Kopf, schaut für eine Sekunde übers Geländer.

»Drei Kinder in der Stube . . . die Frau am Herd beim Hinterausgang«, flüstert er so leise wie eine Maus. »Auf der Veranda dunkler Mann am Tisch, der irgend etwas repariert.«

So ist hinreichend klar, daß für uns keine Gefahr besteht, weder für Leib noch Leben. Ohne die Art und Weise zu besprechen, wie sich unsereins hier anmelden soll, hebt Dr. Watson seinen Kopf mit dem komischen Deckel immer höher, und ich folge seinem Beispiel.

Fast stehen wir schon aufrecht, da hat uns der Herr dieser Hütte erblickt. Was alsdann geschieht, ist mit Worten nicht zu schildern, zumal alles im gleichen Augenblick erfolgt.

Der Mann springt nicht auf mit schrillem Schrei, sondern schießt wie ein Pfeil von gespanntem Bogen kerzengerade in die Höhe, hinweg übers Geländer und rein in den Wald. Die Frau am offenen Herd bleibt stehen wie zu Stein erstarrt. Gerät dann in lebhafte Bewegung. Armeschwingend entflattert sie der Hütte, ähnlich einer aufgescheuchten Fledermaus. Und die Kinder verschwinden gleichfalls, ohne daß sich erkennen läßt, wie sie es machen. Von weit her hören wir alsdann ihr angsterfülltes Heulen.

»So 'ne verdammte Pleite«, sagt Lyall mit Recht, »ich glaub', wir haben die harmlosen Leute erschreckt!«

In der Tat, so ist es. Nichts, aber auch gar nichts, das uns gefährden könnte, befindet sich in dem Haus. Jedoch eines ist klar, daß diese Menschen mehr oder minder am Hungertuch nagen. Eben das bringt Henri Belair, unseren französischen Kameraden, auf die Idee, mit leckeren Lebensmitteln zu locken. Weil wir nichts dergleichen bei uns haben, ziehen wir uns erst mal zurück und holen Notproviant aus dem nächstliegenden Zodiac. Wieder bei der blechernen Hütte eingetroffen, stellen wir die nahrhaften Sachen weithin sichtbar auf den Tisch der Veranda, entfernen uns aufs neue, beobachten aber im Glas, was sich bei den Sachen tut. Nicht allzulange müssen wir warten. Der Mann kommt zögernd zum Vorschein, drei Schritte vorwärts, zwei zurück . . . so geht es auch. Greift schließlich zu einem Fünfkilo-Sack mit Reis, zur Büchse mit Zucker und den Konserven in Olivenöl. Weil er dabei die Etiketten betrachtet, muß er des Lesens kundig sein.

Wir haben auch Hartbrot hingestellt, Plexiglas mit Marmelade, Fleischkonserven und noch vieles andere.

Der Mann ruft in den Wald, will seine Frau beruhigen, aber weder sie noch die Kinder trauen dem Frieden. Um so tapferer der brave Mann, der uns entgegenschaut.

»Trima kasi . . . thank you . . . arrigato gozaimas«, dankt er auf indonesisch, englisch und japanisch. Also können wir uns nähern, werden sogar freundlich begrüßt.

Kein primitiver Mensch ist das, zumindest ein Schulabsolvent, der Verschiedenes von der Außenwelt gesehen hat. Natürlich bin ich neugierig, seine Geschichte, das heißt die Geschichte der Insel Merir zu erfahren.

So kurz gefaßt, wie es hier auf den Seiten steht, kam es nicht aus des braunen Mannes Mund. Viele Fragen und Rückfragen waren notwendig. Außerdem sprach er nur zögernd und stockend, auch war sein Englisch schwer zu verstehen.

Schon in ferner Vorzeit, erklärt uns der nun völlig beruhigte Mensch, war Merir Stammsitz und alleiniges Eigentum seiner Familie. Was jedoch nicht besagen will, daß die Inselbesitzer immer dort gelebt haben. Er selbst und seine Familie hielten sich für gewöhnlich in Koror auf, verbrachten jedoch alle Jahre einige Wochen auf Merir, um in der Lagune zu fischen, früher auch nach Perlen zu tauchen. Sie betrieben den Fang von Seeschildkröten, die zu bestimmten Zeiten ihre Eier im Korallensand der Insel ablegen. So war es auch an jenem unglücklichen Tag des Jahres 1942 gewesen, als plötzlich ein Verband japanischer Kriegsschiffe weit draußen erschien. Etwa 200 Soldaten des Tenno kamen in flachgebauten Barkassen an Land, um sich als kriegsmäßige Besatzung auf Merir niederzulassen. Sie schafften auch Geschütze auf die Insel, um Landeversuche des Feindes abzuwehren, wie auch Flugzeuge abzuschießen. Jedenfalls sollte verhindert werden, daß sich der Feind dieses Stützpunktes bemächtigte. War es doch denkbar, daß sich die Amerikaner entschließen könnten, ein Flugfeld für ihre Bomber auf der Insel anzulegen. Die Eigentümer Merirs wurden gezwungen zu bleiben, schon damit sie nicht die erfolgte Besetzung und die Stärke der Japaner an den amerikanischen Feind verrieten. Damals bestand die Familie aus den Eltern des Mannes sowie zwei seiner Brüder und drei Schwestern. Sie mußten Fischfang betreiben für die Fremden, Brennholz schlagen, Schildkröten erbeuten und was den Japanern sonst noch an Beschäftigungen einfiel.

»Nie wurde Merir von Engländern oder Amerikanern angegriffen«, berichtete unser Freund. »Nie haben wir ein fremdes Schiff gesehen, es kamen auch keine

Bomber. Völliger Friede herrschte auf Merir, und mit der Zeit wurden die Japaner freundlicher. Schlimm aber wurde es nach Kriegsende. Daß der Krieg zu Ende war und die Japaner besiegt, hörten wir im Radio. Aber selber senden, das war von Merir nicht mehr möglich, dazu reichten die Batterien nicht aus. Niemand kam, um die Besatzung abzuholen, weder Freund noch Feind. Natürlich hörte auch jeder Nachschub auf. Was man vom Land oder aus der Lagune gewinnen konnte, deckte bei weitem nicht den Bedarf von zweihundert Menschen.« Wenn auch der Inselkommandant sehr wohl wußte, daß der Krieg vorbei und für Japan verloren war, erfolgte keine Kapitulation. Den eigentlichen Insulanern verbot er, Hilfe zu holen. Also zeigte der Kommandant eine Haltung, die nur aus der japanischen Mentalität zu begreifen, wenn auch nicht zu verstehen ist.

»Fast alle sind verhungert«, kommt unser Freund zum Ende seines Berichtes. »Bis sie der Tod erlöste, waren die Japaner lange Zeit nur Haut und Knochen. Auch meine Eltern sind zugrunde gegangen, meine Schwestern und ein Bruder konnten den Hunger nicht überleben. Nur ich mit dem jüngeren Bruder waren am Ende übrig. Ein Fischerboot aus Sonsorol suchte Schutz vor schwerem Sturm . . . hier in unserer Lagune. Diese Leute haben die Amerikaner in Palau verständigt. Als sie kamen, war der Rest von den Japanern so schwach, daß nur noch wenige die Kraft hatten, sich ihre Messer in den Leib zu stoßen . . . Harakiri, wie man das nennt. Mein Bruder und ich, wir kamen ins Hospital von Koror.«

Hinter uns ein Geräusch, die Frau ist zurückgekommen. Holt sich wortlos ein paar von unseren Gaben, um für die Kinder eine Mahlzeit zu richten. Ein ordentliches Essen scheint für die Kleinen dringend notwendig zu sein.

Von den übrigen Explorern ist nun die erste Gruppe vollzählig auf der Veranda versammelt, und so bald will das Staunen kein Ende nehmen.

Aber wie war es weitergegangen auf Merir, was hatte die heutigen Eigentümer wieder heimgeführt?

Ganz einfach war es gewesen, meint der Herr des Hauses. Hatte er doch als Heilgehilfe im Spital von Koror einen recht guten Posten, konnte sich außerdem bei den Amis als Dolmetscher betätigen. Sein Mädchen, das er zur Ehefrau nahm, war als Krankenschwester gleichfalls im Hospital beschäftigt. Dort kamen auch die drei Kinder zur Welt. Danach, irgendwie aus irgendwelchem Grunde, reifte bei den Eheleuten der Wunsch, Ruhe und Friedlichkeit auf der eigenen, der angestammten Insel zu genießen. Als die zuständige Behörde davon erfuhr, bot man dem Einsiedler 55 Dollar pro Monat, damit er die Brutplätze der Schildkröten vor Raubtieren schütze, auch der menschlichen. Für Meldungen solcher Übergriffe gab man dem Eigentümer von Merir ein Funksprechgerät mit möglichst weitem Sendebereich mit. Eben jenes, das er im Begriff war zu reparieren, als wir die Hütte entdeckten.

»Unser Boot ist angeschlagen«, sagt er ruhig, »mit dem sind wir so ungefähr alle drei Wochen nach Sonsorol gefahren, um die notwendigen Sachen zu besorgen. Von Sonsorol aus besteht regelmäßige Verbindung nach Palau. Nun ist das Funkgerät schadhaft, und ich bekomme es nicht in Ordnung.«

Schlecht seien sie dran, sehr schlecht sogar! Fische, Krebse und ein paar Wurzelknollen genügten eben doch nicht. Alle Kokospalmen hatte vor langer Zeit der Sturm gebrochen, und Bananen gediehen nicht. Überhaupt war der Boden trotz seiner dichten, völlig wilden Vegetation nicht imstande, das Gedeihen von Kulturpflanzen zu ermöglichen. Außerdem hatten von zwei Dutzend Hühnern die Raubvögel nur drei übriggelassen.

Gut, daß wir gekommen sind, wenn auch keine unmittelbare Gefahr für die Familie besteht. Jetzt haben sie fürs erste genug zu essen, und ein Funkspruch der »Explorer« wird dafür sorgen, daß binnen weniger Tage ein Schiff der US-Küstenwache die Insel anläuft. Im übrigen kann unser Funker den Schaden am Gerät des Einsiedlers beheben.

»Tut's Ihnen nicht manchmal leid, daß Sie die Annehmlichkeiten, die Abwechslungen und all Ihre Freunde auf Palau verlassen haben?« frage ich den freundlichen Mann.

»Nein, ich werd's nie bedauern. Verstehen Sie doch, draußen sind wir eine gewöhnliche Familie unter vielen tausend. Aber hier auf der Insel sind wir unumschränkte Herrscher . . . zwar leben wir kärglich, aber königlich!«

Taamaraan auf den Trobriands

Wir folgen einem Kurs, den nur unser Käpten kennt. Auch er nicht aus eigener Erfahrung, sondern vom Kartenblatt und all seinen Instrumenten.

Inseln gibt's im Süden und Südwesten von Neuguinea wie Körner aus einer Streusandbüchse. Dazu noch Halbinseln, Landspitzen und Vorgebirge sonder Zahl, die Neuguinea nach allen Seiten ins Meer schiebt. Wer kennt sich aus, wer weiß Bescheid, wenn allenthalben Eilande, Landflecken und rauchende Vulkane erscheinen?

Weder bei Tage noch bei Nacht gibt es markante Punkte, nach denen sich ein Mensch ohne technische Hilfsmittel orientieren könnte. Die polynesischen Seefahrer alter Tradition haben es gekonnt, und ein wenig verstehen es noch manche heutigentags. Ein besonderes Wolkenbild kann so manches verraten, ebenso der Vogelflug, die Wasserfarbe wie auch vorherrschende Strömung. Ein Schimmer am Horizont, das war für alte Meister der Navigation sehr oft der Himmelsreflex einer noch fernen Insel.

Wir sind während dieser Tage nie außer Sicht von Inseln, wüßten aber nicht zu sagen, welcher Gruppe sie angehören. Hier sind Namen noch weniger als Schall und Rauch, zumal es zwei bis drei und noch mehr fürs gleiche Eiland gibt.

Der helle Morgen vergeht und auch der heiße Mittag. Noch immer haben wir die östlichste Halbinsel der mehr als 2000 Kilometer langen Insel Neuguinea vor Augen. Erst gegen Abend scheint das Ende gekommen. Fjorde greifen ins absinkende Land, haben es gar an manchen Stellen durchbrochen.

Inseln an Steuerbord und Backbord (r e c h t s und l i n k s für Landratten). Auch Inseln vor der sinkenden Sonne und später im Dämmerlicht. Ebenso, es kann kaum anders sein, während tiefdunkler Nacht.

Dies ist für Hasse Nilsson, dem seiner Verantwortung bewußten Kapitän, ein triftiger Grund, das Tempo weiter zu drosseln. Trotz Radar und Echolot schleichen wir dahin.

Unser Schiff gleitet durch wahre Irrgärten von Inseln und Archipelen, von Atollen, Riffen und sich steil aus dem Ozean hebenden Gebirgen. Hier ein Kranz von Kokospalmen, umgeben von hellblauer Lagune, dort dichtbewaldete, hochgewölbte Inseln mit tiefen, dunklen Tälern. Andere haben sich mit kahlen Felswänden gegen fremden Besuch gepanzert. Wieder andere, deren Strand aus rosarotem Sand zur Landung einlädt, wo murmelnde Bäche von den Höhen herabrieseln. Selbst Kenner der Südsee wissen kaum, wie sie heißen.

Als frühmorgens die Sonne wieder steigt, schwimmen wir vor Kiriwina. Unser Schiff zieht weitausholende Schleifen, ohne irgendwo den Anker fallen zu lassen. Bei der landeinwärts sichtbaren Siedlung handelt es sich um Losuia, um den

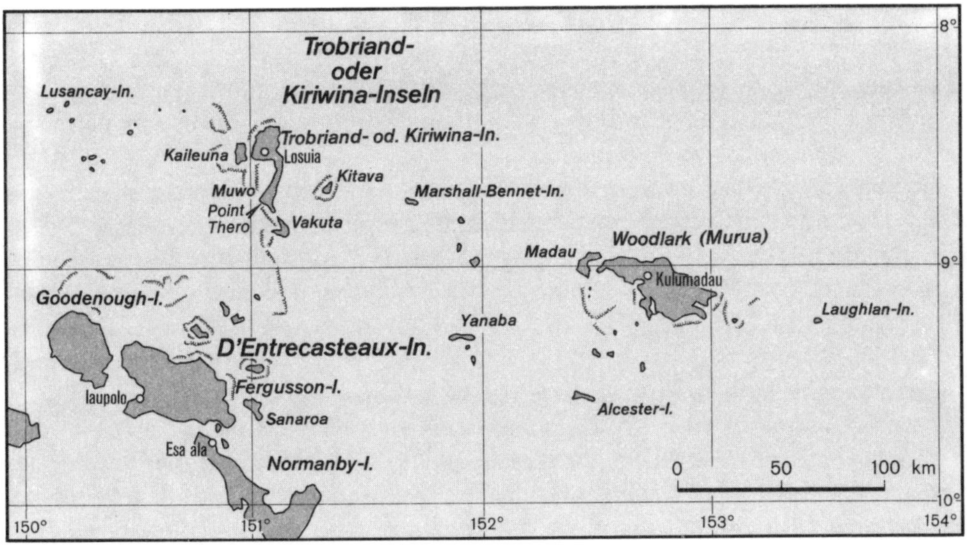

Hauptort der Trobriand genannten Inselgruppe. Sie gehört heute zur Republik Niugini*.

Man sieht wellblechgedeckte Häuser, Schuppen und auch zwei Kirchen. Eine Funkstation mit Masten ist auch vorhanden sowie ein Hafenkai mit Kran.

Dorthin wollen wir, können aber nicht. Der zur Zeit herrschende Südost drückt steuerbords auf die Breitseite unseres Schiffes. So will der Käpten nicht die enge Einfahrt durchs Riff riskieren. Wenn auch die »Explorer« mit ihren rund 2300 Tonnen im Vergleich zu gewöhnlichen Kreuzfahrtschiffen als Miniatur erscheint, hier für den Hafen von Losuia ist sie ein Ungetüm.

Also nichts zu machen. Das hat unsereins schon häufig erlebt, doch macht es gerade solche Fahrten interessant. Nie weiß man so recht, wo als nächstes ein Landgang erfolgt, denn es sind ja gerade die abgelegenen, die nur höchst selten besuchten Stellen, zu denen wir streben.

Zwei Stunden etwa folgen wir in sicherem Abstand der tiefgrünen, meist mit Kokospalmen bewaldeten Insel. Eine Reihe bescheidener Dörfer mit palmblattgedeckten Hütten geraten ins Blickfeld und verschwinden wieder. Dann haben, so scheint es, die Beobachter auf der Brücke das Richtige gefunden, eine an der Point Thero genannten Nordspitze von Kiriwina gelegene Bucht. Schon schwimmt der Zodiac vom Dienst auf dem Wasser, und die Gangway senkt sich hinab.

* So nennt sich der 1975 selbständig gewordene Staat von etwa 700 Stämmen und mehr als 70 Sprachen. Er besteht geographisch aus der östlichen Hälfte von Neuguinea. Von dieser Hälfte wurde früher die Südhälfte von Australien verwaltet, und bis 1918 gehörte die nördliche Hälfte dem Deutschen Reich, genannt Kaiser-Wilhelm-Land. Die Westhälfte war bis 1965 holländischer Kolonialbesitz, wurde aber dann ein Teil der Republik Indonesien und erhielt die amtliche Bezeichnung »West-Irian«. Das Innere der beiden Hälften ist nur auf wenigen Wegen, Flugplätzen und Wasserstraßen zugänglich. Teilweise ist das Innere bis heute nicht erforscht.

Peter Sims, der Expeditionsleiter während dieser meiner vierten Reise auf der »Lindblad Explorer«, spurtet mit einem unserer vier Tongamänner im Schlauchboot zum Strand, wo sich gleich die Dorfbewohner sammeln. Im zwölffachen Glas ist zu erkennen, daß offenbar die Verständigung funktioniert. Sicher ein Verdienst der sprachgewandten Tonganesen.

So kehren denn bald unsere Kundschafter zurück mit der freundlichen Einladung, Dorf und Dörfler zu besuchen. Auch die Erlaubnis zum Fotografieren, nach der wir stets fragen, haben die gutmütigen Menschen erteilt. Dabei wissen sie noch nicht, daß wir gewohnt sind, jede uns erwiesene Freundlichkeit mit relativ reichen Geschenken * zu vergüten.

Die Zodiacs rutschen mit knirschendem Geräusch auf dem grobkörnigen Sand. Da stehen schon, da kommen scharenweise gelaufen Kinder und junge Männer, dutzendweise nußbraune Mädchen mit niedlich nackten Brüsten. Es schreiten heran mit verhaltener Würde die Familienväter, ihre breithüftigen Weiber im Schlepptau. Letzten Endes sind auch die alten Leute zur Stelle. Sie alle wissen, daß es gute Sitte ist, fremden Leuten die Hände zu schütteln. Nicht neue Gewohnheit, sondern uralter Brauch soll das sein und dient vor allem eigener Sicherheit. Ist doch Händeschütteln der überzeugende Beweis, daß der andere keine Waffen in der Hand hält, jedenfalls nicht in der rechten.

Was die Kleidung der Kiriwinas bei Point Thero betrifft, wird sie vollständig der Vegetation entnommen. Die meist frischen Grasröcke für Frauen und Mädchen kosten gar nichts und sind in knapp einer halben Stunde angefertigt. Dazu trägt man bunte Blumen ebenso im Haar, hinter dem Ohr wie als duftende Girlande um den Hals. Die Männer brauchen als Bekleidung nur ein paar grüne Blätter, bestenfalls eine Minihose aus vormals grellfarbigem, nun verblasstem Baumwolltuch um die Hüfte. Die Kinder, je nach ihrem Alter, tragen so gut wie nichts oder gar nichts.

Ziemlich lange dauert das Begrüßen mit Grinsen, weil jeder Insulaner mit jedem von uns die persönliche Bekanntschaft herstellen will, und dazu gehört nun mal der häufig wiederholte Händedruck.

Alles geschieht noch am Strand, dort wird uns auch die erste Überraschung geboten. Während wir noch immer die Hände der Alten schütteln, haben sich die jungen Mädchen wie auch die Männer in Gala geworfen. Vor allem gehört dazu, so sehen wir, das rasche Einreiben des ganzen Körpers mit Kokosöl, worin sich noch andere, sogar wohlriechende Ingredienzen befinden. Alsdann bewirft man sich mit weißem und goldgelbem Blütenstaub, auch mit winzig kleinen Blumen. Auf der ölig feuchten Haut bleibt alles haften. Bezaubernd sieht es aus, besonders bei den jungen Dingern. Wie Goldstaub auf glänzendem, dunkelbraunem Grund. Frauen, Mädchen und Männer, alle tragen Blumenkränze, manche bunte Vogelfedern im

* Gestatten Sie mir, in diesem Zusammenhang zu erwähnen, daß es bei all solchen Besuchen den Explorern verboten ist, Alkohol zu verschenken, ganz gleich in welcher Art. Nur Fußspuren der Besucher dürfen an Land und Strand zurückbleiben. Keinesfalls sollen leere Konservendosen, Tüten aus Plastik, Zigarettenstummel oder Papierschnitzel an die Fremden erinnern.

krausen Kurzhaar. Muschelketten, Armbänder aus Haifischknochen und anderes mehr schmückt die fröhlich lachenden Trobriander.

Sie sind, sagen Experten, eine Mischung aus polynesischem und melanesischem Geblüt. Der Frohsinn, die leichte Beweglichkeit und feinen Gesichtszüge bei so vielen der reizvoll gewachsenen Mädchen läßt auf vorwiegend polynesische Vorfahren schließen. Auch das immer heitere Wesen deutet in jene Richtung. Dagegen das krause Haar, die starken Backenknochen und ziemlich platten Nasen bei den voll erwachsenen Männern und alten Leuten beweisen die teilweise melanesische Herkunft.

Vom Dorf, wie es auf den ersten Blick erscheint, ist nicht viel zu sagen. Wer sich jedoch eingehender umschaut, könnte gar vieles bemerken, was fehlt. Da habe ich zum Glück Bengt Danielsson an meiner Seite. Drei Jahrzehnte seines inhaltsreichen Lebens hat er mit Forschung, Reisen und Abenteuern in der Südsee verbracht. Bengt Danielsson meint, die Lebensweise der hiesigen Leute sei alt, jedoch neu ihre Sauberkeit. Nur jede zehnte Hütte ist mit rostigem Wellblech gedeckt. Die anderen tragen, wie es viele tausend Jahre hindurch allgemein üblich war, ein Dach aus den Blättern von Pandanus-Palmen. Eimer aus Emaille und Schüsseln aus Plastik, auch andere Produkte der Außenwelt lassen sich heutzutage nicht vermeiden. Auch sonst stammt dies und jenes aus einem Kramladen im Hauptdorf auf der Insel: einfachste Gebrauchsartikel, von den Industrienationen so billig wie nur möglich für Menschen der Dritten Welt hergestellt. Auf der Insel Kiriwina sind das noch Seltenheiten, könnte man sagen, es fällt so gut wie gar nicht auf.

Gleich geblieben ist die Ernährungsart, die Haushaltsführung, ganz allgemein die Lebensführung der Leute. Man lebt zusammen wie in alten und ganz alten Zeiten. Allenthalben herrscht ein Häuptling, der durch Erbfolge zu seiner Würde kam. Nicht mehr als etwa 150 Menschen hören auf seine dem allgemeinen Wohl dienenden Befehle. Widerspruch gibt es nicht, schon gar nicht von einer etwa rebellischen Jugend. In größeren, in modernisierten Ortschaften, wo zersetzender Einfluß von außen kommt, gerät allerdings die patriarchalische Lebensform ins Wanken. Hier im Ort gibt es neuerdings einen Heilgehilfen, den vor Jahren ein brauner Oberheilgehilfe in der Kunst des Anlegens von Verbänden und im Gebrauch wichtiger Medizin ausgebildet hat. Die kleine Hütte im Hintergrund, mit rotem Kreuz gekennzeichnet, ist Hospital, Apotheke und Ambulatorium zugleich.

»Sieht sehr primitiv aus, geradezu erschreckend primitiv für die Augen eines weißen Arztes«, meint Bengt, »ist aber doch von bewundernswertem Erfolg begleitet. Nachdem viele Jahrzehnte lang die Bevölkerungszahl rapide abgenommen hat, geht's nun wieder steil nach oben!«

Bestand bis noch vor etwa einer Generation bei den meisten Südseevölkern die Gefahr des völligen Verschwindens, hat man es nun mit dem Problem allzu rascher Vermehrung zu tun.

Man liest und hört das, man sieht es sehr deutlich am Kinderreichtum auf so vielen Inseln. Die Epidemien sind besiegt, die Tuberkulose ist nahezu verschwunden. Die seinerzeit von Weißen eingeschleppten Krankheiten wie Masern, Grippe, Pocken, Keuchhusten und viele andere, wogegen die Insulaner keine Abwehrstoffe im Blut hatten, diese damals fast immer zu Tode führenden Krankheiten verlaufen heute weit glimpflicher. Fast immer gewinnen die Patienten ihre Gesundheit dank des Heilgehilfen und seiner Medizin zurück.

Wer schon vor dem Zweiten Weltkrieg einige Inseln des Pazifischen Ozeans betreten und sich um Verständigung mit den Eingeborenen bemüht hat, was bestenfalls in einfachster Zeichensprache möglich war, traut zunächst seinen Ohren nicht, wenn ihn die Leute, vor allem die jungen Leute in fließendem Englisch begrüßen. Auch in gutem Französisch, falls man sich im entsprechenden Kulturbereich befindet. Jede Insel, gleich zu welchem Staat sie gehört, auch wenn sie zu einem erst neuerdings souveränen Staat gehört, hat ihre Schule, meist sogar mehrere. Selbstverständlich sind es Schulen der einfachsten, allereinfachsten Art. Gelegentlich muß ein mit Wellblech gedeckter Schuppen genügen und dem Lehrer ein Lendenschurz. Aber die Schiefertafel nebst Kreide ist vorhanden, auch die unbedingt notwendigsten Lehrmittel. Nur selten werden die an sich vorgesehenen fünf Schuljahre eingehalten. Trotz des Schulzwanges sind längst nicht alle schulpflichtigen Kinder erfaßt. Aber durchweg wirken die eingeborenen Lehrer als verantwortungsbewußte Erzieher. Sie geben sich redliche Mühe und halten erstaunliche, geradezu beneidenswerte Disziplin in Klassen von dreißig bis vierzig Schülern. Bedenkt man, daß allein in der neuen Republik Niugini mehr als 700 Stammesgruppen mit 70 Sprachen verbreitet sind, so bedeutet die Kenntnis einer Weltsprache wie Englisch oder Französisch nicht nur das Tor nach draußen, sondern die einzige Möglichkeit zur Weiterbildung. Nur die Kenntnis einer fremden Sprache befreit die bislang isoliert lebenden Gruppen aus ihrer Begrenztheit, fast könnte man sagen aus dem Gefängnis der sie umgebenden Sprachsperre. Außerdem fehlen in der eigenen Sprache die meisten, wenn nicht alle Worte für moderne Begriffe.

Ebenso wie es bei Massenmedien ganz allgemein die Mode ist, Touristen zu verdammen und von den »letzten Oasen der Wildnis« zu fabulieren, gehört auch die »schamlose Ausbeutung der Eingeborenen« zum Repertoire. Wenn überhaupt, kann dergleichen nur für schon ziemlich ferne Vergangenheit gelten. Heute sind alle Inselgruppen des Pazifik, über denen noch fremde Flaggen wehen, geldverschlingende Zuschußgebiete (mit der einen Ausnahme von Französisch-Kaledonien wegen der immens reichen Nickelvorkommen). Das galt von Anfang bis Ende auch für die deutschen Besitzungen in der Südsee, beweisen doch die mit deutscher Gründlichkeit geführten Kassenbücher von damals, daß die ehedem kaiserlichen Kolonien das doppelte und noch mehr an Finanzmitteln verschlungen haben, als die Exporte einbrachten. Auch jene während der letzten Jahre und Jahrzehnte in die Unabhängigkeit entlassenen Ex-Kolonien sind keinesfalls imstande, aus eigener Finanzkraft zu existieren. Erhalten sie doch Zuschüsse in vielfacher Millionenhöhe, desgleichen technische und personelle Hilfe aus den Händen ihrer ehemaligen Kolonialherren.

Die Insel Kiriwina, auf der wir uns gegenwärtig befinden, die größte Insel der Trobriandgruppe, ist flach wie ein Ping-Pong-Tisch und dank häufiger Regenfälle feucht und fruchtbar. Die Ausdehnung beträgt ungefähr 20 Kilometer in der Länge wie auch in der Breite. Als Bevölkerungszahl wurde mir 15 000 genannt, doch bisher gab es noch keine zuverlässige Zählung. Wie schon erwähnt, ist Losuia die Hauptstadt und Sitz der Verwaltung. Der Polizeichef und noch ein paar Behördenchefs werden von der Zentralregierung des Staates Niugini bestimmt. Losuia hat Flugverbindung mit der Hauptstadt Port Moresby, wobei man sich besser nicht auf den offiziellen Flugplan verläßt. Das einzige, für fremde Besucher gedachte und von einem Australier geführte Hotel der Inselgruppe befand sich in Losuia. Leider ist es vor kurzem abgebrannt.

Straßenverkehr in unserem Sinne gibt es nicht. Abgesehen von ein paar grasüberwachsenen Fahrwegen auf Kiriwina fehlt alles, worüber man rollen könnte. In den alten und wilden, den abenteuerlich romantischen Zeiten segelten und dampften die Händler mit ihren vorwiegend alten und kleinen Schiffen gerne in die Buchten des Trobriand-Archipels. Worum es ging, waren stattliche Mengen des von eingeborenen Tauchern aus der Tiefe geholten Perlmutt. Sogar Perlen erster Güte kamen beim Öffnen gelegentlich zum Vorschein. Ein anderer, sehr wichtiger Handelsartikel war das vor allem in China beliebte Trepang*. Es ist aber schon lange vorbei mit diesen Exporten, weil sowohl das Kundeninteresse wie die Ausbeute solcher Naturschätze stark nachgelassen, eigentlich ganz aufgehört hat.

Welcher Seefahrer die Trobriandgruppe entdeckt hat, ist nicht vollkommen klar, wenn auch vieles dafür spricht, daß der französische Admiral D'Entrecasteaux gegen Ende des 18. Jahrhunderts dafür verantwortlich war. Der eigentliche, höchst verdiente Erforscher kam viel später, erst im letzten jener Jahre, als die Trobriands noch zum Deutschen Reich gehörten. Es war der eigenwillige, ganz auf sich gestellte russische Anthropologe Malinowski. Während in Europa der Erste Weltkrieg tobte und das Zarenreich von der roten Revolution ausgelöscht wurde, verbrachte Malinowski volle vier Jahre auf den Trobriands. Er blieb ohne jede Hilfe von außen, ohne Verbindung mit der übrigen Welt. Er entdeckte unter anderem den sogenannten Kula-Ring. Gemeint ist damit ein höchst merkwürdiges, sowohl psychologisches wie auch geographisches System des Tauschhandels, und zwar eines Ringtausches ohne merkantile Notwendigkeit. Es gibt außerhalb der Südsee nichts, was sich damit vergleichen ließe. Nachdem Malinowski das Phänomen eingehend beschrieben hatte, erkannten seine Fachkollegen, daß es sehr wahrscheinlich auch für andere pazifische Inselgruppen gilt. In einfacher Weise ausgedrückt ging es folgendermaßen vor sich und ist bis zum heutigen Tage ungefähr geblieben: Da machen sich Männer auf, des öfteren mit ihren Frauen, sogar mit der ganzen Familie, um zu vorbestimmter Zeit Freunde, Bekannte wie auch Unbekannte auf der nächstliegenden Insel zu besuchen. Sie bieten dort irgendwelche

* Seegurke auf deutsch, béche-de-mer auf französisch. Die besonders in Ostasien hochgeschätzte Delikatesse wurde in geräuchertem, allerdings ungut riechendem Zustand verschifft und in chinesischen Häfen abgesetzt.

Sachen ihrer Produktion im Tausch gegen Produkte an, die man dort hergestellt hat. Das können, um nur eines vieler Beispiele zu nennen, Grasröcke gegen Pandanusmatten sein. Ist der Handel abgeschlossen, folgt ein großes Fest mit Jubel, Trubel, Heiterkeit.

So weit, so gut und anscheinend nichts Besonderes. Nur wäre diese Transaktion gar nicht notwendig. Die Besucher brauchen keine fremden Grasröcke, und die Besuchten können auf die Pandanusmatten der Nachbarn durchaus verzichten. Beide Seiten haben das gleiche Material und können all das selber herstellen. Dennoch geht der Ringtausch weiter wie gehabt. Die eben von ihren Geschäftsfreunden besuchten Insulaner machen sich ihrerseits auf zur nächsten Insel, beispielsweise mit einer Ladung quietschender Ferkel. Dafür verlangen und erhalten sie schöne Schnitzereien, und wieder gibt es zum Abschied ein rauschendes Fest. Worauf die Käufer der Jungschweine mit – sagen wir – Muschelketten zur folgenden Insel paddeln. Dafür erwerben sie Kanuladungen von Taro. Wieder feiert man den Abschluß des Geschäftes mit Tanz und Völlerei. So geht es weiter und immer weiter, bis sich nach Wochen der Kularing dort wieder schließt, wo er begonnen hat. Nach etwa einem halben Jahr beginnt die Ringreise von neuem, stets in der gleichen Folge und derselben Richtung. Auch bei den Tauschwaren bleibt es so wie gehabt. Nie fahren beim Kularing die Tauschhändler weiter als von ihrer Insel zur nächsten. Aber die Nachrichten, die Gerüchte und Geschichten, die sie mitbringen, werden weiter und immer weiter befördert, bis eben die Rundreise zu Ende ist.

Der Zweck des Ganzen, so scheint mir, ist schlichte Lebensfreude. Ein Zusammenklang von Reiselust, Geselligkeit sowie Spaß am Handel, der mehr ein Austausch von Geschenken ist. Man füllt das sonst eintönige Leben mit Inhalt, kann zu Hause lange davon erzählen und sich schon auf die nächste Ringfahrt freuen. Natürlich gehört auch Brautschau dazu und vielleicht das Vorzeigen inzwischen geborener Kinder. Hauptsache aber sind die Kula-Feste, wobei jede Gruppe versucht, die andere durch Qualität und Quantität zu überbieten.

Gewiß doch eine wunderbare Sache. Weshalb sind nicht schon lange andere Völker darauf verfallen?

Berühmt sind die Trobriands bei allen, die sogenannte »Primitivkunst« schätzen, vielleicht gar sammeln. Heimisch ist dort eine besondere Kunst des Schnitzens von hartem Holz. In dessen glattpolierte Flächen wird geschliffenes Perlmutt eingelegt. Diese kleinen, zum Teil gar nicht so kleinen Kunstwerke sind typisch für gerade diese Inselgruppe. Hoch werden sie von Sammlern bezahlt, nicht nur die alten, kaum noch zu entdeckenden Arbeiten, auch die eben fertiggestellten Stücke. Es gehört viel Arbeit dazu, ein erheblicher Zeitaufwand und natürlich großartiges Können. Um so erstaunlicher, daß am Point Thero nichts davon zu sehen und erst recht nichts zu haben ist. Die Sachen sind Exportartikel und deshalb nur dort zu finden, wo gelegentlich Fremde erscheinen, vor allem professionelle Aufkäufer.

Wie aber der Vormittag sich der Tagesmitte nähert, beim Geplauder mit sprachgewandten jungen Leuten, beim Strandbummel am endlosen Strand und beim

Schnorcheln in der lauen Lagune, da rappelt laut lärmend (weil ohne Auspuff) ein offener Lkw heran. Jedem steht frei, auf der Rumpelkiste in ein Dorf namens Gansopa zu fahren. Es ist die alte, wenn auch nicht mehr als solche dienende Residenz der vornehmsten aller Häuptlingsfamilien im Archipel. Selbstverständlich bin ich dabei. Also hoch auf den grünen Wagen, wo lediglich breite Bretter als Sitzbänke dienen und eine schulterhohe Stange die Rückenlehne ersetzt.

In Gansopa, dem altehrwürdigen Residenzdorf, hat schon der Buschtelegraf das kommende Ereignis gemeldet. Alles, was Beine hat zu laufen, ist auf dem Dorfplatz versammelt. Männer, Frauen und Kinder, Greise, junge Mädchen und kleine Buben eilen uns entgegen. Sie springen hoch am Wagen und strecken ihre Hände aus, um in den Po von Frau Dr. Stumpf zu kneifen. Wirklich ist das Gesäß der genannten Dame so breit, so schwer und weit geschwungen, daß es bei natürlich gebliebenen Völkern Aufsehen erregen muß. Das besonders, wenn sie bis vor nicht allzu langer Zeit noch Menschenfresser gewesen sind.

Die sonst heitere, allgemein beliebte Medizinerin mag das nicht leiden. Möglicherweise empfindet Mrs. Stumpf, daß man sie hier – und zwar wortwörtlich – zum Fressen gern hat. Sicher erzählt die alte der jüngeren Generation, welch ein Festbraten in früheren Zeiten solch willkommener Besuch bedeutet hätte.

Die Fahrt nach Gansopa hat sich gelohnt, sogar doppelt gelohnt. Ein paar Verkäufer von Artifakten sind erschienen, mit zwar nicht alten, aber garantiert echten, bildschönen Schnitzarbeiten. Das eingelegte Perlmutt blitzt und schimmert wie der Silbermond am Nachthimmel, und blankpoliert ist das feingemusterte Holz. Außerdem hat Gansopa den alten Stil vollkommen bewahrt. Das Dorf ist so echt, so reizvoll und gepflegt, als habe man es für einen Südseefilm, bei dem Geld keine Rolle spielt, im Atelier der Metro-Goldwyn-Mayer aufgebaut, und zwar erst vor wenigen Tagen. Kein Wellblech, kein Plastik, auch keine Glasfenster stören die Einheit des Anblicks. Einzig und allein Palmblattdächer gibt es in Gansopa. Die Wände wurden aus Laub und Zweigen geflochten. Alle Bauten sind Pfahlbauten, gekerbte Baumstämme dienen als praktische Treppen. Vor den Hütten knistern offene Herdfeuer, und sie duften aromatisch nach dem Holz verbrannter Kokosnüsse. Viele der Hütten sind mit blumentragenden Ranken bewachsen. Besonders schön, frisch gestrichen und kunstvoll geschnitzt ist die Residenz des Inselkönigs, etwa drei Meter hoch über dem Boden.

Schräg davor ein langer, breiter und gewiß viele Tonnen schwerer Felsklotz. Er ist von dunkelgrauer Farbe und flach wie ein Tisch. Wie man uns sagt, ist es auch ein Tisch. Jedenfalls hat er als solcher gedient, beim Töten und Zerteilen von Gefangenen, die sodann als Hauptgericht beim Festessen serviert wurden.

Besser nicht daran denken! Sind doch die Bewohner von Gansopa überaus freundliche Menschen. Sie beschenken uns mit Bananen und Orangen, öffnen reife Kokosnüsse und bringen hübsche Muscheln herbei.

Der Ort liegt nicht unmittelbar am Meer, wie allgemein üblich, sondern inmitten einer weiten Lichtung. Dort breitet sich Feldwirtschaft aus. Gut gepflegt auch die

Gemüsebeete und dahinter am Waldrand die Bananenstauden, Brotfruchtbäume und andere Tropengewächse. Neidvoll muß der Mitteleuropäer erkennen, wie wenig Platz bei so fruchtbarem Boden gebraucht wird, um ein ganzes, ziemlich großes Dorf das ganze Jahr über gut und reichlich zu ernähren. Unvorstellbar wenig Arbeit gehört dazu. Das Pflanzen oder Säen genügt, Unkraut jäten und ernten, das ist alles. Hinzu kommt noch der Fischfang im Meer oder in der Lagune. Wer nichts Unvernünftiges verlangt, hat damit seinen Lebensunterhalt gewonnen, und das in einer Vielfalt ohnegleichen. Seit Kontakt mit der Außenwelt besteht, haben durch die Weißen oder durch Vermittlung der Weißen unzählige Arten von Kulturpflanzen aus aller Welt, das heißt aus allen tropischen und subtropischen Zonen, die Trobriands erreicht. Was auch für sämtliche andere polynesische Inseln gilt, womit die Speisekarte der Insulaner in kaum vorstellbarer Weise bereichert wurde.

»Wer das heutzutage sieht«, meint Bengt Danielsson, »wer diese Vielfalt sieht, den üppigen Reichtum an Nahrung, macht sich wohl nur in den seltensten Fällen klar, wie einseitig, wie langweilig früher die Kost der Südseemenschen gewesen ist. Wer ständig von den Schandtaten der Weißen spricht, hat völlig vergessen, was sie den Insulanern gebracht haben. Nicht nur die fremden, hier anpassungsfähigen Früchte aus anderen Erdteilen, sondern auch Ziegen, Hühner und das sonstige Federvieh!«

Auf die schönen, so fotogenen Palmblatthütten weisend, fügt Bengt kritisch hinzu:

»Was mir aber gar nicht gefällt, sind diese unhygienischen Elendsbaracken . . . die Brutstätten von allzu vielem Ungeziefer. Alle möglichen Krankheitserreger stecken in diesen Dächern und genauso in den ewig feuchten Schlafmatten.«

Er zuckt die Schultern und spricht noch lauter.

»Paradiesisch nennen viele unserer Reisegenossen den alten Zustand. Aber gerade hier ist nicht alles gut, was alt ist . . . Ganz im Gegenteil, es ist sehr oft lebensgefährlich!«*

Ich muß ihm wohl recht geben, kann aber deshalb die Dächer aus Wellblech, die Wände aus Sperrholz und die Fußböden aus Zement nicht schön finden.

»Schönheit ist nicht die Frage, wenn's um Leben oder Tod geht«, meint der Südseekenner. »Selbst das rostigste Wellblechdach ist für die darunter lebende Familie ein Segen. Denen tropft kein Regen mehr in die Bude, vor allem haben sie sauberes Trinkwasser, nämlich das Regenwasser vom Dach im Bottich unter beiden Regenrinnen. Wo wird's denn sonst hergeholt? Aus verdreckten Löchern im Boden holen sie's, aus trüben Bächen, worin sich für gewöhnlich die schwarzen Schweine suhlen. Die fressen bekanntlich auch Menschenkot ebenso wie die Hunde. Also dann Prost Mahlzeit bei allem, was mit Wasser zu tun hat. Regenwasser vom Blechdach,

* Bengt Danielsson hat mit Thor Heyerdahl auf der legendären »Kontiki« den Pazifischen Ozean zwischen Peru und Polynesien überquert. Seit länger als dreißig Jahren lebt, forscht und reist der graubärtige Schwede durch die Inselwelt des Südpazifik. Fast ein Dutzend Bücher hat er über diese Welt, über seine Welt geschrieben. Bengt beherrscht die tahitische Sprache, was eine relativ gute Verständigung mit den meisten Polynesiern ermöglicht. Mit einer charmanten Französin verheiratet, lebt er für gewöhnlich auf Tahiti und ist ehrenhalber schwedischer Konsul für Französisch Polynesien.

wenn's direkt in die Regentonne fließt, dürfte selbst für unsere Begriffe gut trinkbar sein.«

Gansopa, das Dorf im Herzen der Insel von Kiriwina, genügt sich selbst. Auch wenn es ganz allein auf der Welt wäre, brauchten die Menschen nichts von draußen, absolut nichts. Zwar leben heute die Bewohner nicht ohne Verbindung mit der Außenwelt, aber sie *könnten* leben, ohne jemals andere Menschen zu sehen. Sie scheinen mit sich und ihrem Dasein zufrieden. Auch die alten und sehr alten Leute. Da hockt im Sand und in der Sonne vor dem Minihaus ihrer Familie eine gewiß uralte, fast blinde Frau mit kahlem Kopf und faltiger Haut. Neben ihr ein Deckeltopf, gefüllt mit irgendwelchem Brei. Daneben eine junge Frau, mit der linken Hand bettelnde Hunde verscheuchend, während sie mit der anderen die Urahne füttert. Später sehen wir einen Mann, der seine Ahnfrau zurück in den Pfahlbau trägt.

Es ist an der Zeit, wieder auf den Schüttelkasten zu steigen. Man hat im Dorf, vor dem unsere Schlauchboote liegen, ein Taamaraan vorbereitet – ein echt polynesisches Festmahl. Die Sache ist recht umständlich, geht aber den Einheimischen leicht von der Hand, weil sie seit Jahrtausenden daran gewöhnt sind. Erde ausheben, einen halben bis dreiviertel Meter tief . . . Steine hinein und Holzfeuer darauf. Bis die Steinbrocken glühend heiß sind, läßt man das Feuer brennen. Alsdann hinaus mit der Glut, statt dessen legt man das Fleisch, den Fisch, Gemüse und was sonst noch dazu gehört auf die stark erhitzten Steine. Darüber eine Lage grüner Blätter, darauf wieder Steine mit frischer Glut und so weiter, bis alles festgepackt in der Grube liegt. Ein bis zwei Stunden, sogar drei Stunden können vergehen. Dann wird das Gemisch von Erde, versengten Blättern und heißen Steinen von den Kochkünstlern ausgehoben, Schicht um Schicht. Auf breiten, grünen Blättern, wozu sich Bananenblätter besonders eignen, wird sodann das schmackhafte, dampfende, duftende Mahl serviert.

Es sagt und schreibt sich einfach, erfordert aber große Erfahrung, feines Gefühl und eine Menge von Kleinarbeit. Jedenfalls bleiben alle guten Säfte, der Eigengeschmack und die so wichtigen Vitamine erhalten. Im übrigen, und das ist in polynesischer Gesellschaft selbstverständlich, folgt jedem Taamaraan der gemeinsame Tanz.

Die arbeitende Bevölkerung des ganzen Dorfes, das heißt alle Frauen und Mädchen haben sich an den Vorbereitungen beteiligt. Dies um so lieber, als eine Menge gutes Kalbfleisch, tiefgefrorene Hühner, mehrere Säcke Reis und viele Kasten Bier von unserem Schiff geliefert werden. Ihrerseits haben die gastfreien Leute von Point Thero zwei oder drei Schweine geschlachtet, außerdem Fische verschiedenster Sorte frisch gefangen. Dazu natürlich Brotfrüchte, Taro, Papaya, Bananen, Kokos, Ananas und was sonst ihre Gärten noch hergaben. All das dampft, kocht und dünstet in heißer Erde, zwischen glühenden Steinbrocken. Erwartungsvolle Hunde halten sich in der Nähe auf. Junge Mädchen wie auch breit gewordene Frauen binden Blumenkränze. Gesetzte Männer besprechen im Halbkreis die ge-

genwärtige Lage, und junge Leute rufen den Mädchen manche Bemerkungen zu, die aber nicht ohne kesse Antwort bleiben.

Beizender Rauch durchzieht die Luft, verwelkende Blumen schenken letzten Duft. Im Hintergrund werden Trommeln geschlagen, und langsam sinkt die Sonne.

Alle von der Besatzung, auch alle Männer und Mädchen vom sonstigen Personal, soweit sie nicht zur »Stallwache« gehören, sind an Land gekommen. Die Explorer sind wie eine große Familie, nur sechzig Passagiere, nebst ebensoviele Menschen verschiedenster Herkunft zählt die Besatzung. Gut die Hälfte der Passagiere fährt zum zweiten und dritten Mal auf dem Schiff, manche sogar zum vierzehnten und fünfzehnten Mal. Das gleiche gilt fürs seemännische und sonstige Personal. Also fühlt man sich wie Mitglieder eines bewußt kleingehaltenen Clubs. Etwa 120 Fremde sind wir am Strand von Kiriwina, etwa doppelt so viele sind vom Dorf zum Taamaraan gekommen.

Wie es dunkel wird, erscheinen von allen Seiten her Männer mit Fackeln, die sich nach eigenem Belieben im Halbkreis um den Dorfplatz verteilen. Die andere Seite des halben Kreises bleibt offen zum Meer hin, wo bald die rotglühende Sonne hinter dem Horizont verschwindet. So bleiben als Spender des Lichts nur die Fackeln noch übrig. Sie flackern und versprühen gelbleuchtende Funken. Man schaufelt Sand und Steine von den Erdöfen. Duftwolken steigen auf, und appetitlich riecht es nach den tafelfertigen, zum Vorschein kommenden Speisen. Jeder greift zum Blatt einer Bananenstaude oder dem eines Brotfruchtbaumes. Damit zum nächsten Erdofen, wo flinke Hände den grünen Teller füllen. Nur fürs Bier und den australischen Rotwein vom Schiff gibt es Becher aus Pappe. Was völlig fehlt, sind Tische und Stühle. Wo sollten sie auch herkommen? Bestimmt nicht aus den Palmhütten der Insulaner. Die meisten von uns sind solche und ähnliche Strandfeste gewohnt. Man sitzt auf umgedrehten Kanus, auf Baumstümpfen oder schlicht auf dem Boden seiner Hose. So, wie es gerade kommt, läßt sich jeder nieder. Man hat Trobriander neben sich oder eine der skandinavischen Stewardessen. Vielleicht auch einen von den drei deutschen Köchen oder den chinesischen Wäscher, möglicherweise auch einen der tonganesischen Bootsleute.

Nichts, was Reiseveranstalter vorbereiten, was ein Klub arrangiert oder vom Chef der Reiseleitung gestaltet wurde, läßt sich mit einem Taamaraan vergleichen, der »ganz von selbst« zustande kommt. Heute morgen noch wußten die braunen Freunde nichts davon, auch wir nicht, überhaupt hatten Besuchte und Besucher keine Ahnung voneinander. Ganz natürlich ist die Gastfreundschaft bei Menschen, die man leider allzu oft für Wilde und Primitive hält. Ganz nach ihrer Art haben die Kiriwinaner diesen Abend, den Verlauf dieser Nacht gestaltet. Wenn nicht alles reibungslos funktioniert, wen stört das schon? Wenn dies oder das zu lange dauert, wenn ein Hund die Hühnerkeule vom Teller schnappt, wenn glühende Funken auf Hosen fallen oder sich schwarze Schweine an den Gästen reiben, sind gerade solche Nebensachen der beste Beweis fürs echte nächtliche Festmahl in der guten alten

Trobriander-Art und wir genießen es sehr. Einige der Senioren bedauern möglicherweise das Fehlen von »Langschwein«. Es war ja seinerzeit das traditionelle Hauptgericht des festlich feierlichen Taamaraan. Seit aber die Kriegsfahrten zu Inseln der Erbfeinde aufgehört haben, ist die Beschaffung von Menschenfleisch kaum noch möglich.

Die vielfältigen Speisen haben wir genossen, und gut zwei Stunden sind darüber vergangen. Der Tanz kann beginnen. Dafür der Rahmen, wenn man so sagen will, die Bühne, ist so romantisch, wie es romantischer nicht sein kann. Skeptiker würden es typischen Kitsch nennen, vielleicht gar 'ne Filmklamotte aus 'm Atelier. Jedoch es ist vollkommen echt, sowohl was die Menschen als auch was die natürliche Kulisse betrifft.

Schlanke Kokospalmen, dem Meerwind zugeneigt, stehen zwischen spitzgiebligen, palmgedeckten Pfahlhütten. Darüber der Sternhimmel und der langsam zur Geltung kommende Silbermond. Zur Rechten der Korallenstrand mit glitzernder Lagune. Vor uns, dahinter und ringsherum die im Nachtwind schwankenden, rotgelben Fackeln. Dicht am Boden verglühende Glut der Erdöfen. Auf- und abschwellendes Gemurmel der versammelten Menschen. Zu vernehmen auch das wohlige Grunzen von frei laufenden Schwarzschweinen sowie das Gejapse junger Hunde. Rauch schwebt über den Köpfen, vereint mit dem Duft absterbender Blüten und ranzigem Öl.

Rumms . . . klatsch . . . bumms dröhnen die Trommeln so knallend laut, daß erst mal die Ohren geschockt sind. Da gibt es Trommeln so groß und dick wie bayrische Bierfässer, auch mittelgroße und kleine, die man wie Spielzeuge unter dem Arm hält. Dumpfe Klänge, helle Töne und rasselnder Lärm. Tief und hohl, bedächtig und bedeutungsvoll, dazwischen Staccato und hurtige Folgen wie etwa das Hufgetrappel von Ponys. Keine Melodie, Rhythmus ist alles – kein Schmaus für Kenner musikalischer Kunst. Statt dessen Tonfolgen fürs Blut, körperliche Reize werden dabei empfunden. Wenige, wenn man genauer hinhört überhaupt keine Abwechslung. Das Motiv, wenn ich so sagen darf, wiederholt sich nach jeder zweiten, spätestens dritten Minute. Genau die gleichen tief dröhnenden, weit hallenden Schläge aufs Fell der großen, bauchig gewölbten Trommel. Es wird sekundiert, fortgeführt und beschleunigt von den mittelgroßen, den kleinen und schließlich den ganz kleinen Bollerchen. Es gibt auch Rasseln, ohne daß ich sie sehe. Ja es scheint, daß man irgendwo mit Holzkeulen gegeneinanderschlägt. Gesungen wird nicht, nur gesummt und stoßweise gestöhnt, so richtig aus tiefstem Brustkasten.

Nun kommen Tänzer von zwei Seiten. Die eine Reihe sind junge Männer, die andere junge Mädchen. Dabei sind auch solche, die seit kurzem erst die Pubertät hinter sich haben, was für Buben ebenso gilt wie für Mädchen. Das nur geringe Licht erlaubt nicht, sie ganz zu erkennen. Also bleiben die Blütenkränze, die Gesichter und Gestalten im Dreivierteldunkel verborgen. Die noch frischen Grasröcke wippen, schattengleich hüpfen die Busen bei jeder Bewegung mit. Gut geölt die bronzefarbenen Männer, Muschelketten auf der Brust, mit schwingenden

Federn im wuscheligen Haar. Auch sie tragen, so weit man sehen kann, geflochtenes Gras oder Laubgewind um die Hüften. Blumen hängen an den Gelenken, an den Knöcheln, auch hinter den Ohren. Es läßt sich im einzelnen nicht erkennen, vielleicht ein raffinierter Trick, um geheimnisvoll zu wirken.

Wie die Trommeln immer das gleiche von neuem beginnen, so auch die Tänzer. Vier oder fünf Reihen von Mädchen, so eindeutig läßt sich das im unsteten Fackellicht nicht feststellen, und vier bis fünf Reihen junger Männer. Sie heben die Füße, schwingen ihre Hände nach außen, drehen sich mit wiegenden Hüften langsam im Kreis. So steht jedem weiblichen Wesen eine Sekunde lang ein Mann aus der anderen Reihe gegenüber. Nach der folgenden Halbdrehung hat sie vor sich den entsprechenden Mann aus der vorderen Reihe. Sie drehen sich ja nicht in gleicher Richtung, vielmehr die eine Reihe links herum, die andere dem entgegen. Nach geraumer Weile, das bestimmt ein besonders starker Paukenschlag, ändern alle die Drehrichtung . . . zwei Paukenschläge, die Reihen wechseln ab. Das heißt, die eine geht mit raschen Schritten durch die andere. Was für die Zuschauer die erste Reihe war, ist nun die zweite . . . und so weiter und so fort.

Sonst ändert sich nichts. Stets bleibt es bei der immer gleichen Folge monotoner Trommelschläge. Es sind und bleiben dieselben Schritte, das gleiche Heben, Senken und Winken der Hände. Auch schwingen die grasberockten Hüften im nie veränderten Rhythmus. Die Köpfe neigen sich nach rechts wie links, die Schultern zukken, die Brüstlein tanzen auf und nieder.

Anfangs ein zauberhaftes, fast möchte ich sagen ein nach Opernart romantisches Bild. Dann jedoch, nach ein oder zwei Stunden, hat die allzu monotone Darbietung Langeweile zur Folge. Sogar Schlafbedürfnis stellt sich ein . . .

Aber in wirklichen Schlaf fällt man nicht, das wäre auch gar nicht möglich. Es gewinnt nämlich die immerwährende Wiederholung von Tanz und Trommeln etwas Gewisses. Man hört aufs neue zu und schaut. Unbewegte Gesichter bei bewegten Körpern, Mädchen und Männer tanzen wie von selbst, ähnlich den Figurinen auf einer Spieluhr. Es muß auf die Dauer ermüden, was aber . . . allem Anschein nach . . . nicht der Fall ist. Ganz im Gegenteil, es gelangt leichte Erregung ins Spiel. Kaum spürbar zunächst, aber mehr und mehr sich ausbreitend. Die Tanzenden sind vermutlich schon längst in Trance, sind alle in eine Art von Selbsthypnose gesunken. In einen Zustand, der allen gemeinsam ist. Allmählich wird das auch von den Zuschauern und Mithörern empfunden, immer deutlicher von Minute zu Minute. Mir ist, als würden die Trommelschläge lauter und rascher, als drehten sich die jungen Tänzer lebhafter und erregter.

Sicher tun sie das, und aus Trance wird schon fast Ekstase. Die ölbestrichenen Körper geraten in Schweiß, man sieht's am Glänzen der Haut. Weil die so lang schon getragenen Blumen sterben, mischt sich deren süßlicher Duft mit dem Hauch von Kokosöl und Menschenschweiß. Rascher die Schritte, kräftiger alle Tritte.

Der Boden bebt und zittert, vernehmbarer als bisher knistern die Fackeln, gar zu stark dröhnt drüben die Riesentrommel. Der Nachtwind bringt salzige Meeresluft herbei, die ausgebrannten Erdfeuer schicken letzte Rauchschwaden nach oben. Deutlicher, noch lebhafter die lockende, auf Verführung bedachte Haltung der Arme und Hände.

Was so einfach begann, anscheinend harmlos und weit entfernt von Sex und solchen Gedanken, ist erregende Erotik geworden. Die Einladung, ja das Vorspiel für Liebe im Klartext. Völlig vergessen die Zuschauer, überhaupt die ganze Umgebung. Es gibt Wichtigeres im Leben junger Leute. Kein Fremder hat's gemerkt, aber die Partner haben sich gefunden. Jeder und jede weiß, mit wem . . . die Nacht ist dunkel und tief die Schatten im Palmenwald. Durchaus im Einklang mit der Natur sind die Sitten der Südsee. Die älteren Eingeborenen wissen, was sich gehört, und verschwinden diskret. Bald merken es auch die Fremden. Jeder begreift mit instinktivem Taktgefühl, daß höflicher Abschied ein Verstoß gegen die guten Sitten wäre. Still und diskret entfernen sich die Fremden. Bei den Tanzenden aber geht es weiter und weiter, erregter und häufiger sind die knappen körperlichen Kontakte. Es knistert Sex im hin und her zuckenden Gewimmel. Das Trommelgedröhn hört so bald nicht auf. Mehr und mehr der Tanzenden verschwinden aus dem nur sparsam noch glimmenden Fackelschein. Aber wo die Paare auch sind, verborgen in wohltuender Zweisamkeit, die Trommeln werden weiter geschlagen, bis nach Mitternacht, bis lange nach Mitternacht.

Unsere Schlauchboote surren über die Lagune, bringen uns an Bord zurück.

»Da möchte man gerne mitmachen«, sagt einer der deutschen Köche, »aber so weit geht die Gastfreundschaft nicht!«

Noch in meiner Kabine, sogar nach dem Einschlafen höre ich noch das Gedröhn von drüben. Bei den Trobriandern, nehme ich an, ist ein echter, ganz richtiger Taamaraan erst am Morgen, womöglich erst am späten Morgen zu Ende.

Man lebt dort wie vor tausend Jahren

Nach Woodlark wollten wir, aber ohne Vorwarnung wechselte unser Käpten den Kurs. Gerüchte besagten, daß er soeben eine bisher unbekannte Insel entdeckt hätte und dieser zustrebe. Nicht mit ultrastarkem Fernglas am Rande des Horizonts hatte der Chef unseres Schiffes den Flecken Land im Meer gefunden, sondern auf der Karte. Aber so einfach, wie sich das anhört, war es nicht. Als ich in meinem Kartenmaterial zu Hause und in den besten Atlanten (ich habe elf) danach suchte, fand ich »Alcester« einzig und allein im neuesten Bertelsmann-Atlas, Seite 15, Planquadrat 8 M, südwestlich der recht großen Insel Woodlark. Dieselbe liegt rund 250 Kilometer nordwestlich vom äußersten nordöstlichen Ende Neuguineas entfernt. Falls Sie nach meinen Angaben das Staubkorn suchen, es schließlich finden, wird auch bei Ihnen kein Zweifel bestehen, daß man von einer (fast) echten Entdeckung sprechen kann, zumindest auf dem Papier. Das Pacific Island Yearbook, alle Jahre wieder in verbesserter Auflage erscheinend, verliert kein Wort über den einsamen Erdenfleck. Der Name taucht in der 24bändigen »Encyclopaedia Britannica« zweimal auf. Gemeint ist erstens der britische Admiral Frederick Beauchcamp Pages Seymor, Baron Alcester (1821–1895), der schon als junger Marine-Offizier den Pazifischen Ozean befuhr, und zweitens wird genannt die kleine, uralte, noch aus Römerzeiten stammende Stadt Alcester in Südengland, heute die Heimat einer regen Produktion von Nähnadeln. Jedoch von einer Insel gleichen Namens ist auch in der Encyclopaedia keine Rede. Wahrscheinlich aber ist die Insel entweder nach dem späteren Admiral Alcester genannt oder nach der Stadt Alcester, wo vielleicht der Käpten des Entdeckerschiffes geboren war. Sie haben die Wahl, verehrter Leser, sich zu entscheiden.

Der wirkliche Name ist Alcester natürlich nicht. Die Bewohner jener Insel dürften davon keine Ahnung haben. Wie das sehr oft in der Südsee ist, gibt es neben der fremden, von den Weißen verliehenen Bezeichnung noch den eigenen uralten Namen der Insulaner für ihre Heimat. Da kann es auch wieder mehrere geben, falls auf der Insel nicht nur ein Völkchen lebt oder andere des öfteren den Landflecken besuchen. Damit nicht genug, haben sich vielfach die Spanier und Portugiesen, die Holländer und Engländer, letzten Endes auch die Deutschen als Taufpaten betätigt. So ist es keine Absonderlichkeit, vielmehr eine Notwendigkeit, daß im Pacific Island Yearbook über 13 Seiten hinweg verschiedene Namen für die gleichen Inseln aufgeführt werden, ähnlich wie in einem Sprachwörterbuch.

Wie nun Alcester am Horizont erschien, als Rundling mit einem nur schmalen Küstensaum, hinter dem ziemlich steile Hänge sich zu einem flachen Hochplateau erhoben, wußte noch keiner an Bord der »Explorer« so viel über diese Insel, wie Sie der vorliegenden Seite entnommen haben.

Weil der Himmel bedeckt und das Eiland so dicht bewaldet war, machte es zunächst einen düsteren Eindruck. Da wir kurz zuvor im Pinguin Room einen Vortrag von Bengt Danielsson über die keineswegs paradiesischen, sondern oft barbarischen Verhältnisse auf Inseln der Südsee im Naturzustand gehört hatten, war bei nicht wenigen Damen die Stimmung etwas gedrückt. Was würde man vorfinden? Gewohnheitsmäßige Kannibalen oder nur gelegentliche Fremdenfresser? Keulenschläge aus dem Hinterhalt, Krieger mit vergifteten Pfeilen oder Fallgruben auf den Pfaden?

Halten Sie das nicht für übertriebene Ängstlichkeit! Ein paar Jahrzehnte früher, da war tatsächlich mit solchen Gefahren zu rechnen. Auch in Berichten der deutschen Inselgouverneure vor dem Ersten Weltkrieg ist dergleichen zu lesen, ja ein gutes Drittel der deutschen Kolonialbeamten ist seinerzeit im »Kaiser-Wilhelm-Land« (Neuguinea) solchen Heimtücken zum Opfer gefallen. Im Hinterland der Republik Niugini, wozu auch der ehemals deutsche Teil von Neuguinea gehörte, leben alte Sitten ähnlicher Art wieder auf. Sogar auf der nach Mount Hagen führenden Hauptstraße wurde während der wenigen Wochen meines Aufenthaltes in dem Lande zweimal bei Nacht ein Lkw von Wegelagerern gestoppt. Man nahm alsdann den Fahrer und Beifahrer zum Abendessen mit. Nicht als Gäste, versteht sich, sondern als Fleischgericht.

Je näher unser Schiff der Insel kam, desto tiefer versank sie im Schatten dunkelgrauer Regenwolken.

Kein besegeltes Kanu, kein Ausleger oder Einbaum, kein noch so kleines Paddelboot war zu sehen. Fast schon hatten wir die Insel umrundet, als sich durch gute Gläser eine Ortschaft alten, ja uralten Stils erkennen ließ. Ein Korallenriff sowie eine schmale Halbinsel lagen davor. Beide zusammen waren gewiß ein guter Schutz gegen Stürme und mitreißende Wellen. Kein Mensch war bei oder in dem Dorf zu erkennen. Irgendwie unheimlich kam uns das vor!

Als dann gefragt wurde, wer von uns die Küste betreten wollte, meldeten sich nur die sogenannten »Intrepids«.*

Indessen donnerte der Himmel, grellgelbe Blitze zuckten vom Firmament bis aufs dunkle Meer, und schon bald rauschten gewaltige Wassermengen aus geballten Wolken.

Unser Anker rasselte in die feuchte Tiefe, faßte Grund, und so konnte die »Explorer« bis zum Ende des Unwetters ruhig vor Anker liegen.

Schon kurz nach sieben in der Früh schnurrten der Expeditionsleiter Stephen, der Südseekenner Bengt, zwei der Tongamänner sowie der Unterzeichnete zur Aufnahme diplomatischer Beziehungen dem Strand entgegen. Ich sagte schon, es

* »Intrepids« sind die Mitglieder eines von Lars Eric Lindblad gegründeten, aber ganz unabhängig von seiner Lindblad Travel Agency bestehenden Klubs der »Unentwegten«. Nur solche Globetrotter und Kreuzfahrer gehören dazu, die schon mehrere Explorer-Fahrten mitgemacht haben. Von ihnen erwartet man Anregungen, aufbauende Kritik und eifrige Teilnahme an besonderen Unternehmungen. Dafür bevorzugt man die Intrepids bei Reservierungen, sendet ihnen regelmäßig eine Zeitschrift, ja gewährt sogar gewisse Rabatte. Selbstverständlich bin ich dabei.

ist immer so, daß seitens der »Explorer« erst mal die Lage an Land gepeilt wird, bevor man den Fahrgästen den Landgang erlaubt.

Noch immer kein Mensch zu sehen, wohl aber schwarze Schweine, streunende Hunde sowie Rauch von offenen Feuern. Also war die Ortschaft bestimmt nicht verlassen, sondern man hatte sich eben bei unserem Näherkommen versteckt.

Bengt ließ zwanzig bis dreißig Schritt vom Strandstreifen halten und den Motor abstellen.

»Hier scheint's noch so zu sein«, sagte er zur Erklärung, »daß man zunächst alle Fremde für Feinde hält, erst recht Menschen mit heller Haut . . . historisch gesehen aus gutem . . . besser gesagt aus schlechtem Grund!«

Was er meinte, war mir klar.

Die »Blackbirder«, das gemeinste Gesindel im südlichen Pazifik, die Anwerber für Arbeiten auf Plantagen, für knochenbrechende Arbeit in Gruben und auf Guanoinseln. Schlicht und harmlos klingend »Anwerber« nannten sich die Schufte. Tatsächlich waren sie, jedenfalls die meisten von ihnen, nicht besser als die arabischen Sklavenjäger in Afrika. Weiße waren sie jedoch, sofern sie die Sonne nicht zu dunkel gebrannt hatte. So gegen 1830 fing es an und war zu Beginn unseres Jahrhunderts noch nicht zu Ende. Auf schlanken, raschen Schiffen erschienen die Schurken, verteilten erst mal Geschenke, Alkohol in erster Linie, wie sich denken läßt. Danach folgte durch sprachkundige Dolmetscher eine phantasievolle Schilderung jenes schönen Lebens, das angeblich jedem Mann bevorstand, der sich für leichte Arbeiten auf Plantagen weißer Besitzer in Queensland, in Neuguinea, auf den Fidschi-Inseln, bei Bedarf auch bei den Franzosen in Neukaledonien anwerben ließ. Auch die Salpetergruben in der chilenischen oder peruanischen Atacamawüste brauchten kräftige Leute, desgleichen brauchte man sie auf den Guano-Inseln, zu einer besonders üblen, von gräßlichem Gestank überwehten Arbeit.

Versprechungen von hohem Lohn, für den man sich alle Genüsse westlicher Zivilisation kaufen konnte, kostenfreier Rücktransport in die Heimat, außerdem noch schöne Geschenke, und so weiter und so fort der übliche Schwindel. Handgeld, dessen Wert keiner der Insulaner kannte, wurde gleich bezahlt. Als Unterschrift auf dem Vertragspapier, das keiner lesen und verstehen konnte, galt der Daumenabdruck.

Damit waren die Leute geliefert. Ausgeliefert jeder Willkür und allem Betrug, nicht besser, sondern oft schlechter behandelt als Negersklaven im damaligen Amerika. Aus Chile und Peru kamen nur wenige zurück, oft als Überträger ansteckender Krankheiten, die mitunter eine ganze Insel entvölkerten. Etwas besser war es dort, wo staatliche Kontrolle herrschte, als nach 1870 britische und französische Kriegsschiffe gegen das beschämende Schauspiel des kaum verhüllten Menschenhandels eingesetzt wurden.

»Das sind Schauergeschichten, leider aber echte und wirkliche Schauergeschichten«, meinte Bengt Danielsson, »die sich bis heute erhalten haben, von einer Generation zur anderen. Es ist ja gar nicht so lange her . . . gerade hier im melanesischen

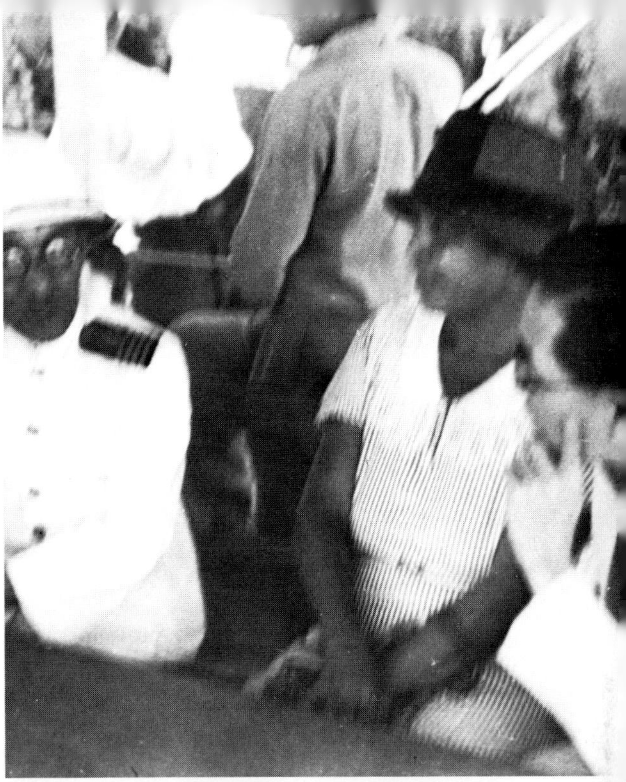

Links oben: *Denkmal zur Erinnerung an den ersten deutschen Inselgouverneur. Auf der Tafel stand: Gewidmet von seinen Freunden, errichtet von den Eingeborenen der Inseln Yap und Palau in Dankbarkeit ihrem guten Amtmann Arno Senft, 1899–1908.* – Rechts oben: *Die »Queen von Mapia«, mit bürgerlichem Namen Daisy Weber.* – Links unten: *König Abidul von Palau mit Pfarrer Wilhelm Siemer (Foto Siemer 1937).* – Rechts unten: *Ruepong, während meines ersten Besuches erblicher Oberhäuptling der Insel. Auf seinem linken Oberarm das erste Anzeichen beginnender Lepra.*

Landschaft auf Palau, einer der größten und auch schönsten Inseln der Karolinengruppe.

Am Strand der von nur einer Familie bewohnten Insel Merir.

Hütte des Häuptlings auf einer der Trobriand-Inseln. Sie erfüllt heute noch bei festlichen Gelegenheiten ihren eigentlichen Zweck. Davor der uralte Steinaltar, wo seinerzeit sehr wahrscheinlich auch Menschen für kannibalische Mahlzeiten zerteilt wurden.

Junge Männer auf den Trobriands, vor Beginn eines rituellen Tanzes. Ihre Körper sind mit Kokosöl eingerieben und mit gelben Blütenpollen gepudert.

Raum, besonders auf den Salomonen und Neuen Hebriden, hat's die Blackbirder bis fast zum Ersten Weltkrieg noch gegeben.«

Nie zuvor gesehene Schiffe, unbekannte Menschen, die aus fremder Ferne auftauchten, waren gefürchtet und sind es manchmal noch heutigentags.

»Kann man's den Leuten übelnehmen«, fragte Bengt und brauchte nicht auf Antwort zu warten.

Alsdann überlegten wir, was zu tun sei. Ohne weiteres an Land waten, im Dorf herumlaufen und Leute suchen, das geht nicht. Es verstieße nicht nur gegen das polynesische Protokoll, es wäre so etwas wie »Landfriedensbruch« bei uns.

»Machen wir's nach Art ehrlicher Geschäftsleute«, war Bengts vernünftiger Vorschlag.

Nun ja, ehrliche Geschäftsleute legen ihre Waren aus und ziehen sich zurück. Anständige Insulaner breiten daraufhin ihre Angebote aus, und auch sie verschwinden danach wieder. Alsdann kommt der Händler zurück, und wenn ihm das Gegenangebot gefällt, nimmt er es mit und läßt seine Sachen dort. Allerdings, so rasch und einfach geht das nur selten. Ist nämlich der Händler nicht zufrieden, läßt er sein Angebot wie auch das andere dort und geht wieder. Die Insulaner erhöhen ihr Angebot, und so geht es eine Weile hin und her. Dabei kommen früher oder später die Eingeborenen zum Vorschein, und irgendwie entwickelt sich, über Dolmetscher meist, ein Verkaufsgespräch.

Das einzig richtige Verfahren, das leuchtete ein, aber wo waren unsere sogenannten Handelswaren?

»Haben wir nicht, wir wollen ja nicht handeln, sondern bringen Geschenke«, war Bengts Antwort.

Beide Hände trichterförmig vor den Mund haltend, holte er tief Luft und ließ verlauten, daß uns nur gute Freundschaft hergeführt habe, ganz gewiß nichts anderes. Welche Sprache er dabei verwendete, blieb unklar, doch sechs bis sieben verschiedene dürften es wohl gewesen sein. Polynesische Sprachen natürlich, die alle mehr oder weniger weitläufig mit dem Tahitischen verwandt sind. Bengts laut hallende Rufe versprachen, ja beschworen Frieden und Freundschaft, reiche Geschenke, die beste Absicht und nur kurzes Verweilen. Es narrte das Echo, die Hunde heulten wie von Sinnen, aufgeschreckte Ziegen sprangen kreuz und quer.

»Hat alles keinen Zweck«, sagte Stephen, »ich nehme an, das sind keine Polynesier . . . die verstehen kein Wort von unserem Geschrei.«

Bengt wollte es noch mal im Raroia-Dialekt versuchen. Seine Stimme erreichte bisher nie gehörte Lautstärke!

Tatsächlich, da hörten wir Antwort . . . vernahmen Rufe aus dem Wipfel eines uralten, sehr großen, vom Land bis weit übers Wasser sich beugenden Baumes. Von einem Menschen im dichten Laub war nichts zu sehen. Zu verstehen auch nichts, zu guttural klang die Stimme.

»Kenne die Sprache nicht«, bedauerte Bengt. »Muß wohl 'ne ganz ausgefallene Sprache sein«, vermutete Stephen.

»Nie so'n Quatsch gehört«, erklärten unsere Freunde aus Tonga.

Sonst habe ich kein so feines Ohr, doch ich glaubte den Unsichtbaren zu verstehen.

»Doch, er ist gut zu verstehen«, sagte ich den Kameraden. »Der Mensch ruft, daß wir sehr dumme Leute sind . . . und er fragt . . .«

Stephen, der als unser Expeditionsleiter gilt, reißt weit die Augen auf.

»Und das hat er auf deutsch gesagt . . .?«

»Natürlich nicht . . . er ruft, wir seien wohl sehr dumm, weil wir kein Englisch können!«

Gleich sicherte Stephen, diesmal in Englisch, dem Unsichtbaren Frieden und Freundschaft und reiche Geschenke zu. Bengt Danielsson, den Reiseleiter an Stimmstärke weit übertreffend, bat höflichst um Genehmigung, an Land zu kommen, und dabei redete er den Unbekannten mit »Sir« an.

Das hatte die gewünschte Wirkung.

»You may come if you have pants . . .!« schallte ein Ruf aus der Baumkrone.

Natürlich hatten wir Hosen, wenn auch keine gut gebügelten. Doch verblüfften uns die hier herrschenden Kleidervorschriften, ganz im Gegensatz zu den textilfreien Sitten der unverdorbenen Südsee. Ohne Hosen hier keine Landung! Na, mir sollte es recht sein.

»Yes of course we have pants . . . can't you see!«

Gleich gab Stephen durch Sprechfunk die Nachricht zur »Explorer« hinüber, daß wir landen könnten. Aber Hosen seien Vorschrift, vermutlich lange Hosen. Also besser keine Shorts, Bermudas, Bikinis oder sonstige kurze Behosung für den Landgang.

Da machte es plötzlich platsch! Der bisher unbekannte Mann aus dem grünen Wipfel war ins hellblaue Wasser gesprungen.

Wir schnurrten auf ihn zu, griffen unter seine Arme und hoben ihn ins Schlauchboot. Ein unsicher grinsender, bald aber freudig erregter Mensch von etwa dreißig Jahren, der jedem von uns minutenlang die Hand schüttelte. Dem Typ nach ein unverkennbarer Melanesier mit krausen Haaren und aufgeworfenen Lippen.

Bald war klar, daß wir den Lehrer von Alcester vor uns hatten. Er war außerdem Prediger im Kirchlein sowie der Sanitäter vor Ort, auch Sohn des regierenden Häuptlings und zu gegebener Zeit dessen Nachfolger. Weit sei er in der Welt herumgekommen, ließ uns der Allzweckmann wissen. Auf Woodlark war er bei der Mission und hatte in Port Moresby sein medizinisches Handwerk gelernt sowie die Ausbildung zum Lehrer erhalten. Jawohl, er hatte schon weiße Menschen gesehen, ziemlich viele sogar. Kinduli lautete sein Name, falls ich das richtig behalten habe. Kein anderer Bewohner von Tukuba sei jemals so weit fortgewesen und so lange ausgeblieben. Ja, viele Jahre seien vergangen, seit weiße Menschen die Insel Tukuba besucht haben, fünf Jahre . . . vielleicht auch zehn . . . vielleicht hundert. Für Zeitmaße fehlten ihm die Begriffe, das war klar. Die meisten Kinder, so versicherte unser Freund, hätten noch nie Menschen mit heller Haut gesehen. Aber sie wüßten natürlich, daß es solche Erscheinungen gibt. »Die schönste Frau auf der Welt hat ja auch ganz weiße Haut . . . wie jeder sehen kann, denn sie hängt in der Schule.« (Er meinte die Queen.)

Genau hundertsechsundfünfzig Menschen lebten auf Tukuba, alle hatte Kinduli gezählt und aufgeschrieben. Ungefähr einmal im Jahr kommt das Regierungsschifflein von Niugini und fragt seinen Vater, wie es geht, was er braucht. Aber nicht viel darf es sein . . . nur ein bißchen, ganz wenig. Doch beim letzten Besuch hatten die eingeborenen Beamten aus Niugini die »pants« vergessen, deswegen haben die Schulkinder nichts mehr, womit sie schreiben können. Sie behelfen sich mit Hölzchen, die im offenen Herdfeuer schwarz gemacht wurden.

Wie bitte . . . was, die Hosen im Herdfeuer schwarz gemacht . . . damit schreiben die Kinder von Tukuba . . . mit den Hosen? So was gibt's doch nicht . . .:

Das kam davon, weil wir »pants« gehört und sinnwidrig verstanden hatten. Gemeint waren aber pens – also Bleistifte, Kugelschreiber oder ähnliches.

Als wir noch am Ufer standen, kamen schon die anderen Zodiacs und brachten die versprochenen Geschenke mit . . . ein Sack mit Reis, ein anderer mit Mehl und Mais. Dazu Würfelzucker, Tomatensaft und Süßigkeiten. Alles wurde verschenkt . . . nichts, gar nichts dafür verlangt. Eine völlig neue Erkenntnis, daß so etwas möglich ist. Schon bevor unser vielseitiger Heilgehilfe, Prediger, Lehrer und Kronprinz verkündete, daß wir harmlose Leute seien, sogar Kugelschreiber mitbrächten, wagten sich ein paar Tapfere aus den Pfahlbauten, neugierige Frauen folgten den Wagemutigen, nicht lange danach eilten aus allen Richtungen lärmende und lachende Kinder herbei. Auch solche, die noch auf Mutters Hüfte zu Hause waren, krähten vor Vergnügen. Andere schrien vor Angst. Hatte man doch so geisterhaft wirkende Wesen wie unsereins auf Tukuba noch nie gesehen.

Was mich weitgereisten Mann betrifft, so habe ich manch merkwürdige Erlebnisse gehabt. Aber hier, diese Welt von Tukuba, ist ein Erlebnis für sich, unvergleichbar mit irgendeinem anderen.

Die runde Insel Tukuba, die man in längstens einer Stunde durchquert, ist für ihre Bewohner (nur Kinduli ausgenommen) die gesamte ihnen vom Sehen, Hören und Sagen bekannte Welt. Sollte ihnen jemand erzählen, daß es darüber hinaus noch andere Inseln, Länder, Kontinente, noch andere Menschen, Völker und Staaten gibt, hat das für sie nicht mehr Bedeutung als für uns die dunkle Seite des Mondes. Man muß sich vorstellen – wenn möglich –, daß die Tukubaner ohne Zeitrechnung leben, ohne Kalender, auch ohne Nachrichten von außen, die sie im übrigen nicht im geringsten interessieren. Niemand auf Tukuba kümmert es, daß ihre Insel zur souveränen Republik Niugini gehört, vorher zum australischen Papua, das eine britische Kolonie war und noch früher eine deutsche. Auf Tukuba, in der eigenen und engen, aber kompletten Welt, hat sich durch die fremden und fernen Regierungen nichts verändert. Abgesehen vom Lehrer-Prediger-Heilgehilfen hat bestimmt noch keiner den komischen Namen »Alcester« anstelle von Tukuba gehört.

Noch unvorstellbarer scheint uns, daß diese Insulaner praktisch ohne Geld leben, ja den Wert von Geldscheinen nur mit Mühe oder dank der Hilfe anderer Leute kennen. Abgesehen von der Schulhütte, dem Sanitätsschuppen und dem Palmblattkirchlein, gibt es nichts in dieser Gemeinschaft, das durch inselfremden Einfluß entstanden ist. Sicher könnte man hier und dort Kochtöpfe, Angelhaken, Speerspitzen, auch Werkzeuge, Nägel und andere Kleinigkeiten auswärtiger Herkunft entdecken, aber nichts davon hat die Lebensart, den Lebensrhythmus dieser Leute verändert. Sie kleiden sich, sie ernähren sich, sie benehmen sich und leben miteinander wie vor hundert, vor tausend und noch mehr Jahren.

Gewiß gibt es heutigentags Kulturpflanzen, von denen man früher gar nichts wußte. Die Kinder lernen schreiben und lesen, was bald wieder vergessen wird. Dank moderner Medikamente sind die früher so verheerenden Epidemien weitgehend verschwunden. Eine wesentliche Verbesserung ist das schon, aber den Tukubanern kaum bewußt. Nur eines dürfte ihnen vollkommen klar sein, nämlich der Frieden, der so lange schon herrschende Frieden. Weil dieser Teil des Pazifischen Ozeans nicht vom Zweiten Weltkrieg berührt wurde, haben die letzten drei Generationen nur Friedenszeiten gekannt, und es sieht so aus, als könnten sie auch in Zukunft immerwährende Sicherheit genießen. Sie haben zu ihrem Glück nicht die allergeringste Ahnung von unseren Problemen, Sorgen und Gefahren.

Auf dem kiesigen Strand lagen selbstgefertigte Kanus, mit und ohne Ausleger. Jedes Fahrzeug aus nur einem Stamm bestehend. Jahrelange Arbeit, alte Erfahrung und große Sorgfalt waren zur Herstellung nötig. Aber schweißtriefend angestrengt und krumm geschuftet hat sich niemand auf einer Insel wie Tukuba. Kommt es doch auf Zeit überhaupt nicht an. Wunderschön geschnitzt ist der Bug dieser Boote, symbolisch den Kopf eines Raubvogels darstellend, wie mir scheint. Nirgendwo ein Außenbordmotor zu sehen oder überhaupt modernes Gerät. Sofern vorhanden, bestehen die Segel aus handgeflochtenen Pandanusmatten. Im Dorf nirgendwo ein Glasfenster, statt Eimern aus Plastik und Schüsseln aus Blech sehe ich allenthalben Holzschalen und Kalebassen aus der Rinde großer Früchte, die ich nicht kenne. Viele Gefäße sind aus Bambus, wie beispielsweise Trinkbecher, Schalen und Töpfe. Niemand trägt Kleider aus mechanisch hergestellten Stoffen. Frauen und Mädchen begnügen sich mit dem naturfarbenen Grasrock, während die meisten Kinder gar nichts anhaben. Fast alle Männer sind vorn wie hinten mit Rindenstoff oder Ziegenleder behängt. Was mich wundert, ist das völlige Fehlen von Schmuck, gleich welcher Art. Man trägt auf Tukuba keine Blumen, keine Muscheln und Korallen. Auch Halsketten, aus den Zähnen von Hunden oder Haien gefertigt, sind unbekannt. Schon lange habe ich die Gewohnheit, meiner Frau von jeder Insel, auf der ich gewesen bin, ein Muschelhalsband mitzubringen. Die werden, mit dem Namen ihrer Herkunft versehen, dann zur bleibenden Erinnerung im Treppenhaus an die Wand gehängt, wo inzwischen keine handbreit große Fläche mehr frei ist. Nur von Tukuba fehlt das Muschelkettensouvenir, weil die Leute gar nicht verstanden, auch der gute Kinduli nicht, was ich wollte.

»Welche Konfession?« fragte ich den Thronfolger, aufs Kirchlein zeigend, »evangelisch . . . katholisch . . .?«

Doch den Sinn meiner Frage begriff er nicht. Wie bekannt, gibt es viele Sekten in der Südsee, manche Inselgruppen werden ganz von den Adventisten, den Wesleyanern, den Methodisten, sogar von den Mormonen beherrscht. Ich zählte so ungefähr alle auf, die mir ins Gedächtnis kamen. Aber Kinduli reagierte auf keine dieser Konfessionen.

»Wir sind Christen«, war seine Antwort, »nur ein paar alte Leute machen nicht mit . . . die glauben weiter an die Götter von früher.«

Sicher ist Tukuba ein Dorf wie in alten Zeiten, aber deswegen kein Paradies, wie manche Romantiker meinen. Friedlich leben die Familien zusammen, dieser Eindruck kann nicht täuschen. Niemand hungert, vom Frieren kann erst recht keine Rede sein, und von Ausbeutung haben die Leute keine Ahnung. Aber Fliegenschwärme sind überall, besonders um die Hütten. Im einzigen Raum der Behausung lagern auch die Hunde, und wenn es draußen zu heiß ist, finden sich dazu noch Ziegen ein. Was kläglich zappelt und an langen Grashalmen von den Dachkanten hängt, sind lebende, sehr große Krebse. Bis heute, bis morgen oder übermorgen werden sie auf diese Weise aufbewahrt. Muntere, total nackte Kinder spielen mit den niedlichen Ferkeln einer zentnerschweren Muttersau. Wo der Schmutz am Körper der Kleinen herstammt, ist ganz gleich, von Hundekot, Schweinemist oder menschlichen Exkrementen.

Alte Leute, vielleicht mit weißem Haar, sieht man nur selten. Entweder hört normalerweise das Leben auf, wenn die Haarfarbe heller wird und faltig die Haut, oder verbrauchte Menschen begeben sich für den Rest ihrer Jahre in dunkle Ecken. Auf Schlafmatten im Hintergrund werden sie gefüttert, solange es noch sein muß.

Wie der Häuptling regiert, und ob er dies tut, vermochte ich nicht zu erkennen. Er ruhte vor seines Hauses Treppe, an einem Baumstamm mit hineingeschlagenen Trittstufen, gegen einen schrägen, halbmeterhohen Naturstein gelehnt. Aber dieser Stein hat es in sich! Er ist das Symbol der höchsten Würde im Zwergstaat von Tukuba. Nur der Häuptling lehnt sich daran, kein anderer darf es und würde es wagen. Tatsächlich ist das Ding ein Herrschaftssymbol, gleichbedeutend dem Thron europäischer Fürsten.*

Vierzig oder fünfzig Jahre alt schätzte ich den Häuptling, der Number-One-Man lächelte aus Gewohnheit, schien mit sich und der Welt zufrieden. Da seine Würde erblich ist und man zuverlässig glaubt, daß seine Vorfahren von personifizierten Naturgewalten abstammen, wird gegen seine Meinung niemand Widerspruch wagen. Schon deshalb besteht dazu kein Anlaß, weil das ewig gleiche Leben in Familie

* Man fragt sich, ob es wirklich nur der Zufall sein kann, der so nahe verwandte Begriffe in derart weiter Entfernung voneinander entstehen ließ. Auf vielen anderen Südsee-Inseln gilt das gleiche, wie beispielsweise auf Rarotonga, den Hawaii-Inseln und anderen. Da stehen seit uralten Zeiten bis in die heutige Zeit solche Steinstützen und Rückenlehnen nur wenigen privilegierten Personen zur Verfügung, immer auf demselben Platz, nach bestimmter Rangordnung. Während ich auf Rarotonga war, wurde im Gerichtssaal von zwei Rarotonganern gerade ein Feststellungsprozeß darum geführt, welchem von beiden ein bestimmtes »Anlehnungsrecht« zustehe.

und Gemeinschaft zur selbstverständlichen Gewohnheit wurde. Probleme und Konflikte können nicht aufkommen, es sei denn, sie werden von außen hereingebracht.

Kinduli führt uns durchs Dorf und gibt sich redlich Mühe, alles zu erklären, was man von ihm wissen will. Aber es ist für ihn nicht einfach, weil erstens sein englischer Wortschatz begrenzt ist und zweitens er so viele unserer Begriffe nicht kennt, er also den Sinn mancher, ja sogar der meisten Fragen nicht versteht. Da sitzt auf dem Kielboot eines umgedrehten Kanus ein Greifvogel, den ich als Weißkopfadler bezeichnen möchte. Das Tier ist völlig zahm, denn es trägt keine Leine oder Kettchen. Weshalb ich annehme, daß man einen aus dem elterlichen Nest gefallenen Jungvogel gerettet, gefüttert und aufgezogen hat und daß er nicht fliegen kann. Aber nein, ich sah später, daß der zahme Adler sich aus eigenem Anstoß steil in die Luft erhob, über die Lagune segelte und nach einer Weile wiederkehrte. Er bewohnt sogar dicht am Strand eine Art von Vogelhaus, offen natürlich. Es steht auf einem starken, von Menschen eingeschlagenen Pfahl. Kinduli versucht zu erklären, was es mit dem schönen, mit dem völlig freien und demnach menschenfreundlichen Vogel auf sich hat, aber der Insulaner kann nicht ausdrücken, was er sagen will.

Bengt Danielsson und seine Frau Marie Therese haben sich während ihres einjährigen Zusammenseins mit den Menschen auf Raroia* die Mühe gemacht, den Tagesablauf verschiedener Familien zu beobachten und die Tätigkeit jedes einzelnen zu notieren. Es galt die Frage zu beantworten, wie verbringen die Menschen, und zwar jeder Mensch für sich, die Stunden vom Aufstehen am Morgen bis zum Niederlegen gegen Abend. Das erstaunliche, sicher verbürgte Ergebnis war unter anderem, daß eine Stunde Arbeit täglich genügt, die Menschen zu ernähren, nicht etwa pro Kopf, sondern pro Familie!

Gemeinsamer Fischfang alle paar Tage, die Schlachtung eines Schweines hin und wieder sowie das Heimtragen gefallener Kokosnüsse nach Bedarf, das schon bildet eine gewisse Grundlage der Existenz. Erneuerung der Hütten und des Hüttendachs im Abstand von Jahren. Gelegentlich Gemeinschaftsarbeit, die nicht anstrengend ist und sich nicht lange hinzieht. Außerdem die schwerste Arbeit von allem, nämlich die Herstellung und Pflege der Gemüsegärten. Bei alldem erleichtert vieles das günstige Klima, der fruchtbare Boden und die Bewässerung durch fast täglich rieselnden Regen. Die meisten Kulturpflanzen wachsen unter solch günstigen Bedingungen von selber hoch.

Was der Insulaner an Kleidern braucht, ist so wenig, und die Rohstoffe kosten gar nichts, daß auch dieses bei uns so wichtige Finanzproblem entfällt. Davon abgesehen zahlen die Leute weder Miete noch Steuern und natürlich keine Versicherung.

Die Frage, woher das leidige Geld zu nehmen ist, kann erst auftauchen, wenn

* Wo 1947 Thor Heyerdahl mit der »Kontiki« gelandet ist.

fremde Sachen gewünscht werden, die man von außen beziehen und leider mit Geld bezahlen muß. Dafür sind Exporte nötig, und zwar Kopra in erster Linie. Von Tukuba wird keine Kopra ausgeführt, auch sonst nichts.

Die familieneigenen Felder, vielleicht sollte man sie besser Gärten nennen, liegen droben auf der Hochfläche. Freund Kinduli und noch ein paar Insulaner gehen voran. Nur schmal ist der Streifen Palmenwald entlang der Küste. Schon bald nach Verlassen des Dorfes steigt der Pfad und wird immer steiler. Sodann gelangt man zu einer primitiven und wackligen, glitschigen und quietschenden Leiter. Manche der Explorer wollen da nicht hinauf, vor allem die Gewichtigen. Auch unser noch junger Schiffsarzt, der eigenbrötlerische Dr. Langley, bleibt drunten. Er möchte, sagt der Mediziner, eine in der Nähe liegende Höhle erkunden. Die »Intrepids« aber packen Sprosse auf Sprosse und schieben sich höher. Wobei darauf zu achten ist, daß drunten der nächste erst anfängt, wenn droben sein Vorgänger die Leiter verlassen hat.

Es folgt ein breiter und flacher, ja sogar recht bequemer Weg durch triefend feuchten Urwald. Dann ganz plötzlich eine fast kreisrunde Lichtung von etwa 500 Meter Durchmesser. Auf dieser für unsere landwirtschaftlichen Begriffe nur kleinen Fläche gedeiht in der Hauptsache die Ernährung von rund 160 Insulanern. Was der unerschöpfliche Boden alles hervorbringt . . . ich habe es vergessen. Die Liste ist auch zu lang, als daß man sie behalten kann. Viele Nahrungsmittel sind dabei, die erst während des vorigen, vielleicht erst in diesem Jahrhundert auf nicht mehr festzustellendem Wege durch Vermittlung verschiedenster Art auf der Alcester-Insel eingetroffen sind. Aber schon vorher, man sollte es darüber nicht vergessen, besaßen die Insulaner genügend heimische Früchte, um davon satt zu werden.

Wirklich, die Bewohner der Insel haben nicht viel zu tun. Da sie nach jeder Ernte das Unkraut abbrennen, brauchen sie nicht einmal zu düngen, denn Pflanzenasche ist eines der besten Düngemittel. Keine schädlichen Tiere sind abzuwehren, kein menschlicher Mundraub steht zu befürchten. Pflücken, Sammeln, Aufheben und Heimtragen sind die wichtigsten Arbeitsgänge. Wer außerdem noch zehn bis zwanzig Kokospalmen besitzt, hat ausgesorgt fürs ganze Leben, seine Familie inbegriffen.*

Selbst auf Tahiti, wo es vergleichsweise von Menschen wimmelt, fallen mehr Nüsse von den Kokospalmen, als die Leute imstande sind zu verwerten. Sie bleiben liegen, werden von Ratten gefressen oder verfaulen.

Am Rande der Lichtung im Windschutz des Urwalds die Bananenstauden, die Orangen, die Avocados, Brotfruchtbäume, überhaupt die gesamte Auswahl der mühelos gebotenen Naturgeschenke.

* Schon die fünfjährige Kokospalme trägt Früchte und erreicht mit etwa 15 Jahren ihre volle Produktion. Das sind pro Jahr 50 bis 100 der großen, nahrhaften, auch sonst nützlichen Kokosnüsse. Bis zum Alter von 60 bis 80 Jahren läßt die Palme Nüsse reifen. Sie liefert, auch ganz ohne Pflege von Menschen, ungefähr alles, was man braucht. Die Kokosmilch, das Brennholz, die Pflanzenfasern zur Herstellung von Matten und Stoffen, das Bauholz, die Palmblätter fürs Dachdecken und fürs Flechten von Wandmatten, Segeln und dergleichen. Schließlich noch das Kokosöl für Speisen, Lampen und zum Einreiben des Körpers, nicht zu vergessen das »Palmbier«.

Mit gebotener Vorsicht, einer nach dem anderen, steigen wir auf der bedrohlich schwankenden Leiter hinunter. Da steht unser Doktor Langley, hochrot im Gesicht vor Erregung, hat er doch gefunden, woran seine Hoffnung hing. Jedem von uns gestattet er einen raschen Blick in seine Plastiktasche. Wie er selber sagt, läßt sich das Alter der Knochen nicht gleich erkennen, dazu braucht er sein Mikroskop und starkes Licht, aber fraglos handelt es sich um Fragmente von Menschenknochen. Die hat Dr. Langley ganz am Ende einer tiefen Höhle gefunden, dank seiner Taschenlampe und besonderem Spürsinn!

»Die stammen von einer kannibalischen Mahlzeit«, glaubt er sicher zu sein. »Alle Knochen von Armen und Beinen sind aufgeschlagen, die Menschenfresser wollten an das schmackhafte Knochenmark! Der Besitzer dieser Knochen hat noch vor ca. zehn, zwanzig oder dreißig Jahren gelebt.« Wir schauen uns alle etwas unsicher an, verdrängen dann aber den aufkommenden Verdacht.

Wieder drunten am Strand, herrscht große Aufregung. Sämtliche Bewohner der Insel, auch die ganz alten, stehen am Rand der Lagune und stoßen entsetzte Rufe aus. Sie winken mit den Armen oder schlagen sich schaudervoll die Hände vors Gesicht. Nur Kinduli kann verstehen, was sie rufen. Er gibt es an uns weiter mit dem Ausdruck des Entsetzens: »Haie . . . Haifische sind im Wasser . . . unsere Freunde werden gefressen . . . Die sind ja im Wasser . . . sind unter Wasser . . . gleich verlieren sie Hände, Kopf und Beine!«

Deutlich sieht man unter Wasser das lange Blondhaar der weltberühmten Valery Taylor. Wie stets bei solchen Gelegenheiten, wo eine fischreiche Lagune im hellblauen Wasser den schönsten Anblick der Fauna und Flora bietet, hat die furchtlose Person auch heute die schlichten Schnorchler wie tüchtigen Taucher zur Besichtigung des Paradieses angeregt. Da schwimmen und schweben die submarinen »Explorer«, teils dicht unter der Oberfläche, aber die Taucher bis sechs oder sieben Meter tief im Korallengarten. Sie wedeln mit den Flossen, sie filmen und fotografieren mit speziellen Kameras. Aber speeren und schießen auf Fische dürfen »Explorer« nicht. Sie wollen es auch nicht, weil in unserem Kreis der Umweltschutz ganz groß geschrieben wird.

Natürlich, die schlanke Valery weiß sehr wohl, daß sich in der Lagune auch Haie tummeln. Selber habe auch ich ein paar der Dreikantflossen bei der Einfahrt gesehen. Auch alle, die im Wasser sind, wissen von den Haien. Aber keiner hat Angst, wirklich keiner. Sonst ginge wohl niemand hinein!

So unglaublich es klingt, hat sich als reine Wahrheit erwiesen, was sowohl Ron Taylor wie seine Frau Valery stets behaupten und Professor Hans Hass*, der eigentliche Begründer des Tauchsports, schon in den dreißiger Jahren gesagt hat: »Haie sind harmlos.«

* Als neulich Hans Hass vor einem Kreis geladener Freunde seine allerersten, gut vierzig Jahre alten, technisch längst überholten Filme vorführte, die ersten Unterwasserfilme überhaupt, sieht man ihn und seine junge Frau in unmittelbarer Nähe riesiger Haie, sozusagen auf Tuchfühlung mit den angeblich menschenmordenden Bestien. Hass besaß als Waffe nur einen Stock, vor dessen Berührung auch größte Haie die Flucht ergriffen.

Es ist meine siebente Reise auf der »Explorer«, mindestens die zwölfte des Ehepaares Taylor. Sie tauchen überall, wo es lohnend erscheint, ohne Furcht vor den Haien. Noch niemals, bei absolut keiner Gelegenheit, wurde einer der Schwimmer, Schnorchler oder Taucher bedroht, vielleicht gar verletzt. Alle »Explorer«, und erst recht die »Intrepids«, haben ihre Ausflüge ins Reich der Haie überlebt.

Dennoch vermag ich nicht ganz mit der schönen Valery übereinzustimmen, wenn sie sagt und schreibt:

»Sharks are really cute animals.«*

Ich bitte auch, es möge sich niemand darauf berufen, bei mir von der »Harmlosigkeit aller Haie« gelesen zu haben. Selber traue ich den eleganten Raubfischen nicht. Gibt es doch zu viele Berichte von ihrer menschenzerreißenden Gefräßigkeit.

Doch tatsächlich geschah auch an diesem Tage nichts. Ganz im Gegenteil schenkte mir mein Freund Albert Bendelius, bekannter Chemiker in den USA, gerade von diesem Ausflug das Farbfoto von einem Riesenhai, der auf spielerische Weise zwischen den Tauchern herumschwamm.

Die Insulaner aber können nicht begreifen, daß keiner der Schwimmer und Taucher zerrissen wird. Um so verständlicher ihre Verblüffung, als Kinduli mit bebender Stimme erklärt, schon mehrmals mit eigenen Augen gesehen zu haben, wie hier ein Schwimmer herabgezogen und seiner Glieder beraubt, auch völlig zerrissen wurde. Ich nehme an, daß seit unserem Besuch die Melanesier von Tukuba glauben, daß hellhäutige Menschen unter dem Schutz ihres Gottes stehen oder den verwöhnten Haien nicht schmecken.

Allein für mich bin ich weitergegangen, über das Ende des Ortes hinaus, um alte, uralte Gräber aus schweren Steinplatten zu betrachten. Es dürften darunter die Reste jener Häuptlinge ruhen, die schon vor Jahrhunderten das Zeitliche gesegnet haben.

Da steht Kinduli neben mir und rezitiert eine lange Kette von Namen. Wie so viele der führenden Männer auf pazifischen Inseln hat er den Stammbaum seines Geschlechts, bis zu dessen sagenhaften Anfängen, lückenlos im Kopf.

Neben ein paar stark beschädigten, teilweise zerfallenen Auslegerkanus bleibe ich stehen. Gut erhalten sind bei manchen noch die komplizierten Schnitzereien am Bug. Es sind fein ausgearbeitete, flache, etwa quadratmetergroße Holzplatten, filigranhaft durchbrochen. Dargestellt sind meines Erachtens angreifende Raubvögel. Sie tragen Reste von Malerei und sind an den Kanten mit gelblich gebleichten Muscheln verziert.

Eines der schönsten Schnitzwerke, auch das besterhaltenste, wie mir scheint, betrachte ich besonders lange.

»Was geschieht damit . . . wem gehören diese Kanus?«

Eine hoffnungsvolle Frage, deren Absicht der gute Kinduli wahrscheinlich nicht versteht.

* »Haie sind wirklich reizende Tiere.«

»Gehört niemand . . . kann fahren nicht mehr.«

Ich erkläre ihm, wie gut mir das Schnitzwerk gefällt. Mit raschem Griff hat es Kinduli schon abgelöst und reicht es mir hin.

»Nimm du mit . . .«

Mehr hat er dazu nicht gesagt. Er muß ein schönes Geschenk bekommen, das ist klar. Aber für die Fahrt hinüber zur »Explorer« und zurück mit passender Gabe, zwei Stunden ungefähr, reicht nur die Zeit nicht. Spontaner Eingebung folgend, ziehe ich mir das schweißnasse, sonst aber neue Tropenhemd vom Leib, nehme den Safarihut vom Kopf und lege noch mein nicht mehr sauberes Taschentuch dazu. Kindulis Augen glänzen vor Glück. Dies jedoch ist ganz auf meiner Seite. Ein wunderbares Stück sogenannter Primitivkunst ist mein geworden. So recht geschaffen, um Neid wie Bewunderung eines jeden Kenners zu erwecken.

Nun hängt das melanesische Schnitzwerk gegenüber meinem Bett an der Schlafzimmerwand. Wenn gleich nach dem Erwachen mein Blick darauf fällt, bin ich wieder für einige Augenblicke am Strand von Alcester.

Wrack auf dem Riff

Im Programm des Tages stand geschrieben, daß wir bei sinkender Sonne die Stadt und den Hafen Ternate anlaufen, eine alte Stadt von ehedem großer Bedeutung. Sie liegt auf einer der im 16. und 17. Jahrhundert weltberühmten, zwischen Portugal, Spanien und Holland hart umkämpften Gewürzinseln, heute besser bekannt unter dem Namen »Molukken«. Auf dem Wege dorthin sollten wir den weiten Korallenring des »Helena-Riffs« zu Gesicht bekommen, ein Paradies für Schnorchler und Taucher.

Innerhalb des Atolls – so ergab der Blick durchs Vergrößerungsglas auf die Seekarte – lag ein dunkler Punkt. Es mußte in natura ein Inselchen von allergeringster Ausdehnung sein. Dazu die einzige Bemerkung im Seehandbuch: Dichte Vegetation, keine Bewohner, keine Besucher.

Als es soweit war und der Ring des Atolls auftauchte, zeigte sich eine Sensation ersten Ranges. Ein rostiges Riesenwrack lag hinter dem Riff in offenbar flacher Lagune. Worauf der Kapitän verlauten ließ, es handle sich um einen Fünftausend-Tonnen-Frachter, der fast völlig aus dem Wasser rage. Ja, und der Rumpf sei noch gut erhalten, überhaupt ließe sich keine schwere Beschädigung erkennen. Dem Anschein nach sei das Schiff schon vor langer Zeit verlassen worden. Um so erstaunlicher, daß auf der ziemlich genauen Seekarte nichts vermerkt war. Es lag die Vermutung nahe, daß seit der Strandung kein Schiffsführer das Wrack gesichtet hatte. Das Seerecht hätte ihn zur Meldung verpflichtet.

Als der Ruf ertönte, daß sich jeder bei Dr. Watson melden solle, der dieses Wrack zu besuchen wünsche, war – wie sich denken läßt – der Schreiber dieser Zeilen dabei. Mit ihm noch ein gutes Dutzend andere »Intrepids«, worauf man unverzüglich zwei Zodiacs zu Wasser ließ.

Im Ring des Atolls wechselt die Wassertiefe zwischen unschätzbar vielen und nur wenigen Metern, ja Zentimetern. Des öfteren müssen wir hinaus und die Zodiacs nicht nur ziehen, sondern über scharfkantige Korallen schieben oder tragen. Nur langsam, wenn auch sicher kommen wir näher und immer näher an das Wrack heran. Dabei wird der rostüberzogene Eisenkahn größer und höher, auch zunehmend gewaltiger in seinen Ausmaßen. Bei der riesenhaften Erscheinung spielt vermutlich mit, daß sich der Koloß mit seiner ganzen Länge auf dem hier besonders niederen Riff zur Ruhe gelegt hat. Ja, er ruht in des Wortes wörtlicher Bedeutung, wirkt unerschütterlich und wie festgemauert für ewige Zeit. Der Kiel ist vermutlich eingedrückt, sonst könnte das Wrack nicht seine kerzengerade Haltung bewahren. So aber liegt es auf seinem breiten Bauch, ähnlich einer Ente auf der Sandbank im Teich.

Zu niedrig ist ringsum das Wasser, anders ausgedrückt, so hoch ist hier die

Korallenbank, daß wir letzten Endes nur zu Fuß den rostigen Rumpf erreichen. Dies kurze Wegstück ist ein übles Stampfen, Treten und Schwanken zwischen Quallen, Muscheln und anderen Mollusken. Wir bewegen uns durch Seetang, Schlingpflanzen und bröcklige Korallen. Aber schließlich kommt es so weit, daß wir die Wände des Wracks berühren. Unmöglich aber, hineinzukommen, was sich wohl jeder von uns gewünscht hat. Wie mag es drinnen aussehen, in den verlassenen Kabinen, leeren Schlafräumen, im ehemaligen Speiseraum, der Kombüse und auf der Kommandobrücke? Was würde man drunten erleben, im Laderaum, bei den mächtigen Maschinen und so weiter und so fort? Fragen über Fragen, wie wohl das Schiff gestrandet war, wie es hieß, woher es kam, was aus der Besatzung geworden war? Kein Name zu entdecken, auch nicht der Heimathafen am Heck. War seinerzeit schon das Schiff namenlos gefahren oder hatte man erst nach der Strandung die Angaben entfernt? Hatte man Konterbande mitgeführt, verbotene Waren, vielleicht Diebesgut, Rauschgift, vielleicht auch Waffen für irgendwelche Rebellen? Und wenn ja, womöglich war das Zeug noch immer an Bord?

Abgesehen von der totalen Verrostung ließ sich kein Schaden, erst recht kein schwerer Schaden von außen an dem Schiff erkennen. Nirgendwo ein Leck, auch kein Spalt groß genug, um hindurchzuklettern. Einstimmig äußerten wir die Vermutung, daß ein besonders wütender Taifun den Fünftausend-Tonner übers Außenriff getrieben und hier auf dem Innenriff abgesetzt hatte. Ein Kasten solcher Größe, der für seinen Tiefgang zumindest drei bis vier, wenn nicht gar fünf Meter Wasser unter dem Kiel brauchte, war auch vom stärksten Schlepper aller Sieben Weltmeere nicht freizubekommen. Ganz davon abgesehen konnte kein Schlepper oder sonst ein größeres Schiff in die flache Lagune vordringen. Wahrscheinlich war der Schiffsboden mehrfach aufgerissen, was sich aber unseren Blicken entzog. So war selbst bei Hochwasser oder neuem Taifun das Wrack nicht mehr imstande zu schwimmen. Aber die Besatzung, so durften wir hoffen, war seinerzeit von irgend jemandem abgeholt worden.

Weil wir weder ins gestrandete Schiff hinein- noch hinaufkamen, war längeres Verweilen zwecklos. Wir bestaunten statt dessen, von unten nach oben blickend, die dunklen Schwärme kreischender Vögel. Hier waren sie vor natürlichen Feinden sicher, vor schlechtem Wetter und tobenden Stürmen. Brutplätze und Nistecken, auch Konferenzräume für gesellige Vögel gab es noch und noch. Davon Gebrauch zu machen, hat den fliegenden Tieren ihr sicherer Instinkt geraten.

Da wir noch Zeit haben und der Tag so schön, auch so ruhig ist, ergibt sich von selbst, daß wir zur Insel in der Lagune steuern. Es ist nicht weit dorthin, und die Königspalmen scheinen zu winken. Nicht größer als ein Fußballplatz ist das Eiland. Kein noch so bescheidener Bauer möchte sich mit so wenig Grund begnügen. Aber irgendwann hat irgend jemand die Palmen gepflanzt. Sie stehen Schulter an Schulter, wenn man so sagen darf, und lassen kein Fleckchen frei. Auf vielen der kleinen und kleinsten Inseln der Südsee ist das seinerzeit geschehen. Hin und wieder sind für einige Tage die Besitzer der Palmen gekommen, haben die reifen Nüsse gesammelt, aufgeschlagen und deren Inhalt zu Kopra getrocknet. Dann war wieder Ruhe für ein viertel oder volles Jahr. Wie dem auch sei, stimmt es also nicht, wie auch im Südseejahrbuch gesagt wird, daß der Inselzwerg Helena-Riff keinen Besuch erhält.

Weil sich wegen des dichten Bestands an Palmen auf dem Inselchen Unterholz nicht ausbreiten kann, haben wir keine Schwierigkeiten, das Eiland nach jeder Richtung zu durchqueren. Leute waren des öfteren hier gewesen, denn eiserne Kochkessel, zerbrochene Kisten und leere Flaschen liegen herum. Koprasammler kommen bestimmt, vielleicht auch Perlentaucher und andere Seefahrer der Südsee.

Wie schon öfter gesagt, steckt die Südsee voller Geschichten. Manche scheinen so phantastisch, daß man sie nicht ohne weiteres glauben kann. Selbst aus neuer, sogar neuester Zeit stammt die eine oder andere Story, wie zum Beispiel die von den »12 Verlorenen auf dem Helena-Riff«. Von bestem Seemannsgarn ist die Geschichte und hat noch den Vorteil, wirklich wahr zu sein.

Allerdings habe ich erst folgenden Tages davon erfahren, als wir in Ternate eintrafen. Zu den Offiziellen, die an Bord der »Explorer« kamen, weil sie solch ein

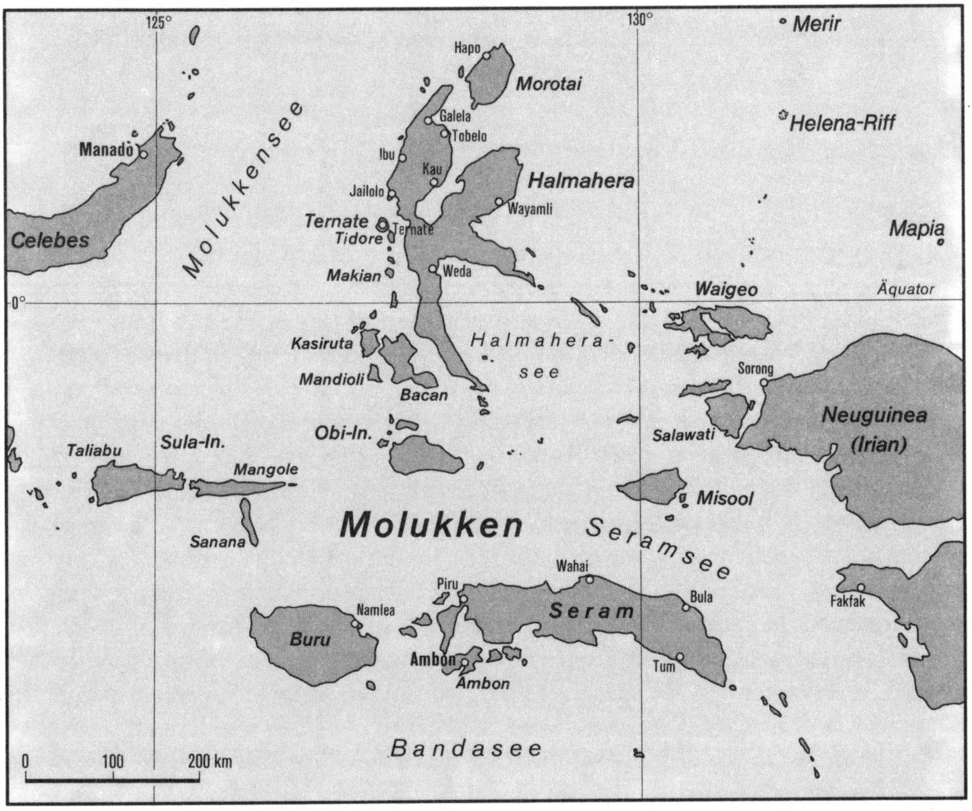

Schiff noch nie gesehen hatten, gehörte ein Fregattenkapitän der indonesischen Marine. Wir gerieten ins Gespräch, das um so anregender wurde, je länger es dauerte. Der Offizier stammte aus Bali, wo seinerzeit Marianne und ich fast ein halbes Jahr verbracht hatten. So ergab sich, daß er und ich eine ganze Reihe der gleichen Leute kannten. Richtig spannend wurde die Konversation, als ich unseren gestrigen Besuch im Helena-Atoll erwähnte.

»Tja, das war wohl die wunderbarste Rettung, die sich seit Menschengedenken ereignet hat«, sagte der Marinemann, offenbar der Meinung, ich wüßte bestens Bescheid.

»Sie meinen die Besatzung von dem gestrandeten Schiff . . .?«

Er schüttelte den Kopf. Hierbei wäre es durchaus mit rechten Dingen zugegangen. Der Kapitän konnte noch funken, bevor die Antenne mit beiden Masten über Bord ging. Als danach der tobende Taifun vorbei war, ruderten die Schiffbrüchigen im einzig noch erhaltenen Boot zum Außenriff, wo sich zu ihrer Rettung schon ein unbeschädigter Koprafrachter eingefunden hatte.

Gleich fragte ich, was denn für ein Schiff das Wrack gewesen sei . . . ohne Namen und Heimathafen. Aber er hörte nicht hin, oder aus irgendeinem Grund mißfiel ihm die Frage.

»Ich meinte die Leute von Bilolo. Längst hielt man sie für tot und ausgelöscht, für Opfer des verheerenden Taifuns . . . als sie auf wunderbarste Weise wiederkamen.«

»Habe keine Ahnung davon . . . bitte erzählen Sie.«

»Im weiten Kreis der Molukken war es schon seit Jahrhunderten üblich, daß man alle Jahre auf dem Ring oder innerhalb der Atolle ein paar Leute absetzte, um Trepang zu gewinnen . . . Sie wissen doch, das sind die Seegurken, die man vom Boden der Lagune heraufholt, um sie an Land zu trocknen und zu räuchern. Später dann, im gekochten Zustand, zählen sie zu den Delikatessen der ostasiatischen Küche. Meist sind Chinesen die Unternehmer der Gewinnung von Trepang. Sie heuern Taucher oder Fischer auf den Philippinen oder Molukken an, holen sie auch von den Siedlungen an der Küste Halmaheras. Im Verlauf einer längeren Seefahrt werden sie nach und nach in kleinen Gruppen auf unbewohnte Atolle verteilt. Zwei bis drei Wochen später wird die Rundreise in umgekehrter Richtung wiederholt, wobei man die Trepangfischer mitsamt ihrer Ausbeute wieder an Bord nimmt. Wie alle Jahre geschah das auch in einem der Jahre nach 1950. Die Zeit, ich meine die politischen Verhältnisse waren damals sehr unruhig hier bei den Molukken. Sie erinnern sich, es tobten noch Sukarnos letzte Kämpfe um die Befreiung Indonesiens von den Holländern. Die Bewohner der Molukken ihrerseits wollten sich von Sukarno unabhängig machen. Räuber und Rebellen auf Celebes, Sumatra und den Philippinen. Seeräuber, Schmuggler und wer nicht sonst noch alle trieben ihr Unwesen im größten Teil der Sundasee. Aber Lin Yu, einer von den chinesischen Trepanghändlern, ließ sich davon nicht stören. Er lief aus mit seinem Trepangfischer, wie alle Jahre zuvor. Auf dem Inselchen mitten im Helena-Atoll setzte er eine Gruppe von sechs Männern, vier Frauen und zwei Kindern ab. Sie bekamen Verpflegung für drei bis vier Wochen, natürlich auch Trinkwasser sowie sonst alles Nötige für ihren kurzen Aufenthalt. Alsdann setzte Lin Yu seine Rundreise fort.

Kaum waren Schoner und Chinesen wieder unterwegs, fegte ein Taifun übers weite Meer, so furchtbar und mit so gewaltigen Wogen, wie sie noch keiner der Seeleute erlebt hatte. Mast und Takelage gingen über Bord. Der ohnehin schwache Motor versagte, und das Ruder brach. Schon hatten die Leute Lin Yu's keine Hoffnung mehr, das Toben der Elemente zu überleben, da führte sie eine mitleidige Strömung in die Saitayan-Bucht von Halmahera. Als man mit sehr viel Mühe den Schoner, so gut es ging, repariert hatte und die Abholung der so lange schon verlassenen Trepangfischer versuchen wollte, ergab sich bei jeder angelaufenen Insel eine totale Verwüstung. Über alle waren mit verheerender Gewalt haushohe Wellen gerollt. Nirgendwo mehr eine Spur von Vegetation, erst recht keine Spur der hier abgesetzten Menschen.

Weil das bei allen Inseln im weiteren Umkreis des Helena-Riffs geschehen war und außerdem der Schoner auseinanderzufallen drohte, hinkte und humpelte das havarierte Schiff des Trepanghändlers nach Ternate, welch rettenden Hafen es nur mit knapper Not erreichte. Was der Chinese Lin Yu und seine erschöpfte Mannschaft erzählten, klang für die Behörden so überzeugend, daß man nicht mehr nach Überlebenden forschte.

Nach zwei Jahren gedachte der gleiche Chinese, es wieder mit Trepang im Helena-Atoll zu versuchen. Doch wer beschreibt sein Erstaunen, als er nach Überwindung des Außenriffs die Zwerginsel wiedersah. Ganz im Gegensatz zu allen anderen Inseln der weiten Umgebung war der Inselzwerg im Helena-Riff nicht kahlgefegt und vom Taifun nicht vollständig verwüstet. So als sei damals gar nichts geschehen, zeigte sich das Eiland nach wie vor hochbewaldet mit kerngesunden Kokospalmen. Ein Wunder schien es zu sein, war jedoch dem sogenannten ›Auge des Taifun‹ zu verdanken. Ist es doch so, daß sich im Zentrum auch der schlimmsten Wirbelstürme eine ganz und gar stille Oase befindet. Meist jedoch bleibt auch diese nur eng begrenzte Zone von Verheerung nicht verschont, weil sich der Taifun weiterbewegt. Hier aber war das ruhige ›Auge‹ konstant geblieben, und genau an dieser Stelle lag das Inselchen.

Dies war das eine Wunder, doch das andere folgte gleich.

Es waren noch alle vor zwei Jahren dort abgesetzten Menschen am Leben. Ja, sogar noch mehr, zwei Kinder hatten unterdessen das Licht der Welt erblickt. Es ging ihnen samt und sonders nicht nur gut, sondern sie lebten – kaum ist es zu fassen – in Saus und Braus. Was aber war des Rätsels Lösung? Als der heulende, pfeifende, nachtfinstere Wirbelsturm zu Ende war und die armen Menschen wieder zu sich kamen, konnten sie zunächst ihren Augen nicht trauen. Sie gewöhnten sich erst langsam an das, was sie erblickten: ein Schiff, das nur wenige Kilometer entfernt gestrandet war. Sie selber konnten nicht dorthin, weil ihre kleinen Boote abgetrieben waren und das Wasser für Fußgänger noch zu hoch stand. Jedoch, sie sahen durch Regenschleier, wie die Mannschaft des Schiffes ein Rettungsboot herabließ und in Richtung des Außenriffes davonfuhr, wo sie ein Koprafrachter aufnahm. So war denn das Wrack mit allem darin eine ›herrenlose Sache‹, wie Juristen sagen. Auch wenn die Trepangfischer diesen Ausdruck nie gehört hatten, wußten sie mit Bestimmtheit, daß es ihr gutes Recht war, sich aus dem herrenlosen Schiff alles und mehr noch zu holen, als sie brauchen konnten.

Weil man ohne Leitern nicht hineinkam, schlugen die Verlassenen ein paar der Kokospalmen dicht über den Boden ab und trugen sie durchs nunmehr seichte Wasser zum Wrack hinüber. Mit Hilfe von Kerben in den Palmstämmen stiegen sie hinauf.

Drinnen war alles und jedes, was man sich für ein gutes, sogar selten gutes Leben nur wünschen konnte. Lebensmittel in Hülle und Fülle, Spirituosen vom schlichten Bier bis zum schottischen Whisky. Auch Kleiderstoffe, Bettwäsche, Schuhe, Sandalen und ebenso Küchengeschirr, Handwerkszeug und Gartengeräte. Erst schleppten die Geretteten nur, was sie brauchten, an Land, dann im Laufe der Zeit aber auch Textilien in großen Ballen, Cognac in Kisten, Radioempfänger in Massen und Nylonstrümpfe in Mengen. Herrenloses Gut, das zum rechtmäßigen Eigentum der Finder geworden war.

Nun ja, eines Tages wurden die Überlebenden im Helena-Riff entdeckt. Arme, ganz arme Leute waren sie gewesen . . . nun aber die Besitzer ansehnlichen Reichtums, meinte gönnerhaft lächelnd der indonesische Offizier.

»Die Totgeglaubten kehrten zurück in ihre Dörfer auf Halmahera, wo fast jeder einen Kramladen aufmachte, und keiner konnte sich über schlechtgehende Geschäfte beklagen . . .!«

»Also hatten sie den Lohn für ihre Angst«, warf ich ein.

Er gab es gerne zu, worauf ich denn fragte, weshalb niemand das Wrack im Helena-Riff den zuständigen Stellen gemeldet hätte, damit es im Seehandbuch vermerkt würde.

»Solange da noch etwas zu holen war, hat's natürlich niemand gemeldet«, meinte der Fregattenkapitän ohne Ironie. »Jetzt ist alles leer, nur noch von Vögeln bewohnt.«

Wie denn sein Name gewesen sei und woher das Schiff gekommen und wohin es wollte?

»Wenn ich's nicht weiß, warum wollen Sie es wissen?«

Während meiner schon nach wenigen Monaten folgenden achten Südseereise haben wir vor Inseln und Riffen im weiten Seegebiet der Molukken, der Sulu-Inseln, auch der Gilberts und Marschalls, fünf bis sechs gestrandete Schiffe angetroffen, in der Größe zwischen 500 und 2000 Tonnen. Alle relativ gut erhalten, jedoch ohne Spur einer Besatzung, meist auch mit völlig leerem Laderaum. Wie die nahebei lebenden Insulaner erzählten, hatte die Besatzung gar nicht erst versucht, sich an Land zu retten, sondern wurde erstaunlich rasch von einem anderen Schiff abgeholt, bei welcher Gelegenheit man auch die Fracht übernommen hat.

Des Rätsels Lösung soll nach Angaben der indonesischen wie auch philippinischen Behörden sein, daß es sich um den Schmuggel von Waffen und Versorgungsgütern zugunsten jener Rebellen handelt, die einerseits auf den philippinischen Sulu-Inseln, andererseits auf den indonesischen Molukken schon seit Jahren gegen die jeweilige Zentralregierung im Kampf stehen. Wie man von offizieller Seite behauptet, werden die Rebellen vom libyschen Staatschef Khadafi versorgt und finanziert. Die geheimnisvollen Schiffe stehen durch Sprechfunk miteinander in Verbindung, weshalb sich notfalls schnell ein Retter findet, auch für die so wichtige Ladung an Bord. Jedoch mehr als Gerüchte waren über diese Zusammenhänge nicht zu erfahren.

Keiner fliegt nach Lombok

Weltberühmt ist Bali und heiß geliebt von fast allen, die dort gewesen sind. Nur 33 Kilometer südöstlich von Bali liegt Lombok, jene Insel, die man allgemein übersieht. Es dürften mehr als hunderttausend Fremde sein, die alljährlich Bali besuchen, jedoch nicht ein Prozent davon begibt sich nach Lombok. Dabei sind die Größenunterschiede nur gering. Bali dehnt sich über 5616 Quadratkilometer aus, während sich Lombok mit 4660 begnügt. Dafür erhebt sich auf Lombok der Rindjani, mit 3726 Meter der höchste Berg in der ganzen Indonesischen Republik. Bali zählt mehr als zwei Millionen Bewohner, Lombok kaum die Hälfte. Aber die sind insofern interessanter, als sie aus drei verschiedenen Rassen bestehen, aus den hoch in den Bergen lebenden Ureinwohnern, aus den Sassak und den Balinesen, die erst im vorigen und im vorhergegangenen Jahrhundert eingewandert sind. Noch unbekannter ist, daß die Lomboker drei verschiedenen Religionen angehören, die Ureinwohner dem Animismus aus grauer Vorzeit, die Balinesen jener besonderen Art des Hinduismus, wie er sich auf der wunderbar schönen Insel Bali entwickelt hat, während die Sassak dem Islam Waktu Telu angehören. Es ist ein Glaube mohammedanischen Ursprungs, der sich aber so weitgehend mit Begriffen primitiver Religionen vermischt hat, daß sich reingläubige Anbeter Allahs schaudernd davon abwenden. Damit nicht genug der Verschiedenheit, gibt es auf Lombok nicht weniger als sechs Sprachen. Die meistverstandene ist Sassak, danach Sumbawesisch im Osten der Insel, Balinesisch im Westen, Taliwag in den Bergtälern und das in allen Schulen gelehrte Bahasa Indonesia, das Indonesisch also. Es ist eng mit dem Malayischen verwandt, wurde aber durch viele Neuworte bereichert und dient als lingua franca, das heißt zur Verständigung auf allen dreitausend Inseln des Staates. Aber noch längst nicht alle Indonesier verstehen Bahasa Indonesia, das soll erst kommen.

Nicht nur haben die drei Bevölkerungsteile viele Religionen und Sprachen entwickelt, sie leben verschieden, kleiden sich verschieden und weichen im kulturellen Leben stark voneinander ab. Ja es ist noch komplizierter, weil die Balinesen auf Lombok – kulturell gesehen – einen lombokesischen (ob man das sagen kann, weiß ich nicht) Balistil entwickelt haben. Sie bauen ihre Tempel und Puris, ihre Häuser, Höfe und heiligen Brunnen anders als in Bali. Auch ihre Musik und selbst die künstlerischen Handarbeiten sind keineswegs jenen gleich, die man auf der Mutterinsel antrifft. Die Sassak haben ihre von lautem Gebrüll begleiteten Tänze mit sausendem Schwert, wallender Kleidung, in Grau, Gelb oder Weiß und dazu noch eine Menge anderer Fremdartigkeit. Die Urmenschen ihrerseits verehren ovale, etwa armlange Steine, die oft mit Puppenkleidern behängt sind.

Dreimal war ich zuvor schon in Bali gewesen, mit Marianne beim ersten Mal sogar sechs Monate lang, als nur wenige Touristen die Insel besuchten. Immer stand die Fahrt nach Lombok, kaum vier Stunden über See, auf dem Programm. Aber nie war es dazu gekommen, trotz noch so fester Vorsätze.

Wirklich, man könnte glauben, was der Aberglaube sagt, nämlich Lombok sei verhext! Wo sind wir beide oder ich allein von Bali aus nicht überall gewesen? Auf Sumba und Sumbawa, auf Timor, Flores und Rota, und auf einer Reihe von Inseln, deren Namen kaum jemand kennt, nämlich: Alor, Wetar, Sapi, und Pemuda, nicht zu vergessen die Dracheninsel Komodo. Aber das nächstliegende von Bali, die große Insel Lombok, unserem balinesischen Bungalow gerade gegenüber, von der hatten uns geheimnisvolle Geister ferngehalten.

Jetzt mußte es sein, bei diesem vierten Besuch in Bali! Kein Flug zurück ohne Lombok, das war mein fester Wille und radikaler Entschluß.

In meinem (längst nicht mehr zu empfehlenden) Hotel, dem »Bali Beach«, hatte sich die Zahl sogenannter Reisebüros auf ein rundes Dutzend vermehrt. Ich klapperte sie alle ab, schon im vorhinein befürchtend, daß sich die Auskünfte der Angestellten widersprachen. Aber so weit kam es gar nicht. Kaum ist es zu glauben, doch die reine Wahrheit, daß die Mehrheit der wegen bestmöglicher Verbindung nach Lombok Befragten, noch nie von einer Insel dieses Namens gehört hatte. Als ich darauf hinwies, daß Lombok vom Dach des Hotels aus zu sehen sei, der Rindjani-Berg sogar von der Cafeteria am Schwimmbecken, da hielten mich die Reisebüroleute für verblödet, und schlanke Mädchen kicherten hinter vorgehaltenen Händen.

Doch ich will es kurz machen, denn ein belgischer Gast des Hauses, ein wirklicher Kenner der Sundasee brachte mich auf die rechte Spur. Wir tranken mit einem chinesischen Hummerhändler-eng-gros ein paar Cocktails. Der kannte sich aus, denn mindestens einmal im Monat flog oder fuhr er über See nach Lombok, um einige hundert frisch gefangene Hummer zu kaufen.

Leider hatte das neue, sehr komfortable, in Deutschland gebaute Fährschiff die Behandlung durch einheimische Experten nicht vertragen und wurde bis auf weiteres repariert. Das bisher verwendete, viel kleinere und langsamere Fährschiff holländischer Herkunft befand sich zwar noch im Dienst, verließ aber mit Rücksicht auf sein sehr hohes Alter den schützenden Hafen nur bei wohlwollender ruhiger See. Das aber konnte am Tag zuvor niemand wissen, da müsse man am betreffenden Hafen ein paar Stunden lang warten, bis sich die »Nusa Penida« in Bewegung setzte oder nicht. Wann das Schiff seine Rückreise antrat, blieb den Schwankungen des Wetters überlassen. Also nichts für einen Mann, der binnen fünf Tagen heimfliegen wollte. An Umbuchung meines Flugtickets war nicht zu denken, weil es zur Zeit kaum noch freie Plätze gab.

»Aber die GARUDA fliegt täglich von Bali nach Lombok«, bemerkte der Hummergrossist, was mich sehr erfreute. Aber nichts, was diese fast unbekannte Insel betrifft, bleibt ohne Problem. Zwar konnte ich für morgen ein Ticket bekommen. (Weil zuvor ein paar raschelnde Scheine den Besitzer gewechselt hatten). Aber nur

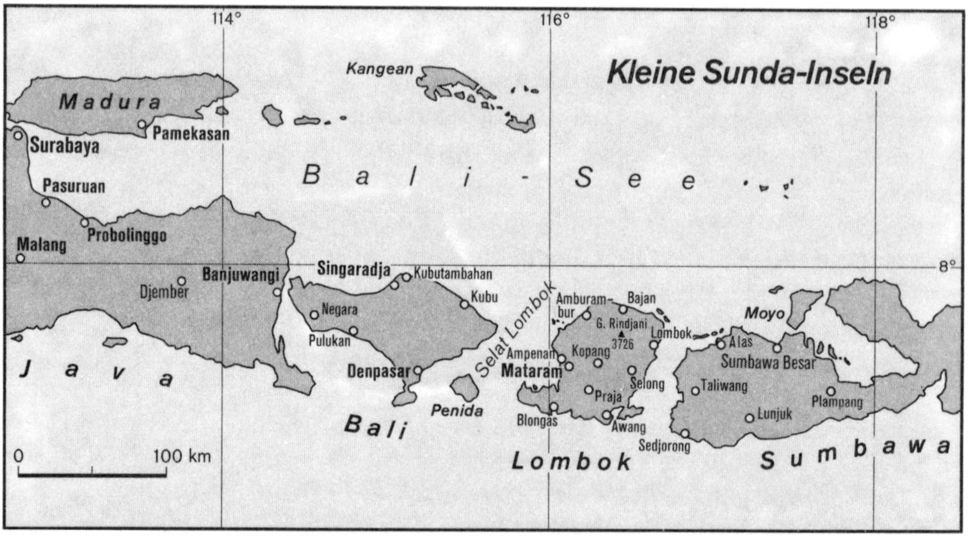

ein Ticket für den Hinflug. Das Retourbillet gab's nur drüben in Mataram, im dortigen Büro der GARUDA.

So weit, so fein, fraglich nur, ob man es wirklich bekam. Die Maschine war meistens voll, und Reservierungen im voraus ganz unmöglich. Eine Telefonverbindung nach Mataram war nicht herzustellen, und wer Indonesien kennt, weiß, wie selten in jenem Land Ferngespräche gelingen.

Nun ja, dann auf gut Glück! Ich hatte drüben vier Tage Zeit, und bekannt waren mir die Sitten des Landes, das heißt die geschickt aus halbgeschlossener Hand hingereichten Banknoten.

Fast eine Stunde mit dem Taxi zum weit draußen liegenden Flugplatz, sodann eine volle Stunde Wartezeit in der Abfertigungshalle nebst Kontrolle von Paß, Gepäck und Gesundheitspapieren. Für den Flug genügten weniger als 20 Minuten, und schon war's geschehen. Allen Ernstes hatte ich die Insel Lombok erreicht!

Hochmodern, gerade erst fertig geworden, ist das Empfangsgebäude auf dem Flugplatz von Ampenan. Auch hier die lästige Kontrolle von Paß, Gepäck und Gesundheit, obwohl man sich doch innerhalb des gleichen Landes, sogar in derselben Provinz – Nusa Tenggara Barat – bewegt. Weil mehrere Taxis vor dem Gebäude stehen, verhilft mir die Konkurrenz der Fahrer zu einem Preis, der nicht mehr als doppelt so hoch sein dürfte wie für Eingeborene üblich. Ein netter Mann der Mann am Steuer, zumal sein Englisch ausreicht, meine stark eingerosteten Kenntnisse der Bahasa Indonesia zu ergänzen. Eine Stunde und eine halbe rollen wir durch Landschaft und Dörfer, auch durch die nahe beisammenliegenden Kleinstädte Ampenan und Mataram.

Da ich nun die Insel Lombok mit eigenen Augen sehe, wird mir klar, daß alles sehr viel anders ist, sogar grundverschieden anders als im so nahe gelegenen Bali.

Vor allem eine andere Landschaft, karger und karstiger und grauer als die saftig grüne Insel, von der ich komme. In Bali vorwiegend feuchtes Klima, hier meist trockene Luft, und staubig ist es, wenn Winde wehen. Dementsprechend sind auch Flora und Fauna beider Inseln grundverschieden. Wer sich eingehend damit befaßt, wird bald erkennen, daß die Meeresstraße zwischen ihnen, genannt Selat Lombok, eine scharf geprägte Trennungslinie zwischen zwei Biotopen darstellt. Westlich die vorherrschend tropische Welt, beginnend in Bali und gen Norden weiterführend ohne Unterbrechung über Sumatra, Java, Malaysia und noch weiter bis Thailand, Burma, Indien und Indochina. Genau das Gegenteil in östlicher Richtung, von Lombok aus die regenarmen, meist trockenen Landschaften mit dem entsprechenden Leben von Tier und Pflanzen, über alle indonesischen Inseln hinweg bis nach Australien und Tasmanien. Das hat als erster vor mehr als hundert Jahren der britische Zoologe Alfred Wallace (1823–1913) erkannt. Nach ihm ist denn auch die zwischen Lombok und Bali verlaufende Linie W a l l a c e - L i n i e genannt worden. Einer der Gründe für so deutliche Abweichung von Klima, Landschaft und Tierleben kann die sehr starke Strömung in der Selat Lombok sein. Landtiere jedenfalls können sie nicht durchqueren. Die meisten Vogelarten wollen aus klimatischen Gründen, auch wegen des verschiedenen Futterangebots nicht auf der anderen Seite leben. Um nur wenige Beispiele zu nennen, gibt es westlich der Wallace-Linie keine Kakadus, keine Honigsauger und auch keine Vögel, die Bruthügel bauen. Wenn man heute die Trennungslinie des Alfred Wallace nicht mehr ganz so scharf ziehen möchte, wie er das getan hat, muß jedoch selbst einem Laien wie mir auffallen, daß Lombok in einer ganz verschiedenen Weltgegend zu liegen scheint, als die so viel und gern besuchte Nachbarinsel Bali.

Zwei Gebirgsketten durchziehen Lombok von Ost nach West. Sie teilen die Insel in eine kaum bewohnte, wenig fruchtbare und höher gelegene Hälfte und in die andere, die von Landwirtschaft und Verkehrswegen einigermaßen erschlossene, tiefer liegende Hälfte.

Wie schon gesagt, ist das Rindjani-Massiv die höchste vulkanische Erhebung des gesamten indonesischen Raumes, überhaupt in Südostasien nebst Malaysia. Früher, zur holländischen Kolonialzeit (bis 1950), war der Gipfel des Rindjani ein beliebtes, wenn auch anstrengendes Ziel für weiße Bergwanderer. Alpinistische Erfahrung war nicht notwendig, wohl aber geduldige Ausdauer bei ermüdendem Aufstieg. Drei bis vier Tage war man unterwegs, hatte aber eingeborene Träger fürs Gepäck und einen wegekundigen Führer. Zwei Damen, die den Rindjani bestiegen hatten und mir davon erzählten, waren nach mehr als zwanzig Jahren noch von dem Erlebnis begeistert, lobten vor allem die sagenhaft schöne Gegend rings um einen Bergsee, etwa zwei Stunden bevor man den Gipfel erreichte. Dort an diesem See wurde damals das Standlager für zwei Tage errichtet. Da soll die Landschaft wie in Mitteleuropa auf knapp tausend Meter sein, bei angenehm kühler Luft und von Laubwald umgeben. Natürlich läßt sich der Aufstieg heute noch machen, aber die Organisation ist sehr schwierig geworden.

Ampenan, mehr noch die saubere Kleinstadt Mataram, Hauptort der Insel, sind ebenso wohlgepflegte wie allerliebste Städtchen. Entweder sind beide aus der holländischen Zeit unversehrt übriggeblieben oder in genau dem gleichen Stil nachgebaut worden. Ohne weiteres könnte man sich um vierzig, ja sechzig Jahre zurückversetzt fühlen. Dieselben Häuser, Speiselokale, Gärten, Schulen und Kirchen, Ladenstraßen und Klubgebäude, dieselben privaten, auch öffentlichen Anlagen, wie man sie von vergilbten Fotos um die Jahrhundertwende kennt. Oben geschlossene Alleebäume beschatten die Straße. Sehr viele Radfahrer gibt es, aber nur wenige Autos und Lastautos, dafür um so mehr Ochsenkarren und hübsch bemalte, zweirädrige Kutschen mit flotten, kleinen Pferdchen davor. Wirtschaftlich scheint es den Leuten auf Lombok recht gut zu gehen, jedenfalls in Ampenan und Mataram. Wer mir gesagt hat, es fehle an hinreichenden guten Hotels auf Lombok, ist sicher nie dort gewesen. Ich sehe ein paar nette, noch anheimelnde, weißgetünchte Gasthöfe mit breiter Veranda und gepflegten Blumengärten. Gewiß kann auch der Besucher aus Europa oder Amerika recht angenehm dort essen und wohnen. Aber hellhäutige Menschen, vielleicht gar Touristen sehe ich nirgendwo.

Schmal sind die Landstraßen und nur streckenweise asphaltiert. Mein Hotel, das »Suranadi«, sagt der freundliche Fahrer, liegt am Fuße des Gebirges, gleich neben einem alten Tempel und besitzt den Vorzug einer hauseigenen Felsenquelle, die vom himmelhohen Rindjani gespeist wird und angenehm kühl ist und dem Swimming-pool das Wasser liefert. Auch den Holländern konnte seinerzeit die angenehm kühle Quelle nicht verborgen bleiben. So mußte dort der für weiße Besucher reservierte »Pasangrahan« entstehen. Ein Rasthaus ist damit gemeint, das von der Kolonialregierung hauptsächlich für Beamte, Offiziere, weiße Pflanzer und sonstige Offizielle gedacht war. Wenn aber jene Leute nicht alle Zimmer beanspruchten, durften auch andere Reisende dort wohnen, essen und sich erholen.

Vor kurzem hatte die indonesische Verwaltung den alten Pasangrahan renoviert und einem javanischen Manager anvertraut in der Hoffnung, das Suranadi Hotel werde fremde Touristen anziehen, ja mithelfen, im Laufe der Zeit Lombok an die Reisewege der Fremden anzuschließen. Mein Taxi fährt vorbei an Reisfeldern, die großenteils trocken liegen. Es rollt durch Waldstücke, in deren Schatten sich ruhige Dörfer ausdehnen, und über Flußbetten, deren langsam dahinziehendes Gewässer von schwimmenden Blattpflanzen bedeckt ist. Ein paar nackte Buben planschen darin, jedoch nicht zum Vergnügen, sondern um irgendwelche eßbaren Knollen aus dem Schlamm zu holen. Zweirädrige Ochsenkarren mit eingeschlummerten Bauern darauf. Sandbraune, langmähnige, halbwilde Ponies weiden im Gestrüpp, und ein Junge mit grauen Fähnchen am langen Stock führt die Gemeinschaft von etwa drei Dutzend Enten zu bewässerten Feldern. Ähnlich wie in Bali wird es sein, nämlich daß die Entenschar stets in Sichtweite des Stockes bleibt, gewissermaßen um die im Wind flatternde Fahne versammelt. Diesem Feldzeichen folgen sie auch, wenn abends der Bub wiederkommt, um das Federvieh heimzuführen.

Das Gelände hebt sich, wird hügeliger, und schon bald steigen stattliche Berge auf, in Fahrtrichtung meines Taxis. Viel höher können wir kaum noch gelangen, dahinter ragen steile Wände auf. Linker Hand ein ziemlich großer Tempel balinesischen Stils. Zur Rechten die Einfahrt ins Gartengelände des Suranadi Hotels. Abgesehen von den weitläufigen Terrassen, überdachten Verandas und den Wirtschaftsräumen ist es nur ein kleines Hotel. Aber so waren die Pasangrahans, die Gasthäuser aus holländischer Kolonialzeit, und die noch vorhandenen sind so geblieben. Viel Personal wartet auf nur wenige Gäste. Für bescheidenen Lohn steht auf Lombok Bedienung mehr als genug zur Verfügung, gut ausgebildete Leute sogar. Nur acht Zimmer, so schätze ich, deren Decken vier bis fünf Meter über dem blanken, kühlen Fußboden schweben. Äußerst sparsam sind die Räume möbliert, wenn auch mit allem, was selbst für längeren Aufenthalt notwendig ist. Das sogenannte Bad kennt nur ein hohes, etwa meterbreites quadratisches Becken, in dem sich der Gast mit kühlem Wasser begießt. Zu diesem Zweck liegt am Beckenrand eine Schöpfkelle aus Messing mit langem Griff. Wer die Prozedur kennt, weiß diese Art des Badens zu schätzen, vor allem an heißen Tagen. Ebenso angenehm, leider in modernen Hotels nicht mehr zu finden, ist der sich langsam drehende Propeller an der Zimmerdecke. Früher, als man in tropischen Hotels noch nicht über Strom verfügte, war es in besseren Häusern üblich, daß ein betagter Diener, vielleicht auch ein zehnjähriger Junge, der gelegentlich abgelöst wurde, den droben aufgehängten Riesenfächer bewegte. Das konnte ebenso mit der Hand wie auch mit dem Fuß geschehen, wobei der Fächermensch es noch fertigbrachte, in Halbschlaf, vielleicht gar in tiefen Schlaf zu versinken. Ich selber habe das – von einer Ausnahme abgesehen – nicht mehr erlebt, sondern kenne es nur aus Erzählungen von Oldtimern ehemaligen Tropenlebens.

Gern begrüße ich an den Wänden meines Schlafraumes drei oder vier Geckos. Diese possierlichen, etwa salamandergroßen Eidechsen können sich mit ihren Saugpfoten nicht nur an senkrechten Wänden halten, sondern huschen sogar – mit dem Bauch nach oben und dem Rücken nach unten – an den Zimmerdecken entlang. Ihre Aufgabe ist es, möglichst alle Mücken, Motten und Moskitos zu fangen, die sich im Zimmer aufhalten. Deshalb werden die Geckos gern geduldet und von keinem vernünftigen Gast gestört.

Der aufs beste, wie geschmackvollste Weise wiederhergestellte Pasangrahan wird von einem jungen, überschlanken javanischen Manager namens Jarewan geleitet. Er hat eine hübsche Frau und zwei reizende Kinder. Das Ehepaar beherrscht fehlerfreies Englisch, und mir scheint, daß die Jarewans einen weit größeren Wirkungskreis verdienen, als die nur selten besuchte Insel Lombok.

»Diesem Mangel«, sagte Tuan Jarewan, »wollen wir abhelfen. Meine Frau und ich hoffen sehr, daß ein zufriedener Gast mindestens zwei andere zum Besuch bei uns anregt.«

Das weitaus beste ist das schon erwähnte Schwimmbecken. Nicht nur hat das aus dunkelgrauen Felsblöcken gemauerte Becken wahrhaft olympische Ausmaße, es wird von unten her gefüllt mit perlendem, eiskaltem Quellwasser, das an zahlreichen Stellen durch den Kiesboden nach oben steigt. Man muß schon tüchtig schwimmen, um nicht Schüttelfrost zu leiden. Wunderbar klar das Wasser und leicht moussierend, als sei so viel Kohlensäure darin wie in perlendem Mineralwasser.

An einer Schmalseite des Beckens befindet sich der überdachte, nach drei Seiten offene Speisesaal. Aber nur wenige Tische sind besetzt, als ich die indonesisch-englisch gedruckte Speisekarte in die Hand nehme. Meinem Tisch gegenüber ein französisches Ehepaar, dem Geturtel nach zu schließen auf der Hochzeitsreise. Neben mir ein älteres englisches Paar von zurückhaltender Art. Außerdem ein schon grauhaariger Südamerikaner mit junger Freundin. Typische Individualreisende, alle drei sind Zweisamkeiten. Sie reden nur miteinander, suchen keine Bekanntschaft mit Unbekannten. Schon will ich bestellen, da tritt der Chef des Hauses an meinen Tisch und rät mir zu frischem, auf Eis gekühlten Hummer. Die Spezialität von Lombok, wie er sagt. Als Vorspeise wäre es mir recht. Aber heute ist das Mittagessen ausgefallen, da kann fürs Abendessen ein Hummer nicht genügen.

»Nun gut«, meint der Manager, »bestellen Sie aber Ihr Hauptgericht erst, nachdem Sie den Hummer hinter sich haben . . . leider muß ich befürchten, daß Sie dann nichts mehr wollen!«

In der Tat, so ist es. Ein Hummer von solcher Länge, Breite und Gewicht wird herangeschleppt, wie ich während meines bisherigen Lebens keinen sah. Die Scheren sind groß wie die Pranken eines Preisboxers, der Schuppenschwanz so ausgedehnt und mächtig wie die Keule des löwenbezwingenden Herkules. Ein Knochenknacker nebst Auszieher für die Innereien von Beinen und Scheren wird mitgeliefert. So gehe ich denn an die kulinarische Arbeit und genieße das monumentale Schalentier nach der alten Erkenntnis »Hummer ist der beste Koch«.

Nichts geht mehr, als von dem Schalentier nur noch die Schalen übrig sind. Letzten Endes aber, meine ich, kommt das dicke Ende nach, nämlich die Kosten. Doch wer beschreibt meine angenehme Überraschung, als mir eine Rechnung präsentiert wird, die sich etwa im Rahmen eines Backhendls vom Wienerwald bewegt. Wirklich, liebe Freunde, kann ich Lombok sehr empfehlen!

Als gebranntes Kind, das im Verlauf so vieler Reisejahre manche mißliche Erfahrung gesammelt hat, möchte ich gleich meinen Platz für den Rückflug nach Bali sichern. Der Manager ist äußerst hilfreich dabei, muß aber bedauern, daß schon gegen 20 Uhr alle Telefone auf Lombok verstummen. Weil ich die Sache so dringlich mache, will Tuan Jarewan noch heute abend nach Ampenan fahren, um persönlich, gewißermaßen ganz privat mit jenem Mann bei »GARUDA« zu sprechen, der Plätze reserviert und Tickets verkauft. Das mir folgendentags mitgeteilte Ergebnis ist beruhigend, entlockt mir aber ein Lächeln. Der betreffende Mann, erklärt leicht verlegen der Hotelchef, hat bereits meinen Rückflug ausgestellt, erlaubt sich jedoch den wohlmeinenden Rat, ich möge ihn während der folgenden Tage als landeskundigen Führer durch Lombok engagieren. Alles in allem für den Vorzugspreis von umgerechnet 150 DM. Als Taxifahrer steht glücklicherweise wieder derselbe Mann zur Verfügung, der mich schon ins »Suranadi-Hotel« gebracht hat.

Nun ja, eine recht geschickte Art des Garuda-Mannes, einen deftigen Batzen Bakschisch zu fordern. Wobei zu bemerken ist, daß der Inselname »Lombok« »Ehrlichkeit« bedeutet. Wie dem auch sei, ich muß rechtzeitig zurück nach Bali und will vorher noch möglichst viel von Lombok sehen. Dennoch lasse ich Vorsicht walten und bestehe auf meiner richtig datierten, mit Platznummer versehenen Flugkarte, bevor die erste Rundfahrt beginnt. Wobei sich alsbald herausstellt, daß mein »landeskundiger Führer« erst vor kurzem aus Surabaya nach hier gekommen ist. Von Lombok weiß er so viel wie Sie und ich von der Rückseite des Mondes. Ganz anders der Mann am Steuer, der seine Muttersprache so zahlreich mit Englischbrocken mischt und ausdrucksstarker Gestik unterstreicht, daß ich einigermaßen seine Erklärungen begreife.

Als die ersten Seefahrer aus dem Abendland vor Lombok auftauchten, gehörte die große Insel zum Herrschaftsbereich des Sultans von Makassar auf Celebes. Schon lange hatte die Mehrzahl der Bewohner von Lombok den islamischen Glauben angenommen, jedoch stark mit Elementen animistischen Glaubens und uralten Brauchtums gemischt. Weil sich begreiflicherweise die Insulaner unter fremder Herrschaft nicht sehr wohl fühlten, haben sie Anfang des 17. Jahrhunderts die immer häufiger auftauchenden Holländer um Befreiung vom Joch des auf Celebes residierenden Sultans gebeten. Das geschah erst im Jahre 1688, aber lediglich zugunsten des Sultans von Sumbawa, eines Bundesgenossen der Holländer. Dieser erhielt von den Weißen, zum Dank für seine treuen Dienste, die alleinige Herrschaft über Lombok. Konnte sie aber wegen heftiger Aufstände der tiefenttäuschten Lomboker nicht lange behalten. So erkämpften sich die kriegerischen Sassak ihre Freiheit, wußten aber nichts Besseres damit anzufangen, als sich auf grausamste Weise untereinander zu befehden. Das wiederum benützten einige der Radjahs auf Bali für ihre eigenen, der Ausdehnung dienenden Zwecke. An Kultur, Kriegskunst und politischer List den zerstrittenen Sassaks weit voraus, konnten somit die Balinesen den größten Teil von Lombok besetzen und dort fürstliche Herrschaften errichten, die man zweiten und dritten Söhnen der balinesischen Radjahs anvertraute. Davon die Folge war eine mehr oder weniger freiwillige Umsiedlung von weit über zehntausend Balinesen nach Lombok, die sich seitdem auf fast eine Viertelmillion vermehrt haben. Dabei hat, vorwiegend aus religiösen Gründen, keine Vermischung mit den Sassak, schon gar nicht mit den Animisten in den Hochtälern des Hinterlandes stattgefunden. Auch keine Angleichung der so ganz verschiedenen Kulturen, nicht einmal in der Art, wie man Feste feiert. Die Sassak und die Balinesen leben in getrennten Siedlungen, die Urbevölkerung wiederum weit davon entfernt.

Vier feudale Herrschaften, jede mit ihrer eigenen aus Bali stammenden Dynastie, gab es um die Mitte des vorigen Jahrhunderts. Am bedeutendsten war das von Karangassem gegründete Fürstentum auf Lombok, erhielt doch dieser Radjah alle notwendige Hilfe, auch Kriegshilfe von seinem Vetter, dem Radjah Karangassem in Bali.*

Als die stärker und immer stärker auftretenden Holländer um 1850 den Abzug aller balinesischen Radjahs von Lombok verlangten, kam es zu einem erbitterten, sich fast bis Ende des Jahrhunderts hinziehenden Kolonialkrieg. Zunächst wurden die Holländer geschlagen, kamen wieder und immer wieder, brachten neue Truppenkontingente mit und konnten schließlich 1894 auch den letzten balinesischen Radjah vertreiben. Dieser »Lombok-Krieg« hat große militärische Anstrengungen notwendig gemacht und auch vielen Holländern das Leben gekostet.

Weit, sehr weit fahren wir durchs Land, auf steilen, eng sich windenden Straßen hinauf ins scheinbar menschenleere Hochland. Von Ampenan im Westen, über Mataram und Nanmada auf sehr staubiger Straße über die kleine Stadt Selong nach Tanjungluar an der Ostküste. Von dort auf großenteils sehr schlechten Wegen zum Westrand der Insel, über Praja, Rumuk nach Lembor, einem hübschen Hafenort, wo man die Fähre nach Bali besteigt, wenn . . . ja wenn sie funktioniert. Ich gehe in drei, vier ziemlich große Moscheen, die aber drinnen vollkommen gleich sind. Überraschend umfangreiche Hindutempel, wie die riesige Anlage von Pura Meru, die auch einen weiten, künstlichen See enthält. All jene Anlagen zeugen vom einstigen Glanz und der Macht balinesischer Herrscher auf Lombok. Aber schlecht gepflegt und nur selten besucht sind die Zeugen der Vergangenheit. Halb verfallen der Palast von Nanmada, der schon länger als 80 Jahre leer steht. Die weiten, schattigen Gärten sind nun öffentliche Parks mit eifrig benutzten Schwimmbädern und schweigenden Springbrunnen. Noch immer nützlich und gut erhalten ein von den Holländern gebauter Staudamm. Die von dort ausgehenden Rohrleitungen führen durch einen großen Teil der Insel. In manchen Landesteilen, wo einst Wassermangel die Landwirtschaft unmöglich machte, sind dank dieser holländischen Arbeiten dringend notwendige Reisfelder entstanden.

Über mehr als 300 Stufen klettere ich droben im Gebirge hinauf zu einem balinesischen Höhentempel und stehe nicht lange danach vor einer »Geisterhöhle« der animistischen Urbevölkerung. Darin drei plumpe, nur kindergroße Steinfiguren, jede davon in bunte Stoffe gehüllt. Im allgemeinen muß man wohl sagen, erscheinen Kulturbauten, wie Gotteshäuser, Parks und Paläste auf Lombok weniger farbenfroh, auch weit weniger besucht, als man von Bali gewohnt ist. Die Besonderheit der Lombok Hindus sind die »Heiligen Hirsche« in jedem Tempel. Es handelt sich um lebensgroße, aus Holz geschnitzte Tiere, jedes in einem Pavillon für sich.

Endlich sehe ich auch Ureinwohner, jene Leute aus den Hochtälern, für die mir

* Das balinesische Fürstentum Karangassem blieb unter holländischer Oberherrschaft noch bis zum Jahre 1951 ein weitgehend souveräner Staat. Als der letzte seinerzeit noch regierende Radjah von Karangassem im Jahre 1956 auf prunkvollste Weise verbrannt wurde – wohl die letzte, ganz nach alter Tradition verlaufende Fürstenverbrennung –, waren meine Frau und ich Gast des ältesten Sohnes, Dr. med. Djelantik Karangassem. Konnten also das ganze glanzvolle, äußerst kostspielige Ereignis von Anfang bis Ende miterleben. Heute amtiert der zweite Sohn jenes letzten Radjahs als indonesischer Landrat über das ein halbes Jahrtausend lang von seinen Vorfahren regierte Gebiet. Die eben erwähnte Fürstenverbrennung habe ich ausführlich in meinem Buch »Es war mir nie zu weit« (ebenfalls im C. Bertelsmann-Verlag) beschrieben.

kein bestimmter Name bekannt ist. Klein, aber breit und kräftig gebaut, nur in ein paar Fetzen gehüllt, kommen sie uns auf einer schmalen Straße entgegen. Die muskelstarken Männer, auch ihre breithüftigen Frauen tragen gewaltige Lasten von frisch geschlagenem oder gesammeltem Brennholz auf dem Rücken. Mein Fahrer sagt mir, daß sie aus den Wäldern am Gunung Tampole kommen. Anfangs nur auf engen Fußpfaden, legen sie unter den schweren Lasten Tagesentfernungen bis 25 Kilometer zurück. Ohne Rast und Ruhe streben sie zu ihrem Ziel, einem der Straßendepots. Von dort werden die Holzbündel auf Lkws weiterbefördert. Der Lohn für so schwere Tagesarbeit beträgt umgerechnet knapp 3,50 DM pro Tag, der zeitraubende Rückweg eingeschlossen. Die geplagten Menschen müssen sich damit abfinden, weil ihre zu hoch gelegenen Reisfelder nur eine Ernte pro Jahr erlauben. Grußlos schreiten sie vorbei, die Blicke auf den Boden gerichtet und schwer durch den offenen Mund atmend. Vom höchsten Punkt der Straße, wo sich ein zur Zeit geschlossener Pasangrahan befindet, schaue ich auf den 3726 Meter hohen Gipfel des Rindjani. Dessen breit gewölbter Rücken, der bis nahe zum Gipfel bewaldet ist, wenn auch über der 3000-Meter-Grenze nur mit Buschwald und hüfthohem Gestrüpp, bietet einen imponierenden Anblick. Wie gern möchte ich hinauf und werde es auch schaffen . . . beim nächsten Mal . . . wenn ich Zeit habe . . . aber wird das jemals sein?

Unglaublich breit und wohlig weich sind die rosaroten Sandstrände von Lombok, vor allem an der Westküste. Von der schmalen Halbinsel Sirak im Norden bis hinunter nach Panarukan, etwa 25 Kilometer weit erstreckt sich der einsame, der breite, der vollkommen menschenleere Strand. Weil die Rundumstraße der Insel noch nicht fertig ist, läßt sich dies Badeparadies mit Bus oder Auto nicht erreichen. Nur in die Nähe könnte man fahren, muß aber noch ein Weilchen zu Fuß gehen. Dahinter im Lande nur selten ein Dorf. Fast alles dichter, grüner, schattiger Wald. Auch in meinem Fernglas ist nirgendwo ein Mensch zu erkennen, auch nichts, was von Menschenhand geschaffen wurde. Erst recht gibt es an dem Idealstrand kein Hotel, keinen Gasthof, auch kein Restaurant, keine Teestube oder Eisbude. Eine Gabe der Natur sind die Badebuchten und Sandstrände von Lombok, die bei uns daheim auch im Traum niemand für möglich hält. Selbst drüben in Bali, nur 20 Flugminuten entfernt, gibt es sicher nur selten jemand, der mit eigenen Augen Lomboks sagenhafte Strände gesehen hat. Aber was sagen und schreiben die unwissenden Schwätzer in unseren Massenmedien? Sie behaupten flottweg, die fernsten Winkel der Wildnis, die letzten Oasen ungestörter Natur seien nun von Touristen überlaufen, wurden entzaubert und restlos verdorben!

Sie aber, verehrter Leser, können meinen Schilderungen glauben, gegebenenfalls mit eigenen Augen sehen, wie unerschlossen, wie völlig unbekannt die Schönheiten der Welt noch an so vielen Stellen sind. Es fehlt nicht an Zielen fürs Fernweh. Nur abseits der ausgetretenen Pfade muß man sich bewegen, um in unerschlossene, ungestörte Welten zu gelangen.

Notre Dame de Mangareva

Wahr und wahrhaftig gibt es mehr als 1800 Bücher, die sich mit Tahiti befassen. Madame Matisse, die frühere Chefin des Museums in Papeete, hat es mir selber gesagt. Ich will das gerne glauben, denn schon bald nach Entdeckung der wunderschönen Inselgruppe brach in Europa eine schwärmerische Begeisterung für die Südsee aus. Wobei man sich aus so weiter Entfernung völlig falsche Vorstellungen machte und ganz im Sinne des Jean Jacques Rousseau meinte, alle Wilden seien edel. Je näher der unverbildete Mensch der Natur lebe, desto besser und friedliebender müsse er sein. In solch paradiesisches Bild paßten keine Kannibalen, auch nicht Kopfjägerei, Sklavenfang und Stammeskriege.

Über Mangareva, heute wie früher eine der erstaunlichsten aller polynesischen Inseln, wurden nur zwei Bücher geschrieben, beide von Verrückten. Von dem einen, Robert Lee Eskridge mit Namen, der in den dreißiger Jahren ein recht bekannter, aus Chicago stammender Maler gewesen ist, sagte Eunice Tietjens (daheim und auf Reisen seine Lebensgefährtin) im Vorwort zu Eskridges Buch:*

> »Natürlich ist er ein wenig verrückt, aber welcher Künstler ist das nicht . . .? John ist auf du und du mit seinen polynesischen Geistern, den Tupapaus. Schwarze, durch die Luft segelnde Katzen erschrecken ihn nicht . . . oft spricht er von seiner Inkarnation, von seinem früheren Leben im alten Chaldäa, wo er Hoherpriester oder ähnliches gewesen ist.«

Acht Monate hat Eskridge auf der Mangareva-Insel gelebt, vor mehr als vierzig Jahren, und danach sein Buch verfaßt, reich mit eigenen, sehr eigenwilligen Illustrationen. Wie Eskridge selber in seinem Mangareva-Buch berichtet, hat er auch dort mit Geistern verkehrt, und manche der Dämonen suchten ihn auf.

Der zweite, gleichfalls geistesgestörte Verfasser eines Mangareva-Buches, fast neunhundert Seiten stark, hat 37 Jahre auf der so merkwürdigen Insel verbracht, somit sein gesamtes aktives Leben. Er hieß Honoré Laval, war Priester und Missionar des Ordens vom Heiligen Herzen. Allgemein wird er »Picpus Orden« genannt, nach der gleichnamigen Straße in Paris, wo sich das Hauptquartier befand. Pére Laval gelangte im Jahre 1834 nach Mangareva, der Hauptinsel des damals noch ganz und gar heidnischen Gambier-Archipels. Nachdem durch sein Verschulden, zumindest sein Mitverschulden die ursprüngliche Bevölkerungszahl von schätzungsweise 8000 Menschen auf wenig mehr als vierhundert gefallen war, mußte Laval für immer das Feld seiner Tätigkeit verlassen. Aber was der höchst eigenartige Mann auf Mangareva sowie benachbarten Inseln zurückgelassen hat, wird kaum jemand glauben, ohne es selbst gesehen zu haben.

* Mangareva, »The Forgotten Island«, The Bobbs-Merril Company, Publishers, 1931, Indianapolis, USA.

So schwierig wie noch nie war die Beschaffung des Materials über die Inseln. Allein das Herausfinden der beiden Buchtitel erforderte Feinarbeit, noch mehr die Heranholung der Bücher selbst. In keiner mir bekannten Bibliothek waren sie aufzutreiben. Endlich gelang es emsigem Bemühen meiner französischen Verwandten durch Vermittlung des Museé de L'Homme ein Exemplar des Père Laval Tagebuchs für mich zu erwerben. Das Elaborat des Robert Lee Eskridge konnte ich eines Tages selber entdecken, und zwar im Berlin-Dahlemer Völkerkundemuseum. Weil es aber dort zu jenen seltenen Werken gehört, die man nur an Ort und Stelle einsehen kann, bedurfte es all meiner Überzeugungskraft, um es wenigstens für zwei Tage zu behalten. Auf unserem Fotokopierapparat haben sodann meine Frau, meine Sekretärin und ich das Buch in äußerster Eile von der ersten bis letzten Seite abgelichtet.

So weit war das gelungen, sollte man denken. Aber beide Bücher widersprechen sich diametral. Bei John Eskridge ist der Pater Honoré Laval ein von Anfang an wahnsinniger Fanatiker. Ein Mann von äußerst starrem und engem Glauben, aber dennoch voll verantwortlich für die fast restlose Ausrottung der Mangarevaner nebst den Bewohnern der anderen Inseln des Archipels. Jedoch klaffen Eskridge und Lavals Angaben der Bevölkerungszahlen weit auseinander. Der geistliche Herr schätzt zu Beginn der Missionierung fürs ganze Archipel nur halb soviel Menschen und läßt am Ende noch ein volles Viertel übrig. Bei Eskridge dagegen überleben knapp drei Prozent das mörderische Wirken des Missionars. Der Père Laval fühlt sich in seinem endlos langen Bericht nicht nur frei von weltlichen Fehlern, sondern hält sich für den selbstlosen Seelenretter, Wohltäter und Kulturbringer der Inselgruppe. Wenn zu seiner Zeit so viele Leute starben, trugen andere, und zwar auswärtige Einflüsse daran die Schuld. Davon abgesehen war es Gottes Wille, und darüber viel zu reden stand einem Christenmenschen nicht zu.

Wie dem auch sei, war schon allein die umstrittene Gestalt des Pater Laval so faszinierend und die Reste der von ihm errichteten Bauten sollten so unglaublich sein, so gar nicht passend für die Südsee, daß ich auf Biegen und Brechen nach Mangareva wollte. Da jedoch stieß ich aufs zweite Phänomen, auf eine Mauer des Schweigens. Es war wie ein Widerstand aus Watte, der mir jeden möglichen Weg nach Mangareva zu versperren schien. Aus irgendeinem undurchsichtigen Grund waren Besucher, vor allem ausländische Besucher unerwünscht. Keiner sagte es, aber alle Leute, die in Papeete, dem Verwaltungszentrum von Französisch Ozeanien, mit den Gambiers zu tun hatten, rieten mir von der Reise ab.

Selbst bei der »Air Polynesia«, die vor kurzem erst den Dienst nach Mangareva aufgenommen hatte, schien der gedruckte Flugplan nicht zu stimmen.

»Ja gewiß, einmal im Monat . . . das heißt, wir versuchen am ersten und letzten Tag jeder Woche Mangareva zu bedienen, aber Sie verstehen . . . nur falls sich genügend Bedarf ergibt. Wenn Sie meinen, wir sollen den nächsten Flug für Sie reservieren . . . bitte sehr, recht gern natürlich . . . aber bedaure, der ist leider ausgebucht. Den nächstfolgenden meinen Sie? Selbstverständlich, nur wir wissen noch nicht . . . aber wir können Sie vormerken, aber . . . ohne Termin, wenn's Ihnen recht ist. Hauptsache, Sie haben in Rikitea ein Quartier und für ihre Verpflegung ist gesorgt . . .«

Es gibt kein Hotel, auch keine Pension, erst recht kein Restaurant in Rikitea, der relativ größten Ortschaft auf Mangareva. Von den übrigen Inseln des Archipels läßt sich gar nichts sagen, nicht das geringste darüber konnte ich erfahren. Jedoch hat mich die Praxis so vieler Reisejahre gelehrt, daß sich die meisten Probleme an Ort und Stelle von selber lösen.

»Nun ja, wie gesagt, es wäre unter den gegebenen Umständen wohl das beste, wenn Sie auf den Besuch Mangarevas verzichten. Wir empfehlen statt dessen Huahine, Rangiroa, oder Rarotonga, auch Tetiaroa würde Ihnen gewiß gefallen . . .«

Ziemlich das gleiche erlebe ich beim Syndicat d'Initiative, wie sich das staatliche Touristenbüro nennt. Dessen Auskunftei amtiert in einer sehenswerten Rotunde polynesischen Stils im Parkgelände beim Hafen. Vier reizende Damen gemischter Rasse, etwas zu elegant gekleidet, mit riesigen tahitischen Palmblatthüten auf den gewellten Frisuren lächeln gar lieblich, denn sie haben fast nichts zu tun. Wo Mangareva liegt, muß ich den zarten Geschöpfen erst auf der Karte zeigen, haben sie doch, wie es scheint, noch nie davon gehört. Alsdann schauen sie in Handbücher oder telefonieren mit anderen Stellen. »Ja, richtig . . . Mangareva . . . die Gambier-Inseln.« Da müssen sie bedauern! Keine Hotels, keine Pension vorhanden. Auch private Quartiere sind nicht in den Listen aufgeführt. Bisher haben Touristen für die Gambiers kein Interesse bekundet, sicher weil es dort nichts zu sehen gibt. »Nein, wir bedauern zutiefst, über eine Schiffsverbindung dorthin ist bei uns nichts bekannt. Vielleicht gibt's mal eine Gelegenheit, aber wie soll man das vorher wissen? Ein Charterflugzeug . . . das könnte sein. Wenn Sie Multimillionär sind, Monsieur, fragen Sie bei der Air Polynesia! Tut uns leid, nous regrettons mais les Iles de Gambier sont dehors de notre rayon d'information.«

So geht es weiter, ich frage noch verschiedene Büros, aber nichts kommt dabei heraus. Immerhin ist das mein vierter Aufenthalt in Tahiti, alle erreichbaren Inseln der weiten Umgebung kenne ich bereits, Morea, Bora Bora, Taaha, Uturoa, Maupiti und Mopelia*, auch zwei oder drei von den Marquesas. Warum soll es, verflucht noch mal, mit Mangareva nicht klappen?

Wozu hat man Freunde, sogar gute Freunde hier auf Tahiti. Auch Bengt Danielsson gehört dazu, sowie der Damenfriseur Achille, ebenso der Schweizer Direktor des zweitgrößten Hotels und sogar eine, allerdings uralte Prinzessin Pomaré, deren Familie einst das Königreich Tahiti regiert hat. Sie erweisen sich ohne Ausnahme als hilfsbereit, was sie dadurch zum Ausdruck bringen, daß sie mir vom Besuch der Insel Mangareva abraten. Madame la Princesse Pomaré de Tahiti meint mütterlich besorgt, ich sollte mehr an meine Gesundheit denken. So nebenbei erwähnte ein deutschgeborener, chinesisch verheirateter Fremdenführer den

* Wo im Ersten Weltkrieg das Segel-Kaperschiff »Adler« des Kapitäns Graf Luckner sein Ende fand.

Namen Françoise und sagte mir, ich solle sie besuchen, und zwar im Büro des Abgeordnetenhauses. Dort nämlich sei Madame Françoise für die Gambier-Inseln zuständig. Sie stamme selber aus Mangareva, wo ihr Vater viel Einfluß habe. Sehr alte Familie, deren Stammbaum mit einem der Heidengötter beginnt.

Eine polynesische Dame in der zweiten Hälfte von vierzig, war mein erster Eindruck. Gut dreihundert Pfund brachte sie auf die Waage, falls Madame wünschte, ihr Gewicht zu prüfen. Wichtiger jedoch für meine Pläne, daß sie die Liebenswürdigkeit in Person war.

Sie riet nicht ab von Mangareva, ganz im Gegenteil würde sich ihre Familie eine Ehre daraus machen, mich als Gast zu begrüßen, auch bei Tisch natürlich. Was die Reise betraf, nichts einfacher als das. Nur sollte ich bitte nicht weitersagen und schreiben, mit wem und was ich nach Mangareva vorgedrungen sei. An sich sei dem betreffenden Schiff nicht erlaubt, Passagiere zu befördern.

Weshalb gerade diese polynesische Dame, im Gegensatz zu allen vorher befragten Personen, so überaus hilfsbereit war, konnte ich mir ohne weiteres nicht erklären, habe es jedoch später gut verstanden. Mangareva war nun mal ihre angestammte Heimat, an der sie hing. Beim Abschied noch die gewiß wohlgemeinte Warnung, ich solle nicht zu lange bleiben, sondern auf meine Gesundheit achten. Da konnte ich nur hoffen, die ehemaligen Kannibalen seien nicht rückfällig geworden.

Auf Ihrer Karte, verehrter Leser, finden Sie die Inselgruppe etwa 450 Kilometer südöstlich von Tahiti, entweder unter dem Namen Gambiers, oder nur Mangareva ist genannt. Alle dortigen Eilande sind vulkanischen Ursprungs und liegen innerhalb einer weitausgedehnten Lagune, die üblicherweise von einem Korallenriff begrenzt wird, das nur drei Zugänge offen läßt. Davon ist einer groß genug, um Schiffe durchzulassen, deren Tiefgang nicht mehr als vier Meter beträgt. Einige Abschnitte des Riffs reichen selbst bei Hochflut übers Wasser und sind teilweise mit Kokospalmen bepflanzt. Jedoch wird keine Stelle des Korallenriffs ständig bewohnt. Auf dem glattgewalzten Streifen von Tetegegie, einem schmalen, aber kerzengeraden Teil des Riffs, hat man 1967/68 die Startbahn und Landepiste für Flugzeuge gebaut. Von dort muß ein Motorboot Frachten, Passagiere und Piloten nach Rikitea bringen.

Die vier größten Inseln des Archipels sind Mangareva, Tara-Vai, Au-Kena und Aka-Maru. Etwa 40 Kilometer außerhalb der Lagune in südöstlicher Richtung liegt noch die lange, grüne, durchweg flache Insel Timoi (auch »Temoe« geschrieben). Früher war sie relativ dicht bewohnt, ist aber heute menschenleer, weil sie der Père Laval um die Mitte des vorigen Jahrhunderts restlos räumen ließ. Mangareva selbst ist gute sieben Kilometer lang, aber im Schnitt nur anderthalb Kilometer breit. Der bis auf 400 Meter ansteigende Mount Duff ist die höchste Erhebung. Es gibt keine Bäche auf Mangareva, dafür reichlich Regen. So schöpfen die Menschen das notwendige Naß aus mehr oder minder tiefen Zisternen. Milde ist das Klima und der Boden fruchtbar. Weil sich das allenthalben verbreitete Aeho-Gras während des

Sommers braungelb färbt, wirkt Mangareva zu jener Jahreszeit wie ausgedörrt und verkarstet. Doch ist zum Glück seiner Bewohner das genaue Gegenteil richtig. Wo das Land von Menschen bebaut wird, liefert es Obst, Gemüse, nahrhafte Früchte und eßbare Knollen im Überfluß. Hauptsächliche Grundlage der Ernährung war früher eine Unmenge von Fischen in der Lagune, außerdem zahme und verwilderte Schweine. Schon Anfang des vorigen Jahrhunderts kamen noch Ziegen hinzu, während Hühner und natürlich Hunde schon längst verbreitet waren. Nach der Volkszählung von 1971, so entnahm ich dem Pacific Island Yearbook, lebten 566 Menschen auf den bewohnten Inseln des Archipels. Eine überholte Angabe leider, denn viele der jungen Leute, auch Familien mit mehreren Kindern, haben seitdem ihre Heimat verlassen, um auf Tahiti, Morea oder Bora Bora zu leben. Dort halten sich heutigentags mehr Mangarevaner auf als in Mangareva selbst.

Wie schon erwähnt, ist eine ähnliche Abwanderung auf vielen Inseln der Südsee im Gange. Man sucht auf den neuzeitlich entwickelten, vom Tourismus heimgesuchten, zentral gelegenen Inseln das relativ hohe Einkommen und die besseren Möglichkeiten sozialen Aufstiegs.

»Werden die Leute nicht eines Tages wiederkommen ...«, frage ich, »wenn sie genug verdient haben und die alte Heimat lockt.«

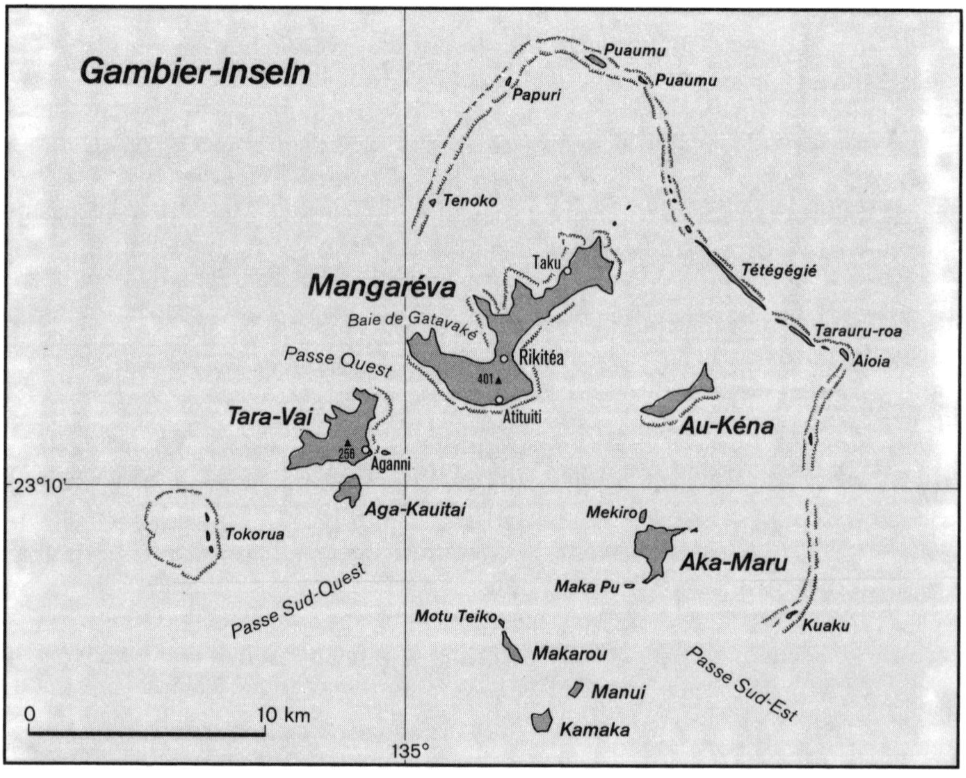

Weit und breit ist der feinsandige Strand von Lombok, aber keine Gäste erscheinen, um dieses Badeparadies der Südsee zu genießen.

Nur zwanzig Flugminuten von der vielbesuchten Insel Bali entfernt liegt die fast nie besuchte, große und grüne, sehenswerte Insel Lombok. Hier suchen ein paar Jungen nach den eßbaren Knollen verschiedener Wasserpflanzen.

Der Drei-Tage-Tanz beim Tokap-Fest der Insel Tanna hat seinen Höhepunkt erreicht. Nur alle sieben Jahre findet er statt, bis zu sechstausend Melanesier, auch solche von den Neuen Hebriden nehmen daran teil. Weiße Besucher sieht man bei dieser Gelegenheit nicht gerne, weil das Tokap-Fest einen Rückfall ins Heidentum darstellt.

Ausgerechnet während des Tokap-Festes auf Tanna rumpelt und raucht der Yasurvulkan wie schon seit langem nicht mehr! Weshalb die Tannesen meinen, daß auch die Feuergeister im Berg mitmachen.

Kein Christenkreuz, wie man denken sollte, ist das furchteinflößende und deshalb feurig rote Symbol des erst in diesem Jahrhundert entstandenen John Frum Cultes. Das Zentrum dieses Kultes ist Tanna, eine relativ dichtbewohnte Insel der Neuen Hebriden.

Links oben: *Notre Dame de Mangareva, auf Betreiben des halbwahnsinnigen Paters Laval durch die Eingeborenen von 1839–1843 erbaut.* – Rechts oben: *Auch dieser für den Insel-König Maputeoa bestimmte Pavillon auf der Insel Mangareva wurde auf Betreiben des Paters Laval gebaut, wie noch viele andere Steingebäude.* – Unten: *Am Strand der von Fremden so gut wie nie besuchten Insel Alcester liegen noch die Kanus der gleichen Art wie vor Jahrhunderten. Sie sind mit Muscheln geschmückt, bei manchen ist der Bug kunstvoll geschnitzt.*

»Leider glaub' ich das nicht . . . solang die gegenwärtigen Verhältnisse anhalten. Sie glauben nämlich, Tahiti sei besser für die Gesundheit.«

Weil ich, wenn man so sagen darf, besonderes Gehör für Untertöne habe, fiel mir im Zusammenhang mit Mangareva die häufige Erwähnung der Gesundheit auf. Aber wenn auf den Gambiers eine bestimmte Krankheit grassierte, hätte man es mir doch gesagt. Gegen alles, was normalerweise auf Südseeinseln vorkommen kann, habe ich Medikamente bei mir, ohne bisher nur eine Pille davon geschluckt zu haben.

Unvergeßlich die schöne, die langsame Fahrt vom Einlaß der Lagune bis an die Mole von Rikitea. Das Sonnenlicht drang tief hinab ins blaßblaue Wasser, und so ruhig lag die nasse Fläche wie über einem Dorfteich. Darin schwammen Dutzende von gewölbten Inseln, kleine und winzige, ansehnliche, mittelgroße und zwei, drei sehr große, die ganze Gebirge trugen. Vorerst konnte ich nur eine Ortschaft entdecken, und das war, nach meiner Karte, das Dorf Aganni auf der Insel Tara-Vai. Sicher gab es noch andere Wohnplätze, bestimmt auf Aka-Maru und Au-Kena. Doch sie lagen verborgen in Buchten und wurden verdeckt von Bergen. Wenn auch Pater Laval schon seit länger als einem Jahrhundert auf Tahiti unter der Erde lag, sah ich schon während der Lagunenfahrt manche Zeugen seines Wirkens. Es waren Kapellen und Kirchlein, selbst auf den kleinsten, längst nicht mehr bewohnten Inseln. Sie grüßten von Hügeln und Vorgebirgen, wurden sichtbar am Ende von Buchten und auf den am weitesten hinausreichenden Halbinseln. War es doch die Leidenschaft des bauwütigen Missionars gewesen, ausnahmslos jede Stelle, wo seinerzeit die verblendeten Mangarevaner heidnischen Götzen gehuldigt hatten, durch ein christliches Gotteshaus, mochte es noch so klein geraten, von sündiger Vergangenheit zu reinigen. Weil aber seit langem niemand mehr, auch keiner von Lavals Nachfolgern, um die Erhaltung so vieler Kapellen und Kirchlein bemüht war, sah ich durchs Glas ihren fortschreitenden Verfall. Viele Dächer eingestürzt, die Farben verblaßt und die Mauern überwuchert. Wer wollte sich auch dort blicken lassen, womöglich gar zu innerer Einkehr oder Andacht? Unbewohnt waren die meisten der Inseln, und nur ein Bruchteil der ehemaligen Bevölkerung lebte noch auf den bewohnten.

Mein Gastgeber (Antoine Bonami soll er hier genannt werden) sprach ausgezeichnetes Französisch und war trotz rein polynesischer Herkunft von erstaunlich heller Hautfarbe. Er hieß mich am Landepier willkommen, rief einen Jungen zum Koffertragen und führte mich über den Hauptweg von Rikitea in den modern gebauten Teil der Siedlung.

»Unser schwierigstes Problem ist die Auswanderung der jungen Menschen, auch von den älteren Leuten verlassen viele ihre Heimat. C'est ça Monsieur, nous sommes poursuivis du malheur. Erst war's in der Zeit von Père Laval, jener schleichende Tod durch seine Schuld, vielleicht mehr noch durch eingeschleppte Krankheiten. Nun aber, seit Mitte der sechziger Jahre die Auswanderung der jungen Leute, und nicht nur junger Leute. Wir haben keine Zukunft . . . nur Vergangenheit. Ein zahlreiches, zufriedenes und auch glückliches Volk sind wir gewesen, als wir noch die königliche Familie hatten und den alten Glauben an eigene Götter. Alles aus und vorbei, auch von Maputeoas Familie ist kein Nachkomme übrig.«

Maputeoa war der letzte, vor Lavals Ankunft noch allein gebietende Herrscher über die Inselgruppe. Der Legende nach galt er als Nachkomme von 33 Generationen, deren Stammvater der mächtigste unter den »tupapaus«, den Naturgeistern gewesen war.

Später habe ich von Antoine gehört und auch bei Eskridge gelesen, daß sich auf Mangareva zwei Kulturepochen, zwei sehr unterschiedliche Völker oder Menschenrassen abgelöst haben. Von der ersten kennt man im Tal von Rouriki einige breite und weite, aus tonnenschweren Steinbrocken zusammengefügte Terrassen. Kein Name ist von den Erbauern bekannt, keine Sage von ihnen überliefert. Es ist ganz ähnlich wie mit den rätselhaften Erbauern der Säulenhalle auf Tinion des Nanmatal auf Ponapé. Keinem Verfahren ist es bisher gelungen, das ungefähre Alter der Terrassen zu bestimmen oder auch nur zu vermuten, welchem Zweck sie gedient haben.

Es folgte viel später, vermutlich erst seit dem 12. Jahrhundert n. Chr., die Einwanderung der heutigen Mangarevaner. Es waren und sind reine Polynesier, die nach ihrer eigenen, noch lebendigen Erinnerung teils aus Tahiti, teils aus Raiatea gekommen sind. Sie brachten ihren alten Glauben, ihr Brauchtum und ihre Lebensweise mit. Von ihnen stammen die Maraes, die Tempelplattformen und die heidnischen, oft aus Stein gehauenen Idole, die Laval vorgefunden und so nachhaltig zerstört hat.

Als ich mich, und zwar auf meinen Wunsch, erstmals allein auf den Weg mache, um Rikitea nebst Umgebung zu erkunden, scheint mir alles ganz normal auf dieser landschaftlich ansprechenden, durchaus sympathischen Insel. Der Hauptweg entlang der Küste ist schmal und nur geschottert. Motorisierter Verkehr darauf so selten, daß ich auf dem Gang nach Süden hin keinem Lkw oder Pkw begegnet bin, sondern nur zwei Mopeds. Alle Menschen grüßen den Fremden und lächeln freundlich. Fast immer geht man unter Bäumen verschiedener Art, die Schatten spenden. Auf beiden Seiten, in relativ weiten Abständen, liegen die mittelgroßen bis kleinen Einfamilienhäuser der Inselbewohner. Alle bestehen aus vorgefertigten Teilen, sind weiß gestrichen und saubergehalten. Mit verschiedenfarbenem Wellblech hat man sie gedeckt. Davor und dahinter ist je eine sonnengeschützte Veranda angebaut. Zu jedem Grundstück gehören Blumengärten, Gemüsebeete, Obstbüsche und Bananenstauden. Bei allen Anwesen trippeln Hühner herum, aber manche davon scheinen krank zu sein. Sie knicken beim Laufen ein. Man müßte etwas dagegen tun, denn dies Leiden, oder was es sein mag, ist stark verbreitet.

Rikitea, diminutive Hauptstadt und Mittelpunkt der Inselgruppe, besteht nur aus dieser einen Straße. Wer auf Mangareva wohnt, begibt sich durch sein Gartentor nur auf diesen Weg, ganz gleich, wohin er sich begeben möchte. Einige Häuser beherbergen Ladengeschäfte, auch Büros und Kontore, aber kein Schild weist darauf hin. Braucht man auch nicht, hier kennt sich jeder aus. Für einige Häuser hat man Landungsstege hinaus in die seichte Lagune gebaut, die nahe der Küste nur metertief ist. Fischerboote und andere Boote sind dort an Pfählen festgemacht. Doch wurden sie offenbar lange nicht mehr benutzt, und ich sehe keine Netze. Möglicherweise sind die Leute fürs Fischen zu faul geworden, oder der Fischbestand ist so tief gesunken, daß es sich nicht mehr lohnt.

Neben der Mole, wo mein sehr bescheidenes Schiff angelegt hat, steht eine nicht gar so kleine Kirche, deren Türe man mit Brettern vernagelt hat. Ein deutliches Zeichen, daß sie bis auf weiteres geschlossen wurde. Es gibt ja hier nicht genug Menschen für so viele Kirchen. Gegenüber »La Cooperative«, der Laden für alles, in der Hauptsache für Lebensmittel aller Art. Eine gutgewachsene Frau kommt mit einem tiefgefrorenen Fisch heraus, der infolge tropisch warmer Temperatur schon beginnt, durchs Tragnetz abzutropfen.

Ich sage »Bonjour Madame« und frage die Frau, weshalb sie eingefrorene Fische aus der Ferne kaufe, für bestimmt sehr viel Geld, statt ihren Herrn Gemahl zu ersuchen, den Fisch kostenfrei aus der Lagune zu holen.

»Mais, c'est pas bien Monsieur«, staunt sie mich an, »Fisch aus der Lagune schlecht für Gesundheit.«

Kopfschüttelnd eilt die haselnußbraune Hausfrau davon, wobei sie Unverständliches murmelt.

Bald habe ich zur Linken die Bürgermeisterei, danach die »Chefferie«, worunter meines Erachtens die Vertretung der Französischen Republik zu verstehen ist. Das stimmt auch, wie mir später klar wird, obwohl der Generalgouverneur in Papeete dies Amt auf Mangareva einem echten Mangarevaner übertragen hat. Sein Vertreter und Chef des Syndicat d'Initiative ist statt dessen Franzose. Er steht mit verschränkten Armen auf der Veranda, kennt den Fremden schon vom Hörensagen, ruft mich mit meinem Namen an, und wenn ich Lust hätte, sollte ich nachher noch auf einen Schluck aus der Bouteille bei ihm vorbeikommen. Warum auch nicht?

Schon wieder ein Hund mit Räude. Nur noch wenige Haarbüschel hat das arme Tier am Leibe, ist aber gut genährt und scheint sich wohl zu fühlen. Der nächste Hund, jetzt achte ich nämlich darauf, leidet gleichfalls unter Räude. Zwei andere haben auch den größten Teil ihres Fells verloren.

Nun folgt, wieder auf der Seeseite, die Gendarmerie mit eigener Mole fürs Polizeiboot. Ganz am Ende der Flaggenmast mit der schwach im Winde wehenden Trikolore. Der Gendarmerie gegenüber, also auf der Landseite, das kleine Spital für ambulante Behandlung. Die eingeborene Krankenschwester, in schneeweißer Berufskleidung, sitzt davor auf der Bank. Sie wartet auf Patienten, die nicht so bald kommen. Daneben eine offenbar alte, aber renovierte Kapelle mit zur Zeit nicht brennenden Kerzen unter einem Heiligenbild. Ganz ohne Zweifel auch ein Bauwerk des Père Laval. Schräg dahinter die grasüberwachsene Ruine aus Korallenstein geht ebenfalls auf ihn zurück. Handelt es sich doch um ein Gefängnis des geistlichen Diktators.

So richtig interessant wird es hundert Meter weiter. Da bietet sich dem fremden Betrachter ein verwirrendes, weil kontrastreiches Bild. Alt und neu, verfallen und renoviert, belebt und verlassen dehnt sich die Anlage aus. Ganz Verschiedenes steht und liegt durcheinander. Davon ist einiges, wie man glauben könnte, echt antik. Um einen guten Überblick von der Lagune zu bekommen, gehe ich auf feuchtem Pfad hinunter zum Wasser und weiter bis ans Ende der etwa dreißig Meter hinausgebauten Landebrücke. Danach volle Kehrtwendung, wonach mein Blick – wie sollte ich es anders ausdrücken – das Bild eines mittelalterlichen Städtchens im südlichen Europa umfaßt. Aber nicht das Bild eines toten Städtchens oder musealen Restes für Touristen. Nein, da laufen Kinder mit frohem Geschrei, eine Glocke bimmelt und ruft zurück in den Unterricht. Lehrkräfte beiderlei Geschlechts mahnen die Säumigen zur Eile. Der Schulhof hat sich geleert, ich sehe Sportgeräte und Fußballtore und Netze fürs Korbballspiel.

Im Hintergrund eine zweitürmige Kathedrale, die deutlich an Notre Dame de Paris erinnert. Näher am Ufer der Lagune, zur linken Seite hin, zerfallene Mauern am Rand eines völlig verwilderten Parks. Massive, zweistöckige Wachttürme, die noch recht solide erscheinen, flankieren die Kanten des ehedem von einer mannshohen Korallensteinmauer umgebenen Rechtecks. Was dahinter liegt im tiefgrünen, hochgewachsenen Dickicht ist nicht zu erkennen. Nach der Beschreibung, erst recht nach den beigefügten Karten von Laval und Eskridge müssen sich dort drinnen die Reste des Palais Royal befinden. Die werde ich später erkunden, mit geliehenen Gummistiefeln an den Füßen, weil dort alles feucht und versumpft ist. Aus dem Schulhof erhebt sich, was Pater Honoré Laval auf seiner Kartenskizze als »Tour du Roi« bezeichnet hat. Es ist ein runder, relativ großer Pavillon aus glattbehauenen Steinblöcken, zu dessen Oberstock eine schön geschwungene Außentreppe führt. Zeitlos scheint der Baustil, geht aber sicher zurück auf antike Vorbilder. Wozu der sogenannte »Turm des Königs« gedient hat, darüber gehen die Ansichten auseinander. Vielleicht war droben der runde Raum als Speiseraum bei festlichen Anlässen gedacht. Dann mußte wohl unten die königliche Küche gewesen sein. Möglicherweise war der Pavillon das Gästehaus für vornehme Besucher oder auch weiter nichts als ein »Imponierbau«, um auf Wilde von anderen Inseln unvergeßlichen Eindruck zu machen.

Besonders gut gelungen scheint mir die Restaurierung seitens der französischen Verwaltung. Gewiß muß ein solches Unikum der Südsee für die Nachwelt erhalten bleiben, zumal es aus Lavals frühen Jahren um 1840 stammt.

Nicht mehr zu sehen, weil man darüber das Schulhaus, ebenso die Wohnungen für die Lehrerfamilien gebaut hat, sind Spinnerei und Weberei aus den Tagen des unermüdlichen Missionars. Hat doch Laval bei allen von ihm versuchten, meist auch durchgeführten Vorhaben die Gambier-Inseln mit mancher Art von Kleinindustrie beglückt. Zum Beispiel hat er sich den Samen von Baumwolle verschafft und sie in großem Stil angepflanzt. Sodann ließ er die gepflückte Wolle von geduldigen Eingeborenen spinnen und weben. Die bald danach eingerichtete Schneiderei mußte aus den solcherart hergestellten Stoffen einfache Hemden, Hosen und lange Röcke anfertigen. Damit konnten und sollten die Insulaner ihre sündhafte Blöße bedecken. Leider ist von all jenen, seinerzeit solide aus Stein gebauten Anlagen, die Frater Urban geleitet hat, nichts mehr zu sehen. Immerhin hat man für die Neubauten das Material der niedergerissenen Altbauten verwendet.

Wie es sich für ein anscheinend mittelalterliches Städtchen gehört, besitzt es auch Stadtmauern mit Stadttor, zumindest nach der Seeseite hin. Die Mauer wurde von den modernen Mangarevanern als störend empfunden, deshalb zum großen Teil abgetragen. Aber nicht das Tor, dieses hochgewölbte, gut zwei Meter starke, an römische Vorbilder erinnernde Triumphtor des so unerhört erfolgreichen Kämpfers für den rechten Glauben. Hat doch Laval binnen verblüffend kurzer Zeit alle Insulaner des Archipels von ihren heidnischen Göttern und teuflischen Geistern befreit. So steht sein Tor, das keinen praktischen Zweck erfüllt am Rand der Lagune. Mir ist nicht klar, ob ich staunend oder kopfschüttelnd hindurchgehen soll.

Nun führt der Fahrweg weiter fort vom Meer, und er steigt allmählich an. Der wild wuchernde, von Zierpflanzen und früchtetragenden Gewächsen aller Art überschwemmte Königsgarten liegt unter mir. Von oben sind ganz gut die Reste des Palastes zu erkennen. Kein großes Bauwerk und nur ebenerdig, so ungefähr im Stil des Spätbarock gehalten. Als Jagdpavillon zur Rast nach der Hatz auf Hirsche hätte es wohl auch dem Vierzehnten Ludwig gefallen. Doch wie man bei Eskridge lesen kann, (falls er in diesem Fall objektiv berichtet), hat es dem an Sonne, Licht und Luft gewöhnten Maputeoa innerhalb der massiven Mauern nicht gefallen. So ließ sich der Herr über sieben Inseln vor dem Steinpalast ein Dutzend Palmblatthütten altgewohnter Art errichten. Im Palast lagerten die Waffen und Hellebarden für seine dreißigköpfige Leibgarde, dort lagen in Sandelholztruhen seine europäischen Kleider, Lackstiefel und Zylinderhüte. Dort standen auch seine Kisten mit gemünztem Gold.

Von vier Türmen wurde die Residenz überwacht. Sicher haben viele Gärtner den Park gepflegt, sonst wäre er schon damals rasch verwildert. Parc-des-Tortues wurde er genannt, weil sich davor, in die Lagune hinausgebaut, ein nur knapp aus dem Wasser ragender, eingemauerter Fischteich befand, worin man auch Seeschildkröten gefangenhielt.

Dem Fahrweg folgend, stehe ich gleich vor dem Hauptwerk des Père Laval und seiner mitwirkenden Brüder . . . Die Kathedrale des Heiligen Michael. Nichts anderes in der Südsee läßt sich damit vergleichen. Sie ist bei weitem das größte, während des vorigen Jahrhunderts errichtete Gotteshaus im Pazifischen Raum: 62 Meter lang, 21 Meter breit und 32 Meter hoch. Entworfen und gebaut wurde das riesenhafte Werk im Stil einer dreischiffigen Basilika. Auf 20 Rundsäulen aus geglättetem Korallenstein, jede acht Meter hoch, ruht die Konstruktion des Daches. Der Altar und dessen Rückseite sind mit ausgesucht schönen Schalen von Perlmutt ausgelegt. In allen drei möglichen Farben schimmern die Schalen noch heute, auch das äußerst seltene reinweiße Perlmutt ist vorhanden. Ein gut geschriebenes Büchlein wäre notwendig, um das Äußere wie Innere, die Raumgestaltung, die Kunstarbeiten, Dekoration und Baugeschichte der Kathedrale von Rikitea zu beschreiben. Im Rahmen dieses Buches ist es leider nicht möglich.

Dennoch möchte ich drei Tatsachen berichten, weil sie bezeichnend sind für die Energie, das Genie wie den Wahnsinn des Honoré Laval. Er begann den Bau der für mangarevanische Verhältnisse schon damals zu großen Kathedrale im Januar 1839, also schon im vierten Jahr nach seiner Ankunft in der bis dahin ausnahmslos heidnischen Inselgruppe. Die Mangarevaner hatten vorher außer vier, fünf, sechs Kurzbesuchen von französischen wie britischen Segelschiffen keinerlei Kontakt mit der Außenwelt gehabt. Nach Meinung der Weißen waren sie völlig wilde Menschen. Wie es Laval fertiggebracht hat, die gerade erst bekehrten Götzendiener und Dämonenanbeter binnen so kurzer Zeit in äußerst fleißige, sogar geschickte Handwerker für seinen kolossalen Kirchenbau zu verwandeln, erscheint unfaßbar, ist jedoch mit bis heute noch sichtbarem Erfolg geschehen!

Noch unglaublicher ist für unsere Begriffe, daß sein gewaltiges Vorhaben binnen 20 Monaten verwirklicht und die Kathedrale schon am 15. August 1841 geweiht wurde. Die beiden Türme à la Notre Dame de Paris kamen allerdings erst zehn Jahre später hinzu.

Schon beim ersten Gottesdienst erwies sich »Notre Dame de Mangareva« als viel zu geräumig für ihre Bestimmung. Auch wenn alle Erwachsenen wie Halberwachsenen sämtlicher Inseln des Archipels zur gleichen Zeit in die blendendweiße Kirche strömten, um stehend, sitzend oder kniend der heiligen Handlung beizuwohnen, füllten sie bei weitem nicht den vorhandenen Raum.

Als die Kirchenbänke fertig waren, aus einheimischem Holz, von inzwischen angelernten Mangarevanern hergestellt, boten sie Platz für ungefähr 1500 Christenmenschen. Aber nie waren die Bänke voll besetzt, denn bald schon gab es nicht mehr so viele Menschen auf Mangareva.

Der große Seelenretter hatte die Bevölkerung aufgearbeitet.

Honoré Louis Jacques Laval wurde als das siebente Kind eines analphabetischen Tagelöhners am 5. Februar 1808 in Coimpy, Département Eure et Loire, Diözese von Chartres geboren. Nichts ist über seine Jugend bekannt. Jedoch ergibt sich aus seiner ärmlichen Herkunft, daß er, zumal in jener Zeit, wohl kaum im eigenen Elternhaus viel geistige Anregungen erhalten hat. Dem Lehrer in der Dorfschule muß jedoch seine angeborene Intelligenz, reger Wissensdurst und sicher auch unstillbare Energie aufgefallen sein. Gemeinsam mit dem Ortsgeistlichen hat er den Jungen an den Orden vom Heiligen Kreuz empfohlen. So kam Honoré Laval im Alter von erst 15 Jahren als Novize ins Kloster der »Picpusiens«. Dort soll er außer Latein auch Griechisch sowie Hebräisch gelernt und sich als äußerst fleißiger Schüler ausgezeichnet haben. Sein leidenschaftlicher, jedoch eng aufs Dogma und religiöse Verhaltensregeln beschränkter Glaube empfahl ihn zum Priesteramt. So wurde Honoré Laval schon mit 23 Jahren zum Priester geweiht.

Als man ihn drei Jahre später zur Rettung heidnischer Seelen in die ferne, zu jener Zeit erst wenig bekannte Südsee entsandte, hatte der junge Pater so gut wie nichts von der Welt gesehen und nur wenig von weltlichen Dingen gehört. Seine Lektüre war zuvor und blieb danach auf geistliche Bücher beschränkt. So war Honoré Laval ohne eigenes Verschulden ein ungebildeter, starrköpfiger, im allgemeinen Wissen äußerst begrenzter Mensch, aber zutiefst überzeugt von seiner priesterlichen Aufgabe, bereit zu jedem, auch dem höchsten Opfer.

Der Orden von Picpus besaß schon eine Mission in Tahiti und war auf mehreren der nahe gelegenen Inseln tätig geworden. So wollte er nun mit Energie und Eile das wahre Wort Gottes in weiteren Gebieten verkünden. Wie Laval selber schreibt, war Eile notwendig, um den Ketzern, das heißt den Protestanten, Anglikanern, Methodisten und sonstigen Abtrünnigen vom rechten Christenglauben nicht das noch freie Feld zu überlassen. Die Inselgruppe der Gambiers, erst 1797 entdeckt und seitdem nur von wenigen Schiffen besucht, erschien für baldige Missionierung das passende Feld zu sein. Noch hatte auf jenen Inseln keine Kolonialmacht die Flagge gehißt. Zwar gehörten auf dem geduldigen Papier auch die Gambiers zum französischen Interessengebiet, aber praktisch war für spätere Besitzergreifung nichts geschehen. Statt dessen regierte dort ein polynesischer König über angeblich 10 000 Untertanen. Wie man hörte, waren sie nicht nur Menschenfresser, sie verehrten auch finstere Geister und fürchteten sich vor Dämonen. Der Pater Laval aber und Pater Coret fürchteten sich nicht. Sie waren sofort zum Aufbruch bereit.

In Bordeaux, an Bord der »Sylphide«, verließen die beiden Gottesmänner auf Nimmerwiedersehen ihr Vaterland am 22. Juni 1833. Nach längerem Aufenthalt in Valparaiso (Chile) erreichten Laval und Coret ihr Endziel am 7. August. Fast ein halbes Jahr hatte ihre Reise gedauert, und weil ihnen das notwendige Zehrgeld fehlte, waren sie oft hungrig gewesen. Auch sonst hatte sie der sparsame Orden nur karg, ja geradezu kläglich ausgestattet. Eine weitgespannte Inselgruppe sollten sie für Gott und den Orden des Heiligen Kreuzes erobern. Aber sie erschienen auf Mangareva mit leeren Händen. So waren sie in den Augen der Wilden verachtenswerte Geschöpfe, nicht besser als eben angeschwemmte Schiffbrüchige, die man normalerweise im Erdofen schmoren ließ, bis sie zart genug waren für den Verzehr. Warum das mit Laval und Coret nicht geschah, weiß nur Gott allein, der auf wunderbare Weise seine Diener beschützt hat.

Was der Landung folgte, schon gleich in den ersten Tagen, läßt sich nur begreifen, wenn man den Geschehnissen die besondere Mentalität der Polynesier zugrunde legt. Dazu gehören, ähnlich wie bei Kindern, brennende Neugier und größtes Interesse für alles Ungewöhnliche. Außerdem ist das leichte Leben in den Tag hinein für Polynesier typisch, wobei man rasch vergißt, was gewesen ist, und nicht daran denkt, was schon morgen sein kann. Alles wird überschattet und verdunkelt von der Macht irrationaler Geister, von Dämonenfurcht und dem Gehorsam gegenüber Heidengöttern. Die werden nicht aus Liebe oder Dankbarkeit verehrt, sondern aus immerwährender Angst. Denn nur selten waren jene Gewalten den

Menschen freundlich gesinnt. Durch Opfer und strikte Befolgung der zahlreichen Tabus mußte man sie milde stimmen.

Zunächst waren die beiden noch jungen, dunkel gekleideten, oft zum Gebet niederknienden Fremden, die keine Handelsware brachten und nichts haben wollten, ungläubig angestaunte Kuriositäten. Dies um so mehr, weil sie auch die sehr deutlichen Angebote der reizvollsten Frauen und Mädchen rundweg ablehnten.

Wenn man schon – dank göttlicher Fügung – davon abgesehen hatte, die hohlwangigen, sichtbar hungrigen Männer zu verspeisen, erwies man ihnen, getreu der Tradition aller Südseevölker, unbegrenzte Gastfreundschaft. König Maputeoa stellte ihnen eine Palmblatthütte zur Verfügung, sorgte für beste Verpflegung und befahl seinem Volk, alle Wünsche der Weißen zu erfüllen.

Deren Wünsche hatten die denkbar größten Dimensionen. Wollten sie doch Herzen und Seelen der Menschen gewinnen, ohne vorläufig deren Sprache zu verstehen. So lernten beide mit geradezu versessenem Eifer. Weil Laval ein tahitisches Lehrbuch besaß, vermochte sich der fleißige Missionar schon bald in die artverwandte Sprache der Mangarevaner einzuarbeiten.*

Alles ging so lange relativ gut, bis Yakoppo, der oberste Heidenpriester und Onkel des Königs allmählich begriff, daß die weißen Männer gekommen waren, um den angestammten Glauben der Mangarevaner zu brechen und ihn durch das Christentum zu ersetzen. Aber die Macht Yakoppos über die Menschen, mehr noch die absolute Macht des Königs beruhten auf ihrer Abstammung, auf ihrer angeblichen Blutsverwandtschaft mit dem obersten Urgeist einheimischen Glaubens. So beschloß der Hohepriester die Beseitigung der Fremden. Ganz einfach sollten sie während einer Festversammlung von Beauftragten Yakoppos durch Keulenhiebe ums Leben kommen. Aber der Mordanschlag mißlang, weil sich . . . die Frauen dazwischenwarfen! Weshalb sie es taten, wurde nicht überliefert. Nunmehr beschloß Yakoppo, die völlige Machtlosigkeit der Christenpriester vor dem versammelten Volk, auch vor den Augen der königlichen Familie, zu beweisen. Er wählte von beiden den Pater Laval als das erste Opfer dafür aus. Die Szene wäre gewiß filmenswert, zumal sie vor dem Steinaltar der Heidengötter, vor drei dämonisch grinsenden Idolen stattfand. Da verlangte Yakoppo von dem Père Laval, daß er ein Wunder vollbringe. Gelang ihm das nicht, sollte er als Betrüger vor den Augen der Götzen erschlagen werden.

Was meinen Sie, hat daraufhin Honoré Laval getan?

Er vollbrachte das Wunder!

Ganz einfach, indem er auf den Altar stieg und lauthals fluchend den Götzen ins Gesicht spuckte. Damit noch nicht genug, warf er sich gegen die Holzfiguren und stürzte sie vom Steinaltar.

Weder öffnete sich die Erde, um Laval zu verschlingen, noch wurde er vom Blitz erschlagen. Es erschienen auch keine Rachegeister, die seinen Leib zerrissen.

* Später hat Laval ein Lehrbuch dieser Sprache verfaßt, mit einem Vokabular von fast 10000 Wörtern.

Es war ein Sieg ohnegleichen. Von diesem Augenblick an begann die Herrschaft des Père Laval über alle Menschen Mangarevas und der übrigen Inseln im Archipel.

König Maputeoa unterstellte sich dem Schutz und der Führung des weißen Mannes. Dieser hatte ja deutlich genug bewiesen, daß er weit mächtiger war als jede zuvor gefürchtete Macht. Tief beschämt zog sich der so plötzlich einflußlos gewordene Yakoppo auf ein entlegenes Eiland zurück, während die Missionare bis zu 60 neugewonnene (nominelle) Christen täglich tauften. Während sich Laval zunächst auf die Insel Mangareva beschränkte, rettete der noch jüngere Pater Coret die Seelen der Bewohner anderer Inseln.

Die Bauwut des – so muß man vermuten – von seinem Erfolg berauschten Paters Laval, begann schon bald, und zwar mit dem Straßenbau. Obwohl man einfache Karren mit Scheibenrädern erst herstellen und Zugtiere aus Tahiti einführen mußte, ließ Laval alle Ortschaften entlang der Küste durch einen zwei Meter breiten Weg miteinander verbinden. Im Verlauf der nächsten Jahre geschah das gleiche auf Aka-Mura und Au-Kena. Alsdann oder zur gleichen Zeit entstanden zahlreiche Kapellen und Kleinkirchen. Erst waren sie noch im Eingeborenenstil gehalten und mit Pandanuspalmblättern gedeckt. Aber so rasch wie möglich ließ sie der geistliche Bauherr durch massive Kleinbauten ersetzen. Jeder Heidentempel, alle Götzenbilder und die bislang so gefürchteten Idole mußten verschwinden.

Laval selbst leitete die Zerstörung und duldete nicht, daß irgend etwas davon übrigblieb. Statt dessen erhob sich bald ein Kirchlein an genau der gleichen Stelle, wo man bis vor kurzem noch Geister, Götzen und Dämonen verehrt hatte. Es dürften alles in allem nicht weniger als hundert, vermutlich viel mehr solcher Gotteshäuser, ganz kleine, mittelgroße und monumentale ihre Entstehung dem wahnwitzigen Baufieber Lavals verdanken.

Sein eigenes Pfarrhaus mit Nebengebäuden, gleich oberhalb der Kathedrale, ist demgegenüber eher bescheiden ausgefallen, wenn er auch dafür Gartenterrassen à la Sanssouci anlegen ließ. Weit mehr tat er für den König und dessen Anverwandte. Sie erhielten Paläste, Pavillons, Landhäuser und sogar ein »Belvedere« auf der Insel Au-Kena. Sodann machte sich Laval, der nimmermüde Missionar, an die Gründung sowie den Bau eines Nonnenklosters (!) mit Mädchenpensionat. Ein Kloster für Mönche wurde gebaut und noch ein Klosterbau für erholungsuchende Nonnen wie auch Novizen. Schulgebäude und Lehrstätten für angehende Handwerker standen als nächstes auf seinem unerschöpflichen Programm. Hinzu kamen, und zwar zur ungefähr gleichen Zeit, ein Hospital, auch die schon erwähnte Spinnerei, Weberei und Schneiderei. Eine Mole fürs Entladen und Beladen von Schiffen war unentbehrlich. Dazu gehörten gemauerte Lagerschuppen und noch anderes mehr. Nicht zu vergessen zwei Gefängnisse, eines für Männer und Jungen, das andere für Frauen und Mädchen. Denn streng waren die Strafen und hart war die weltliche Herrschaft des geistlichen Herren.

Wenn man außerdem weiß, daß auf Lavals Bitten und Forderungen hin bei jeder sich bietenden Gelegenheit Nutzpflanzen eingeführt wurden, wie beispielsweise der Brotfruchtbaum, daß sich überhaupt die Methoden der Landwirtschaft grundlegend änderten, das heißt wesentlich verbesserten, so wird vollkommen klar, daß auch nicht der von Energie glühende Laval dies allein schaffen konnte. Tatsächlich hat er nach und nach einen ganzen Stab von geistlichen, in der Hauptsache jedoch praktisch tätigen Hilfskräften um sich versammelt. Leider geht aus keiner schriftlichen Quelle hervor, wie und mit welcher Begründung er sie angefordert hat, falls sie nicht aus eigenem Entschluß der Ordensleitung in Frankreich zu den Gambiers geschickt wurden. Auch läßt sich bei den meisten von ihnen nicht mehr feststellen, wann sie eingetroffen und wie lange sie im Wirkungskreis von Laval geblieben sind. Mehrere Namen, wenn auch gewiß nicht alle, werden hier und dort in Lavals dickleibigem Tagebuch erwähnt. Da liest man unter anderem von den Patres Coret, Nicolas, Castes, Cyprien, Liausu und Guilmard, erwähnt sind auch einige Fratres, das heißt »dienende Brüder«. Schon nach einem Jahr kam Frater Urban hinzu, der nach vierunddreißigjährigem Wirken in der Inselgruppe dort gestorben und in der Kathedrale beigesetzt ist, an deren Errichtung er wesentlichen Anteil hatte.

Hinter Bruder Urbans schlichtem geistlichem Namen verbarg sich der aus feinstem französischen Uradel stammende Vicomte Alphonse de Latour de Clamouze, 1794 im Departement Lozéne geboren, jedoch erst zehn Jahre später getauft. Während der Französischen Revolution hatte die einst wohlhabende Familie alles verloren, und mutmaßlich wurden die meisten ihrer Angehörigen ein Opfer der Guillotine. Dennoch konnte später Graf Alphonse an der Sorbonne studieren, ebenso an der Kunstakademie. Er war ein vielseitig begabter, auf manchen Gebieten so genialer Mensch, daß man wahrlich fragen muß, weshalb er sich lebenslänglich auf die so fernen Inseln zurückzog. Er war Novize bei den Brüdern vom Heiligen Herzen, also beim Orden von Picpus. Hatte aber trotz bester Leistungen gebeten, ihn nicht fürs Priesteramt zu weihen. Statt dessen wollte er immer nur Frater, ein dienender Bruder bleiben. So geschah es nach seinem Wunsch.

Wenn Pater Laval das Geheimnis Bruder Urbans gekannt hat, und sicher gab es bei dem Vicomte Alphonse de Latour ein Geheimnis, vielleicht eine schwere Schuld in jüngeren Jahren, hat er in seinen Schriften nichts darüber verlauten lassen.

Der ohne Zweifel hochgebildete Frater Urban war Meister in vielen Fachgebieten. Er hat »Notre Dame de Mangareva« entworfen und den Bau geleitet, wie er überhaupt für die meisten Entwürfe der Kirchen, Kapellen, Klöster, Schulen und sonstigen Bauwerke auf den Gambiers verantwortlich ist. Frater Urban hat die Spinnerei, Weberei, und Schneiderei ins Leben gerufen und den Frauen das Strikken gelehrt. Er hat die Druckpresse bedient und schon 1843 das erste Buch in mangarevanischer Sprache herausgebracht. Der fleißige Frater war Arzt und Apotheker zugleich. Etwa hundert wirksame Medikamente hat er aus einheimischen Pflanzen hergestellt und sogar Operationen durchgeführt, deren Opfer am Leben blieben. Außerdem war er Lehrer und Konchologist, das heißt Muschelkenner. Als der vielgereiste französische Seefahrer und letzte Entdecker in der Südsee, Dumont d'Urville, auch Mangareva besuchte, hat ihm der ehemalige Graf de Latour eine wissenschaftlich geordnete Sammlung von ungefähr 800 Muscheln überlassen, die später dem Pariser Museum für Meereskunde zugute kamen. Dumont d'Urville hat demgemäß das Genie, wie auch die menschliche Güte des Frater Urban bis in den Siebten Himmel gerühmt.

Was aber nicht erklären kann, woher denn Pater Laval die Arbeitskräfte nahm, um derart viele, große und mühevolle Projekte durchzuführen.

Vom stets fügsamen Maputeoa* in allem unterstützt, nahm Pater Laval dazu die gesamte arbeitsfähige Bevölkerung von allen vier Inseln. Damit nicht genug wurden sämtliche Bewohner von Timoi, jener außerhalb des Riffs gelegenen Insel, mit Sack und Pack, mit Kindern und Greisen nach Mangareva, Tara-Vai, Au-Kena und Aka-Maru umgesiedelt. Weshalb noch heute Timoi absolut menschenleer ist.**

Was immer noch nicht erklärt, warum die an regelmäßige Arbeit nicht gewöhnten Mangarevaner widerstandslos gehorchten. Vermutlich aus Angst vor Lavals geistiger Macht, dem für uns nicht zu begreifenden »mana«. Laval hat die Menschen Mangarevas in religiösem Sinne fanatisiert, ähnlich wie es dämonisch begabten Politführern gelingen kann, Massen von Menschen für ihre Zwecke zu mobilisieren. Auch Besucher aus Frankreich, die Laval begegnet sind, sagten später, zuweilen wäre sein Blick hypnotisch gewesen.

So waren denn fast alle gesunden Männer, sowie zahlreiche Frauen mit Bauarbeiten und anderen Arbeiten beschäftigt, von früh bis spät, mit Ausnahme allerdings der sehr vielen Feiertage. Dann jedoch mußten sie an jedem Gottesdienst, an stundenlangen Prozessionen und noch anderen religiösen Geschehnissen teilnehmen. Der Feldbau und Fischfang, das Sammeln von eßbaren Früchten und dergleichen hatte darunter zu leiden. Die schwere, die regelmäßige, die genau kontrollierte Arbeit schwächte nicht nur die körperlichen Kräfte der Polynesier, es wurde ihnen auch viel von der altgewohnten Lebensfreude genommen.

So zum Beispiel das Feiern vergnügter Feste, die erotisch betonten Tänze und überhaupt die freie Liebe. Auf den Inseln der Südsee gab es in sexueller Hinsicht keine Tabus, schon gar nicht auf den Gambiers. Wer wollte, der konnte. Jede Zweisamkeit war durch Diskretion geschützt, wurde aber nicht mit scheelen Augen angesehen. Auch verheiratete Frauen und Männer waren nicht zu ehelicher Treue verpflichtet. Was wir Seitensprung nennen, war durchaus üblich und wurde vom betroffenen Gatten oder der Gattin keineswegs streng gerügt.

Pater Laval konnte solch einen Sündenpfuhl keineswegs dulden. Mit drastischen Strafen ging er dagegen vor. Die Exkommunikation, das Verbot des Kirchenbesuchs war davon noch nicht das schlimmste. Die so Bestraften mußten während

* Bei seiner christlichen Taufe erhielt er den Namen »Grégoire«.

** Timoi muß für interessierte Besucher eine echte Trauminsel sein. Nichts wurde dort von den Terrassen, Tempeln und Altären der heidnischen Epoche zerstört, andererseits auch keine Bauwerke à la Père Laval errichtet. Selber konnte ich die langgezogene, flache, vollkommen bewaldete Insel nur durchs Fernglas betrachten. Der Wunsch, dort für eine Woche oder zwei zu bleiben, zu wandern und zu fotografieren, läßt sich nur unter Schwierigkeiten erfüllen. Man müßte zu diesem Zweck ein hochseetüchtiges Motorboot chartern, und nur in Papeete (Tahiti) wäre das möglich.

des Gottesdienstes draußen vor der Tür etwa zwei Stunden lang auf den Knien ausharren. Meistens wurde, wer sich außerehelichen Beischlafs schuldig gemacht hatte, für eine oder auch mehrere Wochen in die unterirdischen Kammern des priesterlichen Despoten gesperrt. Nach dessen Sturz haben Lavals Gegner behauptet, daß er junge Mädchen, die ein illegitimes Kind geboren hatten, durch Einströmen von Wasser in die unterhalb des Gefängnisses liegenden Zellen, hat ertränken lassen. Doch wurde dafür kein Beweis erbracht.

Im übrigen entzogen die beiden Klöster für Männer und Frauen sowie das Mädchenpensionat der Bevölkerung eine unbestimmte Anzahl sonst aktiver Kräfte. Wie dem auch sei, ist einfach unerhört, was der absolut regierende Geistliche den Menschen von Mangareva zugemutet hat.

So begann auf den vier noch bewohnten Inseln das große Sterben.

Zuerst zeigte es sich während des forcierten Baus der Kathedrale, um danach von Jahr zu Jahr schlimmer zu werden. Leider fehlen einerseits zuverlässige Tabellen, aus denen die Bevölkerungszahl für alle Inseln ersichtlich ist, andererseits die Relation zwischen Geburten und Todesfällen! Zwar enthält das Laval-Buch eine von ihm aufgestellte, später hinzugefügte Statistik, doch ohne Angaben der von Jahr zu Jahr vorhandenen Bevölkerung. Auch weiß man nicht, ob sich Lavals Angaben nur auf Mangareva oder alle Inseln beziehen. Außerdem ist zu fragen, wer die Meldungen machte und ob sie vollständig waren. Daran ist aus gutem Grund zu zweifeln.

Im Eskridge Buch werden Angaben nur im groben Durchschnitt gemacht, ohne Quelle und Gewährsleute anzugeben. Demzufolge wäre am Ende von Lavals Herrschaft nur ein Zwanzigstel (!) der bei seiner Ankunft vorhandenen Bevölkerung übrig gewesen. Weil die französische Verwaltung auf den Gambiers erst nach Lavals Verbannung voll wirksam wurde, fehlen im Kolonialarchiv zuverlässige Unterlagen aus den Jahren vorher. Auch wenn man des geistesgestörten Paters dubiose Tabellen zugrunde legt, ergibt sich schon für 1845 die annähernd doppelte Zahl von Todesfällen als Geburten. Bis ans Ende seiner »volksverheerenden« Herrschaft im Jahre 1870 enthält auch seine Aufstellung nur acht Jahre mit Geburtenüberschuß. Dagegen waren die Sterbefälle 1846 – 1867 – 1868 – 1869 dreimal, sogar viermal zahlreicher als die Geburten.

Gewiß hat Père Honoré Laval das große Sterben zur Kenntnis genommen, und es hat ihm, wie er verschiedentlich schreibt, in tiefster Seele leid getan. Aber die Gründe hat er nicht begriffen, nicht begreifen wollen. War es doch nach seiner Ansicht Gottes Wille, und darüber zu lamentieren, steht christgläubigen Menschen nicht zu. Die schon in jungen Jahren verstorbenen Mangarevaner kamen um so früher in den Himmel!

Auch der medizinisch erfahrene Bruder Urban wußte keine Hilfe, kannte auch keine Kräuter, um so viele Kranke gesund zu machen. Er wußte aber, und natürlich wußte auch Pater Laval, daß oft schon die ersten fremden Schiffe verschiedene, bisher nicht bekannte Krankheiten auf so manche polynesische Insel gebracht haben.

Dagegen besaßen die Einheimischen keine Abwehrstoffe im Blut. Die gleiche tragische Rolle konnten eingeschleppte Infektionen auch in der Gambier-Gruppe spielen. Damit vermochte sich Laval in gewisser Weise zu entschuldigen. Tuberkulose, Masern, Pocken, Dysenterie, Lungenentzündung, Syphilis und dergleichen sind jedoch auf Mangareva nicht so häufig aufgetreten wie anderswo.* Möglicherweise haben solche Leiden, welcher Art auch immer, bei vielen Kranken nur deshalb zum Tode geführt, weil die davon Betroffenen schon vorher stark geschwächt waren und keine Lust mehr hatten zu leben.

Die am stärksten grassierende, fast immer tödlich verlaufende Erkrankung blieb rätselhaft bis zum heutigen Tage. In seinen Erinnerungen spricht Pater Laval von »Kairi«. Die Symptome waren fehlender Appetit, zunehmende Schwäche, nachlassende Sehkraft und schlechter werdendes Gehör, vor allem fortschreitende Abmagerung, bis am Ende das Leben erlosch.

Auch wenn die Insulaner weniger und immer weniger wurden, war das für den Fronherren kein Grund zur Einstellung der Arbeit. Sie ging weiter . . . steigerte sich noch, und kein Ende war abzusehen.

Was noch immer nicht erklärt, wie es möglich war, daß die Mission so viel Geld verdiente. Gewiß nicht für die Patres und Fratres persönlich, denn es glitt kein Franken oder Piaster in Lavals eigene Tasche oder die seiner Mitarbeiter. Jedoch floß mehr als genug Geld in die Kirchenkasse, um aus Valparaiso, sogar aus Frankreich viele nützliche und notwendige Dinge kommen zu lassen. Auch die Kasse des Ordens in der Rue de Picpus dürfte recht gut profitiert haben. Nicht weniger kassierte König Maputeoa und dessen Familie sowie die Adligen der Insel, vielleicht auch noch andere Leute.

In der Lagune lag die Quelle des Reichtums, nämlich Perlen und Perlmutt. Davon brachte Perlmutt den meisten Gewinn. Vor Ankunft der Weißen, vor Pater Lavals harter, auch vielseitiger Herrschaft, hatten die Mangarevaner weder die Schalentiere am Boden der Lagune beachtet noch eine Ahnung gehabt, wie kostbar Perlen sind. Eigentlich hat das auch Laval erst begriffen, als die Kapitäne von Handelsschonern, darunter viele aus Hamburg, immer dringender nach beidem fragten, nach Perlen und Perlmutt. Kaum hatte der Missionsleiter die große Chance erkannt, da griff er nach diesem Handelsmonopol und begann sogleich mit Perlenfischerei. Die Menschen von Mangareva mußten tauchen und konnten länger unter Wasser bleiben, als es für weiße Männer möglich war. Wenn auch in den meisten Muscheln keine Perlen waren, wurden doch die Muschelschalen, also Perlmutt, im damaligen Europa und Amerika hochgeschätzt und weit höher bezahlt als heute.

Weil sich mit des Diktators gütiger Genehmigung auch König Maputeoa nebst Familie an dem lukrativen Unternehmen beteiligte, ohne selber zu tauchen natürlich, konnte der polynesische König einige Kisten mit Goldfranken füllen und Käst-

* Etwa zur gleichen Zeit gingen an »fremden Krankheiten« auf den Marquesas mehr als 90 Prozent der Bevölkerung zugrunde, ohne Pater Laval!

chen mit erlesenen Perlen. So legte sich der eigentlich entmachtete Herrscher eine prachtvoll kostümierte Garde zu, kaufte ein paar Kanonen, um Salut zu schießen, und ließ von Laval entworfene Fahnen des mangarevanischen Königreichs flattern. Als wieder mal ein französisches Kanonenboot anlegte*, übergab Maputeoa dem Kapitän als Geschenk für Frankreichs König Louis Philipp zwei große, gleichmäßig geformte graue Perlen. Deren Wert wurde von Laval, der sich inzwischen auskannte, auf je 20000 Goldfranken geschätzt. Als Gegengabe erhielt ein Jahr später Grégoire Maputeoa eine goldbestickte Obristen-Uniform mit bereits angeheftetem Orden. Selber bestellte sich der Monarch, durch Vermittlung eines französischen Händlers, bei der Sévres Manufaktur ein handgemaltes, gar prächtiges Tafelservice, auf dem man über gekreuzten Säbeln das – vermutlich auch von Laval entworfene – Königliche Wappen mit Krone bewundern durfte. Die für Maputeoa bestimmten Tassen und Teller hatten einen Goldrand, jene für seine Gäste nur einen silbernen. Drei oder vier dieser Teller sind heute noch in Mangareva bei Madame Mandan vorhanden. Leider war sie verreist, weshalb ich keines der kuriosen Stücke gesehen habe.

Père Honoré Laval hat über den Perlmutt-Export korrekt abgerechnet. Aus seinen noch erhaltenen Unterlagen geht hervor, daß von 1846 bis 1864 die jährliche Ausfuhr an »Nacre« zwischen 120 und 650 Tonnen betrug. Demgemäß lagen dafür die Einnahmen zwischen 30000 und 360000 Goldfranken per anno. Die Summe dürfte nach heutigem Geldwert wenigstens einer Million DM, wenn nicht gar zwei Millionen entsprechen.

Nicht schlecht für einen Missionar, der bei seiner Ankunft ärmer war als die sprichwörtliche Kirchenmaus. Außerdem hätte Pater Laval, falls dies seine Art gewesen wäre, in Perlen wühlen können wie seinerzeit Hermann Göring in Diamanten. Jedoch der geistliche Herr sammelte und sortierte nach Schattierung der Farbe. Dabei soll er eine Sammlung von unschätzbarem Wert gehortet haben. Was später davon berichtet und behauptet wurde, stammt von Außenseitern, deren Neid deutlich durchklingt. Über die Perlenernte aus der Lagune hat Laval nicht Buch geführt, und wenn vielleicht doch, wurden nur die Patres und vielleicht die Fratres eingeweiht. Dem Vernehmen nach, Gerüchten zufolge, hat Père Laval die Gottesmutter in der Kathedrale mit einer Perlenschnur behängt, wie sie damals weder eine Kaiserin und Königin besaß.

Weiter wird gesagt, daß er die größte und edelste aller Perlen, ein zartgraues Exemplar, das seinesgleichen auf der ganzen Welt nicht hatte, sichtbar allen Augen in eine Schale auf den Altar legte. Dies, um zu beweisen, daß es unter den Mangarevanern keinen mit langen Fingern gab. Als dennoch eines Tages die Perle verschwunden war, gab Honoré Laval die Schuld fremden Matrosen, verdächtigte sogar den inzwischen eingetroffenen französischen Gouverneur. Demgegenüber

* Seit 1840 hatte die königliche Regierung in Paris die Gambier-Inseln zu einem französischen Protektorat erklärt, aber weiter nichts unternommen. Wie es scheint, ist davon der König des Inselreichs gar nicht informiert worden. Aber die Besuche französischer Korvetten wurde häufiger, auch wenn sie nur wenige Tage blieben.

erklärte die andere Seite, der perfide Pater habe seinen Perlenschatz heimlich dem Vatikan geschickt und auch die sagenhafte Riesenperle ruhe in einem Stahltresor des Heiligen Vaters. Was auch die Wahrheit sein mag, hat das »Märchen von der Grauen Perle« einen glaubwürdigen Hintergund, denn mehrere Besucher Mangarevas haben unabhängig voneinander berichtet, sie hätten eine Perle fabelhafter Größe auf dem Altar der Kathedrale liegen gesehen.

Wie es zu allen Zeiten und stets geschieht auf unserer schlechten Welt, erregen neu entdeckte Geldquellen nicht nur brennenden Neid, sondern locken Leute an, die teilhaben wollen. Im Fall der Perlen und des Perlmutts waren es die Kolonialbehörden des französischen Kaiserreiches*. Wie es sich bei der unbeugsam autoritären Haltung des bisher allein herrschenden Laval denken läßt, prallten schon gleich Gouverneur und Priester mit voller Wucht gegeneinander. Während der eine die sofortige Öffnung der Gefängnisse forderte, sperrte der andere jeden hinein, der sich beim Gouverneur beschwerte, ja nur mit einem der Korporale zu sprechen wagte. Noch schlimmer bestraft wurden solche Frauen und Mädchen, die sich mit einem der Fremden vergnügt hatten. Dagegen verlangte der von Laval als »Fremdherrscher« bezeichnete Gouverneur, daß im Bereich der Gambiers einzig und allein die französischen Gesetze zu gelten hatten. Die willkürlichen Strafbestimmungen des unduldsamen Priesters seien samt und sonders illegal. Er habe sich einzig und allein auf religiöse Belange zu beschränken. Wollte man nur einen geringen Teil des erbitterten Hin und Her schildern, es würde daraus ein dickes Buch, was es bei Laval geworden ist. Da liest man über 500 Seiten des 887 Seiten starken Werkes kaum anderes als von diesem erbittertem Streit. Dabei sind die Details einander so ähnlich, als wären hundert Fälle nur einer. Alle durch Lavals Brille gesehen, mit beiderseits eng anliegenden Scheuklappen.

Dabei läßt sich der Zwiespalt im Prinzip ganz einfach erklären. Hatte doch Père Laval während seiner Ausbildung nicht gelernt oder völlig vergessen, daß in zivilisierten Staaten eine »Gewaltenteilung« das öffentliche Leben beherrschte, die schon Christus selbst anerkannt und mit den Worten kommentiert hat: »Gebt Gottes, was Gottes ist, und dem Kaiser, was des Kaisers ist.« Erst recht hatte der geistliche Herr auf Mangareva keine Gelegenheit gefunden, die klare Trennung zwischen geistlicher und weltlicher Herrschaft zu begreifen. So stand er gegen den Vertreter staatlicher Verwaltung auf hoffnungslos verlorenem Posten.

Die Gouverneure wechselten rasch, während Laval viele Jahre auf seinem Posten blieb, auch bei seiner durch nichts zu erschütternden Haltung. Ganz besonders wachte er über die Moral der Mangarevaner, die er von Fremden mehr und mehr gefährdet glaubte. Wogegen es den jungen Soldaten, vor allem den Matrosen französischer Korvetten, begreiflicherweise große Freude machte, die schönen, wohlgewachsenen und durchaus liebesbereiten Mädchen ins diskrete Gebüsch zu begleiten. Schwieriger war es, an die jungen Dinger im Pensionat heranzukommen.

* König Louis Philippe, der sogenannte Bürgerkönig, war 1848 gestürzt worden. Nach kurzlebiger Republik gelangte Napoleon III. als Kaiser der Franzosen auf den Thron.

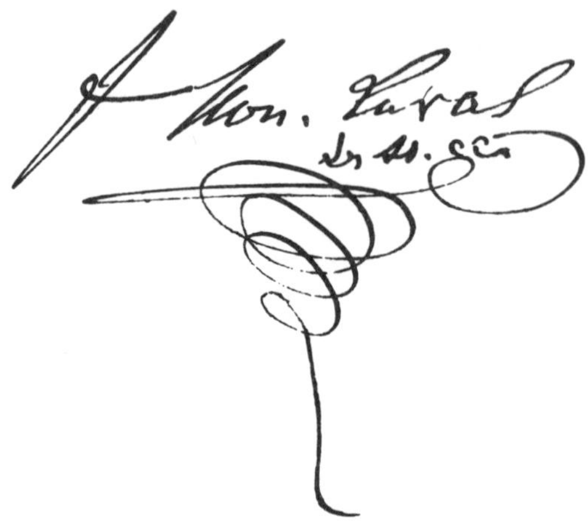

Nicht nur wurden sie dort hinter hohen Mauern pausenlos von den Nonnen bewacht, es patrouillierten davor die mit Knüppeln bewaffneten Männer von Lavals »moralischer Polizei«. Dennoch war ein Vorfall möglich, der Laval aufs äußerste empörte.

Ausgerechnet an einem Palmsonntag begab sich ein gutes Dutzend munterer Matrosen zum Nonnenkloster von Sacré Cœur, einen Kilometer außerhalb von Rikitea. Dort sangen sie so lange lustige Lieder, bis die meisten Mädchen des Pensionats sowie einige der mangrevanischen Nonnen über die Mauern blickten. Dann, ohne jede Vorwarnung, öffneten die Sittenstrolche ihren Hosenlatz, befestigten blitzschnell kleine, in ihren Taschen mitgebrachte Palmwedel am Penis und winkten damit.

Sicher war das nicht die feine französische Art! Kaum zu schildern demgemäß der Zorn des tiefbeleidigten Paters. Im Laufschritt stürmte er zum Gouverneur und soll die Übeltäter mit Worten bezeichnet haben, deren Kenntnis man niemals einem geistlichen Herrn zugetraut hätte. Auch die Königinwitwe Eudoxia meldete sich zu Wort und nannte in einem handgeschriebenen Brief an den Gouverneur die jungen Matrosen: freche französische Schweine!

Was letzten Endes die Vorgesetzten Lavals in Papeete, ja selbst in Paris, von der notwendigen Abberufung überzeugen mußte, war sein wahrhaft geistesgestörtes Vorhaben, auch weiße Besucher Mangarevas sowie Kaufleute unter seine Fuchtel zu bringen, die sich guter Geschäfte wegen auf den Gambiers niedergelassen hatten. Davon waren die meisten französische Staatsbürger.

Manche der Ausländer provozierten ihrerseits den Pater aufs schlimmste. Einer verteilte Bonbons an schulpflichtige Kinder und junge Leute, worin sich Substanzen zur Steigerung sexueller Lust befanden. Die Folge war verheerend, auf offener Straße und selbst in den Schulen kam es zu öffentlichen Ärgernissen. Die moralische Polizei fuhr mit brachialer Gewalt dazwischen. Wie Laval selber schreibt, waren »die Goldenen Zeiten« Mangarevas vorüber. Nicht weniger als vierhundert Beschwerden über des Paters Gewaltherrschaft sollen binnen einem Jahr den Generalgouverneur Französisch-Ozeaniens erreicht haben. So hatte er unter anderem den Handelsvertreter Pinot und dessen Frau wegen ehelichen Mißverhaltens exkommuniziert und beiden die Schließung ihres Kaufladens befohlen. Einen anderen französischen Händler gedachte er mit Ausweisung aus Mangareva zu bestrafen, weil der sich erfrecht hatte, auch Wein und Whisky zu verkaufen.

So weit kam es, daß der für Französisch-Ozeanien zuständige Generalgouverneur Comte de la Roncière selbst nach Rikitea reiste, um mit Laval entscheidende Worte zu sprechen.

Dessen zahlreiche Bauwerke, Kirchen und Kapellen, Schulen, Versuchsgärten sowie Spinnerei, Weberei und Schreinerei wurden von dem hohen Herrn gebührend bewundert, desgleichen die Kleinindustrie und der lebhafte Handel mit Perlmutt. Als jedoch Seine Exzellenz die von Laval selbst angelegte Übersicht der Geburten und Todesfälle zu sehen bekam, herrschte schon bald eisige Stimmung.

»Wie können Sie erklären, mon Père, daß allein während der letzten Jahre die Bevölkerung auf die Hälfte gesunken ist?«

Laval erklärte nicht viel, berief sich statt dessen auf die »Kairi« genannte Krankheit. Der Gouverneur ging gar nicht darauf ein.

»Vor allem junge Menschen . . .«, sagte er, »in der Mehrzahl Kinder sterben hierzulande wie die Fliegen.«

Laval seufzte und sagte: »Um so früher kommen sie in den Himmel.«

Das entschied sein weiteres Schicksal.

Am 4. April 1871 mußte der gestürzte Diktator sein weitgehend entvölkertes Reich verlassen, um fortan in Tahiti ein tristes, meist untätiges Leben zu führen. Dabei stand er unter wohlwollender, aber niemals nachlassender Aufsicht. Nur stellvertretend konnte er Gottesdienste übernehmen und sich an guten Werken beteiligen.

Nur einmal noch durfte der Pater Laval für wenige Wochen die Insel Mangareva besuchen, wo ihn die Menschen freundlich begrüßten. Bis zum Ende blieb er ein verbitterter, tiefenttäuschter, seiner Ansicht nach äußerst undankbar behandelter Mensch. Nicht den geringsten, erst recht keinen großen seiner Fehler hat Pater Laval eingesehen. Er lebte für den Rest seiner Jahre schlecht und armselig, hatte nur wenig zu essen und trug stets die gleiche, oft geflickte Soutane. Seine

Gesellschaft waren Katzen, denen seine letzte Liebe galt. An einem vereiterten Katzenbiß ist Honoré Laval am 1. November 1880 gestorben.

Wo er bis zum Ende gelebt hatte, wurden seine sterblichen Reste beigesetzt. In der von ihm und Frater Urban auf Kosten so vieler Menschenleben erbauten Kathedrale, befindet sich unter seinem Bild eine Gedenktafel. Sie trägt edle Worte der Anerkennung, der tiefen Verehrung, sogar der Versicherung ewiger Dankbarkeit.

»Ja . . . er wurde geliebt von allen Menschen«, sagt mir Père Daniel, sein heutiger Nachfolger, »stets werden die Mangarevaner den hochverdienten Mann verehren wie einen Heiligen!«

Kann es sein, daß der nun amtierende Seelenhirte ehrlich überzeugt ist von dem, was er sagt? Es muß wohl sein, er machte diesen Eindruck. Ich gebe ihm zu bedenken, was von den Mißgriffen Lavals eindeutig belegt ist.

»Gewiß hat Père Laval während seines fast wunderbaren Wirkens, während so langer Zeit auch Fehler gemacht . . . aber wer von uns ist frei davon?«

Es scheint mir sinnlos, weiter darauf einzugehen.

Den Pater Daniel hatte ich in seinem Haus besuchen wollen, im Pfarrhaus droben hinter der Kathedrale, wo Blumen und Blütenduft das schlichte, bald 150 Jahre alte Gebäude umgeben. Der Pfarrer war nicht daheim gewesen, ich begegnete ihm durch Zufall innerhalb der Mauern des einstigen Nonnenklosters Sacré Cœur. Gewiß hat das Kloster mit dem Mädchenpensionat schon lange aufgehört zu bestehen. Beide ließen sich nach dem Fortgang Pater Lavals nur für kurze Zeit noch halten.

Die massiven Mauern sind im guten Zustand, ebenso die Steinwände des Schlafsaals und Speiseraums. Auch ist die Küche deutlich zu erkennen, und die kleine Kirche hat noch ihre Bogenfenster. Es fehlen aber Dächer und Türen, alles ist von Vegetation ausgefüllt und von Kletterpflanzen behängt. Als Besonderheit damaliger Zeit blieben auch die Latrinen erhalten, jede Kabine mit einem glatten, paßgerecht durchlöcherten Stein als Sitzfläche. Imponierend noch heute ein mächtiges Tor, sorgfältig behauen nach antiken Vorbildern. Es führt hinein ins mehrere Hektar umfassende Gelände.

Wo man zu Lavals Zeiten intensiven Gartenbau und Gemüsekult betrieben hat, geschieht das heute noch, besser gesagt, geschieht seit einigen Jahren wieder. Dank früherer Pflege ist der Boden überaus fruchtbar. Hat man doch seinerzeit den Humus dafür in Karren oder Tragekörben herangeschafft. Alles üppig wuchernde Unkraut hat Pater Daniel mit nur einem braunen Gehilfen im Verlauf der Jahre ausgerottet und das Gelände wieder in einen gepflegten Garten für Obst, Gemüse und Erdfrüchte verwandelt. Seiner emsigen Tätigkeit sind dementsprechend reiche Ernten zu verdanken. Ich sehe vollreife Tomaten, Gurken, Bohnen, Kürbisse, Bananen, Melonen und vieles andere mehr. Auch die Vielfalt muß imponieren.

Das könne er doch gar nicht alles selber verzehren, ist deshalb meine Frage an den geistlichen Gärtner.

»Sicher nicht, Monsieur . . . weshalb ich einiges an gute Leute verschenke und das übrige verkaufe. Sie können sich schon denken an wen!«

Ich konnt 's mir nicht denken, sah jedoch keinen Grund, ihn näher zu befragen.

Der Père Daniel, für seine Gartenarbeit mit blauer Baskenmütze, grauen Jeans und grüner Schürze bekleidet, hat zuvor 12 Jahre auf den Taumotus verbracht. Seitdem ist er hier auf Mangareva.

»Wo zieht es Sie hin, wenn einmal Ihre Versetzung zur Sprache kommt?«

Er schüttelte den Kopf und sah nicht gerade glücklich aus.

»Da hätte ich keinen Wunsch, und es könnte doch nichts mehr ändern. Meine Zeit läuft ohnehin aus . . . ich hab' die Krankheit . . .«

Gerade noch vermochte ich meine Frage nach seiner Krankheit zu bremsen. Da wiederholte er: »Ja, die Krankheit hab' ich seit zwei, drei Jahren. Sie wissen schon, was ich meine . . .«

Ich wußte es nicht, aber irgendwie wurde mir seltsam zumute.

Was Laval unter »Kairi« verstanden hatte, konnte es doch nicht mehr geben?

Ohne mich weiter zu beachten, wandte sich Pater Daniel wieder seiner Arbeit zu. Er drehte am Brunnen ein rostiges Kurbelrad und förderte aus der Tiefe einen überschwappenden Eimer zutage. Wenn er auf diese Weise den ganzen, großen Garten bewässern wollte, dauerte das täglich ein paar Stunden.

Auf dem Rückweg nach Rikitea besuchte ich noch links vom Weg den Friedhof der Insel. Er liegt auf einem Hügel mit weiter, freier Sicht. Weil nicht lange vorher Allerheiligen gewesen war, trugen noch die meisten Gräber reichen Blumenschmuck.

Von den welkenden Blüten zog traurig stimmender Duft von Vergänglichkeit über den Gottesacker. Zahlreiche Gräber waren, wie oft in der Südsee, mit umgedrehten Bierflaschen eingefaßt. Manche Gedenkplatten trugen Jahreszahlen aus dem vorigen Jahrhundert, gingen sogar bis 1850 zurück.

Was ich zunächst für eine kunstvoll ausgeführte Kapelle hielt, war nichts Geringeres als das Mausoleum König Maputeoas, der 1865 das Zeitliche gesegnet hatte.*

Das Mausoleum, man sah es deutlich, war vor kurzem erst renoviert worden. Wie mir später der Mann vom Syndicat d'Initiative sagte, gehen die Restaurierungen weiter und werden letzten Endes das zerfallene Palais des Königs Maputeoa wieder auferstehen lassen, wahrscheinlich aufs neue umgeben von einem blühenden, süß duftenden Park.

Auf dem Hauptweg durchs Dorf kam mir Antoine Bonami, mein Hausvater, entgegen, und ich sprach mit ihm über die Renovierung Lavalscher Bauwerke.

»Dann rechnen Sie mit einem Strom von Touristen, die sich das ansehen wer-

* Gefolgt von seiner Witwe Eudoxia als Regentin, dann von seinem, nach Lavals Meinung, mißratenen Sohn, danach vom Gatten einer Tochter. Weil sie alle rasch hintereinander wegstarben, gab es schließlich keinen Inselchef mehr, der noch aus der alten Königsdynastie hervorgegangen war. Es hatte letzten Endes zur Folge, daß 1874 Frankreich die Inselgruppe annektierte und nur noch durch Beamte verwalten ließ.

den?« sagte ich. »Sonst würden sich Mühen und Kosten nicht lohnen für nur dreihundert Mangarevaner.«

»Zweihundertsechsundsiebzig genau genommen, mehr sind's nicht!« schüttelte Bonami den Kopf. »Wieder haben ein paar Dutzend junger Leute Mangareva zugunsten von Tahiti verlassen, und dieser Tage folgen ihnen noch zwei Ehepaare. Alle werden bestimmt nicht wiederkommen ... Touristen sagen Sie, nein, die werden wir nicht haben auf Mangareva ... offen gesagt sind sie auch nicht erwünscht.«

Wozu dann die gewiß nicht billige Wiederherstellung der praktisch nutzlosen Bauwerke des irregeleiteten Père Laval.

»Das dürfte«, meinte achselzuckend Antoine Bonami, »dürfte eine Art von Wiedergutmachung an unserer sterbenden Insel sein. Eine unvollkommene Wiedergutmachung allerdings!«

Der Mann sprach in Rätseln, und sicher habe ich zu seinen Worten ein dummes Gesicht gemacht.

»Also ... wo Sie nun mal hier sind«, fuhr er fort, »bringe ich Sie mit ein paar Freunden zusammen. Wenn die ihren Mund aufmachen, werden Sie begreifen, mon cher Monsieur, was bei uns gespielt wird. Heute abend gegen acht ... zu einem Aperitif oder zwei, dort drüben auf der Veranda mit dem grünen Dach. Es kommt unter anderem der Lehrer, ein Franzose, und der Sekretär vom Cooperative, der aus Mangareva stammt.«

Irgendwie klang das interessant, und ich bedankte mich sehr.

Zunächst aber, weil es am Nachmittag nicht so heiß war, folgte ich einem Fußweg, der mich bis dicht unter den Gipfel des Mount Duff führte. Von dort war teilweise noch der Verlauf jener Karrenwege zu sehen, die unter Honoré Lavals Herrschaft entstanden waren. Inzwischen zugewachsen, zerfallen und stellenweise in die Lagune gerutscht. Von ehemaligen Dörfern konnte ich keine Spur mehr erkennen, außer den Kapellen und Kirchlein. Aber auch sie mit schadhaftem Dach und teilweise überwachsen.

Ein seltsames Gebilde lag oder stand nicht weit von Rikitea entfernt. Eine Art von Riesenmuschel, besser gesagt, die obere Hälfte davon. Gewaltig groß war das Ding und bestand vermutlich aus Beton. Also konnte es keine Schöpfung des bauwütigen Paters sein. Eher eine Befestigung, ein Luftschutzbunker oder Pulvermagazin. Hier aber war kein Krieg gewesen, und mit Bestimmtheit wußte ich, daß die Franzosen ihre pazifischen Inseln nicht befestigt hatten.

Das gewölbte Ding sah ziemlich neu aus, und ein öfter begangener Weg führte von Rikitea dorthin. Heute abend, auf der Veranda mit dem grünen Dach, wollte ich die Herren danach fragen. Aber gleich hingehen zu der mächtigen Muschel, das ließ ich bleiben. Ein sechster Sinn, oder wie man es nennen mag, hielt mich davon ab.

Wieder drunten auf der einzigen Straße Rikiteas, begegnete ich fünf oder sechs jungen Männern. Weiße waren sie allesamt, adrett angezogen und sauber rasiert.

Das irgendwie disziplinierte Benehmen war nicht zu übersehen. Als ich zu meiner nicht geringen Überraschung hörte, daß sie miteinander Deutsch sprachen, blieb ich stehen und grinste.

»Schönen guten Tag die Herren, wie geht's und wie steht's heutzutage . . .?«

Mit dem Ausdruck totaler Verblüffung blieben auch die jungen Männer stehen, grinsten aber nicht zurück.

»Hörte Sie Deutsch sprechen . . .«, meinte ich etwas unsicher, »weshalb ich mir erlaubt habe, freundlich zu grüßen.«

Da zeigte einer nach links, und gleich bogen alle auf den dort befindlichen Fußweg ein, und keiner sprach mehr ein Wort. Richtig blöd kam ich mir vor. Schräge Vögel konnten das kaum sein, die irgendwas zu verbergen hatten. Sahen absolut nicht danach aus. Nun ja, so wichtig war das wieder nicht, und ich schlug die Richtung zu dem Haus meines Gastgebers ein.

Auch der Schäferhund des Hausherrn hat kaum noch Fell auf seiner Haut. Selbst die Katze ist nur dünn behaart, hat aber ein Kätzchen, das gerne schmusen möchte.

Wieviel Junge es denn gewesen sind, frage ich Antoine Bonami und was mit den anderen gemacht wurde?

»Wenn hier 'ne Katze Junge bekommt, sind's nur selten zwei. Meistens muß sich die Katzenmutter mit einem begnügen«, antwortet mit finsterem Blick der Katzenfreund. »Immer noch besser als bei unseren Frauen, die Fehlgeburten haben, wenn man sie nicht vier bis sechs Wochen vor der Niederkunft nach Tahiti bringt.«

Demnach scheint die geheimnisvolle Krankheit, das von Laval »Kairi« genannte Leiden, noch immer zu grassieren!

Während Bonami ins Haus geht, sagt er noch: »So oder so ist das Kinderkriegen auf Mangareva zum Risiko geworden.«

Wie es langsam dunkel wird, sitze ich auf der grüngedeckten Veranda mit vier Männern mittleren Alters zusammen, einem Weißen, einem Halbfranzosen und zwei Mangarevanern. Für Getränke, sogar für Eis, hat man gesorgt, und auf dem Tisch raucht eine Anti-Moskito-Kerze.

Nach höflichem, sich nur langsam erwärmendem Geplauder komme ich erst auf den Pater Laval und die Vergangenheit zu sprechen, um sodann auf heutige Verhältnisse in Mangareva überzugehen.

»Was ist das für ein Betonbunker . . . der wie 'ne Riesenmuschel im Gelände liegt?«

»Ach, den haben Sie gesehen«, ist die erst ausweichende Antwort, »was halten Sie davon?«

»Keine Ahnung . . . geht mich auch vielleicht nichts an.«

Falls es sich um militärische Geheimnisse handelt, soll ein Fremder nicht neugierig sein.

Da zieht der Lehrer einen bedruckten Zettel aus der Tasche.

»Lesen Sie das . . . es steht alles drin!«

Weil nur die Rauchkerze glimmt und die Sonne gerade gesunken ist, reicht mir der Sekretär der Kooperative seine Taschenlampe. So lese ich auf der an die Bewohner von Mangareva gerichteten Mitteilung:

Centre d'Expérimentations du Pacifique,
Commandement Superieur des Gambiers
A.S.P. 91–531, le 30 juillet 1968 Annexe 1

VERHALTEN ZUM AUFSUCHEN DES SCHUTZBUNKERS.

Wenn Sie aufgefordert werden, sich in den Schutzbunker zu begeben, sollen Sie vorher gewisse Maßnahmen ergreifen. Dieses Blatt hilft Ihnen, an alles zu denken:

A) Vor dem Aufbruch denken Sie an Ihre Tiere und befestigen Sie diese so, daß sie keinen Schaden anrichten können. Sorgen Sie für Wasser und Futter, das drei Tage lang reicht.

B) Schließen Sie sorgfältig Türen und Fenster. Verpacken Sie Ihre Küchengeräte, Lebensmittel und Nahrungsvorräte, die Eßbestecke und dergleichen in Vinyl-Tüten, die demnächst an Sie verteilt werden. Löschen Sie alle Flammen, auch in Petroleumlampen und Gaskühlschränken. Setzen Sie alle Motoren außer Betrieb.

C) Bereiten Sie verschiedene Gepäckstücke vor. Nehmen Sie Geld, Papiere, Wertsachen und persönliche Dokumente mit. Vergessen Sie nicht Wäsche für den Wäschewechsel (Windeln) sowie Nahrung für kleine Kinder. Nehmen Sie auch Eßbestecke mit und alles, was Ihnen sonst dringend notwendig erscheint, bis zum Gesamtgewicht von 20 Kilogramm. Tiere dürfen nicht mitgenommen werden.

D) Auf dem Weg zum Schutzbunker: Sie müssen sich spätestens zwei Stunden nach dem Alarm im Bunker befinden. Der Alarm wird durchs Glockengeläut der Kathedrale bekanntgemacht.

Die Familien bleiben zusammen, um deren Zählung zu erleichtern.

Ein Fahrzeug, das ständig hin und zurück rollt, wird die Alten, die Behinderten und schwangeren Frauen befördern.

Während die radioaktive Wolke vorüberzieht, bleibt die Bevölkerung für 48 Stunden im Anti-Atom-Schutzbunker und verläßt diesen erst nach einer vom zuständigen Personal durchgeführten Dekontamination. Diese besteht aus dem Abwaschen der Dächer und Mauern sowie durch Berieselung mit Meerwasser und einer Entleerung der Trinkwasserzisternen.

Ich habe gelesen und reiche das Blatt zurück.

»Also . . . jetzt ist Ihnen klar, worum es sich handelt«, werde ich gefragt . . .

»Ja . . . ich glaube, schon. Es geht um die Atomversuche in Mururoa. Aber von dort bis hier sind's doch gut 250 Kilometer!«

Die möglicherweise radioaktiv gefährdete Zone, wird mir gesagt, reiche nach offiziellen Angaben bis 400 Kilometer weit.

»Es kann auch weiter sein, je nach der gerade herrschenden Windrichtung«, fügt der Lehrer hinzu. »Weil auch das im Meer schwimmende Plankton radioaktiv verseucht ist . . . mit Strontium 90*, und ebenso die Kleintiere«, läßt mich ein anderer wissen, »tragen Wellen, Wogen und Strömung die unsichtbaren Gefahren nach allen Seiten. Vom Plankton und Kleintieren leben die Fische, die wir fangen und essen . . . ich meine gegessen haben. Die tragen den radioaktiv verseuchten Teufelsdreck konzentriert im Leib.«

Auch er hat ein Blatt in der Tasche und liest vor: »Territorial-Versammlung Papeete – 9. Oktober 1963 – Registriernummer 675, und da steht folgendes, cher Monsieur: der wiederholte Verzehr radioaktiver Fische bedeutet das Risiko, nach einigen Jahren an Krebs oder Leukämie zu erkranken. Deshalb müssen jene Zonen, wo solche Gefahren bestehen, dergestalt überwacht werden, daß aller Verzehr von verseuchten Lebensmitteln unmöglich wird.«

»Das heißt im Klartext«, erklärt einer der gebürtigen Mangarevaner, »daß wir entweder den Fischfang einstellen oder elend krepieren.«

Zu diesem Thema konnte ich dem Buch »Mururoa, mon amour« meines Freundes Bengt Danielsson entnehmen, daß man schon 1962, nachdem die Amerikaner auf Christmas Island ihre H-Bombe gezündet hatten, auf der 2000 Kilometer von dort entfernten Insel Tahiti radioaktive Kontrollstationen eingerichtet hat. Dazu wurde in Paris offiziell erklärt, daß »nichtbekannte Gefahren von dem Atom-Versuch auf der Christmas-Island ausgehen könnten«.

Alles diente und dient noch heute dem Zweck, für Frankreich Atomwaffen möglich zu machen. Die bestehen schon seit längerem in der sogenannten »Force de Frappe«. Immerhin eine Abschreckung für den potentiellen Gegner, weil eben doch ein gegen Frankreich gerichteter Angriff mit gewissem Risiko verbunden ist. Es steht mir nicht zu, auch wäre dieses Buch nicht der rechte Rahmen, um den vielfältigen Aspekt der Nuklearversuche im Pazifik allseitig zu beleuchten. Wie dem auch sei, hatte Frankreich nach dem Verlust Algeriens keine menschenleeren Wüstengebiete mehr zur Verfügung, wo man bei nur ganz geringen radioaktiven Gefahren solche Versuche durchführen kann.

Mit ungeheurem Aufwand von Menschen und Material, von Kriegsschiffen, Frachtern und schwimmenden Werkstätten, bei Kostenhöhe von – umgerechnet – mehreren Milliarden Dollar, wurden auf dem nie zuvor bewohnten Insel-Atoll Mururoa die Anlagen, nämlich Flugplätze, Atombunker, Laboratorien, Beobach-

* Das durch Spaltung von Urankernen entstehende Strontium-Isotop Sr 90 lagert sich wegen seiner Ähnlichkeit mit Kalzium leicht in den Knochen ab und schädigt die blutbildenden Zellen.

tungstürme, unterirdische Wohnräume, Gerätekammern und so weiter geschaffen. Zeitweise waren nicht weniger als 12000 Mann Militär und 4000 Zivilangestellte damit beschäftigt, angeleitet von den besten Experten, Ingenieuren und Architekten. Der größte Teil dieses Personals lebte damals, teilweise heute noch, in Tahiti. Viele konnten ihre Familien mitbringen. Alle zusammen waren für die Wirtschaft von Tahiti bedeutend wichtiger als sämtliche Touristen jener Jahre. Auf Mururoa selbst mußten sich monatelang bis zu 4000 Menschen zusammendrängen. Verbaut wurden unter anderem 45000 Tonnen Zement und 15000 Tonnen Stahl. Die Beteiligten, inklusive der Soldaten und Offiziere, erhielten und erhalten begehrte Zulagen in doppelter Höhe der normalen Bezüge.

Allerdings, sie mußten sich zu absolutem Schweigen verpflichten, bei Androhung sofortiger Entlassung oder Heimsendung. Alles, was auf und bei Mururoa geschah und noch geschieht, ist streng geheim. Natürlich gilt die Insel und deren weitere Umgebung als militärisches Sperrgebiet.

Die strikte Geheimhaltung, soweit sie durchführbar ist, betrifft auch Mangareva und sogar Tahiti, falls diese oder jene Angelegenheit irgend etwas mit den Versuchen auf Mururoa zu tun hat. Daran halten sich die meisten Menschen schon deshalb, weil sie entweder selbst Militärs, Beamte, Staatsangestellte oder ähnliches sind oder weil sie auf gute, zumindest ungetrübte Beziehungen mit den Behörden Wert legen. Außerdem sind, wie man weiß, so gut wie alle Franzosen, auch die polynesischen Franzosen, gleich welcher politischen Richtung, in erster Linie Franzosen und können den Mund halten.*

»Essen Sie kein Gemüse aus einer Gegend, wo radioaktiver Regen niederging oder niedergehen könnte. Essen Sie auch kein Obst aus dieser Region. Trinken Sie keine Milch von Kühen, Ziegen oder Schafen, die auf Wiesen geweidet haben, wo verseuchter Regen gefallen ist. Es kann darin Strontium 90 enthalten sein. Zwar handelt es sich fast immer um durchaus noch harmlose, allergeringste Mengen, die jedoch auf Dauer die Gefahr von Knochenkrebs, Blutkrebs und ähnlichen Erkrankungen mit sich bringen.«

Nach atomaren Explosionen kann das Regenwasser einige Dutzend radioaktiver Stoffe enthalten, ebenso das Meereswasser, weil ja auch dort hinein der Regen fällt. Aus Gründen, die mir nicht bekannt sind, wirken sich radioaktive Stoffe in kalkarmem Boden schlimmer aus als in solchen, die stark kalkhaltig sind.

Ein Millionstel Gramm Strontium 90 bedeutet eine Röntgenbelastung von vier Millionen Einheiten. Im übrigen bleibt das genannte Strontium 28 Jahre lang erhalten und demgemäß wirksam.

Als die Amerikaner im Jahre 1954 ihre damals vielbesprochenen Atomexplosionen auf der Insel Bikini auslösten, wurde bei den Bewohnern der 160 Kilometer entfernten Mondall-Inseln 175 Röntgen-Radioaktivität gemessen. Abgesehen von

* Meinerseits habe ich – wohlgemerkt – auf diesen Seiten nur erwähnt, was aus tahitischen Presseberichten zu entnehmen war und was schon vor einigen Jahren Bengt Danielsson in seinem Buch »Mururoa mon amour« berichtet hat (Editiones Stock, Paris 1975).

Strontium gehören auch Jo 131 und Cesium 137 zu den Gefahrstoffen der Atomversuche. Bei meiner gerade erst hinter mir liegenden Südseefahrt, wieder an Bord der »Lindblad Explorer«, war im ausgedruckten Programm unter anderem ein Besuch auf der Insel Bikini vorgesehen. Er ist ohne Angabe von Gründen (die man sich denken kann) ausgefallen. Bei der nur kurzen Zwischenlandung auf Tahiti, wo mir im Flughafen Fana zufällig Freunde entgegen kamen, erfuhr ich zu meiner Bestürzung, daß die dortigen französischen Behörden meinem Freund Bengt Danielsson das Exequatur – die Zustimmung zur Ausübung seines Ehrenamtes als Konsul von Schweden – entzogen haben. Dem Vernehmen nach soll er zu heftig gegen die Atomversuche bei Mururoa protestiert haben.

»So haben die teilweise haarlosen Hunde keine Räude?« frage ich die Herren, nachdem ich wußte, was hier in der Gegend gespielt wird. Eigentlich ist die Frage überflüssig.

»Nein, die armen Tiere sind radioaktiv verseucht«, versichert man, die Sachlage vereinfachend, »ebenso die Katzen, viele unserer Hühner und letzten Endes manche Frau, die kein Kind mehr bekommt, statt dessen eine Fehlgeburt nach der anderen hat . . .«

Ich denke an den Pater Daniel, der mich heute morgen wissen ließ, er habe »die Krankheit«. Also bekommt man deswegen in Tahiti keine Auskunft über Mangareva, erfährt nicht, wann von dort zu der Insel eine Maschine fliegt, und möchte dem Fremden kein Quartier auf Mangareva vermitteln.

»Bleiben Sie nicht zu lange, achten Sie auf Ihre Gesundheit«, diese Warnung hatte ich mehrfach gehört, nun erst kann ich verstehen, was es mit dem wohlgemeinten Rat auf sich hatte.

»Wer waren die jungen Deutschen, die nichts von mir wissen wollten?«

»Deutsche Fremdenlegionäre, die sich übers Wochenende auf Mangareva von der Enge in Mururoa erholen. Dort gehören sie zum Wachpersonal wegen ihrer bekannten Zuverlässigkeit. Jeder Kontakt mit Fremden, überhaupt mit Unbekannten, ist den Jungens verboten.«

»Sie haben schon gehört, Monsieur, daß über die Hälfte der Mangarevaner in Tahiti, Morea, Bora-Bora und so weiter leben«, erinnert mich der Lehrer. »Ich werd' auch bald versetzt von hier . . . meine Frau ist in Umständen. Also muß sie weg!«

Ein Mangarevaner, der bisher kaum den Mund aufgetan hat, hebt nun den Kopf und macht eine Bewegung, als wolle er die ganze Insel umfassen.

»Ja, so ist es, Monsieur . . . erst war der Père Laval schuld an der Entvölkerung, nun sind's die Atome.«

Eine kurze Weile bleibt es ruhig in dem Kreis, dann erklärt der gleiche Mann mit gedämpfter Stimme:

»Mangareva stirbt zum zweiten Mal.«

Beim König von Tonga

Er heißt Taufa'ahau Toupou und ist Tiu Tonga, was Herrscher über das Inselreich Tonga bedeutet. Auch Südland könnte man es nennen, weil in der polynesischen Sprache »tonga« »Süden« bedeutet. Die römische IV setzt man hinter den Namen des Monarchen, weil er der vierte tonganische König ist, der alle drei Blutslinien und Privilegien der ältesten Adelsfamilien in sich vereinigt. Wollte man das im Detail erklären, würde es Stunden dauern und den Leser ebenso verwirren wie den Verfasser, der sich vergeblich bemüht hat, davon das Wesentliche zu begreifen. Festzuhalten ist jedoch, daß der Tiu Tonga in der Vorstellung seines Volkes über das denkbar stärkste »mana« verfügt, das heißt über eine zwar unsichtbare, aber deutlich fühlbare Geisteskraft wie sonst kein Sterblicher. Ein Weißer kann das kaum empfinden, aber die Tonganer ganz bestimmt, und zwar ohne erkennbare Ausnahme. So trifft es sich nicht nur gut, sondern ist fast selbstverständlich, daß der Tiu Tonga auch als geistliches Oberhaupt seiner Inseln amtiert, nämlich als Bischof der Wesleyanischen Christen, sonst allgemein Methodisten genannt. Weil etwa achtzig Prozent aller Tonganer dazu gehören, ist die von anderen Methodistenkirchen der Welt unabhängige »Tonga Wesleyan Church« praktisch die Staatskirche des Königreichs und Taufa'ahau Toupou auch in diesem Sinne ein Herrscher von Gottes Gnaden.

Der Tiu Tonga wurde 1918 geboren, hat in Sydney Jura und Kunstgeschichte studiert, aber meines Wissens nicht promoviert. Der Monarch regiert seit 1962 und wiegt, nachdem er sich einer energischen Abmagerungskur unterzogen hat, nur noch 385 Pfund. Vorher waren es bis zu 445.

Taufa'ahau IV. regiert nicht immer demokratisch, aber mit menschenfreundlichem Sinn und weitschauender Klugheit über fast 100000 ziemlich zufriedene Untertanen, die sich über 15 ständig bewohnte Inseln verteilen. Außerdem sind noch über hundert menschenleere oder nur zeitweise bewohnte Inseln vorhanden, alles in allem 700 Quadratkilometer Land. Aber diese Landflecken liegen weitverstreut in einem Meeresgebiet von gut 260000 Quadratkilometer Ausdehnung. Weshalb es im Reich Toupou IV. Entfernungen gibt, wie vergleichsweise bei uns vom Bodensee bis zur Nordsee. Um nur ein Beispiel für viele zu nennen, muß man von der Insel 'Eua bis Niua'toputua 560 Kilometer zurücklegen.*

Wie es sich für einen echten und rechten Inselchef der Südsee gehört, reicht die ungebrochene Ahnenreihe Taufa'ahau Toupous über 43 Generationen zurück. Der

* Für solche, die es genau wissen wollen: Die Hauptinsel Tongatapu, wo sich auch das Hauptstädtchen Nuku'alofa befindet, ist 250 Quadratkilometer groß, Vava'u 90 Quadratkilometer, 'Eua 87 Quadratkilometer, Tofua 46 Quadratkilometer. Der sich dort erhebende und heute noch aktive Vulkan erreicht 580 Meter Höhe. Dicht bei der Insel ist das Meer so tief wie sonst nur selten in den Sieben Weltmeeren. Der sogenannte Tongagraben reicht hinunter bis 10882 Meter.

erste seines Geschlechts bestieg den imaginären Korallenthron von Tonga etwa zur Zeit, als noch im Heiligen Römischen Reich Deutscher Nation das Kaisergeschlecht der Karolinger regierte.

Der zur Zeit amtierende Tiu Tonga ist der älteste Sohn der fast schon legendären Queen Salote (Charlotte), die 1918 als Siebzehnjährige die Regierung übernommen hat und 1952, als in London die Zweite Elisabeth gekrönt wurde, das staunende Volk in den Straßen und vor den Fernsehschirmen dadurch in Staunen versetzte, ja zur Begeisterung hinriß, daß sie trotz strömenden Regens, nicht achtend ihrer kostbaren Kleider, in offener Kutsche durch die von circa 50000 Menschen gesäumten Straßen rollte. Wobei die schon ältere Dame liebenswürdig lächelte und den unter Regenschirmen ausharrenden Leuten zuwinkte. Während sich sonst alle gekrönten Häupter, Prinzen, Präsidenten und Prominente in regendichten Kutschen und Staatskarossen zwischen der Westminster Abtei und dem Buckinghampalast bewegten, wollte die Königin von Tonga den Tausenden, die so lange in gießendem Regen gewartet hatten, den Anblick einer polynesischen Fürstin nicht vorenthalten.

Wirklich war es so, die Queen Salote konnte sich sehen lassen, betrug doch ihre Größe mehr als zwei Meter, während es die einer Dame zustehende Höflichkeit nicht erlaubt, ihr damaliges Gewicht zu nennen.

Im eigenen Lande jedoch, überhaupt bei den Polynesiern, galt und gilt noch heute die korpulente Figur als besonders attraktiv und wird dementsprechend gepflegt. Außerdem bestätigt der Leibesumfang, ebenso wie die Scheitelhöhe, die Vornehmheit der Familie. Davon ausgehend sind alle Mitglieder der tonganesischen Königsfamilie überaus vornehm, und zwar in relativ jungen Jahren schon.*

»His Majesty will be glad to receive you for an audience at his Palace«, hat mir schon vor drei Monaten der Deutsche Konsul mitgeteilt, weshalb ich auf dieser meiner sechsten Reise durch den südlichen Pazifik mehrere Tage auf der Insel Tonga eingeplant habe. Unser Konsul in der nur bescheidenen Hauptstadt Nuku'alofa, Ralph Sanft mit Namen, ist ein sogenannter Honorarkonsul, der für seine Dienste kein Honorar erhält, sondern sie ehrenamtlich ausübt. Im Hauptberuf leitet der bundesdeutsche Vertreter das ihm und seiner Familie gehörende Handelsunternehmen. Dieses handelt mit ungefähr allem, was in jenen Breitengraden möglich ist, und vertritt außerdem eine Reihe deutscher Unternehmen mit weltweitem Namen. Alles im Rahmen eines nach vorn offenen Ladengeschäfts mit Kontor im Hintergrund. Das hohe, sogar superhohe Ansehen, welches Konsul Sanft mit gesamter Familie genießt, hat weniger mit seiner wirtschaftlichen als mit seiner gesellschaftlichen Stellung zu tun. Kam doch sein Großvater oder Urgroßvater – genau weiß ich es nicht mehr – schon um 1860 nach Nuku'alofa, um sich als Südseehändler niederzulassen. Von allen Konkurrenten, die damals das gleiche

* Nicht beweisbar ist die böse Behauptung, daß in alten, schon sehr alten Zeiten, todeswürdige Verbrecher vom Tiu Tonga persönlich dadurch hingerichtet wurden, daß er sich höchstselbst auf dem Brustkasten des Delinquenten niederließ. Gleich krachten dessen Rippen, und er starb. Aber man soll nicht alles glauben, was phantasiebegabte Leute erzählen.

taten oder versuchten, ist nur die Sanftsche Niederlassung als die nunmehr älteste ihrer Art zurückgeblieben, obwohl während des Ersten Weltkrieges von den Engländern enteignet. Die Söhne des ersten Sanft ehelichten einheimische Mädchen, weshalb unserem Konsul nur noch ein Viertel oder Achtel deutschen Blutes durch die Ader rollt. Aber dank seiner uradeligen tonganischen Verwandtschaft steht er hoch im allgemeinen Ansehen, und seine Nachfolge ist gesichert durch 12 Kinder. Also kann er ohne weiteres den Tiu Tonga sprechen und braucht sich dabei nicht auf den Boden zu setzen.

»Your audience granted Monday 24 october . . . Ralph Sanft«, ging aus dem Telegramm hervor, das mich im Korolevu-Hotel auf Viti Levu erreicht, der größten von den Fidschi-Inseln.

Selber hatte ich den 23. Oktober vorgesehen, wegen der besseren Flugverbindung. Aber fast alle Tonganer sind strenggläubige Wesleyaner, die am Sonntag nicht nur jede Arbeit ruhen lassen, sondern absolut alles vermeiden, was im geringsten mit ihrem Beruf oder Geschäften zu tun hat. Der König in seiner Eigenschaft als Landesbischof hat besonders darauf zu achten, also keine Audienz am Sonntag!

Freundlicherweise erwartet mich Konsul Sanft am Flugplatz, wobei er zwecks Weitergabe an den Tiu Tonga erste Eindrücke von mir gewinnt. Dies geschieht noch bei ausführlicher Unterhaltung im Kontor, worauf er vorschlägt, daß wir zum Essen fahren.

Gleich rollen wir in seinem Wagen durch Nuku'alofa, wobei der Konsul honoris causa ein paar Bogen fährt, um mir die Hauptstadt seiner Heimat zu erklären. Da haben wir, schon an der nächsten Ecke, die hochmoderne Hauptpost, ganz aus Glas und Beton. Sie ist deshalb ein so wichtiges Gebäude, weil die bildschönen, so abwechslungsreichen Briefmarken bei Sammlern derart beliebt sind, daß ihr Verkauf wesentlich zum Staatshaushalt beiträgt. Zwei bis drei ziemlich bescheidene, hellgestrichene Holzgebäude enthalten sämtliche Ministerien, Staatssekretariate und sonst noch wesentliche Ämter des Königreiches. Ich schätze, daß ein Landratsamt bei uns mehr Räume, bestimmt viel mehr Beamte enthält als hier alle Regierungsgebäude des Königreiches zusammen. Auch die Volksvertretung liegt nicht weit entfernt und dürfte drinnen kaum so groß sein wie bei uns ein Bahnhofskino.

Ein weites Sportfeld, wie mir scheint, von gepflegtem Rasen bedeckt, öffnet sich vor meinem Auge. In dessen Mitte erhebt sich ein ansehnliches Monument, das Grabmal für die sehr geliebte, unvergeßliche Königin Salote. Auch an der Kathedrale fahren wir vorüber, die als relativ modernes Bauwerk keine besonderen Merkmale aufweist, jedenfalls nicht bei flüchtiger Betrachtung. Bald hundert Jahre alt ist das riesige, ganz aus Holzverstrebungen, Palmblattgeflecht und Schilfmatten bestehende Gotteshaus, das demnächst abgerissen oder gründlich restauriert werden soll. Die Kühnheit der luftigen Konstruktion, noch mehr die Haltbarkeit des Gebildes während so langer Zeit, imponiert noch mehr, als wir eintreten und ich den Blick schweifen lasse. Es befinden sich zur Zeit gut dreihundert Knaben und

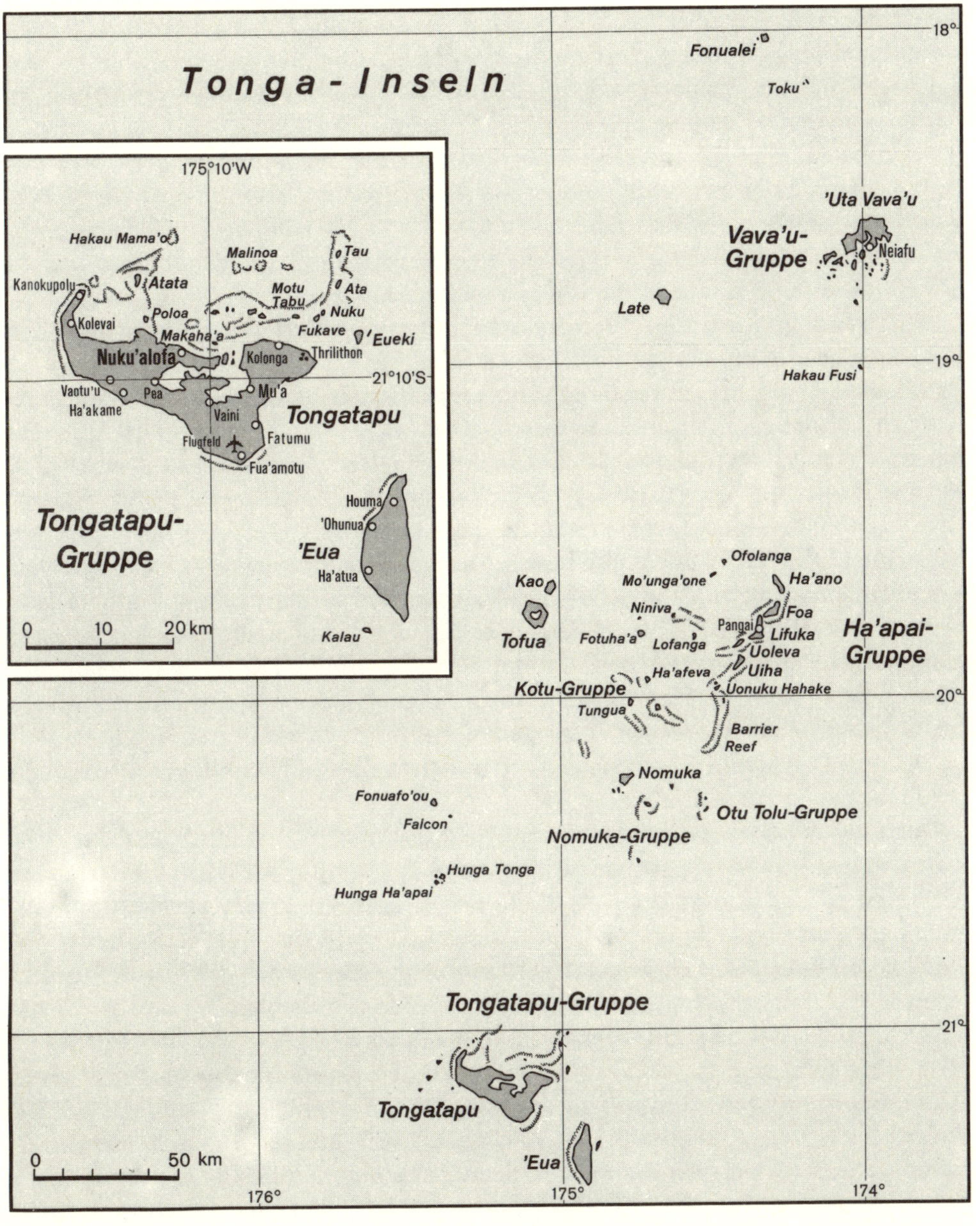

Mädchen von etwa 9 bis 12 Jahren in dem Raum. Die einen sind blau gekleidet und die anderen rot gewandet, wie es für den Besuch der jeweiligen Schule vorgeschrieben ist. Alle üben unter Anleitung ihrer Lehrkräfte einen ausdrucksstarken Kriegstanz, wobei sie dröhnend auf den Boden stampfen und mit keulenartigen Stöcken durch die Luft fegen. Demnächst sollen beim Nationalen Schultag dem Tiu Tonga die uralten Volkstänze dargeboten werden. Wie Konsul Sanft mir sagt, legt man neuerdings wieder großen Wert auf die Erhaltung, ja Belebung des alten, fast schon vergessenen Brauchtums. Jene Schule oder Schulklasse, die bei der Vorführung am besten abschneidet, erhält Prämien und Preise aus der Hand Seiner Majestät.

Nuku'alofa, ein Städtchen mit heute knapp 10000 Einwohnern, gegenüber nur 2000 zu Beginn der zwanziger Jahre, hat sich keineswegs hektisch entwickelt. Nur vier Hauptstraßen von Ost nach West und ebenso viele von Nord nach Süd durchziehen die Stadt. Aber um Nuku'alofa herum haben sich bis ziemlich weit nach draußen Kleinvillen und Einfamilienhäuser ausgebreitet.

Nur gering ist für unsere Begriffe der motorisierte Verkehr. Keine dringenden Vorhaben beschleunigen die Schritte der Fußgänger, man bewegt sich ruhig und gemessen, fast möchte ich sagen im Schlenderschritt. In den wenigen Hauptstraßen reiht sich Ladengeschäft an Ladengeschäft, wo man ohne Hast und Hetze seine Besorgungen erledigt. Die Stadt wird sauber gehalten, lobend sei es gesagt. Kein Vergleich mit dem verwahrlosten Gesamteindruck, wie er sich in Koror, Saipan, Pago Pago und anderen Orten der USA-Trust Territories dem Besucher aufdrängt. Selbst die Wohnviertel und Außenbezirke von Nuku'alofa sind hübsch anzusehen. Vor allem fehlen die sonst üblichen, geborstenen und vergammelten Autowracks.

Es ist Vorschrift, höre ich von meinem Begleiter, daß kein Haus kürzer oder schmaler sein darf als vier Meter. Einmal jährlich prüft die Polizei den Zustand des Hauses, besonders des Daches. Sollte nicht alles in Ordnung sein, muß sogleich der Schaden behoben werden, widrigenfalls behördlich verfügter Abriß erfolgt. Auch Garten und Hof müssen sich im ordentlichen Zustand befinden, sonst drohen Geldbußen oder Strafarbeit.

Dort, wo die Seepromenade beginnt, dehnt sich ein Park mit belaubten Bäumen und grünem Rasen, worin auch der Musikpavillon nicht fehlt. Eine Uraltkanone und rostige Riesenanker sind zur Schau gestellt. Wenn aus bestimmtem Anlaß die Polizeikapelle im Pavillon konzertiert, sieht der fremde Besucher ein Dutzend brauner Männer in seltsamer Uniform. Tragen doch die Militärmusiker einen seitlich hochgeklappten, dunkelbraunen Hut wie Pfadfinder oder früher die Kaiserliche Deutsche Schutztruppe in Afrika. Dazu eine blaue, goldbestickte Uniform, aber keine Hosen, sondern einen bis zu den Knien hinabreichenden Rock, dessen Saum in handtellergroßen, dreieckigen Zipfeln endet.

Als ich das Vergnügen hatte, der Königlichen Blasmusik zu lauschen, spielten zwölf Männer vortrefflich und mit Schwung. Besonders mitreißend gelang ihnen der »Cancan« von Jacques Offenbach und von Paul Lincke die »Berliner Luft«.

Um den Bogen der Hafenbucht herum führt die breite, gutasphaltierte Uferstraße. Sie beginnt nahe dem vorerwähnten Stadtpark mit dem »Dateline Hotel«. Es ist so genannt, weil die Datumsgrenze, das heißt der 180. Längengrad, nicht weit im Westen an Tonga vorbeiführt. Wer von Osten kommt, überspringt an dieser Grenze einen Tag, statt dessen erleben Reisende in der Gegenrichtung den gestrigen Tag zum zweiten Mal. Auf Tonga im »Dateline Hotel« habe ich den geschenkten Tag verschlafen sowie im Swimming-pool verbracht, um sodann in wohltuender Entspannung aufs Meer und den Hafen zu schauen. Da liegen am Pier fast ein Dutzend kleine Schiffe, die entweder Tongas weitläufige Inselwelt versorgen, dem Fischfang in einheimischen Gewässern dienen oder fremden Weltmeerbummlern gehören. Auch deutsche Seevagabunden sind dabei, die jahrelang auf vergammelten Kähnen unterwegs sind. Draußen vor Anker liegt ein großer, breitgebauter, sehr solider Frachter mit der tonganischen Flagge am Heck. Das stattliche Schiff ist Staatseigentum des Königreichs.

Der Königliche Palast liegt etwas außerhalb von Nuku'alofa, mit freiem Blick aufs Meer, umgeben von einem schönen, weit über hundert Jahre alten Park. Nur unvollkommen wird die Residenz geschützt von einer kaum mannshohen Mauer und bewacht von zwei Soldaten in Khaki, die mit geschultertem Gewehr ihre vorgeschriebenen Runden drehen.

Der Palast ist ganz aus Holz gebaut, nicht größer als die Villa einer altreichen Großfamilie irgendwo bei uns. Der Stil ist viktorianisch, könnte man sagen, denn es gibt an dem Haus viele Veranden, Giebeln, Balkone, Zierleisten, geschnitzte Geländer und so weiter. Alle Wände und Balustraden sind weiß gestrichen, alle Dächer mit roter Farbe bemalt. Das gesamte Bauwerk, so wie es heute dasteht, wurde in Neuseeland von englisch-schottischen Zimmerleuten aus Einzelteilen zusammengefügt. Nach erfolgreich bestandener Prüfung hat man das Gebäude wieder zerlegt, zu Schiff nach Nuku'alofa gebracht und dort zum zweiten Mal paßgerecht aufgestellt. So geschehen im Jahre 1856 und seitdem nicht mehr verändert.

Leider konnte ich Tiu Malila, dem langjährigen Bewohner des Königlichen Gartens, meine Aufwartung nicht mehr machen, war er doch im angeblichen Alter von ungefähr 200 Jahren verstorben, wenn auch erst vor kurzem. Tiu Malila, ein Name, der Häuptlingsrang zum Ausdruck bringt, war dennoch kein menschliches Wesen, vielmehr eine Schildkröte. Allerdings die berühmteste Schildkröte der Welt! Kein anderer als der allgegenwärtige Captain Cook hatte sie gelegentlich seines dritten Besuches der »Friendly Islands« dem damaligen Tiu Tonga zum Geschenk gemacht. Dieser und alle seine Nachfolger hielten das von den Seychellen stammende Schalentier in hohen Ehren, ja sie erhoben »Malila« in den Rang eines Häuptlings. Ein bestimmter Gärtner war mit seiner Pflege und dem Schutz beauftragt. Sogar bei der Kava-Zeremonie hatte Malila einen festen, seinen Rang entsprechenden Platz, nahm an Familienfeiern teil und wurde von jedem Staatsgast in zuvorkommender Weise begrüßt. Auch die Königin von Großbritannien, Elisabeth II. mit ihrem Prinzgemahl, schlossen sich davon nicht aus. Vor solchen Besuchen wurde Tiu Malila sauber gebadet und fein gesalbt.

Wie man sagt, war sich die Schildkröte ihrer besonderen Bedeutung bewußt, verstand, was man von ihr wollte, und kannte die Stimme des jeweils regierenden Inselchefs. Sie kam eilig gekrochen, wenn sie der Tiu Tonga rief.

Trotz aller Obhut gelang es Malila eines Tages zu entkommen. Wie es das

Unglück wollte, geriet der vierbeinige Häuptling in ein Buschfeuer, das seinen lebensrettenden Panzer mit Brandflecken verunzierte. Das Tier wurde danach entdeckt und heimgebracht.*

»Sie können's dem Gebäude nicht ansehen«, sagt mir Konsul Sanft, »aber beim Erdbeben im Juni hat die alte Königsvilla ein paar Risse bekommen. Für die Dauer der Reparatur sind Ihre Majestäten ausgezogen. Sie verbringen die Wartezeit im Haus des Kronprinzen, der ... Sie wissen es ja ... das Amt des Ministerpräsidenten bekleidet. Etwas eng natürlich ist es für die hohen Herrschaften, zumal noch Enkelkinder im gleichen Haus wohnen. Dort werden Sie empfangen ... es sind nur zwanzig Minuten im Wagen von hier, und ich bringe Sie hin. Aber erst mal gehen wir essen!«

Das Essen fand nicht in seinem Hause statt, auch nicht im »Dateline Hotel« oder einem Restaurant, sondern unter freiem Himmel, und zwar am Strand. Vor uns das tiefblaue Meer mit der anrollenden Brandung, neben uns aufsteigend die schlanken, dem Seewind zugeneigten Kokospalmen. Sanfte Brise, wärmende Sonne, umherschwebende Schmetterlinge.

Als wir kamen, war schon alles fertig, und zwei Verwandte hatte der Gastgeber dazu geladen. Das weiße Tischtuch lag auf dem sandigen Boden, und auf sandigem Boden saßen auch wir. Weibliche Gehilfen hantierten im Hintergrund, stets bereit, mit noch mehr und anderen Speisen zu dienen.

Ein echtes Südseemahl, ein Faha'afe, wie man es in Tonga nennt, das ohne Messer, Gabel oder Löffel verzehrt wurde. Des Menschen Finger sind die besten Greifer, von der Natur unter anderem für diesen Zweck entworfen. Wobei ich dem feinfühligen Genießer, dem bis zur Jahrhundertwende regierenden Schah Nasreddin von Persien zustimmen möchte, der in seinen Reiseerinnerungen geschrieben hat, daß man gute Speisen doppelt zu würdigen weiß, wenn zur Gaumenfreude noch das Zartgefühl der Fingerspitzen käme.

Was es da nicht alles gab! Geröstete, ganz junge Spanferkel mit aromatischen Kräutern und saftigen Beeren gefüllt. Gesottene Seefische, aufgeschlagene Muscheln, Langustenschwänze in scharfer Soße und verschiedene Vogeleier, erst vor kurzem den Nestern entnommen. Wie sich von selbst versteht, dazu noch Yam, Taro und Süßkartoffeln, gewürzte Brotfruchtscheiben, in Honig gebackene Bananen sowie Früchte der allerverschiedensten Art. Als Getränk frische Kokosmilch, auch Guavasaft und scharfer Schnaps, mir nicht bekannter, weil sicher einheimischer Art.

Die Tonganer haben ein gottgesegnetes Klima, wurde mir versichert, nicht tropische Schwüle, sondern subtropisch gemäßigte Temperatur. Nur ganz selten steigt die Temperatur bis 32 Grad Celsius, nur an zwei bis drei Tagen im Jahr wird

* Wie Zweifler behaupten, hat man bei dieser Gelegenheit die wegen hohen Alters kaum noch lebensfähige, vielleicht schon tote Schildkröte mit einer anderen vertauscht. Damit der Wechsel nicht erkannt werde, habe man der Schale des Wechselbalges die Brandflecken aufgedrückt. Zum zweiten Mal konnte ein solches oder ähnliches Manöver nicht gelingen, weil inzwischen doch die meisten Leute gelernt hatten, daß selbst die langlebigste Schildkröte keinesfalls älter wird als 100 Jahre.

Links oben: *Tonga-Briefmarke zur Jahrhundertfeier des deutsch-tonganischen Freundschaftsvertrages vom 16. November 1976. Links Kaiser Wilhelm I. Rechts der 1876 regierende Tongakönig Georg Tahua I., über ihm die Friedenstaube.* – Rechts oben: *Seine Majestät Taufa'ahau Toupou IV., heute regierender König der Tonga-Inseln.* – Unten: *Der Königspalast in Nukualofa, Residenz des Herrschers der Tonga-Inseln. Das ganz aus Holz zusammengefügte Gebäude stammt aus Neuseeland.*

Links oben: *William Bligh, seinerzeit Kapitän der »Bounty«. Doch stammt dieses Portrait aus späteren Jahren, als er Vizeadmiral geworden war.* – Rechts oben: *John Adams, der sich zeitweise Alexander Smith nannte. Er war der letzte von den »Bounty«-Meuterern auf der Insel Pitcairn, verstorben 1829.* – Unten: *M. S. »Bounty«, ein Schiff von nur 215 Tonnen, aber mit 46 Mann Besatzung, verließ am 23. Dezember 1787 den britischen Kriegshafen Spithead mit dem Ziel Tahiti. Zur berühmten Meuterei kam es am 28. April 1789 bei der Insel Tofua.*

Links oben: *Thursday October Christian, der im Oktober 1790 auf Pitcairn geborene Sohn Fletcher Christians und seiner tahitischen Gefährtin. Er ist Stammvater von vielen noch heute auf Pitcairn lebenden Christians.* – Rechts oben: *Vor dem Anker der »Bounty« und dem Regierungsgebäude der Verfasser mit dem ältesten (84) Einwohner der Insel, einem Nachkommen Fletcher Christians.* – Links unten: *Fletcher Thursday October Christian, der in 7. Generation von dem Chef der Meuterer abstammt.* – Rechts unten: *Nur diese 9 Kinder – auf dem Bild links ihre Lehrerin – besuchen die Schule auf Pitcairn.*

Der Insel Pitcairn fehlt ein sturmgeschützter Hafen. Nur gut geführte, bei jeder Witterung wendige Boote können hier anlegen. Die Reste der »Bounty«, so weit man sie noch nicht gehoben hat, liegen in etwa 60 Meter Tiefe dicht vor der Landspitze links oben.

es kühler als 21 Grad. Weder gibt es eine richtige Regenzeit noch wirklich trockene Monate, sondern die Jahreszeiten gehen ineinander über. Der Boden ist überaus fruchtbar, zumal er gerade die richtige Menge an Feuchtigkeit erhält. So genügen schon 3000 Quadratmeter Land, sogar weniger, zur Ernährung einer Familie. Genau diese Landfläche erhält jeder Jungmann vom Kronland des Königs, sobald er das 16. Lebensjahr erreicht.

Jedoch bestehen genaue Weisungen, was und in welcher Stückzahl auf dem zugeteilten Land angebaut werden soll. Diese Auswahl wechselt von Jahr zu Jahr, je nachdem welche Bedürfnisse bestehen. Auch ein Überangebot soll damit vermieden werden, wie zum Beispiel, wenn sinkende Weltmarktpreise den Export von Kopra nicht lohnen. Was der Mann mit seiner Ernte macht, bleibt ihm überlassen. Jedenfalls besteht auf den »Freundlichen Inseln« niemals Not an Nahrungsmitteln. Falls der Eigentümer sein Land nicht selber bebaut, weil er anderes tut, vielleicht als Lehrer, Beamter, Händler oder Hafenarbeiter beschäftigt ist, müssen sich Mitglieder seiner Familie darum kümmern. Notfalls läßt man den Besitz verwildern, was beim größeren Grundbesitz der Adelsfamilien häufig der Fall ist, zum Schaden der Allgemeinheit.

Weshalb ich mir dem Konsul gegenüber die Bemerkung erlaube, daß meines Wissens in Tonga viermal mehr Menschen geboren werden als im gleichen Zeitraum sterben. Also muß früher oder später alles noch verfügbare Kronland verteilt sein.

Ja, leider bestehe diese Sorge, gibt er zu, wenn auch nicht für die nächsten Jahre. An sich wäre die rasche Zunahme der Bevölkerung nicht alarmierend, wenn nur die jungen Menschen bereit wären, das ihnen auf einer dünn besiedelten oder gar nicht bewohnten Insel angewiesene Land zu nehmen. Aber es wolle keiner weg aus seiner engeren Heimat, und zwar ergebe sich das aus der tonganischen Mentalität. Die eigene Sippe bietet nicht nur unverzichtbare Nestwärme, sie ist auch der Schutzgürtel, der absolut sichere Hafen für den einzelnen. Lieber läßt so manch junger Mann seinen Anspruch auf Land verfallen, als fortzugehen.

Im Jahre 1840 hatten die Tonga-Inseln nach Schätzung der damaligen Mission etwa 18 500 Einwohner. Bis 1921, als die erste zuverlässige Volkszählung stattfand, war die Einwohnerschaft erst auf 24 000 gestiegen. Dann aber ging es sehr viel rascher. 1940 zählte man über 40 000 Tonganer, zwölf Jahre später waren es schon 60 000, die sich bis 1979 auf 110 000 vermehrt haben. Allerdings soll die enorme Geburtenzunahme von jährlich 3,8 Prozent, nahezu die höchste auf der Welt, während der letzten sieben Jahre dank Aufklärung und dem Gebrauch von Verhütungsmitteln etwas gesunken sein. Alles will man tun, um die Geburtenrate weiter zu senken. Aber (leider) ist die Kinderliebe zu groß, so daß man sich höchst ungern mit nur zwei bis drei Kleinen begnügen möchte.

Man dürfe sich als Fremder nicht von der modernen Fassade Tongas täuschen lassen, warnt Ralph Sanft vor einem allzu raschen, leider aber häufigen Fehlurteil über das Land und seine Landsleute. Am eigentlichen Wesen der Tonganer habe sich trotz des recht engen, mehr als 150jährigen Kontakts mit den Begriffen, dem Glauben und den Errungenschaften der Weißen nicht viel geändert, im Grunde so gut wie gar nichts. Die fremden Einwirkungen haben nicht, wie bei so vielen anderen noch unterentwickelten Völkern zu »psychischer Schwäche« geführt. Dies um so weniger, weil das Königreich nie als Kolonie behandelt wurde und sich demgemäß nicht als Volk unter fremder Herrschaft gefühlt habe.

Das Wichtigste im Leben seiner Landsleute, belehrte mich der bundesdeutsche Konsul, fast könne man sagen, überhaupt der Sinn ihres Lebens sei der Zusammenhalt in Familie, Sippe und im Sippenverband. So weit gehe die Eingeschlossenheit in Familie und Sippe, daß man sich weit weniger als Individuum empfindet als unsereins im Rahmen seiner Verwandten. Viel stärker fühlt sich jeder als Teil der Gemeinschaft, in die hinein er durch schicksalhafte Bestimmung geboren wurde.* Die Wichtigkeit der Verwandtschaftsgrade geht schon daraus hervor, daß es nicht weniger als 166 grundverschiedene Bezeichnungen dafür gibt. Auf der entsprechenden Liste lese ich unter Nr. 95: Ehemann der Tochter eines Sohnes von der Halbschwester des Vaters. Am Ende der Aufstellung, also bei Nummer 166, steht das tonganische Wort für den Ehemann der Tochter von der Tochter der Schwester von Vaters Mutter. So genau können wir beim besten Willen nicht sein, uns fehlen dafür die Worte!

Wohlmeinende Gottesmänner der London-Missionsgesellschaft kamen schon sehr früh, nämlich im Jahr 1797 auf die »Freundlichen Inseln«. Dort fanden sie insofern ein fruchtbares Feld, weil aus verschiedenen Gründen der bis dahin noch bestehende Heidenglaube erschüttert war, besonders beim damals regierenden Tiu Tonga, der von blutigen Bürgerkriegen bedrängt wurde. 25 Jahre später kamen methodistische Prediger ins Land, im Pazifischen Raum »Wesleyaner« genannt. Sie konnten die Londoner Mission verdrängen und das tonganische Volk so gut wie restlos dem heidnischen Irrglauben entreißen. Die hohe Moral der heutigen Tonganer dürfte auf das Wirken jener relativ frühen Missionare zurückgehen.

Nach der Kriminalität im Königreich befragt, gab Ralph Sanft zur Antwort: »An einen Mord habe ich während der letzten zwanzig Jahre keine Erinnerung, ich glaube fast, so was hat's in diesem Jahrhundert nicht gegeben. Was die Gerichte verhandeln und sogar bestrafen, hat in der Hauptsache mit dem motorisierten Verkehr zu tun.«

Darüber redend habe ich nicht auf die Uhr geschaut. Aber der Konsul h. c. erinnert, daß mich Seine Majestät binnen einer Stunde erwartet. Also bleibt gerade noch Zeit fürs Umziehen im Hotel und was man sonst noch vor einer Audienz an der äußeren Person verbessern kann.

Wer Tonga nicht kennt, wird in dem ziemlich weit von der Autostraße abgerück-

* In einer Fernsehreportage über die Tonga-Inseln wurde hochtrabend erklärt, die Insulaner lebten und litten im »Gefängnis ihres Brauchtums«. Der Kommentator der Sendung riet den Tonganern, sie sollten sich baldmöglichst vom starken Einfluß der Tradition, des Adels und des Königs befreien. Diese und andere unerbetene Belehrungen frei nach der sattsam bekannten Devise: Am deutschen Wesen soll die Welt genesen!

ten Landhaus kaum einen königlichen Wohnsitz vermuten. Aus dem Rahmen fallen lediglich zwei lebensgroße, silberfarbene glänzende Tiger zu beiden Seiten der Einfahrt. Offenbar ersetzen sie den sonst vor der Residenz von Staatsoberhäuptern aufgestellten Doppelposten. Ohne weiteres rollen wir, wenn auch gebührend langsam, an ihnen vorbei.

Konsul Sanft, der sich auskennt, parkt seinen Wagen abseits vom Haus, und wir schreiten zum Portal, das sich wie von selber öffnet. Gleich in der Halle, sofern dieser etwas großartige Ausdruck für den relativ kleinen Raum gestattet ist, steht ein überaus schlanker und eleganter Offizier in maßgeschneiderter Khakiuniform. Deren Schnitt geht auf engliches Vorbild zurück, und er trägt auf seiner linken Brust die weiße Adjutantenschnur. So leise, wie das auch bei englischen Gentlemen feine Gewohnheit ist, begrüßt er mich allein, da inzwischen der bundesdeutsche Konsul verschwunden ist. Er hat sich, wie er mir später sagt, zur Königin begeben, mit der ihn, glaube ich zu verstehen, nicht allzu entfernte Verwandtschaft verbindet.

Der Adjutant geleitet mich ins Wohnzimmer. Gut und komfortabel ist der Raum eingerichtet, aber kein Luxus drängt sich auf. Weiche Teppiche, bequeme Sessel und ein sehr breites Sofa. Die Velours sind aus Seidengarn, die zurückgezogenen Vorhänge aus Samt. Verschiedene gutgemalte Bilder polynesischer Landschaften erfreuen das Auge, ein ausgezeichnetes Porträt der Königin Salote, der Mutter des regierenden Tiu Tonga, lächelt mich an. Eine Tür mit Rundbogen führt vermutlich in rein private Räume. Eine halbrunde Treppe steigt direkt vom Empfangszimmer hinauf zum ersten Stock.

Fast hätte ich beim Eintreten mit respektvoller Verbeugung einen weißgekleideten, reglos im Raum stehenden Diener begrüßt. Nur die Tatsache seiner fehlenden Fülle hält mich davon ab.

Als ehemaliger Diplomat, der zeitweise Protokollchef deutscher Botschaften in noch bestehenden Monarchien gewesen war, blieb mir im Gedächtnis, daß man in Erwartung eines gekrönten Hauptes keinesfalls in den nächsten Sessel sinkt, vielmehr den Hohen Herrn stehend erwartet. Alsdann gehören sich drei Verbeugungen, die erste an der Tür, die zweite in des Raumes Mitte und noch eine Dritte vor dem Monarchen unmittelbar. Derselbe reicht dem Besucher die Hand, nicht etwa umgekehrt. Von sich aus sagt man nichts, wartet vielmehr, daß der Herrscher ein Gespräch beginnt.

Aus jener Tür, wo der stumme Diener steht, muß er kommen, denke ich und nehme dementsprechend Aufstellung.

Da rumpelt es hinter mir, die Treppe knarrt, und ihre Stufen biegen sich. Vom oberen Stockwerk steigt leibesmächtig Seine Majestät herab. Ein imponierender, die Treppenbreite ausfüllender Anblick. So massig mir die Erscheinung von Stufe zu Stufe näher kommt, desto königlicher wird die Wirkung. Dem Tonganer mit seinem tiefen Glauben an das »mana« in bestimmten Menschen muß wahrlich der so hohe, breite und schwere Tiu Tonga als gewaltige Kraft erscheinen.

Für meine Begriffe ist verblüffend, wie gewandt sich der überschwere Mann bewegt. Er hat die spatenbreiten Hände nicht am Geländer, sondern in die Seite gestemmt, und scheinbar leicht treten seine Füße auf die Stufen.

Unten eingetroffen steht die Majestät so dicht vor mir, daß gar kein Platz mehr bleibt für das Protokoll. Nur gerade mit dem Kopf nicken kann ich. Mehr ist nicht möglich, denn es würde bei einem formvollendeten Verbeugen mein Kopf gegen die Brust des Königs prallen. Er reicht mir seine Rechte, lächelt nur wenig und sagt kein Wort.

Ein samtüberzogener Sessel an der Schmalseite des Tisches wird mir durch Bewegung seiner Hand angeboten. Dort nehme ich erst Platz, als sich der Tiu Tonga in der Mitte des breiten Sofas niedergelassen hat.

Dies hat zur Folge, daß ich um einige Zentimeter höher sitze als Seine Majestät. Obwohl in allen möglichen Schriften über Tonga zu lesen war, daß der König jeden in seiner Nähe weilenden Menschen überragen muß, scheint hier der unpassende Höhenunterschied nicht zu stören. Falls der Tiu Tonga jemanden auf der Straße anspricht, läßt sich der sofort auf dem Boden nieder. So streng können aber die Bräuche nicht überall sein!

Während mich der König aufmerksam anschaut, ohne nur ein Wort zu sagen, kann auch ich sein Äußeres betrachten. Zunächst scheint mir bemerkenswert, wie gepflegt die Erscheinung ist. Das leicht gewellte, teilweise schon graue Haar wurde eben frisiert. Auch die nußbraune Haut, die manikürten Hände, ebenso Kleidung wie Schuhwerk beweisen geschmackvolle Auswahl und sind frei von jedem Staubkorn. Eine Frau könnte sein Äußeres besser beschreiben, als es mir, einem gewöhnlichen Mann, möglich ist. Nach westlichen Vorbildern richtet sich der Tiu Tonga nicht. Eine Hemdjacke aus weißer, glattgebügelter Seide umschließt seinen Hals, darüber trägt mein Gastgeber ein blauviolettes Gewand, ebenfalls aus Seide, das bis zur Wade hinabreicht. Um die Hüfte eine tonganische Bastschürze, die unbedingt zur Bekleidung eines Adligen und auch vieler Bürger bei offiziellen Anlässen gehört. Sie ist natürlich beim König von allerfeinster Webart. Von einem wiederum seidenen, sehr breiten Gürtel wird das Bastgebilde zusammengehalten. An den Füßen trägt Tongas Majestät halbhohe, dunkelbraune, fein gewichste Stulpenstiefel aus weichem Leder. Jedoch sind weder Ringe noch sonstiger Schmuck an ihm zu sehen, auch keine Orden.

Sicher, der Tiu Tonga ist ungemein korpulent, hat ein dreifaches Kinn und breite Backen, von der Sitzfläche gar nicht zu reden. Jedoch, alles vergißt man auf Grund der Strahlkraft seines Blickes. Es mag übertrieben, sogar kitschig klingen, aber hohe Klugheit und weites Wissen leuchten ihm aus den Augen. So muß ich wieder daran denken, was wohl Tonganer mit ihrem Glauben an die nicht mit Vernunft zu erklärenden Kraft des allerhöchsten »mana« dabei empfinden.

Nachdem mich Taufa'ahau Toupou IV. minutenlang von Kopf bis Fuß abgeschätzt hat, wobei es meinen Augen gelang, nicht vor seinen auszuweichen, sagt er ohne Einleitung oder Übergang:

»Der deutsch-tonganische Freundschaftsvertrag vom 1. November 1876 hat sehr viel für mein Land bedeutet. Damit wurde unser noch ganz von fremder Herrschaft freies Vaterland erstmalig von einer europäischen Großmacht anerkannt. Das Deutsche Kaiserreich jener Jahre war ganz gewiß eine Großmacht, nach seinem Sieg über Frankreich! Ja, da wurden wir als souveräner Staat anerkannt. Eine großzügige Geste, die wir bis heute und für immer zu schätzen wissen. Wenn auch im Vergleich zum damaligen Deutschland unser Tonga nur winzig klein war, wurden wir dennoch durch den großen Bismarck und Kaiser Wilhelm I. als gleichberechtigt angesehen.«

Dies habe, fuhr der Tiu Tonga fort und wurde dabei zunehmend lebhafter, andere Mächte davon abgehalten, das praktisch wehrlose Inselreich seines Ururgroßvaters zu annektieren. Also eine Kolonie daraus zu machen, die man ohne Rücksicht auf ihre rechtlosen Bewohner ausbeuten konnte. Gewiß hätte man die Tonganer ihres angestammten Herrscherhauses beraubt, wie das sonst in der Südsee allenthalben geschah.

Namen brauchte er dabei nicht zu nennen. Wer nur einigermaßen die Geschichte der Südsee kennt, weiß Bescheid. Schon 1874 haben die Engländer den König Cakobau von Fidschi zur Abdankung und Übergabe seines Inselreichs veranlaßt. Um 1880 wurde Pomaré V., letzter König von Tahiti, gezwungen, sein Land und sein Herrschaftsrecht der Französischen Republik zu übertragen. Kaum ein Jahr später zogen die Franzosen den Schlußstrich unter die nur noch der Form nach bestehende Eigenstaatlichkeit der Gambier-Inseln. Im Jahre 1893 wurde in Hawaii die gute Königin Liliuokalani durch allzu geschäftstüchtige Amerikaner vom Thron gestoßen und bis auf weiteres eingesperrt. Bald danach wehte anstelle der hawaiischen Fahne das Sternenbanner der USA vom Dach des Jolani-Palastes. Alle übrigen, weniger bedeutenden Herrschaften zu nennen, die während der zweiten Hälfte des vorigen Jahrhunderts verschwinden mußten, dafür fehlt es an Platz.

Im südlichen Pazifik blieb einzig und allein der König von Tonga übrig. »Gewiß, auch wir kamen unter fremden Einfluß«, räumt Toupou IV. ein, »auch wir blieben nicht völlig frei. Aber bitte sehr . . . die Engländer benahmen sich so rücksichtsvoll wie nirgendwo anders. Wir hatten nämlich Freunde in Berlin, übrigens auch in Paris. Nicht einmal Protektorat nannten uns die Briten, vielmehr waren wir in ihrer Sprache, auch in der Praxis, ein Protected Territory. Dazu hieß es im Vertrag, daß uns Großbritannien vor jedem Zugriff anderer Mächte schützen werde. Natürlich schlossen wir ein Bündnis mit unserem Protektor. Dadurch wurde unser Stolz in keiner Weise verletzt. Freundlicherweise nannte sich der britische Vertreter nicht etwa Gouverneur oder Hochkommissar, sondern lediglich Consul und Agent.«

Aus den guten Beziehungen zum damaligen England ist die freundschaftliche Verbundenheit von heute geworden. Seit dem 4. Juni 1970 ist Tonga wieder vollkommen selbständig und souverän, gehört aber weiter zum British Commonwealth, ist auch Mitglied der UNO.

»Die deutsche Presse«, sage ich, »hat seinerzeit sehr positiv vom Staatsbesuch aus Tonga berichtet, von diesem Besuch aus Anlaß der Jahrhundertfeier des deutsch-tonganischen Vertrages.«

Der König lächelt ein wenig, zieht die Augenbrauen hoch und senkt die Mundwinkel. Sein Gesichtsausdruck, scheint mir, könnte gewollte Ironie zum Ausdruck bringen. Aber ich weiß nicht, was er weiß und ob er alles weiß.

Er hatte aus gegebenem Anlaß seinen ältesten Sohn, den Kronprinzen Toupouto'a, auch die Prinzessin Fatafilé, Schulrätin von Tonga, und den Vizeministerpräsidenten nach Deutschland geschickt, um die hundertjährige Freundschaft neu zu beleben.

Die hohen Herrschaften, sage ich dem König, hätten durch ihre weitreichende Kenntnis der deutschen Geschichte ihre Gastgeber in der Bundesrepublik nicht nur erstaunt, sondern verblüfft. Worauf Seine Majestät bemerkt, die gleichen historischen Interessen habe auch er und sein zweiter Sohn studiere Germanistik in Erlangen. Meines Erachtens wurde das bisher weder von Amts wegen noch von Journalisten bemerkt.

»Bei uns haben wir den hundertsten Jahrestag des Vertrages mit freundschaftlichen Gedenken an Deutschland gefeiert«, erklärt der Tiu Tonga mit nicht zu überhörender Betonung, »wir haben zur Erinnerung an den 1. November 1876 Sonderbriefmarken herausgegeben, mit Kopfbildern von Kaiser Wilhelm I. und vom Fürsten Bismarck, dem Großen Kanzler. Beide sind ja damals unsere Vertragspartner gewesen.«

Außerdem, darf ich meinerseits hinzufügen, waren zur Feier des Tages alle amtlichen, auch die meisten Privathäuser beflaggt. In den Schulen hielt man besonderen Unterricht ab und ließ auch sonst alles Volk eindeutig wissen, weshalb das ein Jahrhundert zurückliegende Ereignis für Tonga so wichtig gewesen war.

Anders dagegen, nämlich völlig ahnungslos, zeigten sich die Offiziellen der Bundesrepublik. Als der Staatschef von Tonga den Deutschen Bundespräsidenten wissen ließ, daß sich zur Hundertjahrfeier des Vertrages eine tonganische Delegation, geführt vom Kronprinzen, nach Deutschland begeben werde, vermochte man in Bonn nicht zu begreifen, von was die Rede war.

»Bei der darauf einsetzenden fieberhaften Suche«, entnehme ich einen Bericht der Zeitschrift »ESPRIT« (12/76), »wurde man zunächst nicht fündig. Die betreffenden Herren hatten Tonga mit dem benachbarten Inselreich Samoa in einen Topf geworfen. Die Ungewißheit war total. Als man schließlich in einem Archiv der so lange schon vergangenen Kaiserzeit den verschollenen Text des Vertrages, herausgegeben im Reichskanzleramt und gedruckt in der Königlichen Hofdruckerei, aufgestöbert hatte, war die Überraschung groß. Es stellte sich nämlich heraus, daß dieses unter Nummer 1197 registrierte Vertragswerk formell nie aufgehoben worden war. Aber es kam noch besser. Der Freundschaftsvertrag verlieh Tonga einen Sonderstatus: Binnenhandel ohne Zölle. Außerdem sichert der Vertrag in seinen elf Artikeln den Bürgern beider Länder den Status von Inländern zu, die lediglich befreit sein sollen ›von allen politischen Ämtern und Kriegsdiensten‹. Im Namen der beiden Majestäten, des deutschen Kaisers Wilhelm I. und des tonganischen Königs Toupou Georg I., war der Vertrag an Bord von SMS Korvette ›Hertha‹ unterzeichnet worden, auf deutscher Seite von Kapitän Knorr und Konsul Weber, andererseits vom tonganischen Parlamentspräsidenten Uiliemi sowie dem Methodistenprediger Shirley Baker, der im übrigen als Dolmetscher nützlich war.«*

So wurde eilends in Bonn alles für den Staatsempfang der polynesischen Gäste gerichtet. Diese jedoch ehrten zunächst ihre eigentlichen Vertragspartner des Jahres 1876. Sie begaben sich erst nach Berlin, um dort dem Chef des Hauses Hohenzollern, Prinz Louis Ferdinand von Preußen, ihre Aufwartung zu machen. Alsdann deponierten sie im Charlottenburger Mausoleum einen Kranz am Sarkophag Kaiser Wilhelms I. Auch Bismarck meinten sie, rangiere vor Bonn. So reiste die tonganische Delegation zu dessen Grabstätte nach Friedrichsruh im Sachsenwald, wo man in dankbarer Erinnerung an den Eisernen Kanzler gleichfalls einen Kranz niederlegte. Erst danach kam die Gegenwart zu ihrem Recht, und das Bonner Protokoll konnte sein Programm abrollen lassen.

Davon zeigte sich auch König Taufa'ahau Toupou befriedigt.

»Ich hoffe, daß recht bald auch Eure Majestät die Bundesrepublik besuchen werden.«

Die Antwort kommt zögernd.

»Das könnte sein . . . wenn sich eine Gelegenheit dafür ergibt.«**

Die Audienz, inzwischen zu zweiseitiger Unterhaltung geworden, wendet sich anderen Themen zu und wird dabei immer angeregter. Der König, vermutlich meinen Lebenslauf kennend, erkundigt sich nach dem späteren Schicksal meines Vaters, um sodann zu fragen, ob ich selber noch den Reichspräsidenten, den Generalfeldmarschall von Hindenburg gesehen, vielleicht sogar gesprochen habe. Ich bejahe und berichte bestimmte, sonst nicht bekannte Begebenheiten vom Rande des historischen Geschehens. Worauf Taufa'ahau Toupou noch weiter in die Vergangenheit greift, bis zurück in den Ersten Weltkrieg. Er spricht von der Schlacht bei Tannenberg, wonach es bekanntlich dem Feldmarschall von Hindenburg gelungen war, die russische Invasionsarmee aus Ostpreußen zu vertreiben. Seine Kenntnisse der Ereignisse sind so eingehend und detailliert, daß ich kaum zu folgen vermag. So spricht er von den Gegensätzen zwischen Hindenburg und Ludendorff, von strategischen Fehlern der russischen Genrale Samsonow und Rennenkampf. Alsdann möchte er wissen, was ich von jenen Vorwürfen halte, die man höheren Orts gegen den General François gerichtet habe, weil der angeblich ohne ausreichenden Flankenschutz zu rasch vorgestoßen sei, was die Gefahr einer Umfassung mit sich brachte. Mir sind diese Vorgänge nur schleierhaft in Erinnerung, weshalb ich meine, es sei doch damals im August 1914 trotzdem alles gutgegangen!

* In dem Vertrag hat man vor mehr als hundert Jahren gegenseitige Steuerfreiheit vorgesehen, was allen Ernstes bedeutet, daß nach Tonga ausgewanderte Bundesbürger keine Steuern irgendwelcher Art zu zahlen hätten. Aber leider wird Ausländern nur in seltensten Fällen eine Aufenthaltsgenehmigung für längere Dauer bewilligt.

** Im November 1979 kam das Königspaar zum Staatsbesuch, in Bayern wurde auch der Verfasser zugezogen.

Tongas König ist weit besser informiert: »Mir scheint jener Vorwurf nicht berechtigt ... François mußte so handeln, wie er das getan hat. Wahrscheinlich hätten sonst die Russen nicht ihre Flucht fortgesetzt.«

Wenn ich geglaubt habe, daß ausgerechnet Tannenberg sein Steckenpferd sei, werde ich schon bald eines Besseren belehrt. Seine Majestät geht mit kaum zu glaubender Sachkunde bis auf den Großen Kurfürsten zurück und bewundert dessen Erfolg beim Wiederaufbau der vom Dreißigjährigen Krieg so schwer heimgesuchten Mark Brandenburg. Er setzt dann nach England über, tadelt Cromwell wegen seiner Grausamkeit in Irland, lobt Karl II. trotz seines unmoralischen Verhaltens, vertritt im folgenden die Meinung, daß Ludwig XIV. zu zentral regiert habe, und hält Talleyrand für den genialsten Diplomaten auf dem Wiener Kongreß, wenn auch seine Bestechlichkeit streng zu verurteilen sei.

Doch nicht lange, da sind wir aufs neue bei Otto von Bismarck, den Tongas gegenwärtiger König nicht nur für den erfolgreichsten Staatsmann des vorigen Jahrhunderts, sondern für einen klar in die Zukunft schauenden Propheten hält.

»Aber seine Nachfolger, erst recht Wilhelm II., haben nicht viel von seinen Vorhersagen gehalten, vor allem haben sie Bismarcks wichtigste Warnung mißachtet.«

Welche er meine, möchte ich wissen.

»Immer müsse ein deutscher Staatsmann daran denken«, doziert der Tiu Tonga, »daß die Amerikaner englisch sprechen.«

Weil die maßgebenden Kräfte des Deutschen Reiches nicht darauf hörten, seien die Amerikaner zweimal gegen Deutschland ins Feld gezogen, und so hätten wir beide Weltkriege verloren.

Offen gestanden, ist auch mir diese Warnung Bismarcks nicht bekannt. Aber der Eiserne Kanzler hat sie ausgesprochen, niedergeschrieben in seinen »Gedanken und Erinnerungen«. Erst ein Inselkönig in der Südsee mußte mich darauf hinweisen.

Ein Wort des Tiu Tonga an den reglos, immer an der gleichen Stelle ausharrenden Diener, bringt zwei Gläser mit grauweißem Fruchtsaft herbei, dessen Konsistenz ich nicht errate.

Meinerseits gehe ich zur Frage über, was gegenwärtig Tongas wichtigste Probleme seien. Die überaus rasche Zunahme der Bevölkerung, gibt der König zur Antwort. Zwar könne man notfalls die doppelte Zahl von Menschen ernähren, aber die Landverteilung mache Schwierigkeiten. Die Bewohner der demnächst übervölkerten Hauptinsel Tongatapu wollten nicht auf andere, nur dünn besiedelte Inseln ausweichen.

Meinen Einwand, da solle eben der Tiu Tonga im Interesse des Gemeinwohles ein Machtwort sprechen, sieht er voraus und meint: »Kein Fremder wird verstehen, welch zwingende Bedeutung für uns alle das über tausendjährige Brauchtum hat. Wir meinen, daß es so und nicht anders von der Schöpfung bestimmt ist. Nur behutsam kann der König diese oder jene überlebte Tradition der Neuzeit anpassen. Das betrifft nicht nur die Landverteilung, sondern vieles mehr ... sehr vieles mehr. Eigentlich das ganze Leben der Tonganer, von ihrem ersten bis zum letzten Tag.«

Er führt Beispiele an, ohne selber die magische Kraft des »mana« zu erwähnen. Vermutlich in der richtigen Annahme, ich könne es ja doch nicht verstehen. Eines sei deutlich erkennbar, nämlich der langsam, aber sicher schwindende Einfluß der »Matapoli«, das heißt der Chefs bisher führender, weil uradliger Sippen. Neuerdings sind aus nichtadligen Familien, sogar aus dem Kreis ehemaliger Sklaven, nicht wenige Beamte, Pfarrer, Mediziner und Heilgehilfen, auch Lehrer und Ladeninhaber hervorgegangen. Denen verleiht ihre Stellung im Leben ziemlich hohes Ansehen. So kommt das bisher kaum erschütterte soziale Gefüge in Bewegung, meines Erachtens in heilsame Bewegung.

Ein anderes Problem, sagt abweichend von diesem Thema der Tiu Tonga, ist die große Entfernung zwischen den Inseln und das Bestreben so vieler Menschen, sich auf der Hauptinsel, und dort in Nuku'alofa, niederzulassen. Es fehle zwar nicht an arbeitswilligen Menschen für Bauvorhaben, für handwerkliche Betriebe und die Kleinindustrie, sondern ganz im Gegenteil wollten zu viele junge Leute die Feldarbeit verlassen. Jedoch finden sie keine freien Arbeitsplätze. Sie suchen sich Beschäftigung in Neuseeland und Australien, ebenso auf fremden Schiffen. Auf Kosten der Entwicklungshilfe studieren junge Männer, neuerdings auch Mädchen im Ausland. Sie fliegen sogar nach England, Deutschland und Frankreich. Ärzte, Ingenieure und Juristen wollen sie werden. Aber wenn sie ihr Ziel erreicht haben, kann ihnen Tonga nicht den Wirkungskreis bieten, den ihr Ehrgeiz sich wünscht. Also versuchen sie ihr vermeintliches Glück außerhalb von Tonga. Was dagegen fehlt, sind Facharbeiter, Techniker, Krankenpfleger, tüchtige Mechaniker und erfahrene Bauführer, mit anderen Worten der industrielle Mittelstand.

»Aber im Grunde sind das nur Sorgen zweiter, ja dritter Ordnung. Wir schulden Dank unserem gütigen Gott, daß Tonga mit all seinen Nachbarn in Frieden lebt und daß wir nicht gezwungen sind, gutes Geld für Waffen und Munition zu verschwenden. Mit einer . . . nun sagen wir . . . Streitmacht von 50 Mann kommen wir aus. Die sind nichts anderes als Ordnungshüter, Freunde und Helfer der Bürger, und natürlich machen sie auch Musik.«

»Gibt es Kommunisten im Königreich Tonga?«

Seine Majestät lacht so herzhaft, daß sein gewölbter Leib auf und nieder hüpft.

»Wo sollen die herkommen, aus meinem Lande bestimmt nicht!«

»Und Sozialisten, die muß es wohl geben?«

»Bis jetzt habe ich noch von keinem gehört«, ist die erstaunliche, kaum zu glaubende Antwort des Landesherren. Die Erklärung dürfte sein, daß man in Tonga keine Parteien kennt, sondern Personen wählt. Als erste Frau, und zwar als Referentin für soziale Fragen, erhielt bei der allgemeinen, freien und geheimen Wahl eine Prinzessin die absolute Mehrheit. Vermutlich weil man sich von ihrem »mana« gute Wirkung versprach.

»Sie wissen doch . . .«, sagt der König sehr zufrieden, »Sie haben bestimmt gehört, daß wir schon 1862 die Leibeigenschaft, eine bei uns relativ milde Art der Sklaverei, abgeschafft haben. Vier Jahre früher, als nach einem langen Bürgerkrieg die Amerikaner das gleiche getan haben. Bei uns sind auch der Schulbesuch und die Ausbildung für einen Beruf kostenfrei, sogar das Studium im Ausland. Selbstverständlich kostet die medizinische Fürsorge nichts. Daran kann sich mancher von den modernen Staaten ein Beispiel nehmen!«

Länger als ein Viertelstündchen dauern gewöhnlicherweise Audienzen nicht, die man besser »Kurzbesuche« nennen sollte. Beim Chef von Tonga ist fast eine Stunde vergangen, und ich muß befürchten, daß nach hier herrschender Sitte der Besucher von sich aus das Ende zu finden hat.

So gebe ich meiner Vermutung Ausdruck, schon zu viel der kostbaren Zeit Seiner Majestät verschwendet zu haben, und mache Anstalten, mich zu erheben.

»Aber nein«, lächelt der Monarch über sein breites Gesicht, »heute habe ich Zeit . . . jedenfalls genug Zeit, um mit Ihnen zu reden.«

Wobei er vermutlich denkt, aber nicht ausdrücklich sagt, daß ich ja nichts von ihm will und er weniger als sonst auf vorsichtige Abwägung seiner Worte bedacht sein muß.

Wirklich ist es bei der Begegnung mit Menschen, die hohe Verantwortung tragen und politisch stark exponiert sind, von großem Vorteil für den Besucher, wenn er selber nichts mit Politik und Parteien, schon gar nichts mit Presse, Funk und Fernsehen zu tun hat. Statt dessen gelten Schriftsteller, aus mir nicht erklärbaren Gründen, als relativ harmlose Menschen.

Zum Zeichen seines Wohlwollens läßt mir der tonganische König ein zweites Glas Fruchtsaft kredenzen und kommt auf den Tourismus zu sprechen. Natürlich, er sehe gerne fremde Besucher auf seinen Inseln, aber zu viele sollten es nicht sein. Gleich nach Tongas Rückkehr zur vollen Selbständigkeit wollte der für Australien zuständige Sowjetbotschafter als Gegenleistung für die Erlaubnis, einen Fischereihafen auszubauen, nur einen ganz kleinen selbstverständlich und in der Bucht einer kaum bewohnten Nebeninsel . . . also für den besagten Stützpunkt sowjetischer Fischer den Tonganern im Namen seiner Regierung einen Großflughafen bei Nuku'alofa einrichten, auch die komplette Ausrüstung wie Infrastruktur liefern, um dem Land einen Tourismus großen Stils zu ermöglichen. Gedankenvoll an mir vorbeiblickend, sagt der Tiu Tonga, daß er dies großzügige Angebot nach reiflichen Überlegungen und Beratungen mit seinen Ministern dankend abgelehnt habe. Weil eben Tonga, von Touristen überschwemmt, nicht mehr das geblieben wäre, was es sei und wie es nach dem Wunsch der meisten Menschen auch bleiben wolle. Man dürfe sich nicht überfremden lassen. Immer und bei allen Völkern der Erde sei es verhängnisvoll gewesen, der Entwicklung vorauszueilen, statt behutsam mit ihr Schritt zu halten . . . besser ihr erst dann zu folgen, wenn man die Konsequenzen kenne.

Was ich mir ansehen müßte auf Tongatapu, sei vor allem das Thrilithon, natürlich auch die Baumgruppe mit den Fliegenden Hunden, vielleicht noch die Blaslöcher an der Felsküste und den feinsandigen Badestrand. Vor allem jedoch das sogenannte Thrilithon.

Endlich, nach ungefähr anderthalb Stunden, ist es so weit. Mit einer Gewandtheit, die man seinem massigen Körper nicht zutraut, erhebt sich der Herrscher über hundert Inseln und ruft seinen Adjutanten, dem er ein paar Worte sagt. Daraufhin bringt der überschlanke Offizier ein Farbfoto herbei, auf dem Seine Majestät in weißer Uniform, mit mehreren Ordenssternen und einem dunkelroten Ordensbrustband geschmückt, vor dem Thronsessel steht. Die Aufnahme wurde offensichtlich vor seiner Abmagerungskur gemacht, als Taufa'ahau Toupou IV. noch seine vollen 445 Pfund auf die Waage brachte.

Der König setzt seinen Namenszug aufs Bild und reicht es mir zur Erinnerung. Wenn auch nur unvollkommen, versuche ich doch, mich durch die Gegengabe meines Bildbandes »Herrlich wie am Ersten Tag« zu revanchieren.

Das habe so lange wie nur selten gedauert, meint der Konsul, als wir uns in der Halle wieder treffen. Er hat indessen mit Ihrer Majestät geplaudert, einer sehr liebenswürdigen Dame, die auf dem besten Wege ist, dem Gewicht ihres Gatten nahezukommen.

»Hat Ihnen der König was angeboten«, fragt mein Begleiter, und ich erwähne den Fruchtsaft.

»Also dann war's keine Audienz, er hat Sie vielmehr als seinen Gast behandelt!«

Der Saft im Glas war dafür der Beweis. Er verwandelt symbolisch den Besucher in einen Gast des königlichen Hauses. Gewiß eine Ehre, die ich zu würdigen weiß.

Wirklich, das Thrilithon verdient Bewunderung. Nahe der anderen Seite von Tongatapu gelegen, dürfte es meines Erachtens das allerälteste Bauwerk in der Südsee sein, älter noch als die Skulpturen auf den Marquesas, die Steinbilder auf der Osterinsel und älter als die Säulen auf Tinian und Nanmantal und Ponapé. Für unsere Begriffe gehört das Thrilithon (Drei Steine) zur Megalith-Kultur, die vor dem Beginn der Geschichte auch in Europa verbreitet war. Wer das englische Stonehenge kennt, sei es auch nur vom Bild, kann sich in etwa das Thrilithon von Hamanua vorstellen. Anders als Stonehenge besteht es nur aus drei länglichen, unbehauenen Riesensteinen, die ein primitives, aber gewaltiges Tor bilden. Die beiderseitigen Blöcke sind etwa fünf Meter hoch, gut zwei Meter breit und nach meiner Schätzung anderthalb Meter dick. Der darüberliegende Querstein ist mindestens sechs Meter lang, sonst aber ähnlich breit und stark wie jene, die ihn tragen. Wobei das Erstaunen noch zunimmt, wenn man erfährt, daß die drei vieltonnenschweren Blöcke nicht aus der Nähe stammen, sondern von der Vulkaninsel Tofua. Demzufolge wurden sie viele Kilometer weit übers offene Meer gebracht und noch ein gutes Stück weiter über Land. Wie war das möglich? Warum und wofür haben sich die Vorzeitmenschen diese gewaltige Mühe gemacht?

Vermutlich für denselben oder einen ähnlichen Zweck, wie es bei vergleichbaren Bauten in Europa geschehen ist. Dann wäre auch das Thrilithon von Tonga der Rest eines prähistorischen Tempels, einer Opferstätte und Sternwarte zugleich. König Taufa'ahau Toupou persönlich hat keine Mühe gescheut, den Dingen weitmöglichst auf den Grund zu gehen. Weil er sehr belesen und vielseitig interessiert ist, hat er eine Verbindung zwischen dem Thrilithon und den Gestirnen vermutet. So ließ der König zum Zweck gründlicher Untersuchung um den Dreistein herum ein solides Gerüst bauen. Selber stieg er hinauf (sehr solide muß die Treppe gewesen sein), um sich den Deckstein genau anzusehen. Wirklich fand er auf dessen Oberseite eine daumentief eingehauene Rinne, die zu bestimmten Zeiten auf besonders helle Sterne zeigt, die wir in unseren Breitengraden nicht sehen. Weshalb kein Zweifel besteht, daß der tonganische Dreistein astronomische Bedeutung hat. Aber warum das für die Vorzeitmenschen auf der Inselgruppe so wichtig war, wozu sie es wissen mußten und brauchten, ist vorerst nicht zu enträtseln.

Gleich ließ der Monarch in den Urwald der Umgebung gradlinige Schneisen schlagen, deren Richtung er selber berechnet hat. So können nun Astronomen wie auch Amateure der Sternkunde die gleichen Beobachtungen durchführen wie die Erbauer des Thrilithons vor vier, fünf oder mehr Jahrtausenden.

Weniger bedeutend, auch gar nicht geheimnisvoll, sind die Blaslöcher an der Küste. Handelt es sich doch um dieselben Vorgänge wie auf so manchen anderen Inseln. Wellenschlag und Brandung treiben Wassermengen in Spalten wie Höhlen des Gesteins, an deren Ende sie infolge des Drucks durch zufällig vorhandene Felslöcher nach oben steigen, um wie plötzlich losgelassene Fontänen bis zwanzig Meter hoch zu spritzen. Wer in der Nähe kampiert oder sich sein Picknick gönnt, genießt aus mindestens sieben Blaslöchern das Naturschauspiel alle paar Minuten.

Wem der schöne und saubere Swimming-pool im »Dateline Hotel« nicht genügt, findet in der Nähe Nuku'alofas keinen sandigen oder gar breiten Strand. Dafür muß er mit Bus oder Taxi zur entgegengesetzten Küste der Hauptinsel fahren, wo den Tonganern wie natürlich den Besuchern ein idealer Badestrand geboten wird. Dort hat man auch Gelegenheit fürs Schnorcheln, also fürs Betrachten der unter Wasser sich ausbreitenden Welt der Korallen, bunten Fische und krabbelnden Krebse.

Gewiß sind auch die Fliegenden Hunde sehenswert, die sich massenhaft in den Wipfeln und auf den Ästen von sieben »heiligen Bäumen« tummeln. Wenn auch viele tagsüber schlafen, und zwar an ihren Zehen mit dem Kopf nach unten hängend, sind doch die Fliegenden Hunde (auch Fliegende Füchse werden sie bisweilen genannt) Tagestiere. Also flattern sie bei hellem Sonnenlicht durch die Gegend, und ihr Geschrei hört weder bei sinkender Sonne auf noch am frühen Morgen. Mindestens tausend müssen es sein, und sie kennen keine Furcht vor Menschen. Früher galten die Flughunde als Götterboten oder ähnliches, durften demnach nicht verletzt und belästigt werden. Alsdann hat die königliche Familie wissen lassen, die Flugsäuger gehörten zum Krongut, und natürlich ist das vor jedem Zugriff geschützt. Aber wie jene Familien, die gleich darunter und daneben in hübschen Häusern leben, den nie nachlassenden Lärm ertragen, ist schwer zu begreifen.

Alles in allem möchte ich meinen, daß die Insel Tongatapu solchen Touristen, die viel sehen und erleben wollen, nicht allzuviel bieten kann. Weder ist der Holzpalast des Königs zu besichtigen, noch kann ein Fremder sicher sein, den Tiu Tonga oder ein Mitglied seiner Familie von weitem zu erblicken.

Weil zudem Tongatapu völlig flach ist, fehlt es dort an rauschenden Bächen, blitzenden Wasserfällen und romantischen Tälern. Wer landschaftliche Schönheit sucht, Dörfer alten Stils und überhaupt die Südsee, wie sie im Buche steht, dem sei zur Erfüllung seiner Träume der Besuch auf den kleineren Inseln des Königreichs empfohlen. Die Flugverbindungen dorthin, wenn auch nur mit relativ kleinen Maschinen, sind ebenso rasch wie billig, finden aber vorerst nicht täglich statt. Es gibt auf der Vava'u Insel und auf 'Eua sehr nette, kleine Hotels, meist im Bungalowstil. Auf den besonders reizvollen Inseln der Ha'apai Gruppe sind private Unterkünfte zu haben. Vom Tonga Visitors Bureau in Nuku'alofa wird alles arrangiert.

Man fühlt sich auf den kleineren Tonga-Inseln von der Welt unserer Epoche weiter entfernt als in Nuku'alofa. Für Freunde der Südsee gerade das richtige. Man sieht und genießt Polynesien, ohne auf allen Komfort zu verzichten. Wenn noch so viele von uns sagen, sie brauchten nichts dergleichen und wollten gerne ein paar Wochen lang ganz so leben wie echte Insulaner, es läßt sich in der Praxis nicht machen!

Pitcairn und die Meuterer von der »Bounty«

Als es grau wird an diesem Tag, prüfe ich vor dem Anziehen erst mal das Wetter. Regentropfen am Bullauge meiner Kabine und auf den Wellen schäumende Kronen. Also über die Daunenjacke noch eine Regenhaut und für alle Fälle den Südwester. Schade, wie jammerschade, schlechtes Wetter gerade an diesem Tag!

Noch gut zwei Stunden bis zum Morgenkaffee. Trotzdem versammeln sich, obwohl es nur langsam heller wird, droben auf dem windigen Sonnendeck ein Dutzend Passagiere. Bald sind es noch mehr, trotz so früher, unfreundlicher Stunde.

Jeder trägt sein Fernglas umgehängt, fast jeder hält zumindest eine Kamera für Film oder Foto griffbereit. Alle Apparate stecken in Plastikhüllen, um sie vor Nebel und Nieselregen zu schützen. Kurz sind die Begrüßungen, auch geredet wird nur wenig. Die Blicke sind vorausgerichtet, in die wogende Watte vor dem Bug unseres Schiffes.

Die Stimmung ist erwartungsvoll, als werde sich gleich der große Vorhang öffnen, um vor uns ein Schaubild grandioser Art zu enthüllen.

Was vor uns liegt, was demnächst aus dem Dunstnebel auftauchen soll, ist – geographisch gesehen – weiter nichts als ein bis 350 Meter hoch aus dem Meer steigendes Gebirge, dessen Umfang nicht mehr als fünf Quadratkilometer beträgt. Die Zahl der dort lebenden Menschen schwankt zwischen 55 und 62, je nachdem, ob die zu Studienzwecken auswärts weilenden Insulaner wiederkommen oder nicht. Wie dem auch sei, sie bewohnen die einsamste Siedlung der Welt. Tatsächlich gibt es nirgendwo sonst auf dem Globus ein Dorf oder Dörfchen, das so weit von der nächsten menschlichen Siedlung entfernt liegt wie *Pitcairn*.

Noch einen Superlativ kann das Inselchen für sich verbuchen: es ist die kleinste noch heute bestehende Kolonie einer europäischen Macht, und zwar Großbritanniens. Keine regelmäßige Verbindung führt dorthin. Wegen des zerklüfteten Geländes gibt es kein Flugfeld, und viel zu weit ist nach allen Seiten hin die Entfernung für den Anflug eines Helikopters. Die Bewohner selbst haben keine Fahrzeuge, groß und stark genug, um auf dem Seeweg andere Menschen zu erreichen.

Alles, was mit Pitcairn zusammenhängt, ist seltsam und außergewöhnlich. Das gilt schon für die Umstände seiner Entdeckung. Zwei Schiffe und zwei Kapitäne hatten seinerzeit die gleichen Aufgaben im südlichen Pazifik, wohldurchdacht wie auch weitläufig angelegt seitens der Britischen Admiralität. Doch wurden sie durch anhaltend schwere Stürme voneinander getrennt. Erst nach ihrer Heimkehr trafen Carteret und Wallis wieder zusammen. Während Captain Wallis die Trauminsel Tahiti entdeckt hatte, war Philip Carteret weniger glücklich gewesen, mit einigen unbewohnten Landflecken im endlosen Ozean mußte er sich begnügen.

Nach langen, ereignislosen Kreuzfahrten durch landleere Seegebiete, erblickte

Mitte Juli 1767 einer der Seekadetten namens John Pitcairn den grauen Felsblock im Meer. Captain Philip Carteret hielt mit der »Swallow« darauf zu, konnte jedoch bei Umseglung der ganzen Insel nirgendwo eine sturmgeschützte Bucht entdecken, auch keinen halbwegs guten Ankerplatz. Außerdem war nicht zu erkennen, wo und wie man die abweisend steilen Hänge erklimmen konnte, um auf die Höhe der Insel zu gelangen. Droben war sie größtenteils bewaldet. Dort gab es, so weit man es vom Deck der »Swallow« zu sehen vermochte, grüne Täler und frisches Wasser. Weil sich aber keine Landemöglichkeit erkennen ließ, gab sich Carteret mit der Eintragung der Insel auf seiner Seekarte und ihrer Taufe zufrieden. Genannt wurde Pitcairn nach dem blutjungen Kadetten John Pitcairn.*

Wesentlich für die weitere, die weltberühmte Geschichte Pitcairns war es, daß Captain Carteret unbegreiflicherweise oder infolge eines allzu kräftigen Abendschoppens die eben entdeckte Insel auf seiner Seekarte um etwa 150 Seemeilen zu weit nach Osten verlegte. Wahrlich ein Berechnungsfehler, der einem erfahrenen Navigator nicht hätte passieren dürfen.

Unser Käpten Hasse Nielsson kennt sich aus, denn schon zeigen sich im vor uns liegenden Dunst die Konturen einer Landmasse: Pitcairn.

»Was hat sich wohl der Fletcher Christian dabei gedacht, ausgerechnet hier zu bleiben, wo für sein Schiff keine geschützte Bucht zu finden war?« fragt sich Freund Albert.

»Da hat er gedacht«, sagt ein Wissender, »eben deshalb wird man hier am wenigsten nach uns suchen . . . bestimmt nicht zu uns hinaufklettern.«

»Aber sobald ein britisches Kriegsschiff die »Bounty« entdeckte, vor der Insel an ihren Ankerketten, da war es doch um die Meuterer geschehen?«

»Eben deswegen blieb den weltweit gesuchten Meuterern gar nichts anderes übrig, als ihr Schiff zu versenken . . .«

»Womit sie für ewig auf Pitcairn gefangen waren!« ergänzt ein weiterer Passagier.

Wirklich, es war die einzige ihnen noch verbliebene Lösung, nämlich das freiwillige Exil auf weltverlorenem Posten. Sonst war auf dem ganzen Erdkreis keine Sicherheit zu finden. Jede seefahrende Nation damaliger Zeit hätte eine meuternde Mannschaft ausgeliefert. Der schimpfliche Tod am Galgen war solchen Leuten sicher, an einer Rahe des Hauptmastes hängte man sie auf.

Es geht, wie gesagt, um die berühmte »Meuterei auf der Bounty«, mehr noch um die Insel Pitcairn, wo bis zum heutigen Tage rund 60 Nachkommen der Meuterer leben. Nur diese leben dort, kein anderer Mensch darf und kann sich dort für ständig niederlassen. Der Besuch bei den Ururenkeln der Meuterer steht uns bevor, der Besuch bei den einsamsten Menschen der Welt. Bei den vermutlich *besten Menschen* der Welt, wie sich herausstellen wird.

* Dessen Vater, Major Pitcairn, ein guter Freund Carterets, war ein damals bekannter Kriegsheld. Er führte die Britische »Royal Marines« bei Concord, dem ersten Gefecht im amerikanischen Unabhängigkeitskrieg! Er wurde später in der Schlacht bei Bunker Hill tödlich verwundet.

Bald sind zwei Jahrhunderte vergangen, seit die Männer auf der »Bounty« rebelliert haben. Dennoch wird das Thema immer wieder aufgegriffen, geschildert, diskutiert und verfilmt. Hunderte von Büchern wurden geschrieben, um auf recht verschiedene Weise jene dramatischen Vorgänge darzustellen. Was ist es also, das die Meuterei auf der »Bounty« nicht zur Ruhe kommen läßt?

Sie war insofern einmalig, als nie zuvor und niemals danach die Besatzung eines der Königlich Britischen Kriegsschiffe gemeutert hat.*

Wenn Sie den großartigen Bounty-Film mit Trevor Howard und Marlon Brando in den Hauptrollen gesehen haben, vielleicht auch den viel älteren, meines Erachtens noch besseren Bounty-Film mit Charles Laughton als Captain Bligh, wenn Sie vor allem das in Millionen Auflagen und in sehr vielen Sprachen verbreitete Buch »Mutiny« von Charles Nordhoff und Norman Hall gelesen haben, vielleicht noch andere populäre Publikationen über die Meuterei auf der »Bounty«, über ihren grausamen Kapitän und den edlen Ersten Offizier, dann wissen Sie . . . *nicht* Bescheid! Sowohl die beiden Autoren, Nordhoff und Hall, wie auch die beiden Bounty-Filme haben in den wichtigsten Passagen ihrer Darstellung die wirklichen Tatsachen ins Gegenteil verkehrt. Sie haben die Charaktere der Hauptpersonen, weitgehend auch deren Motive und Absichten, entgegen der Wirklichkeit aufs geduldige Papier oder die Leinwand gebracht.

Doch muß ich zunächst für jene Leser, die noch nichts von der Meuterei gehört haben, so kurz wie möglich schildern, was es damit auf sich hatte:

Anlaß und Anfang für das Unternehmen war der Brotfruchtbaum (lat. Name: Artocarpus incisa), den Captain James Cook, einer der größten Entdecker überhaupt, gelegentlich seiner ersten Reise nach Tahiti 1769 entdeckt hatte. Einer seiner Begleiter, der schwedische Botaniker Solander, teilte der Fachwelt mit, welch große Bedeutung der nahrungspendende Baum für die Eingeborenen habe. Auf seiner zweiten Reise durch die Südsee und wieder nach Tahiti hatte Cook den deutschen Naturforscher Johann Forster und dessen Sohn Georg bei sich, welche beide die wunderbaren Eigenschaften des Artocarpus incisa noch mehr zu rühmen wußten.

Ein Geschenk der Götter waren der Baum und seine kopfgroßen Früchte für die Insulaner und sind es noch heute. Werden die Fruchtscheiben geschnitten und in Holzkohlenglut oder auf heißen Steinen geröstet, entstehen daraus sehr nahrhafte und auch länger haltbare Mahlzeiten. Drei Bäume sollen genügen, um eine Familie das ganze Jahr ausreichend zu versorgen, und zwar ohne nennenswerte Arbeit. Wer nicht pflücken will, dem fallen die reifen Brotfrüchte von selbst ins Maul. Man braucht die Bäume nicht zu pflanzen und nicht zu pflegen, sie vermehren sich von alleine. Aus ihren Wurzelstöcken treiben neue Schößlinge, die ohne weiteres der

* Es ist gelegentlich, bei langen Liegezeiten in heimischen Häfen, zu Unruhen in der Flotte gekommen, sogar zum Streik der Besatzungen. Wobei diese aber erklärten, im Falle eines feindlichen Angriffs voll ihre Pflichten zu erfüllen. Im Ausland oder auf hoher See hat sich nie die Mannschaft eines Schiffes Seiner Majestät gegen den Kapitän erhoben. Schlimmer noch als das und einzigartig dazu war es, daß auf der »Bounty« ein Offizier an der Meuterei beteiligt war, sogar der Erste Offizier! Fletcher Christian hat den Aufstand an Bord entfacht . . . das Schiff genommen, den Kapitän verhaftet und ihn mit seinen Getreuen dem offenbar sicheren Tod ausgesetzt.

Mensch verpflanzen kann. Brotfrüchte lassen sich auf so manche Art zubereiten. Ein Vergleich mit unseren Kartoffeln scheint gestattet. Allerdings in kühlem Klima gedeiht der Wunderbaum nicht, er braucht tropische Wärme und Feuchtigkeit.

So kamen kluge Leute in England bald auf den Gedanken, diesen so nützlichen Baum auf Jamaica, Barbados und anderen Inseln der Karibischen See einzuführen, wo seit bald zweihundert Jahren englische Pflanzer Tabak und Zuckerrohr anbauten. Beides wichtige Produkte für die Briten, zumal aus dem Zuckerrohr nicht nur Zucker, sondern auch Rum gewonnen wird. Alle Arbeit auf den Karibischen Inseln wurde von schwarzen Sklaven verrichtet. Um sie bei Kräften zu halten, genügten Bananen nicht, zumal die Stauden oft von Stürmen vernichtet wurden. War der tahitische Baum erst einmal nach dort gelangt, würde schon nach wenigen Jahren die Ernährung der vielen Schwarzen nichts mehr kosten. Wahrlich eine wunderbare Idee, jedenfalls für die Pflanzer und die britische Wirtschaft. Letzten Endes sogar für die Sklaven, denn sie würden immer satt sein.

Aber die Verpflanzung der nahrhaften Bäume um die halbe Welt war ein schwieriges Unternehmen. Nur Schößlinge konnte man in Tahiti eintopfen. Schon wegen des Platzmangels an Bord des Schiffes mußten sie so jung und klein wie möglich sein. Sie brauchten viel Wasser, gute Durchlüftung und sicheren Stand. So mußte jeder von den etwa tausend Blumentöpfen in einem Gestell festgeschraubt werden, damit ihm auch stärkster Seegang nichts anhaben konnte. All das

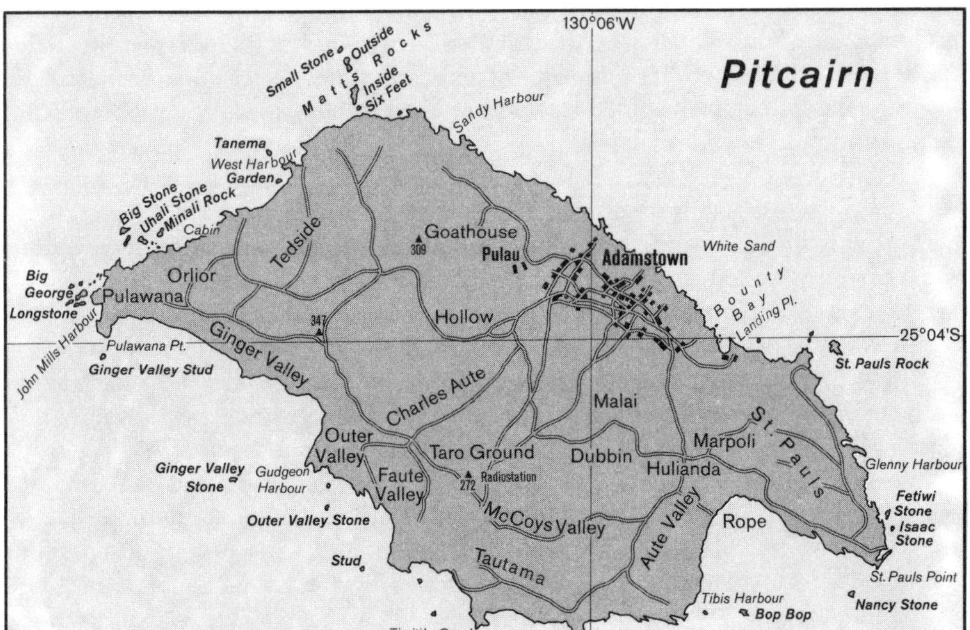

waren Vorkehrungen, für die ein Seemann vom üblichen Schlag kaum das rechte Verständnis hatte. So brauchte man zur Leitung des ungewöhnlichen Vorhabens einen Mann, der intelligent und weitsichtig genug war, die Bedeutung des Unternehmens zu begreifen und es gewissenhaft durchzuführen.

Zwei Experten sollten die Expedition begleiten, der Botaniker David Nelson und sein Gärtner William Brown, beide vom Botanischen Garten in Kew. Bessere Praktiker für tropische Gewächse waren im damaligen England nicht zu finden.

Der eigentliche Held jener unglücklichen Geschichte tritt erst wenige Wochen vor dem Auslaufen der »Bounty« in Erscheinung. William Bligh, Oberleutnant zur See, war der Admiralität von Duncan Campbell, einem Onkel seiner Frau, empfohlen worden. Protektion gewiß, doch sachlich begründet. Der Lebenslauf des dreiunddreißigjährigen Offiziers konnte sich sehen lassen.

William Bligh, 1754 auf die Welt gekommen, wurde schon im Alter von erst sieben Jahren von seinem Vater, Inspekteur der britischen Hafenzölle, als Seekadett in die entsprechende Liste bei der Admiralität eingetragen. So geschah es damals öfter, mit guten Beziehungen versteht sich, um dem späteren Offizier ein möglichst hohes Dienstalter zu sichern. Der junge Bligh fuhr mit Lord Howe zur See, bewährte sich im Gefecht an der Doggerbank und gewann den Ruf eines ausgezeichneten Nautikers. Als Captain Cook zu seiner vierten und letzten Reise in die Südsee aufbrach, wurde William Bligh, knapp zweiundzwanzig Jahre alt, auf die »Resolution« kommandiert, und zwar als Navigationsoffizier. Damit übernahm der junge Mann eine besonders verantwortliche Stellung. Unter dem Kommando des berühmten Entdeckers und vortrefflichen Menschen hat Bligh das Logbuch der HMS »Resolution« geführt und die Karten gezeichnet, unter anderem auch die Küste von Hawaii vermessen. Dort wurde er von fern Augenzeuge der Ermordung Cooks durch die Eingeborenen.

Den Ausschlag für die Wahl des Oberleutnants Bligh gab, daß er schon mehrere Monate in Tahiti gewesen war und einigermaßen die dortige Sprache verstand. Auch Westindien kannte er gut, wohin ja die Brotfruchtpflanzen zu bringen waren. Einen besser geeigneten Mann als ihn konnte die Admiralität kaum finden. In seiner Londoner Personalakte wurde Bligh als »sehr intelligent, energisch und pflichtbewußt« beschrieben.

Jedoch, in den beiden Bounty-Filmen, vorwiegend auch in der Literatur, legen die Autoren den Keim zur späteren Meuterei in die gegensätzliche Herkunft von Bligh auf der einen Seite und seinem Stellvertreter Fletcher auf der anderen. Nach diesen total verdrehten Darstellungen stammte William Bligh aus kleinen, um nicht zu sagen proletarischen Verhältnissen. Nur durch sturen Fleiß und robusten Gebrauch seiner Ellbogen hatte es angeblich dieser »Emporkömmling« zum Offizier gebracht. Fletcher Christian jedoch gehörte zur adligen Oberschicht und verdankte seine Stellung auf der »Bounty« vor allem guten Beziehungen zum Hof. Erst kurz vor dem Auslaufen wurde Christian dem Captain Bligh aufgezwungen.

Alles falsch und total verkehrt! Wenn auch William Bligh ohne Land und ohne privates Einkommen war, gehörte doch seine Familie zu den ältesten in Cornwall und konnte sich eines Stammbaumes von rund 900 Jahren rühmen. Angeblich reichte er sogar zurück in die Sagenzeit um König Arthur. Schloß Tinton war der nun in Ruinen liegende Stammsitz seiner Familie. Alle von Blighs männlichen Verwandten waren, was man im alten England mit gewisser Betonung »Gentlemen« nannte. Anders wäre es William Bligh nicht möglich gewesen, Elizabeth Betham zu heiraten, die zum Clan der Campbells gehörte, einer ebenso berühmten wie vornehmen Sippe in Schottland. (Auch sie besaß kein Vermögen, kam jedoch in späteren Jahren zu einer beachtlichen Erbschaft.)

Aus etwa dem gleichen Milieu stammte auch Fletcher Christian. Er war der jüngere Sohn adliger Eltern, die Landgüter in Cumberland besaßen. Eine gute Erziehung hatte er genossen und war mit sechzehn Jahren in die Marine eingetreten. Sein Rang war der eines Midshipman, mehr ist Fletcher Christian nie geworden. Nach heutigen Begriffen entspricht es dem »Fähnrich zur See«. Doch verliefen die Beförderungen zu damaliger Zeit so langsam, daß so mancher sein Leben lang Midshipman blieb. Fletchers Beurteilung war in den Personalakten nicht allzu gut. Vorgeworfen wurde ihm »mangelnder Ernst« und außerdem bewies er – so wird darin wörtlich gesagt – »allzu lebhaftes Interesse für das weibliche Geschlecht«.*

In den Bounty-Filmen, auch in den meistgelesenen Bounty-Büchern, sieht Captain Bligh den Fähnrich Fletcher Christian zum ersten Mal, als dieser kurz vor ihrer Abreise das Deck der »Bounty« betritt. In Wirklichkeit waren die beiden seit vielen Jahren miteinander befreundet. Von Bligh empfohlen hatte Christian vier Reisen nach Westindien mitgemacht, unter William Blighs Kommando. Kein anderer als Captain Bligh hatte Freund Christian bei der Admiralität als Ersten Offizier auf der »Bounty« vorgeschlagen.

Auch äußerlich waren beide völlig verschieden von ihren Erscheinungen im Film und den Beschreibungen, wie sie die Autoren Nordhoff und Hall in ihrem Bounty-Buch »Mutiny« gegeben haben. Auf einem der noch erhaltenen Porträts wirkt William Bligh sensibel, freundlich und hilfsbereit, hat auch Neigung zur Korpulenz. Er besaß eine auffallend helle Gesichtsfarbe, dunkle Haare und blitzblaue Augen. Der angeblich so elegante, in Playboy-Kreisen bekannte Schürzenjäger Fletcher Christian fiel auf durch weit abstehende Ohren, gedrungenen Wuchs und geradezu groteske O-Beine!

Verglichen mit dem Auftreten und Äußeren der beiden Darsteller des Ersten Offiziers in den zwei Bounty-Filmen, war der echte Fletcher eine Schießbudenfigur!**

HMS »Bounty« war eine Dreimastbark von 213 Tonnen, ihre Länge betrug 33 Meter und ihre Breite 8 Meter. Die Admiralität hatte den Rumpf des sehr soliden

* Alle diese Angaben und Lebensläufe findet der um objektive Sachlichkeit bemühte Historiker oder historische Schriftsteller in den entsprechenden Archiven, wo freundliche Fachleute seine Suche unterstützen.

** Auch die Personenbeschreibung ist heute noch nachzulesen in den 200 Jahre alten Personalakten.

Schiffes mit Kupferblech beschlagen lassen. Der weitere Umbau, vor allem die Einrichtung für den Transport der Pflanzen, kostete 2000 Pfund. Alles ging schnell, an Mühe und Mitteln wurde nicht gespart. Hatte doch Seine Majestät persönliches Interesse für das Unternehmen gezeigt und ließ sich über alle Vorbereitungen unterrichten. Das war wichtig für Bligh, der hoffen durfte, daß ihm der König, wenn er den Auftrag durchgeführt hatte, zu einer rascheren Karriere verhalf. Vorläufig war nämlich Bligh noch nicht wohlbestallter Kapitän der Kriegsmarine, sondern nach heutigem Maßstab erst Oberleutnant zur See. Nur der Höflichkeit halber und weil er das Kommando führte, wurde William Bligh mit »Captain« angeredet. Also ist die verbissene Energie begreiflich, mit der dieser Mann versuchte, seinen ungewöhnlichen Auftrag trotz aller Schwierigkeiten mit Erfolg abzuschließen.

Die »Bounty« wurde mit reichlich Proviant versorgt, auf Drängen ihres Kapitäns sehr viel besser und abwechslungsreicher, als es damals üblich war. Sogar lebendes Geflügel, ein Dutzend Hammel und Schweine wurden an Bord genommen. Um mit den Insulanern Tauschhandel zu treiben, waren im Laderaum des Schiffes unter anderem verstaut: 1000 Yards bunte Stoffe, mehrere hundert Pfund Glasperlen, 1000 Pfund Nägel, 500 Messer und 500 Stahläxte, die man nach Blighs Angaben in der Form tahitischen Steinbeilen nachgebildet hatte.

Nur zwei kleine Kanonen trug die »Bounty«, dafür eine unbestimmte Menge eiserner Kanonenkugeln und auch nur pflaumengroße Eisenkugeln, die man bei passender Gelegenheit im halben Dutzend gleichzeitig abfeuerte. In ihrer Waffenkammer befanden sich noch zwei Dutzend Musketen, ebenso viele Pistolen und eine Anzahl kurzer Säbel. Für ein Seegefecht war die Dreimastbark also nicht gerüstet und sollte auch keines führen.

In dem winzigen Schiff von nur 213 Tonnen, mußte eine Besatzung von 45 Mann Platz finden. Nur 32 davon gehörten zum seemännischen Personal, hinzu kamen drei Zimmerleute, zwei Kanoniere, ein Segelmacher, ein Schmied, ein Korporal, ein Arzt und ein Schreiber sowie der Botaniker Nelson und Gärtner William Brown.

Genaugenommen war William Bligh der einzige echte Offizier an Bord. Fletcher Christian als Midshipman und die Seekadetten, von denen keiner über zwanzig Jahre alt war, zählten noch nicht dazu. Sie waren bestenfalls Offiziersanwärter. In diesem krassen Mißverhältnis, das Bligh allein die gesamte Verantwortung überließ, lag wohl der wirkliche Keim zu den späteren Ereignissen.

In den beiden Filmen ist die »Bounty« eine schwimmende Hölle und Captain Bligh der Leibhaftige in Person.

Am 28. November 1787 sollte die »Bounty« in See gehen. Mrs. Bligh kam mit ihren vier kleinen Töchtern und einem fünften Kind, das bald erwartet wurde, nach Spithead, um für zwei, drei, vier Jahre von ihrem Mann Abschied zu nehmen. Ihre Ehe war recht glücklich, trotz der oft sehr langen Abwesenheit des Gatten oder eben deshalb. William Bligh war selbst in der fernen Südsee ein allzeit getreuer Ehemann. Sogar in den 200 Jahre alten Gerichtsakten, die Meuterei betreffend, ist das heute noch zu lesen. Einige der Meuterer haben zur eigenen Verteidigung ausgesagt, es sei ihnen leider unmöglich gewesen, den Captain durch Zuführung der schönsten Mädchen an den Freuden von Tahiti teilnehmen zu lassen. Daheim wie aus der Ferne war Bligh seinen Kindern ein zärtlicher, liebevoller Vater. An seinen Briefen, die er bei jeder Gelegenheit nach Hause sandte, kann sich mancher Ehemann ein Beispiel nehmen. Machte er doch darin seiner Frau die schönsten Komplimente, und er lobte die gute Erziehung der Kinder.

»Ich kann es gar nicht abwarten, das süße Wesen zu sehen, das Du mir inzwischen zu meinem Glück geschenkt hast«, schreibt der Kapitän von Kapstadt aus, »auch wenn es wieder ein Mädchen sein sollte, hat es schon seinen Platz an meinem Herzen!«

Es war ein Mädchen! Aber damit nicht genug, kamen später noch zwei hinzu. Einem Vater von sieben Töchtern ist kaum zu verübeln, daß er gerne und lange zur See fuhr.

Vorbildlich sorgte William Bligh, den man in so vielen Büchern und zwei Filmen als »seefahrendes Ungeheuer« beschreibt, für das Wohlergehen seiner Mannschaft. Er ließ Segel über Deck spannen, damit seine Leute vor den sengenden Strahlen der Sonne geschützt waren. Peinliche Sauberkeit herrschte an Bord, täglich wurden alle Räume des Schiffes ausgewaschen und das Schlafzeug zur Lüftung nach oben gebracht. Eine neue Regelung war die Einteilung des Dienstes in drei Wachen, was jedem Mann erlaubte, ohne Unterbrechung acht Stunden zu schlafen. Einen Becher Rum gab es täglich, dazu noch für jeden Mann zwei Liter Bier, solange der Vorrat reichte.

Auf eigene Kosten hatte der sonst überaus sparsame Bligh einen Fiedler an Bord genommen, dessen Aufgabe es war, bei dem vom Captain allabendlich – gutes Wetter vorausgesetzt – befohlenen »Tanz« muntere Melodien zu spielen. Das Gehopse und Herumgespringe sollte der Gesundheit dienen und war, so würden wir sagen, eine Art von Ausgleichssport.

»Wir sind alle bester Stimmung«, schreibt Bligh acht Wochen nach der Ausreise in sein Logbuch. »Es freut mich festzustellen, daß ich bisher noch nicht gezwungen war, auch nur einen Mann zu bestrafen. Wir verstehen uns gut miteinander, und ich hoffe, so wird es bleiben. Mit Gottes Hilfe werde ich alle Leute gesund zurückbringen.«

Eine gründliche Untersuchung, die Bligh durch den Schiffsarzt veranlaßte, kam zu dem traurigen Ergebnis, daß über die Hälfte seiner Leute geschlechtskrank war. Auch Fletcher Christian, der in beiden Filmen und vielen Bounty-Büchern als edler Held geschildert wird, litt unter fortgeschrittener Gonorrhoe. Woran kein Zweifel möglich ist, weil die Krankenblätter der Bounty erhalten blieben.

Ohne jede Sachkenntnis wird in Büchern und Filmen das Verhalten William Blighs beim Versuch der Umseglung des Kap Hoorn geschildert. Da wird Bligh zum männermordenden Sadisten. Bis weit über die Grenze menschlicher Leidensfähigkeit hinaus treibt er die ihm anvertrauten Menschen und mit ihnen auch das Schiff, durch tobende Stürme, durch ein Labyrinth gefährlichster Klippen. Männer stürzen aus der Takelage zu Tode, werden über Bord gerissen oder von verrutschter Ladung zerquetscht. Nur weil das »seefahrende Ungeheuer« Zeit gewinnen will.

Tatsache ist, daß die Gewässer ums Kap Hoorn die schlimmsten der Welt sind und demzufolge für die Mannschaft von Segelschiffen eine furchtbare Plage waren. In Wahrheit verlor die »Bounty« dabei keinen Mann, und als es zu schlimm wurde, ließ der Captain wenden und nahm zu seinem Ziel den längeren Kurs über Kapstadt.

In Kapstadt wurde das Schiff überholt, die Besatzung bekam Urlaub. Jeder Mann erhielt täglich zwei Pfund Fleisch, frisches Gemüse und frisch gebackenes Brot, soviel er wollte. Dazu noch eine Pinte Wein. War es sonst in südlichen Häfen üblich, die Mannschaft zu überwachen, damit keiner desertierte, konnte Captain Bligh darauf verzichten. Niemand von der »Bounty« ist entlaufen, was doch beweist, daß die Leute trotz durchgemachter Strapazen mit ihrem Kommandanten einigermaßen zufrieden waren.

Bei anfangs sehr schlechtem Wetter ging die Reise der »Bounty« weiter. Nach sieben Wochen kam die Westküste Australiens in Sicht. An Bord war alles wohl, obschon die drangvolle Enge in dem kleinen Schiff fühlbar wurde und die Nerven strapazierte. Weitere Wochen vergingen. Hin und wieder sah man im Norden einen Streifen des australischen Strandes, kein Baum und Strauch war dort zu erblicken, erst recht keine Spur menschlichen Lebens. Auf dem ganzen Kontinent gab es damals noch keine Siedlung von Weißen, doch war schon fürs nächste Jahr in der Botany-Bay (dem heutigen Sydney) die Anlage einer Strafkolonie geplant.

Am 19. August erreichte die »Bounty« Tasmanien und ging in der Adventure-Bay vor Anker, nicht weit vom heutigen Hobart entfernt, der Hauptstadt Tasmaniens. Man mußte Feuerholz an Bord nehmen und die Wassertonnen füllen. Trotz der Abwechslung, die solche Landgänge boten, hatte sich die Stimmung verschlechtert. Acht Monate war die »Bounty« schon unterwegs, immer stärker machte sich das allzu enge Beisammenleben bemerkbar. Der Kommandant war überfordert und ermüdet. Fletcher Christian, der ihn unterstützen sollte, zeigte sich nachlässig, mitunter sogar aufsässig. Ganz offenbar hat die alte Freundschaft Risse bekommen. An den Seekadetten, von denen keiner älter war als 22, hatte Bligh erst recht keine Hilfe. Er selber, das muß auch gesagt werden, war mitschuldig an der Verschlechterung des Bordklimas, weil sich Bligh in seinem Ärger nicht zu beherrschen wußte. Alles, was man ihm später an Grausamkeiten nachgesagt hat, drohte er seinen Leuten mit gröbsten Ausdrücken an. Nur getan hat er davon nichts. William Bligh mußte in seiner Jugend, als er selber noch Seekadett gewesen war, oder später auf seinen Westindienfahrten eine Fülle von Schimpfworten gelernt haben, die jeder Beschreibung spotten. Auch in den Gerichtsakten hat man nur einige wenige davon, vermutlich die relativ harmlosen, im Wortlaut zitiert. Aber seinerzeit auf der »Bounty«, das heißt in den langen Wochen bevor man Tahiti erreichte, hat leider Kapitän Bligh den gesamten Vorrat seiner Kraftausdrücke auf die Mannschaft, die Kadetten und sogar auf den Ersten Offizier losgelassen.

Am 25. Oktober 1788, genau elf Monate nach der Ausreise, kam Tahiti in Sicht. In der Matavi-Bucht fielen die Anker. Die »Bounty« hatte 27000 Seemeilen zurückgelegt, dennoch befanden sich das Schiff und die Gesundheit der Mannschaft nach wie vor in befriedigendem Zustand. Wenn man bedenkt, daß bei so langen Reisen mit einem Verlust von zehn bis dreißig Prozent der Besatzung gerechnet wurde, hatte Bligh eine ungewöhnliche Leistung vollbracht. Der Bordarzt Dr. Huggan mußte, bevor die Besatzung an Land durfte, jeden einzelnen Mann gründlich untersuchen. Zu Blighs Erstaunen stellte er fest, daß ohne Ausnahme alle Leute kerngesund waren. Angeblich hatten sich auch die Geschlechtskrankheiten verflüchtigt. Entweder war Dr. Huggan total unfähig, oder er belog seinen Kommandanten bewußt. Selbst dem besten Arzt damaliger Zeit konnte nicht gelingen, solch peinliche Krankheit in relativ kurzer Zeit zu heilen. Bligh hatte bestimmt, daß kein Geschlechtskranker von Bord dürfe, wollte er doch unter allen Umständen die Ansteckung der Naturkinder vermeiden. Weshalb denn, so muß man leider vermuten, die Betroffenen den Arzt veranlaßt hatten, sie gesund zu schreiben.

Bligh wurde von den Insulanern sogleich erkannt und herzlich begrüßt. »Toanta Bligh taio parai«, riefen schon Stimmen aus den ersten Booten, »unser Freund Bligh ist zurückgekommen!«

Ganz anders zeigt es der Film. Da macht Bligh einen tölpelhaften, sichtlich gehemmten und verklemmten Eindruck. Alles scheint neu für ihn, von den Verhältnissen auf Tahiti hat er keine Ahnung und benimmt sich im Kreis freundlicher Insulaner wie ein Holzklotz. In Wirklichkeit behielt allein er den klaren Kopf und genoß bei den alten Freunden große Beliebtheit.

Die Insulaner kamen an Bord, begleitet von ihren Frauen und Töchtern. Der Kapitän erlaubte ihnen, über Nacht zu bleiben. Also hatte seine Mannschaft gewiß keinen Grund, sich über Engherzigkeit ihres Kommandanten zu beklagen. Selber machte er, wie schon erwähnt, von den verführerischen Angeboten lieblicher Frauen keinen Gebrauch.

Vom November bis April, fast hundertfünfzig Tage, blieb die »Bounty« in der Matavi-Bucht vor Anker. Hundertfünfzig Tage im Paradies. Nur der Botaniker, der Gärtner und abwechselnd vier Mann hatten mit dem Ausgraben und Eintopfen der jungen Pflanzen zu tun. Mit Ausnahme der Wachen an Bord genossen alle übrigen Männer volle Freiheit und ein so gutes Leben, wie sich keiner von ihnen auch nur im Traume hatte vorstellen können. Was Amore betraf, gab es auf Tahiti keine Beschränkung, dort konnten sich Frauen und Mädchen hingeben, wem sie wollten. Von der Besatzung hatte jeder sein Weibchen, das ihn liebevoll betreute, gar mancher wurde sogar von drei oder vier dunklen Damen verwöhnt. Fletcher Christian, dem schon seine Personalakte bescheinigt hatte, daß er »great interest for the opposite sex« hege, war mit einem der schönsten Mädchen von Tahiti verbunden. Mauhatea hieß das reizende Geschöpf und war Tochter eines stolzen Häuptlings. Bligh hingegen verbrachte all seine Nächte an Bord, von keinem weiblichen Wesen gestört oder geliebt.

Je länger der Aufenthalt dauerte, um so mehr lockerte sich die zuvor straffe Disziplin. Fletcher Christian, eigentlich doch Stellvertretender Kommandant, ließ sich tagelang nicht mehr an Bord blicken. Es scheint, daß ihn der nun gänzlich vereinsamte Bligh gar nicht mehr beachtet hat. Endgültig war die alte Freundschaft erloschen.

Bligh beschäftigte sich mit anderen Dingen. Er schrieb ein Wörterbuch der tahitischen Sprache und füllte viele Blätter mit ethnographischen, botanischen und nautischen Notizen.

Dr. Huggan, der Bordarzt, trank sich wenige Wochen nach Ankunft der »Bounty« zu Tode und wurde am Venus-Point bestattet, einem bescheidenen Hügel nahe der Matavi-Bucht. Weil die Wachen schliefen, wurden acht Musketen und zahlreiche Sachen gestohlen. Als Bligh die Reservesegel inspizierte, stellte sich heraus, daß sie angefault waren. Vergeblich hatte er befohlen, sie regelmäßig zu trocknen. Während der Nacht wurde eine Ankerkette gekappt, offenbar in der Absicht, die »Bounty« stranden zu lassen. Das hätte den Aufenthalt im Paradies um viele Monate, wahrscheinlich sogar um Jahre, verlängert.

Schließlich desertierten die Matrosen Churchill, Muspratt und Millward. Sie flüchteten in einem Boot des Schiffes und nahmen Waffen, Äxte und wichtige Ausrüstungen der »Bounty« mit. Aber Häuptling Tinah ließ sie ergreifen und zurückbringen.

Fahnenflucht hatten sie begangen und zwar von einem Schiff der Kriegsmarine. Ein Verbrechen, das nach damaligem Recht in allen Flotten der Welt mit dem Tode bestraft wurde. Sogar heute noch ist das in vielen Staaten ein Kapitalverbrechen, vor allem wenn man Waffen mitgehen läßt, vielleicht gar Sachen, die für Schiff und Kameraden lebenswichtig sind. Bligh jedoch ließ Milde walten wie kaum ein anderer Schiffskapitän seiner Zeit. Statt die Fahnenflüchtigen an den Rahen der »Bounty« aufzuknüpfen, verurteilte er sie zu vierundzwanzig Hieben und ließ sie für kurze Zeit in Ketten legen. Es war die dritte Prügelstrafe, die er im Verlauf von insgesamt fünfzehn Monaten verhängte. Sonst waren Auspeitschungen auf Schiffen Seiner Majestät ein tägliches Ereignis. Auch der schon mehrfach genannte Captain Cook, ebenso berühmt wegen seiner Entdeckungen wie für das damalige Wunder, nach fast vierjähriger Weltfahrt alle Männer wieder mitgebracht zu haben, war mit harten Prügelstrafen rasch und häufig bei der Hand. Dagegen wurde ausgerechnet Captain Bligh wegen seines Mangels an Härte später von der Admiralität getadelt!

Gegen Ende März wurden die tausend Töpfe mit den Jungpflanzen des Brotfruchtbaumes auf die »Bounty« gebracht, und am 4. April 1789 kam die Stunde des Abschieds von allen Herrlichkeiten Tahitis. Die Stimmung an Bord kann man sich vorstellen. Nicht nur alle zarten Bande wurden jäh zerrissen, auch die süße Zeit des Nichtstuns fand ihr Ende.

Das Schiff war bis zum letzten Winkel mit Vorräten, auch mit Wasserfässern, gefüllt. Drei Wochen später ankerte die »Bounty« vor der Insel Nomuka, um nochmals die Fässer bis ans Spundloch zu füllen. Also kann keine Rede davon sein, daß die Männer unter Durst gelitten haben, wie es der Film in so drastischen Szenen zeigt. Dort hat der schreckliche Bligh zugunsten der Pflanzen den Wasserverbrauch derart gekürzt, daß seine Leute unter Qualen des Durstes zusammenbrachen. Der Höhepunkt seiner Film-Tyrannei war, daß Bligh eine Schöpfkelle hoch droben am Mast aufhängen ließ. Nur wer noch Kraft genug hatte, sie von dort herunterzuholen, durfte trinken. Fletcher Christian, als edler Fürsprecher der gepeinigten Mannschaft, lehnte sich auf und reichte mit eigener Hand einem Sterbenden das rettende Naß. Bligh stieß den Becher mit einem Fußtritt beiseite.

Im Film wird Fletcher durch diesen Vorfall zum Anführer der Meuterei, die in der gleichen Minute ausbricht. In Wahrheit herrschte auf der »Bounty« kein Wassermangel. Auch war Land in der Nähe, um notfalls die Vorräte zu ergänzen. Aber der schöne Traum von Tahiti war zerronnen, die Zukunft der Männer sah düster aus. So wie damals die Verhältnisse in der Heimat lagen, stand ihnen ein hartes Leben bevor. Verständlich, daß sie nicht nach Hause drängten, sondern nur widerwillig ihre Pflichten erfüllten und ihr hartes Los beklagten.

Bligh hatte niemanden mehr, auf den er sich verlassen konnte. Wenn er nicht hinter allem und jedem her war, geriet das überfüllte Schiff in Gefahr, schon bald zu verkommen. Bligh ärgerte sich grün und blau über jede Nachlässigkeit, er wurde immer gereizter, und sein gräßliches Fluchen nahm kein Ende mehr. Auch verstärkte er seine Drohungen.

»Wenn es so weitergeht«, brüllte der Captain über Deck, »lass' ich die halbe Mannschaft hängen und werf auch von den sogenannten Gentlemen ein paar über Bord!«

Ausbrüche eines physisch und psychisch überforderten Mannes. Nur ein Imponiergehabe, wie es die Verhaltensforscher im Reich der Tiere nennen. Aber jede Schimpfkanonade steigerte die Verbitterung. Jedoch zur offenen Revolte kam es deshalb nicht. Vor allem fehlte der Anführer, um eine solche Aktion zu leiten. Bligh selber sorgte dafür, daß ihn die Leute bekamen.

Anlaß war eine Nichtigkeit. Es ging um einen Stapel von Kokosnüssen, die an Deck aufgehäuft lagen und sich nach Meinung des Kapitäns über Nacht verringert hatten. Sinnlos, sich darüber aufzuregen, waren doch Kokosnüsse auf jeder Insel in beliebiger Menge zu haben. William Bligh, scheinbar von allen guten Geistern verlassen, machte daraus eine Staatsaktion und beauftragte seinen Stellvertreter mit der Klärung des vermeintlichen Diebstahls. Ohne Ergebnis, weshalb Fletscher Christian meldete, es fehle überhaupt nichts.

»Sie müssen sich irren, Sir, der Stapel ist nach meiner Schätzung genauso groß wie gestern.«

Bligh verfiel in Tobsucht. Vor aller Mannschaft entlud sich sein Zorn gegen den einstigen Freund.

»Nun ist klar, wer die Nüsse gestohlen hat«, brüllte er los. »Du selber bist es gewesen, Fletcher, du verdammter Hund . . . schamloser Schurke, gemeiner Dieb . . . Halunke . . . Gauner . . .!«

Genau diese Ausdrücke sind gefallen. Mehrere Leute haben das bezeugt, die später vor dem Seegericht ihre Aussagen machten.

Dies gesagt, stampfte der Kapitän in seine Kabine und warf die Tür hinter sich zu. Als sei nichts gewesen, lud er Christian zum Abendessen ein. Der war aber so restlos fertig mit William Bligh, daß er die Einladung ablehnte. Mußte sie auch ablehnen, um nicht die Achtung der ganzen Mannschaft zu verlieren.

Zunächst dachte Fletcher daran, bei Nacht die »Bounty« auf einem Floß zu verlassen. Dann näherte sich ihm Matthew Quintal und schlug vor, das Schiff zu nehmen. Fletcher ließ sich überreden, aus Verbitterung des Augenblicks, nicht weil er schon früher daran gedacht hatte. Schnell fanden sich noch andere Verschwörer bereit, die Meuterei mitzumachen. Während der Kapitän nicht das geringste ahnte, sondern friedlich in seiner Kammer schlief, fanden vier verschiedene Beratungen statt. Alles mußte sehr schnell gehen, weil sich zeigte, daß keineswegs jeder mitmachen wollte.

Bligh war so arglos, daß er bei weit offener Tür in seinem Bett lag, angetan mit Nachthemd und Zipfelmütze. Fletcher mußte ihn erst wecken, als er in die Kabine trat. Während drei Matrosen ihre Musketen auf den Kapitän richteten, erklärte Fletcher mit gepreßter Stimme: »Mr. Bligh, Sie sind mein Gefangener.«

Gleich riß man den Kapitän aus seinem Bett, band ihm die Hände auf den Rücken und zerrte den Gefangenen an Deck. Gleichzeitig wurde auch der Steuermann Fryer festgenommen, der in der Nebenkabine schlief.

Auf Deck erhielt Bligh eine paar Fußtritte, wurde herumgestoßen und an den Mast gebunden. Obwohl ihm Fletcher die Säbelspitze an die Kehle setzte, fluchte der Kapitän weiter, was das Zeug nur hielt. Von der Mannschaft hatte ein Teil noch geschlafen, erst der Lärm brachte sie nach oben. Sie wußten nichts von der Meuterei. Später stellte sich heraus, daß von 43 Mann nur 19 einverstanden waren.

Fletcher schien zutiefst betroffen, daß er wider Erwarten nicht die ganze Besatzung, sondern nur eine Minderheit hinter sich hatte. Drei Stunden wurde verhandelt, was mit Bligh und jenen geschehen sollte, die darauf bestanden, ihrem Eid treu zu bleiben. Welch merkwürdige Situation auf einem Schiff, das sich in der Hand von Meuterern befand!

Schließlich wurde die Launch, also das größte Ruderboot, zu Wasser gelassen und mit Proviant versehen. Bligh sollte es mit seinen Getreuen besteigen, um die nächste Insel zu erreichen. Niemand bemerkte im Durcheinander, daß sich der Schreiber Samuel in die Kajüte des Kapitäns stahl, um dort das Logbuch, den Kompaß und alle sonst noch wichtigen Schiffspapiere an sich zu nehmen. So gelangte sämtliches Material nach London und blieb bis heute in den Archiven erhalten. Dem Zimmermann Purcell gelang es, seine Werkzeugkiste ins Boot zu schaffen. Sogar von den Rebellen halfen einige, die Launch mit Ausrüstung zu versehen.

Zehn Mann konnte sie normalerweise aufnehmen, aber sechsundzwanzig hielten zu Bligh und wollten mit ihm das Schiff verlassen. Jedoch unter der Last so vieler Menschen wäre das Boot gleich gesunken.

Zwei der Kadetten, zwei Zimmerleute, der Waffenmeister, ein Bootsmann und der Fiedler Michael Byrne wurden von den Meuterern gezwungen, auf der »Bounty« zu bleiben. Achtzehn Mann, als letzter der laut fluchende Kapitän, bestiegen das Boot. Es ragte, als sie alle darin waren, nur noch drei Handbreit über Wasser.

»Ich würde mein Leben geben«, sagte Fletcher zu dem Seekadetten Edward Young, »könnte ich alles ungeschehen machen!«

Er selbst reichte Bligh seinen Sextanten ins Boot. Alsdann wurden, dem ausgesetzten Kapitän zum Hohn, sämtliche Töpfe mit den kostbaren Schößlingen über Bord geworfen. Erst danach rief Christian eine Beratung zusammen. Einstimmig wurde er zum neuen Kommandanten gewählt. Diese Wahl, bei der keiner gegen ihn stimmte, gab ihm die jetzt so notwendige Autorität.

Seine erste Aufgabe war es, den Männern klarzumachen, wie gefährlich es sei, nach Tahiti zurückzukehren. Die Inselgruppe war seit ihrer Entdeckung im Jahr 1767 allen seefahrenden Nationen bekannt. Über kurz oder lang mußte man die Meuterer entdecken. Die Admiralität würde auf jeden Fall zunächst in Tahiti nachforschen, wo die »Bounty« geblieben war. Fletchers dringender Rat war, eine noch unbekannte Insel anzusteuern, um dort ebenso behaglich zu leben, wie man es von Tahiti gewöhnt war.

Einen Monat später, am 28. Mai 1789, wurde Tubai gesichtet, eine recht große, noch nicht auf den Seekarten verzeichnete Insel. Aber leider lebten auf Tubai keine so sanften Menschen wie auf Tahiti. Auch mit den Frauen erlebte man eine große Enttäuschung. Die weißen Männer waren ihnen unheimlich, sie scheuten vor jeder Berührung mit ihnen zurück. Als es gelang, ein paar Mädchen durch Geschenke herbeizulocken, wagten sich die Verführten nicht mehr ins Dorf, weil sie glaubten, man werde sie dort erschlagen und verspeisen.

Schließlich kam es zum offenen Kampf, sechzig Insulaner fielen oder wurden verwundet. Von den Leuten der »Bounty« wurde nur einer verletzt. Damit war der Versuch gescheitert, in Tubai die neue Heimat zu finden.

Nun wurde beschlossen, doch Tahiti noch einmal anzulaufen. Man wollte das Schiff bei den alten Freunden neu verproviantieren und so viele der reizenden Frauen an Bord nehmen, daß jeder eine für sich hatte. Drei Männer von Tubai wurden mitgenommen. Sie waren den Weißen gegenüber zu freundlich gewesen, weshalb sie auf der heimischen Insel nicht mehr ihres Lebens sicher waren. Wieder in Tahiti angelangt, verbreiteten die Meuterer ein gut erfundenes Märchen, um das Fehlen von Bligh und seiner achtzehn Getreuen zu erklären. Scheinbar wurde es geglaubt. Fletchers Freundin, die schöne Mauhatea, übersiedelte an Bord. Beide lebten gemeinsam in der Kapitänskajüte, wo Mauhatea in die Pläne ihres Geliebten eingeweiht wurde. Denn ohne ihre Hilfe ging das nicht. Mauhatea mußte alles besorgen oder herbeischaffen lassen, was man in der künftigen Kolonie an lebendem Inventar brauchte, nämlich Hühner, Ziegen und die schwarzen, halbwilden Schweine der Eingeborenen. Weil man Blighs Brotfruchtpflanzen über Bord geworfen hatte, mußten neue Schößlinge eingetopft werden und dazu andere, nahrhafte Pflanzen. Alles machte Mauhatea möglich.

Was die Frauen betraf, erfuhr man von Fletchers Freundin, daß sonst keine bereit sei, für immer die glückliche Heimat zu verlassen. Also wurde beschlossen, sie durch List zu entführen.

Außer den sechs Loyalisten, die gegen ihren Willen auf der »Bounty« geblieben waren, entschlossen sich, als die endgültige Abreise herannahte, noch acht Meuterer, Tahiti nicht zu verlassen. Häuptling Tinah hatte ihnen eigene Ländereien versprochen, denn er gedachte die weißen Männer mit ihren Musketen als Streitmacht gegen seine Rivalen auf der Insel zu benutzen. Christian hatte keine Macht, sie am Bleiben zu hindern. Ehrlich teilte er mit ihnen alle Werkzeuge und Waffen und Tauschwaren, die sich noch an Bord befanden. Doch blieben ihm jetzt nur neun Seeleute, das Schiff zu bedienen.

Sodann erklärte Fletcher Christian den Insulanern, daß er eine kurze Forschungsfahrt unternehmen wolle, um die übrigen Inseln des Archipels zu erkunden. Spätestens in zwei Wochen werde er zurück sein. Niemandem schien aufzufallen, daß er hierfür so viele Vorräte und lebendes Getier brauchte. Am Abend vor der Abreise wurde an Bord ein Fest gefeiert, hauptsächlich mit Frauen. Während diesmal die Meuterer nur wenig tranken, bedachte man die Gäste um so mehr mit Feuerwasser. Als der Nebel ihre Sinne umfing, wurden Segel gesetzt und das Ankertau gekappt. Der Raub der Tahiterinnen war gelungen!

Bis vor wenigen Jahren blieb unbekannt, welche Route die »Bounty« genommen hat. Aber kürzlich gelang es dem australischen Historiker Henry Maud, in den Archiven von Sydney vergilbte Aufzeichnungen zu entdecken, die offenbar das Rätsel lösen. Darin war von einem Schiff die Rede, das zwar keinen Namen mehr trug, bei dem es sich jedoch allem Anschein nach um die »Bounty« handelte. Reiht man jene Hinweise aneinander, ergibt sich ein ziemlich klares Bild. Demnach sind die Meuterer von Tahiti erst siebenhundert Seemeilen weit zu den Salomonen gesegelt, wurden aber von den Wilden des Landes übel empfangen. Danach erschien die »Bounty« vor Rarotonga, einer Insel der Cook-Gruppe. Die Bewohner verstanden tahitianisch und sahen recht gutmütig aus. Aber einer der Meuterer schoß ohne Grund auf die herannahenden Boote. Ein Toter und mehrere Verwundete waren die Folge. Also konnte man nicht an Land. Weiter segelte die »Bounty« kreuz und quer durch die Südsee. Wochen vergingen und Monate. Man kam zu den Tonga-Inseln, nach Fidschi und Lau. Aber alle waren sie bewohnt, und die Bevölkerung zeigte sich feindlich. Im übrigen waren manche der Inseln schon auf Seekarten eingetragen.

Endlich, am 17. Januar 1790, drei Jahre nach der Ausreise von England und neun Monate nach der Meuterei, tauchte eine Insel auf, deren nähere Betrachtung lohnend schien. Wie ein gewaltiger Klotz ragte sie aus dem Wasser, mit steilen Wänden ringsum, dreihundert Meter und höher. Mehrere Tage suchte man nach einer Stelle, um zu landen. Schließlich entdeckte Fletcher Christian eine kleine Bucht mit schmalem Strand, von der eine vielleicht begehbare Schlucht auf das Plateau hinaufführte. Er stieg mit drei Mann übers Gestein nach oben. Die Insel war unbewohnt, doch früher mußten hier Menschen gelebt haben. Man fand bemooste Steinaltäre, auch Reste heidnischer Tempel von ähnlicher Art wie auf dem nun so fernen Tahiti. Weit wichtiger war die Entdeckung von Nahrungspflanzen, Brotfrucht gab es, Kokospalmen, Bananen und Yam . . . die früheren Bewohner mußten sie von irgendwoher gebracht und hier angepflanzt haben. Die Hochfläche war von Tälern durchzogen und der Boden offensichtlich fruchtbar. Es gab auch Wasser und Holz mehr als genug. Die neue Heimat war gefunden!

Mit Mühe wurden die Vorräte, das Werkzeug, die Haustiere und eine Menge notwendiger Geräte auf das Plateau geschafft. Alles, was man nur brauchen konnte, alle Instrumente, Karten und auch die Schiffsbibel der »Bounty« brachte man zur Höhe und begann sogleich mit dem Bau von Hütten.

Als Fletcher Christian die auf der »Bounty« verbliebenen Karten studierte, kam er zur Erkenntnis, daß schon Captain Carteret die Insel entdeckt und »Pitcairn« genannt hatte. Aber gerade die falsch eingezeichnete Lage Pitcairns bot gewisse Gewähr, daß man bei etwaiger Suche nach Pitcairn die von Carteret entdeckte Insel nicht dort finden würde, wo sie in Wirklichkeit lag. Außerdem hatte Carteret zu Pitcairn vermerkt: unbewohnt, kein Ankerplatz, Landung kaum möglich.

Die neu gegründete Kolonie bestand aus achtundzwanzig Personen: den neun noch verbliebenen Meuterern, den drei Männern von Tubai und drei Männer aus Tahiti sowie zwölf braunen Frauen und einem kleinen Mädchen.

Die Schilderungen über das Ende der »Bounty« gehen auseinander. Im Film wie auch in manchem der phantasievollen Bounty-Bücher soll Fletcher Christian allmählich zur Einsicht gekommen sein, es wäre wohl am besten, wenn man nach England heimkehre, um sich dort den Gerichten zu stellen.

Wie weiter behauptet wird, hat dieser Plan keine Zustimmung gefunden. Seine Leute fürchteten, auch wenn nur er allein das tue, würden sie allesamt abgeholt und gehängt. Weshalb denn ein paar entschlossene Leute bei Nacht zur »Bounty« hinabstiegen, um das Schiff anzuzünden. Beim Versuch, die Flammen zu löschen, erlitt Fletcher so schwere Brandwunden, daß er bald darauf in den Armen seiner untröstlichen Mauhatea verschied.

Eine ebenso traurige wie schöne Geschichte, nur entspricht davon keine Silbe der Wahrheit. Schon während Fletcher mit drei Begleitern zur ersten Erkundung aufs Dach der Insel stieg, wollten ihn die übrigen Meuterer seinem Schicksal überlassen, um mit der »Bounty« in zivilisierte Gegenden abzusegeln. Was sie dort wollten und wie sie gedachten, sich dem Griff der Seebehörden zu entziehen, ist nicht überliefert. Man muß wohl annehmen, daß Fletcher Christian und ein nicht namentlich genannter Mann als einzige die feste Absicht hatten, ihr Leben auf Pitcairn zu beschließen. Also war es doch Fletcher, der befürchten mußte, sein Aufenthalt würde verraten, falls die Flüchtlinge Kontakt mit der Außenwelt bekamen. So hat wohl er selber dem einzigen Mann, dem er vertrauen konnte, Anweisung erteilt, heimlich und bei Nacht die »Bounty« anzuzünden.

Es vergingen siebzehn Jahre, bis wieder ein Schiff die Insel anlief. Das war der Robbenfänger »Topaz« unter Kapitän Folger. Von den achtundzwanzig auf der »Bounty« hergebrachten Kolonisten, waren nur neun noch am Leben, dazu ein gutes Dutzend inzwischen geborener Kinder. Acht von den neun Erwachsenen waren Frauen, tahitische versteht sich. Von den Meuterern selbst war nur einer übriggeblieben, Alexander Smith. Schon bald nach Vernichtung der »Bounty« hatte sich gezeigt, daß weder die Weißen untereinander, noch daß sie mit den Männern aus Tahiti und Tubai in Frieden leben konnten. Um die Frauen war es zum Streit gekommen, gegenseitig hatte man sich umgebracht. Nur der Matrose Smith, nach einem Überfall schwer verwundet, kam mit dem Leben davon.

Alexander Smith war fromm geworden. Gründlich hatte er die Bibel der »Bounty« studiert und regelmäßig Gottesdienste abgehalten. Er gab Unterricht im Lesen und Schreiben, so gut er das vermochte, schlichtete Streitigkeiten und war überhaupt ein ausgezeichneter Mann. Wie sich von selbst versteht, wurde er als Oberhaupt der Gemeinschaft betrachtet. Im übrigen nannte er sich wieder John Adams, was sein eigentlicher Name gewesen ist. Vermutlich hatte ihn seinerzeit in England der Arm des Gesetzes gesucht, was ihn jedoch auf Pitcairn nicht zu stören brauchte. Hier bekannte er sich als getreuer Untertan der britischen Krone. Mit Nachdruck betonte er dem amerikanischen Kapitän Folger gegenüber, daß die Insel eine englische Kolonie sei. Da sich England die Erklärung von Smith alias John Adams zu eigen machte, ist Pitcairn die älteste britische Besitzung in der Südsee.

All dies zu erfahren war relativ einfach, wurde doch im damaligen England und, ich glaube, noch heutigentags jeder Kapitän, der sein Schiff verloren hatte, vor ein Seegericht gestellt. Sicher war und ist das in den meisten Fällen nur eine Formsache, die mit Freispruch endet. Zuvor aber müssen alle Umstände geklärt sein, die zum Verlust des Schiffes geführt haben. Handelt es sich gar um ein Schiff der Kriegsmarine, und das war HMS* »Bounty«, hatte sich der Kommandant (falls er nicht mit seinem Schiff gesunken war) vor einem Gericht der Admiralität zu verantworten. Weil man gerade in England solche Gerichtsakten über Jahrhunderte aufbewahrt, mußten auch die Unterlagen über die Bounty-Meuterei noch vorhanden sein. Ich schrieb nicht an die Historische Abteilung der Admiralität, sondern sprach bei Gelegenheit selber vor und erfuhr, daß jenes Verfahren gegen Captain Bligh und die überlebenden Meuterer von der »Bounty« publiziert worden ist.**

* HMS bedeutet His Majesty's Ship, womit stets ein Schiff der Kriegsmarine gemeint ist. Ebenso stand SMS im Kaiserlichen Deutschland für »Seiner Majestät Schiff«, und auch damit war stets ein Schiff der Kriegsmarine gemeint.

** In der Serie: Notable British Trials Series (bisher aus 143 einzelnen Bänden bestehend) des Verlages William Hidge and Company in Edinburgh und London. »The Court Martial of the Bounty Mutineers« wurde von einem Berufsjuristen namens Owen Rutter (Mitglied der Königlichen Geographischen Gesellschaft) herausgegeben und stützt sich auf die unter dem Aktenzeichen Admirality I 5330 im Staatsarchiv aufbewahrten Akten der Verhandlung.

Als Jurist und Absolvent des Trinity College in Cambridge fiel es mir nicht allzu schwer, aus der Menge von Material, verfaßt in schlimm verklausuliertem Gerichtsenglisch, die wesentlichen Tatsachen auszugraben.

In meinem Australien-Buch »Das fünfte Paradies« (Cotta Verlag, Stuttgart, auf den Seiten 102 bis 145) habe ich bereits den bisher völlig falschen Schilderungen der Meuterei, vor allem der krassen Verunglimpfung des Kapitän William Bligh, widersprochen! Danach, ohne jede Beziehung auf mich, haben erfreulicherweise eine ganze Reihe verdienter und sachkundiger Autoren die Wahrheit über die Bounty aufgeklärt und veröffentlicht. Besonders mein hochgeschätzter Freund Bengt Danielsson in seinem Buch »What happened on the Bounty«.*

Wer sich Mühe gibt und dazu Lust hat, kann in verstaubten Archiven noch gut ein halbes Dutzend Bounty-Berichte »aus der Zeit« finden, die nicht entstellt sind. So beispielsweise eine 600seitige Biographie über William Bligh von dem australischen Historiker George MacKannes** sowie eine Schilderung von Sir John Barrow, der seinerzeit noch mit Leuten gesprochen hat, die selbst an der Meuterei beteiligt waren. Sie alle loben den tüchtigen, den menschlichen, fürsorglichen Captain Bligh, dessen Fehler aber erstens zu große Nachsicht, zweitens Jähzorn und drittens sein häufig verwendetes Vokabular der allerschlimmsten Schimpfworte gewesen waren. Er selbst hat alles gleich wieder vergessen, doch haben es ihm andere lebenslänglich verübelt.***

Lassen wir bis auf weiteres Captain Bligh in der Vergangenheit und kehren an Bord der »Explorer« zurück. Vor uns Bounty Bay, der einzige, wenn auch schwierige Landeplatz der Insel. Brandung und Brecher rauschen gegen die Mole, schwarze Riffe werden von schäumenden Wogen überrollt. Scharfkantige Klippen erscheinen und verschwinden. Wer die Insel der Meuterei besuchen will, muß einen sich hebenden und senkenden Wogenstrudel durchqueren. Wobei alles darauf ankommt, daß der Steuermann fehlerfrei die Kunst beherrscht, auf Wellenkämmen zu reiten.

Vielleicht wären unsere Zodiacs für das gewagte Landemanöver besser geeignet als die Langboote der Pitcairner, besonders dann, wenn unsere Tongamänner steuern. Die Schlauchboote können nicht sinken, sie zerbrechen nicht gleich an Klippen, sondern werden davon elastisch abgestoßen.

Aber die Pitcairner haben auch ihren Stolz und sind seit Generationen gewohnt, ihre Gäste mit eigenen Fahrzeugen an Land zu bringen. Einerseits sollen die berühmten »Langboote« Pitcairns genauestens den Booten der »Bounty« nachgebaut sein, nach anderer Lesart hat die Queen Viktoria als Geste der Versöhnung für die Nachkommen der Meuterer ein solides Langboot in Schottland speziell für Pitcairn

* Verlag George Allen and Unwind Ltd. London 1962

** Little Brown and Company, Canada, Der Verfasser hat selbst ein Jahr auf Pitcairn gelebt.

*** Als die Wahrheit über die »Bounty« im Rahmen meines Australien-Buches erschienen war, brachte mir irgendwann die Post ein ziemlich schweres Kistchen mit dem Absender »Captain William Bligh«. Darin ein originalgetreues, gewiß von der Hand eines guten Kenners und Künstlers hergestelltes Modell der »Bounty«. Daran ein Kärtchen mit den Worten: »Dem verdienstvollen Retter meiner Ehre, dankbarst überreicht von William Bligh, Ex-Commander »H.M.S. Bounty«.

herstellen und an Bord eines Kriegsschiffes zur Insel bringen lassen. Wie dem auch sei, ist es für die Pitcairner von unschätzbarem Vorteil, daß die beiden Langboote überaus wendig sind und leicht dem Druck der Wellen nachgeben. An sich werden achtzehn Mann benötigt, um ein Langboot zu rudern. Weil es aber für die beiden Pitcairner Fahrzeuge so viele starke Männer auf der Insel nicht mehr gibt, hat man 1968 erst das eine, wenig später auch das andere Boot mit Dieselmotor versehen. Jedoch ausgerechnet vor der kritischsten Sekunde muß man den Motor abstellen, um das entscheidende Manöver den vier bis sechs noch vorhandenen Ruderern zu überlassen.*

11 Meter lang sind die Boote und 2,70 Meter breit. Die hölzernen Bootswände sind grau, zerkratzt und vom vielen Gebrauch abgewetzt. Manche der Schiffe, die Pitcairn besuchen, liegen bis sieben Kilometer weit draußen, aus Furcht vor dem an Riffen reichen Fahrwasser. Unsere »Explorer« bleibt der Einfahrt relativ nahe. Wie man später hört, schweben wir unmittelbar über den etwa 60 Meter tief liegenden Resten der »Bounty«.

Freundliche, stopplige, wetterharte Gesichter lächeln und grüßen zu uns hinauf. Hohe Gummistiefel tragen die Leute, dicke Pullover, geflickte Jacken, auf dem Kopf alte Helmut-Schmidt-Mützen oder ausgefranste Zipfelkappen.

Weil die Wogen an der Gangway hoch hinauf greifen, dann wieder klaftertief absinken, gilt es den genau richtigen Augenblick für den Sprung ins Boot abzupassen. Eine durchaus andere Methode als bei unseren Zodiacs. Dennoch tritt keiner fehl, und selbst dann würde der etwa abrutschende Fremde von den Armen der beiden Assistenten, gebürtige Pitcairner natürlich, ohne weiteres ins rettende Boot gerissen.

So stoßen wir ab von unserem Schiff. Der Dieselmotor des Langbootes brummt, und die Rudermänner stabilisieren es im Auf und Ab der Wellenberge auf beruhigende Weise. Die Pitcairner meinen, wir hätten heute Glück mit dem Seegang, auch die Windrichtung sei so gut wie nur selten.

Dann möchte ich nicht bei schlechtem Wetter hier landen, schon gar nicht, wenn es aus der falschen Richtung bläst. Aber wie mir jemand sagt, wird dann eine Landung gar nicht erst versucht. Jedes dritte Schiff ungefähr, erzählen die Leute, kann Passagiere nicht absetzen, auch wenn das nur für ein Stündchen sein soll. Mindestens ebensohäufig kommt es vor, daß nicht ein Mann von Pitcairn an Bord gelangt.

Jetzt wird's spannend. Ein Pitcairner steht vorn im Langboot, zwei andere haben hinten das Steuer gepackt. Der Mann am Motor hält den Zündschlüssel zwischen den Fingern.

Auf dem mächtigen rollenden Rücken eines Brechers wird unser Fahrzeug von rascher, ja rasanter Naturgewalt schnurstracks gegen die eben auftauchende Fel-

* Man will demnächst die wesentliche Gefahr des Landens durch Sprengung mehrerer Riffe und Klippen beseitigen. Ich bedauere es, weil ja gerade das Risiko bei der Einfahrt zu den besonderen Reizen eines Pitcairner Besuches gehört. Auch die Mole soll verlängert werden.

Die weltberühmten Steinriesen der Osterinsel, Moai genannt, sind tatsächlich viel größer, als sie heutigen Betrachtern erscheinen, der nur den Kopf und vielleicht den Hals sieht. Thor Heyerdahl hat 1952/53 einige vollständig ausgegraben und entdeckt, daß sie bis mindestens zur Körpermitte im Boden stecken.

Das seit 200 Jahren scheinbar unlösbare Rätsel, wie denn seinerzeit die Osterinsulaner mit ihren nur primitiven Mitteln die bis zu 30 Tonnen schweren Skulpturen transportiert und aufgerichtet haben, wurde mit nur wenigen Hilfskräften von Thor Heyerdahl auf überzeugende Weise gelöst.

Moai mit dem »Zylinder«. Diese Pukuao genannte Kopfbedeckung besteht aus rosafarbenem Tuffstein, der aus anderer Gegend stammt als das Material der eigentlichen Statue. Welche Bedeutung das Ding auf dem Kopf der Moais hatte, ist nicht bekannt. Alle waren herabgestürzt worden, nur einen davon hat man wieder aufgesetzt.

Angefangenes Moai im Steinbruch des Rano Raraku-Kraters. Sehr viele unfertige Skulpturen gibt es dort, von kaum begonnenen bis fast fertigen Arbeiten. Ganz plötzlich hat eines Tages alle Tätigkeit aufgehört.

senmauer getragen. Sicher, so scheint mir, ist vor dem Ablauf der nächsten Halbsekunde ein ohrenbetäubendes Krachen zu erwarten.

Statt dessen wirft mich im gleichen Augenblick eine haarscharfe Schwenkung nach links. Noch mit dem Schwung derselben Woge fliegen wir durch die Einfahrt, sinken ein paar Meter tief, um sodann auf relativ ruhigem Wasser zu schwimmen. Und ehe man sich's versieht, sind wir längsseits der Mole. Zahlreiche Arme packen und heben uns hinauf.

Also ist es soweit, mit beiden Füßen stehe ich auf Pitcairn! Seit der Schulzeit war das mein Wunsch, heute nun hat sich der damals so unwirklich erscheinende Traum erfüllt!

Da steht der offene Schuppen für die Langboote, darüber ein großes Schild »Welcome to Pitcairn«.

Das sagen auch ein Dutzend breitgebaute Frauen, graubärtige Männer, junge Burschen in Jeans und Mädchen mit langen Zöpfen. »Willkommen in Pitcairn . . . wann müßt ihr wieder fort . . . ich führ dich nach oben . . . wir geben ein Fest mit Kaffee und Kuchen und Kindertanz . . . warum könnt ihr nicht länger bleiben?«

Hände schütteln und ganz fest drücken, es wird viel gelacht und breit gegrinst. So selten sehen die Pitcairner bei sich Besucher in der letzten, der neuesten Zeit, daß ihnen wirklich unser Erscheinen Freude macht. Was mir bei den meisten auffällt, sind die Farben von Haut, Haar und Augen. Es ist doch klipp und klar, daß sie alle von einem der gemischt-rassigen »Urpaare« abstammen, also von einem der Meuterer und dessen nach Pitcairn mitgebrachter Gefährtin aus Tahiti oder Tubai. Im übrigen gab es ganz zu Anfang ein oder zwei Paare, wo beide Partner braun waren. Aber siehe da, die heutigen Nachkommen der neun weißen Männer und der elf polynesischen Frauen sehen alle so englisch aus, als kämen sie gerade aus Yorkshire, Kent oder Cornwall. Den Gesichtszügen, dem Verhalten und der etwas groben, vernachlässigten Kleidung nach allerdings aus ländlicher, relativ abgelegener Gegend.

Manche Kinder sind so blond, haben so strahlendblaue Augen wie bei uns der Nachwuchs in Friesland. Dabei sagt man doch immer, daß sich der dunkelhäutige Einschlag bei Familien sonst weißer Hautfarbe nach ungezählten Generationen noch erkennen läßt. Zumindest auf Pitcairn ist das Gegenteil bewiesen.

Seit im Jahre 1967 das erste motorisierte Fahrzeug auf die Insel kam, wo die schmalen, primitiv gebauten Straßen zusammen nur 6,5 Kilometer lang sind, hat sich das Verkehrsvolumen auf zwei Traktoren, einen Jeep, einen Mini-Pkw und sieben Motorroller vermehrt. Jetzt stehen sie alle auf der Mole, und von ihren Fahrern werden die Besucher freundlichst eingeladen, sich zur 160 Meter hochgelegenen Hauptstadt Adamstown bringen zu lassen. Weil ich gesehen habe, wie eng die Kurven sind und wie steil der Abgrund auf der Seeseite, ziehe ich den Fußmarsch vor. Da brausen die Roller, ebenso die Traktoren und der Mini-Cooper im Höllentempo an mir vorbei. Bedenkt man, daß bis zur Einrichtung der Seilbahn alles, was die Pitcairner brauchten, von der Bounty Bay bis Adamstown auf dem Rücken geschleppt oder in Karren geschoben wurde, ist die heutige, knapp drei Meter breite Sandstraße ein wahrhaft riesiger Fortschritt.

Von der ursprünglichen Vegetation, wie sie Captain Carteret im Jahre 1767 von weitem gesehen hat, also von dem dichten Wald, ist das meiste durch Abholzung, Erosion und Ziegenfraß verschwunden. Auch von den seinerzeit angelegten Feldern und Gemüsegärten ist wegen des raschen, teilweise erschreckenden Bevölkerungsrückganges vieles von neuer Wildnis überwuchert. Aber grün, besser gesagt, graugrün ist Pitcairn geblieben, hat auch genügend Quellen und reichliche Regenfälle.

Pitcairns größte Länge beträgt 3,3 Kilometer, die größte Breite nur 1,6 Kilometer. Alles in allem eine Größe von 450 Hektar, was für ein ostelbisches Rittergut viel zuwenig wäre. Davon sind nur 36 Hektar einigermaßen flach und deshalb leicht zu bebauen. Weitere 140 Hektar sind abfallende, aber noch immer nutzbare Abhänge. Der Rest, weit mehr als die Hälfte von Pitcairn, besteht aus Steppe, Steinwänden, Dornbüschen (Lantana camara) und erodierter Felsenlandschaft.

Wenn ein Land, eine Kolonie oder Insel nur 58 bis 63 Einwohner hat, Kleinkinder mitgezählt, kann die Hauptstadt nicht groß sein. Dennoch macht Adamstown den Eindruck, als sei die Siedlung weit ausgelegt. Es mag daran liegen, daß die Einfamilienhäuser alle von ziemlich großen Höfen, Gärten sowie nicht genutzten Flächen umgeben sind. Außerdem gibt es mehr Wohnhäuser in Adamstown, als Menschen auf der Insel leben. Nur ein Drittel der rund 75 Häuser sind bewohnt. Alle übrigen stehen leer, sind dem Verfall überlassen oder im Dschungel des verwilderten Grundstücks kaum noch zu erkennen.

Vor mehr als 90 Jahren lebten 233 Menschen auf Pitcairn, die höchste jemals erreichte Zahl. Heute sind es kaum noch ein Drittel davon. Aber die Ursache des Bevölkerungsschwundes ist nicht Sorge, Not und Hunger, erst recht sind es nicht Seuchen, Streitigkeiten oder vielleicht gar Blutrache, vielmehr die Auswanderung der jungen Leute. Gibt es doch auf Pitcairn so gut wie keine Möglichkeit beruflichen Fortkommens. Wer vom Leben mehr erwartet als Beschaulichkeit und bescheidenes Auskommen, ist auf der engen, so einsam gelegenen Insel fehl am Platz.

Dem Besucher aber, dessen Schiff drunten in der Bounty Bay bereit zur Weiterfahrt liegt, dem gefällt es hier recht gut. Droben angelangt, nach herzhaften Aufstieg in vielen Kurven, den steilen Abfall zum Meer stets an der einen Seite, befindet man sich in nur mäßig gewölbtem Gelände. Man wandert etwa einen Kilometer weit durch eine Parklandschaft von 24 Hektar Ausdehnung.*

Die Hauptstadt mit nur 23 bewohnten Häusern befindet sich, wohl besser gesagt verliert sich im ebenso schönen wie schattigen Waldgelände. Es hat nämlich jede Behausung um sich herum so viel Gartenland, so viele Bananenstauden und Maisfelder, Tomatenbüsche, Orangenbäume, so viel Auslauf für Hühner, Enten und Gänse, daß man vom Gehöft des Nachbarn nur wenig oder gar nichts sieht. So gut

* Diese und weitere Angaben habe ich dem hektographierten »Guide of Pitcairn« entnommen.

wie alles, was die Familie für ihre Ernährung braucht, wächst und gedeiht vor der Haustür. Neben den schon genannten Arten sind auch Yam und Süßkartoffeln, Taro, Guava und Bohnen in ausreichender Menge vorhanden, ebenso gelbe Rüben, Mango, Ananas, Passionsfrüchte, Zuckerrohr und vieles andere mehr. Ich nehme an, daß kaum eine Nutzpflanze fehlt, die im tropischen wie subtropischen Klima gedeiht. Aber seinerzeit, als 1790 die Meuterer nach Pitcairn kamen, gab es von dieser Vielzahl nahrhafter und wohlschmeckender Natur erst wenig. Was die »Bounty« nicht aus Tahiti oder Tubai mitbrachte, wurde erst im Verlauf der Jahrzehnte nach dem Besuch Kapitän Folgers auf der »Swallow« eingeführt.

Bedenkt man, daß so viele Gehöfte in Adamstown seit mehr oder minder langer Zeit verlassen sind, aber »mitten« in der Hauptstadt liegen, wo sie ganz dem Walten der wuchernden Natur preisgegeben sind, wird die weite Ausdehnung der sogenannten Stadt verständlich. Alle Häuser sind ebenerdig, aber zu den Seiten hin durch mancherlei Nebengebäude verbreitert. Die älteren Bauten bestehen aus roh behauenen Mirastämmen sowie aus Planken und angestrichenen Balken, die von irgendeinem Schiffbruch stammen. Häuser und Hütten aus den letzten 20 bis 30 Jahren hat man aus importierten Fertigteilen zusammengesetzt, mit Wellblech gedeckt und in bunten Farben bemalt. Jeder, wirklich jeder Bau, inklusive der Schuppen, der Abtritte und Abfalltonnen, sogar die verlassenen, arg zerfallenen Häuser sind von Blumen und bunten Büschen umgeben. Kletterpflanzen haben oft das ganze Dach überstiegen, und blühendes Geranke hängt von oben herab. Manche der Bewohner pflegen diese Pracht, andere überlassen auch die blütenbunte Vegetation dem Willen und Wollen der Natur. So konnten die ehemals eingetopften Blumenstauden der verlassenen Anwesen ihren Gefäßen entkommen, um sich nach allen Seiten auszubreiten.

Mehrere Male bin ich von der sogenannten Hauptstraße abgebogen, um auf schmalen, gewundenen Wegen durch Adamstown zu wandern. Was mir am fühlbarsten in Erinnerung blieb, war die Gemütlichkeit des Ganzen, die alles durchdringende Atmosphäre des Friedens und der Freiheit von täglicher Sorge. Die Abwesenheit von Hektik, Eile und Nerven war meines Erachtens deutlich zu spüren. Wunderbar fern liegt die Insel von den Konflikten und Spannungen unserer bis zum Zerreißen aufgeladenen Welt.*

Natürlich hat auch Adamstown ein Zentrum, ganz einfach »Public Square« genannt, wo sich am Spätnachmittag und bei wichtigen Anlässen die Bevölkerung versammelt. Unser Besuch ist so ein wichtiger Anlaß, und deshalb sind alle da. Der 85jährige Senior ließ es sich nicht nehmen, auch das unlängst geborene Pitcairner Kind, an die Mutterbrust geschmiegt, staunt über die Invasion von so vielen Fremdgesichtern.

Auf drei Seiten wird der ungefähr dreißig Meter breite, auszementierte Platz von

* Denken Sie aber nicht zu rasch ans Auswandern nach Pitcairn. Es darf sich kein Ausländer niederlassen, auch ein begrenzter Aufenthalt wird nur ausnahmsweise beim Vorliegen besonderer Gründe gestattet. Selbst tageweise Besuche, wie in unserem Fall, müssen vorher telegrafisch vereinbart sein. Ich kenne keine Ausnahme von der Regel.

öffentlichen Gebäuden umgeben. Ja, »öffentlich« sind die schon, jedoch andererseits so bescheiden, wie es sich der verwöhnte Bundesbürger kaum vorstellen kann. Links die kleine, aber doch für die heutige Bevölkerung viel zu große Kirche. Erst 1954 gebaut, aber innerhalb der vier Wände an den Jugendstil der Jahrhundertwende erinnernd. Rechts neben dem Altar in einem verschlossenen Glaskasten die Bibel der »Bounty«. Sie wurde seinerzeit von Fletcher Christian aus dem schon brennenden Schiff gerettet. Lange Zeit, so wird gesagt, war diese ledergebundene Bibel das einzige Buch auf Pitcairn.

Alle Behörden der Insel, auch das Postamt, das Gericht und der Stadtrat, ebenso das Archiv, Standesamt und Finanzamt, befinden sich im »Courthouse«, einem weißgestrichenen, ebenerdigen Holzgebäude, das sich rechts der Kirche anschließt und übers Eck noch ein paar Meter weiter reicht. Es folgt ein »Laden für alles«, der an Werktagen von 11 bis 12 Uhr geöffnet ist. Meiner Schätzung nach dürfte dessen Bodenfläche kaum 12 Quadratmeter groß sein. Sodann folgt, die rechte Schmalseite des Public Square abschließend, der Gemeindesaal, in so kleinen Ortschaften »Community Centre« genannt. Dieser bei engster Besetzung etwa 150 Personen fassende Raum dient sowohl den Versammlungen der gesamten Bürgerschaft wie Sitzungen des Gemeinderates, auch für geselliges Beisammensein, für Vorträge, Kinovorstellungen, Schulfeste und zur Bewirtung gern gesehener, aus weiter Welt kommender Gäste.

Alles in allem eine hufeisenförmige Anlage, vor der sich eine breite, gedeckte Veranda befindet, mit Geländer und drei Treppchen. Vor dieser Veranda, an der rechten Schmalseite, wieder ein wertvolles Relikt der »Bounty«, nämlich einer der beiden Anker!*

Von der offenen Seite des Platzes, wo Sitzbänke zum Ausruhen einladen, schweift der Blick über sanft abfallendes Waldland bis über das weite Meer.

Weil vom sogenannten Expeditonsleiter auch in diesem Falle keine Führung oder irgendwelche Erklärung geboten wird, versuchen die meisten Explorer sich auf eigene Faust zu informieren. Wie es auch sonst meine Art ist, nehme ich möglichst bald persönliche Kontakte auf. Da hat sich ein Ehepaar mittleren Alters auf der langen Bank des Public Square niedergelassen. Beide sehen gewinnend freundlich aus, und sie nicken mir zu, als mein Blick in ihre Richtung fällt. Ganz einfach setze ich mich daneben und stoße versehentlich gegen die darüber hängende Glocke.

»Einmal macht nichts«, sagt mein Nachbar, »aber wenn's dreimal bimmelt ... kommen gleich alle gelaufen. Da muß es irgendwo brennen oder sonst was Schlimmes passiert sein.«**

* Er wurde 1957 von einer amerikanischen Expedition geborgen, die dankenswerterweise auf materielle wie technische Unterstützung der »National Geographic Society« (Herausgeber des berühmten National Geographic Magazin) zählen konnte. Der zweite Anker, schon früher gehoben, befindet sich vor dem Nationalmuseum in Suva, Hauptstadt der Fidschi-Inseln. Dort kam er hin, weil früher, bevor die Fidschis selbständig wurden, auch das winzige Inselchen Pitcairn der Aufsicht des britischen Generalgouverneurs der Fidschi-Inseln unterstanden hat.

** Dieser Anlaß zum Alarm dürfte noch aus der allerersten Zeit stammen, als die Meuterer in der ständigen Furcht lebten, ein britisches Kriegsschiff könne erscheinen, um sie nach langer Reise vors Kriegsgericht und an den Galgen zu bringen.

Bei fünf Glockenschlägen herrscht noch größere Aufregung, da steuert ein Schiff zur Bounty Bay. Das sei selten geworden in letzter Zeit, meint der Grauhaarige, unsere »Explorer« ist gerade das zweite Schiff in diesem Jahr. Das mehr oder minder regelmäßige Versorgungsschiff aus Neuseeland hat sich diesmal um etwa vier Wochen verspätet.

Indessen habe ich dem Ehepaar meinen Namen genannt, weil ich gern den seinigen wissen möchte. Denn hier heißt jeder nach einem Meuterer. Ausgenommen nur der aus Neuseeland stammende Lehrer, ein dunkelhäutiger Maori. Auch der lächelnde Insulaner neben mir, Andy Young mit Namen, ist der Ururenkel eines Bounty-Rebellen, des Midshipman Edward Young.

Die Glocke über mir, sagt dessen Nachkomme in der fünften Generation, diese klangvolle Glocke sei auch von der »Bounty«. So sind wir denn bald in angeregtem Gespräch. Es geht besser, als ich dachte, obwohl doch die Pitcairner in ihrem Dialekt fast schon eine inseleigene Sprache besitzen. Viele Tahitiwörter stecken darin und zahlreiche Ausdrücke des Londoner Cockney, wie sie dort vor etwa zweihundert Jahren üblich waren. Aber Freund Andy, ebenso seine fast zahnlose, stets freundlich lächelnde Frau, können sich ganz gut in echtem Englisch ausdrücken. Noch besser können es die jungen Leute, weil sie in der Schule gelernt haben, »so gut zu sprechen wie die Queen«.

Andy ruft einen uralten Mann herbei, der am Stock geht und sich weit vorgebeugt hält. Mit 85 Jahren ist er von Pitcairn der älteste Bürger. Ihn kann ich kaum verstehen, Andy Young muß dolmetschen und erklären. Der Großvater seines Großvaters war kein anderer als Fletcher Christian selbst, und die schöne Mauhatea, Tochter eines der großen Häuptlinge von Tahiti, war die Ururgroßmutter des Seniors.

Gerade die Christians und Youngs sind sehr zahlreich auf der Insel, ich glaube mehr als die Hälfte aller Pitcairner trägt einen der beiden Namen. Im Verzeichnis der gewählten Inselchefs gibt es während der letzten dreißig Jahre keinen anderen als nur Christians und Youngs. Bei den etwa dreißig Gemeinderäten im vergangenen halben Jahrhundert, die für gewöhnlich ebenfalls aus Nachkommen von Christian und Young bestehen, haben sich allerdings je ein Brown, Warren und sogar ein landfremder Paul eingeschlichen.

»Ja . . . wir werden immer weniger«, bedauert Andrew Young, »die Jungen wollen 'raus in die Welt, wo sie nur Mühe und harte Arbeit finden, wo sie kämpfen müssen ums tägliche Essen und wo es so viel Streit gibt überall. Zweimal in unserer Geschichte der zweihundert Jahre sind alle gemeinsam ausgewandert, weil sie dachten, Pitcairn habe keine Zukunft mehr und es sei anderswo besser.«

Das war einmal nach Tahiti im Jahre 1831. Aber selbst die Kinder tahitischer Mütter konnten dort nicht mehr heimisch werden und – so seltsam das bei Söhnen und Töchtern von Meuterern klingt – fühlten sich abgestoßen von den lockeren Sitten auf der Liebesinsel. Außerdem starben binnen einem Jahr gut ein Viertel von ihnen an Krankheiten, gegen die sie keine Abwehrstoffe im Blut hatten. Also kehrten unter größten Schwierigkeiten die Überlebenden zurück auf ihre in jeder Beziehung gesündere Insel.

Als bis zum Jahre 1856 die Bevölkerung Pitcairns auf rund 160 gestiegen war und weiter stieg, glaubte man, Landmangel und damit auch Nahrungsmangel sei zu befürchten. (Ein Irrtum, wie sich später herausstellte.) Weil die britische Regierung gerade eben die Strafkolonie auf der Norfolkinsel geschlossen hatte und deshalb die an sich fruchtbare Insel menschenleer war, wurde sie vom Londoner Kolonialamt den Pitcairnern angeboten. Auf Staatskosten reisten die Umsiedler mit Sack und Pack nach Norfolk, wo man tatsächlich weit bessere Lebensverhältnisse vorfand als auf Pitcairn. Es gab die kürzlich verlassenen, solid aus Stein gebauten Häuser, auch gab es Straßen und Felder, Vieh und Weide mehr als genug. Auch einen reichen Fischbestand in den Buchten, Teichen und Bächen der Norfolk-Insel. Dennoch sehnte sich ein Teil der Neusiedler zurück nach Pitcairn, aus echtem bohrendem, sentimentalem Heimweh, ohne praktische Begründung. Keineswegs alle, jedoch 45 kehrten sechs Jahre später zurück auf die ihnen so lieb gewordene Insel. Alle heutigen Pitcairner stammen von diesen 45 Heimkehrern ab. Nur drei bis vier Schiffbrüchige sind später hinzugekommen, haben jedoch Pitcairner Mädel geheiratet, so daß für kommende Geschlechter die Herkunft von der »Bounty« gewahrt bleibt.

Alsbald werden wir zur Kaffeetafel ins Community Centre gebeten. Jede Familie hat sich an der Bewirtung der Fremden beteiligt, da Vorräte knapp geworden sind wegen der so langen Verspätung des Versorgungsschiffes. Es fehlt an Reis, Zucker, Mehl und besonders an Dieselöl.*

Dennoch boten uns die guten Leute einen Überfluß von Kuchen, Torten und Gebäck. Pausenlos eilten Frauen und Mädchen mit vollgeladenen Körben von Tisch zu Tisch. Als besonders angenehm, weil bisher unbekannt, haben wir die verschiedensten Fruchtsäfte empfunden. Man hatte sie nach altbewährten Hausrezepten aus einheimischen Früchten hergestellt. Ich saß zwischen Andrew und Lucy Young, hatte auch Pitcairner mir gegenüber. Allenthalben war vom unsichtbaren Protokoll dafür gesorgt worden, daß Besucher mit Einheimischen zusammen saßen. Man fühlte nicht nur, man spürte fast körperlich, wie zutiefst herzlich die Gemeinschaft mit den Fremden gewollt war.

Was mir besonders auffiel, war die Menge von Bildern der Queen, überhaupt der Royal Family an den Wänden. Achtzehn gerahmte Fotos habe ich gezählt, aber es müssen noch mehr gewesen sein. Als ich Lucy Young danach fragte, gab sie mir in bedauerndem Tonfall die Antwort, der Platz habe leider nicht für noch mehr ausgereicht.

Aber noch mehr wurde geboten, Tanz und Gesang der elf Schulkinder. Was die Kinder zeigten, sangen und zwitscherten, war nicht mehr als das Übliche. Aber gegen Ende folgten Maori-Volkstänze, was ihnen der aus Neuseeland verpflichtete

* Kaum hatte davon die Schiffsleitung erfahren, schnurrte schon ein Zodiac mit den Mangelwaren zur Landestelle. So konnte bald das kleine E-Werk der Insel die Lieferung des zeitweise ausgefallenen Stromes wiederaufnehmen.

Lehrer beigebracht hatte.* Das war wirklich sehr hübsch, stimmte auch haargenau mit den Vorbildern überein, wie ich sie unlängst in Neuseeland gesehen hatte.

Was am entzückendsten war, nämlich die Kinder selbst, läßt sich kaum beschreiben. Eine natürliche Anmut, wie man sie in unseren Breitengraden kaum noch kennt. Wobei man bedenken muß, daß ja die Kinder auf Pitcairn nichts sehen und hören, was sie verbildet, was sie – um einen modernen Ausdruck zu gebrauchen – verunsichern kann. Sie erleben keine bösen, keine abartigen, keine hysterischen Menschen. In ihrer Umgebung bleibt alles bei den altgewohnten Sitten, Gewohnheiten und Ansichten, Widersprüche dagegen tauchen nicht auf. Keine Armut, kein Reichtum und deshalb keine sozialen Gegensätze. Vergehen und Verbrechen kommen nicht vor, mit Ausnahme von Ordnungswidrigkeiten im motorisierten Verkehr.**

Irgendwie war den Kindern das ihnen unbewußte Glück ihres vorläufig noch problemlosen Daseins anzumerken.

Im übrigen sahen sie reizend aus, besonders eine etwa sechsjährige Krabbe mit blitzendblauen Augen, blonden Zöpfen und niedlicher Stupsnase – die hätte ich gleich adoptiert.

Andrew Young zeigte mir, was sonst noch in Adamstown zu sehen war. Wir besuchten Tom Christian, den Funker von Pitcairn. Noch ziemlich jung sieht er aus, hat jedoch eine solide Ausbildung in Neuseeland, sogar in England hinter sich. Seine Funkstation wurde 1962 neu gebaut und erhält jahraus, jahrein die modernsten Zutaten.

Pitcairn ist wichtig für Wettermeldungen. Im übrigen wird, wegen der spärlichen Schiffspostverbindungen, auch von der Bevölkerung viel telegrafiert. Pitcairn sendet und empfängt via Suva (Fidschi-Inseln) auf KCS 21804 um 2 Uhr, ebenso um 18 Uhr 15 sowie 20 Uhr GMT. Als persönliches Hobby betreibt Tom Christian Amateurfunk. Seine Lizenz läuft unter der Nummer VR 6 TC, zu erreichen ist der Funker von Pitcairn an jedem Dienstag um 5 und 21 Uhr Greenwich Meridian Time. Versuchen Sie's doch mal und schönen Gruß von mir!

Tom ist recht erstaunt, als ich ihm Grüße von Dr. Niklas Schweizer (Honolulu) ausrichte. Der ist einer seiner häufigsten Gesprächspartner im »Ham Radio Betrieb«. Er wird gleich morgen meine Grüße an Dr. Schweizer ausrichten. So klein ist die Welt, und so nahe liegt Pitcairn . . . trotz allem!

Wir besichtigen die von Blumengeranke überwucherten Reste jener Hütte, die Fletcher Christians Sohn »Donnerstag« bewohnt und gebaut hat, unter Verwendung von Spanten und Planken der »Bounty«. Die hat, wie man glaubt, noch Fletcher Christian aus der Brandung gefischt. Danach folgt ein kurzer Blick aufs »Gästehaus der Regierung«. Es ist ein Wellblechfertighaus, das Beamten, Ärzten, Technikern und Handwerkern als Unterkunft bei dienstlich ausgedehntem Besuch in Pitcairn zur Verfügung steht. Sehenswert auch die neue Schule. Bewunderns-

* Gern hätte man einen gebürtigen Pitcairner als Lehrer gehabt, aber bisher gab es noch keinen.
** Gegen die Schuldigen werden keine Geldstrafen verhängt, sie müssen statt dessen soundso viele Stunden Straßenarbeit leisten.

wert ist sie im Sinne dessen, was die so ferne britische und neuseeländische Regierung für das winzige Gemeinwesen auf Pitcairn leistet. Auch das E-Werk ist ein relativ großzügiges Behördengeschenk, wird doch elektrisches Licht für jeden Haushalt gratis geliefert. Ebenso kostenfrei genießt jede Familie ihre Telefonverbindung, natürlich nur auf der Insel. (Auf ein Telefonbuch hat man verzichtet, denn es sind alle Nummern stadtbekannt.) Ein Minihospital ist vorhanden, aber ohne Arzt, wie sich denken läßt. Eine Pitcairner Frau, in Neuseeland als Krankenschwester ausgebildet, bemüht sich vorkommendenfalls um die Versorgung des Patienten. Weiß die gute Frau nicht weiter, stellt für sie Tom Christian Funksprechverbindung mit dem Regierungshospital in Wellington (Neuseeland) her. Einem dortigen Doktor beschreibt sodann die Schwester alle wesentlichen Symptome und hört vom fernen Arzt, was am besten zu tun sei. Ist schlimmstenfalls sofortige Operation erforderlich, bleibt allerdings dem Kranken nichts anderes übrig, als das Zeitliche zu segnen.

Aber meist werden die Pitcairner alt, bedeutend älter, als dem Durchschnitt der Menschen beschieden ist. Besonders trifft das bei Frauen zu. Bis auf 98 hat es eine von ihnen gebracht, aber heute lebt sie nicht mehr. Weil früher bei männlichen Pitcairnern tödliche Unfälle, in erster Linie Abstürze von den Felswänden bei der Suche nach Vogeleiern, erschreckend häufig waren, hat es die geheimnisvoll waltende Natur gefügt, daß 10 bis 15 Prozent mehr Buben als Mädchen auf die Welt kommen. Erreichten beide Gruppen das mittlere Alter, waren sie zahlenmäßig ungefähr gleich. Nach 65 Jahren aber gab und gibt es bedeutend mehr Frauen als Männer.

Da stehe ich mit Andrew Young und Lucy Young vor der nicht gerade gut gepflegten Grabstätte des John Adams, alias Alexander Smith. Sein Geburtsjahr ist auf der Steinplatte nicht angegeben, vermutlich weil es auch ihm selber nicht bekannt war. Verstorben ist John Adams, der einstige Meuterer und vorbildliche Patriarch von Pitcairn, am 5. Mai 1829. Dem Vernehmen nach, so steht auf seinem Grab, wurde er 65 Jahre alt. Doch spricht vieles dafür, daß er in Wahrheit älter geworden ist.

»Das war ein merkwürdiger Mann«, bemerkt Andrew Young, »wenn man noch so viel über ihn liest oder hört, man wird nicht klug aus ihm. Für Pitcairn war er ein Segen, so eine Art Vater des Vaterlandes, wenn's auch nur 'ne Winzigkeit von 'nem Vaterland gewesen ist. Ich meine, der Adams muß schon allerhand gemacht haben, bevor er auf die ›Bounty‹ kam. Lesen und schreiben konnte er, wußte auch sonst 'ne ganze Menge . . .«

John Adams zuliebe wollen wir uns wieder in die Vergangenheit begeben. Also schreiten wir in Gedanken bis zu jenem Tag zurück, als der Rest der Rebellen und ihr Anhang die Insel Pitcairn erstiegen hat, um in Sicherheit dort zu leben. Sie entdeckten, daß vor ihnen schon andere Menschen die Insel bewohnt hatten, sahen es an primitiven Skulpturen, vermutlich Götter oder Geister darstellend, fanden menschliche Gebeine in Höhlen. Sie bestaunten rätselhafte Zeichen und Felszeichnungen bei Down Rope über der Steilküste. Auch erinnerten verwilderte Kulturpflanzen an Besiedlung in längst vergangener Zeit. In alldem sahen die Neusiedler den Beweis, daß auf Pitcairn die Niederlassung von Menschen möglich war.

Jedoch bewies Fletcher Christian, daß er nicht fähig war, Menschen zu führen, nicht auf die Dauer jedenfalls, geschweige denn die Grundlage für eine selbstgenügsame Siedlung zu schaffen. Willkürlich verteilte er das offenbar beste Land allein an die Weißen, ohne Rücksicht auf die Männer aus Tahiti und Tubai. Ebenso einseitig verfuhr man mit den Frauen. Wenn die weißen Männer ihre Gefährtin durch Krankheit oder Unfall verloren, mußte der nächstbeste braune Mann seine Frau dem trauernden Witwer überlassen. Wobei man sich erinnert, daß ja die Frauen mit List und Gewalt entführt worden waren. Nur Mauhatea war aus Liebe zu Fletcher Christian freiwillig mitgekommen. Ganz abgesehen davon, wurden die Polynesier als Arbeitskräfte betrachtet und praktisch wie Sklaven behandelt. Das konnte nicht gutgehen, und es ging nicht gut.

Mord, Überfall und Frauenraub, Flucht und Verfolgung sowie ständige Angst voreinander erfüllten die nächsten Jahre. Sowenig Menschen es auch waren, machten sie doch den Versuch, sich auszurotten. Das im einzelnen zu schildern fehlt der Platz, und es würde das Gesamtbild verwirren. Auch ist im einzelnen der Verlauf gar nicht bekannt. So gibt es – um nur ein Beispiel zu nennen – vier oder fünf verschiedene Versionen über das Ende Fletcher Christians. Abgestürzt soll er sein, hinterrücks von einem Pfeil durchs Herz getroffen. Sich selber hat er die Adern geöffnet, ist auch zu lesen. Möglicherweise hat ihn sogar ein natürlicher Tod dahingerafft. Aus dem Jahre 1794 ist seitens John Adams überliefert, daß außer ihm selbst nur noch Young, Adams, Quintal und McCloy am Leben waren sowie zehn Frauen und deren Kinder. Von den braunen Männern weiß man nur, daß sie schon damals alle tot waren.

Eine Weile blieb es friedlich, fünf Jahre lang ungefähr. Da entdeckte McCloy, der seinerzeit in einer schottischen Schnapsbrennerei gearbeitet hatte, die Möglichkeit, aus der Ti-Pflanze (Cordylina terminalis) ein hochprozentiges Gebräu zu brauen. Als Folge brach schon bald wieder Streit aus, der von Woche zu Woche heftiger wurde. Weiter ging es mit den Mordanschlägen. Quintal wurde von Young erschlagen, woran auch Adams beteiligt war. McCloy stürzte sich selbst ins Meer oder wurde hineingestoßen, sodann starb Edward Young an Asthma. Zu Beginn des Jahres 1800 war Alexander Smith, der sich längst wieder John Adams nannte, der einzig Überlebende von allen weißen wie braunen Männern, die vor zehn Jahren Pitcairn betreten und besiedelt hatten. Ganz selbstverständlich wurde er zum Haupt einer Gemeinde, die mittlerweile aus zehn Frauen und 23 Kindern bestand, mit ihm selbst als dem einzigen Mann. Aber ein Dutzend gemischtrassiger Buben wuchs zusehends heran.

Was John Adams, dieser Mann mit dunkler Vergangenheit, während der folgenden Jahre geleistet hat, verdient höchste Bewunderung. Die Ortschaft wurde nach Art eines englischen Dorfes angelegt. Für jede Familie, hier also für jede Frau mit

Kindern, das eigene Haus. Zwar war es nur mit Palmblatt gedeckt, hatte aber doch im ersten Stock genügend Schlafräume, getrennt für Jungen und Mädchen. Adams ließ rings um die Ortschaft einen festen Zaun errichten, um von den Feldern und Gemüsebeeten die verwilderten Schweine fernzuhalten, auch um die Hühner am Fortlaufen zu hindern. Adams war mit Rat und Tat, mit Trost, Hilfe und Ermahnung die treibende, auch die erhaltende Kraft der Gemeinschaft. Nie war eine Strafe notwendig, die Menschen folgten ihm freiwillig und liebten ihn rückhaltlos.

Noch mehr tat der fromm gewordene Meuterer. Er las aus der »Bounty-Bibel«, hielt regelmäßige Schulstunden und bemühte sich, sogar den Erwachsenen das Lesen und Schreiben beizubringen. Von all seinen fürsorglichen Bestimmungen sei nur erwähnt, daß niemand hoffen durfte zu heiraten, wenn er nicht willig seine Feldarbeit tat und fähig war, eine Familie zu ernähren.

Erst 1808 wurden, wie schon erwähnt, die Bewohner der Insel Pitcairn entdeckt, von Captain Matthew Folger, einem amerikanischen Robbenjäger. Jedoch fand in den Wirren der napoleonischen Kriege Folgers überraschende Entdeckung keinen Widerhall.* Jedenfalls wußten sechs Jahre später die Kommandanten der britischen Kriegsschiffe »Britain« und »Tagus«, Staines und Pipon, nichts davon. Sprachlos waren sie, als ihnen auf der angeblich unbewohnten Insel Pitcairn ein grauhaariger, englisch sprechender Patriarch entgegentrat, umgeben von 37 Frauen und jungen Männern, hübschen Mädchen und vielen Kindern. Was Adams den britischen Kapitänen zu berichten hatte, von der Meuterei auf der »Bounty« und vom weiteren Schicksal der Meuterer, war die Lösung des großen, nun schon 25 Jahre alten Rätsels.

Es spricht für den menschlichen Anstand des Sir Thomas Staines sowie des Captain Pipon, daß sie nicht daran dachten, den letzten Meuterer zu verhaften, was eigentlich Rechtens, ja strenggenommen sogar ihre Pflicht gewesen wäre.**

Was seinerzeit der Patriarch von Pitcairn gehört hat, als er mit den beiden Kapitänen zusammensaß, ein Vierteljahrhundert nachdem man William Bligh im offenen, überladenen Boot ausgesetzt hatte, muß ihm zunächst die Sprache verschlagen haben.

War es doch tatsächlich dem Captain Bligh gelungen, nach London zu kommen! Neunzehn Mann in dem engen Boot. Mit nur wenig Trinkwasser und Verpflegung, mit nur geringem Schutz vor brennender Sonne und peitschendem Regen hatte

* Vielleicht doch und dies bei einem Mann, dem es ganz besonders anging, bei William Bligh. Fest steht nämlich, daß sich Matthew Folger mit seiner »Swallow« nach erfolgreicher Robbenjagd als erstes nach Sydney begab, wo der ehemalige Kapitän von HMS »Bounty« britischer Gouverneur war. Nicht bewiesen, doch sehr wahrscheinlich ist, daß ihn Captain Folger aufgesucht hat, um Bligh vom weiteren Schicksal der bis dahin spurlos verschollenen Meuterer zu berichten, auch vom Ende der »Bounty«. Wenn dem so war, hat sich William Bligh ganz offenbar wieder als menschlich erwiesen, indem er nicht gleich nach London berichtet hat, wo der letzte Meuterer von der »Bounty« zu finden war.

** Als schließlich die Admiralität davon erfuhr, wurde John Adams (alias Alexander Smith) begnadigt, was dem alten Mann in einem amtlichen Schreiben mitgeteilt wurde, das er noch kurz vor seinem Tode erhielt. Adams verschied am 5. Mai 1829. Die letzte Überlebende von der »Bounty«, eine tahitische Frau namens Susanne, starb im Juli 1850. Das von ihr erreichte Alter ist nicht bekannt, doch über achtzig muß sie gewesen sein.

der unbeugsame Bligh mehr als 4000 Seemeilen zurückgelegt! Dabei besaß er als Mittel zur Navigation nur einen als Behelf gedachten Sextanten. Auf den beiden Seekarten, die er bei sich hatte, waren viele der Inseln, auch große Inseln, gar nicht eingetragen. Taifune, Tropengewitter und windige Strömungen hatten die hungernden, bis zu Skeletten abgemagerten Männer überstanden. Furchtbar hatten sie unter Durst gelitten, desgleichen unter Sonnenbrand und schmerzenden Augen. Kurze Landungen oder Landeversuche an unbekannten Küsten, vor allem zur Versorgung mit Trinkwasser, hatten häufig Angriffe der Insulaner zur Folge. Jedoch mit geradezu sechstem Sinn hatte Bligh nach 49 Tagen die holländische Festung Kuepong auf der Insel Timor erreicht. Es war nicht nur wie ein Wunder, sondern tatsächlich ein Wunder!

Nur einen Mann hatte Bligh bei dieser Fernfahrt verloren, durch feindlichen Überfall, drei starben später noch an vollständiger Erschöpfung.

Bei Kennern der Seefahrtsgeschichte ist William Bligh wegen dieser unglaublichen Fahrt, mit 18 Mann im offenen Boot über unbekannte Meere, weit berühmter als wegen der Meuterei auf seiner »Bounty«. Das war und ist eine mehr allgemeine Geschichte. Seine Bootsfahrt jedoch blieb einmalig. Niemals zuvor und nie danach, soweit bekannt, hat irgend jemand eine seemännische Leistung ähnlicher Art vollbracht!

Kaum hatte Bligh der Admiralität von der Bounty-Meuterei berichtet, erging von höchster Stellung die Weisung zur Verhaftung der Meuterer. Koste es, was es wolle, gleich, in welchem Winkel der Welt! Gerade weil es die erste und bisher letzte Wegnahme eines britischen Schiffes durch die eigene Mannschaft gewesen ist, mit einem Offizier als Anführer der Meuterer, mußte die Admiralität unter allen und jeden Umständen die Schuldigen zur Strecke bringen, mit anderen Worten, sie vor Gericht stellen und aufhängen.

Gerne hätte William Bligh selber die Verfolgung übernommen, statt dessen sollte er den Auftrag zur Verpflanzung der tahitischen Brotfruchtbäume nach Westindien zu Ende führen. Während Bligh abermals nach Tahiti in See ging, begab sich Kapitän Edwards mit der schnellen, schwerbewaffneten »Pandora« auf die befohlene Menschenjagd. In Tahiti eingetroffen, meldeten sich bei ihm die »Loyalisten«, also jene Männer, darunter zwei Midshipmen, die unbedingt pflichtgetreu geblieben waren. Obwohl durch die Erklärungen Blighs in London von jeder Mitschuld befreit, ließ sie der gnadenlose Edwards in Ketten legen und behandelte sie bis zur Ankunft in London als todeswürdige Verbrecher. Nur weil er glaubte, sie hätten weit mehr zur Rettung ihres Kapitäns und des Schiffes tun können. Die übrigen auf Tahiti gebliebenen Meuterer, auch wenn sie noch so gut versteckt waren, bekam der Menschenfänger durch Bestechung wie Bedrohung der Häuptlinge in seine Hand.

Edwards Rückreise aber war vom Unglück verfolgt. In einem schweren Sturm zerbrach die »Pandora« am Korallenriff einer bisher unbekannten Insel. Dabei ertranken vier der Gefangenen. Nach vielen Mühen, durch verschiedene Glücksfälle, kam Edwards endlich nach London, wo er den fast zu Tode geschundenen Rest der wirklichen wie auch der angeblichen Meuterer ablieferte.

Bedenkt man die erbarmungslose Justiz jener Zeit, muß man in diesem Fall sagen, daß die Richter der Admiralität relativ milde verfuhren, und zwar im Rahmen eines Verfahrens, das man als fair bezeichnen muß, selbst noch aus heutiger Sicht. Die meisten Angeklagten wurden freigesprochen, die beiden Seekadetten sogar wieder in den Marinedienst übernommen. Sechs Mann erhielten die Todesstrafe, doch hat das Gericht drei von ihnen der Gnade des Königs empfohlen, und auch sie kamen frei. Ellison, Burkett und Millward wurden am 29. Oktober 1792 öffentlich gehängt, an den Rahen von HMS »Brunswick«.

Dieser Akt der Gerechtigkeit, wenn man es so nennen will, hatte die Admiralität 36 Menschenleben, ein gutes Schiff und enorme Geldmittel gekostet. Hatte sich aber nach damaliger Auffassung gelohnt, weil man immerhin einen Teil der Meuterer von der »Bounty« vors Kriegsgericht gebracht hatte, und das, so war zu hoffen, diente für alle Zeiten der Abschreckung.

Was aber aus jenen geworden war, die man nicht gefunden hatte, ob sie womöglich lebten, vielleicht gar die Früchte ihrer Untat genossen, blieb 25 Jahre lang eine schwerwiegende Frage für die Admiralität, hatte auch nicht aufgehört, die Allgemeinheit zu beschäftigen. Nun endlich hatte man Gewißheit, dank des mündlichen Berichts von John Adams sowie der Niederschrift beider Kapitäne.

Im übrigen hatte Adams erklärt, daß alle Pitcairner, natürlich auch er, treue Untertanen der britischen Krone seien, daß selbstverständlich Pitcairn zu den Kolonien seines Vaterlandes gehöre. Eine englische Flagge war angefertigt worden, die er jedesmal flattern ließ, wenn sich ein Schiff der Insel näherte.

Bevor ich weiter vom Verlauf des Besuches auf Pitcairn und vom Abschied berichte, soll noch kurz gesagt werden, wie es später William Bligh ergangen ist und was aus ihm wurde.

Der nun weithin bekannte Kapitän führte seine zweite Brotfruchtreise mit vollem Erfolg zu Ende. Bei dieser Gelegenheit erforschte Bligh die Torresstraße und einige der bisher noch unbekannten Fidschi-Inseln. Inzwischen längst zum »richtigen« Kapitän befördert, war er danach Kommandant des Linienschiffes »Director«, als 1797 bei der Sandbank Nord in der Themsemündung ein Streik der Mannschaft auf allen dort liegenden Schiffen ausbrach, bei dem auch William Bligh von Bord geschickt wurde. Doch war schon bald der Streik erloschen, und auch Bligh konnte wieder sein Kommando übernehmen. Ein halbes Jahr später in der Seeschlacht von Camperdown versenkte er mit der gleichen Mannschaft das holländische Flaggschiff »Uryheid«, und in der Schlacht bei Kopenhagen führte er den dritten Angriff zum Sieg. Seine energische Kühnheit wurde von Admiral Nelson öffentlich gelobt sowie im Bericht an die Admiralität gerühmt. Infolgedessen wurde er befördert und bald danach als Gouverneur von Neusüdwales nach Sydney geschickt, was seinerzeit dasselbe bedeutet hat wie Gouverneur von ganz Australien, weil es noch keine anderen Siedlungen im Fünften Erdteil gab. Auch dort hatte

William Bligh wieder mit aufsässigen Offizieren zu tun, bei denen sich – so weit von der Heimat entfernt – die übelste Korruption ausgebreitet hatte. Es kam 1805/06 zur sogenannten Rum-Rebellion, in deren Verlauf William Bligh von den aufständischen Offizieren verhaftet und vorübergehend festgesetzt wurde. Bald danach von frisch eingetroffenen Truppen befreit und wieder als Gouverneur eingesetzt, erfolgte dann seine Heimberufung nach London. Dort konnte Vizeadmiral Bligh dank einer Erbschaft seiner Frau ein Landgut erwerben und sein Alter im behaglichen Wohlstand erleben. Er starb vermutlich an Krebs, am 7. Dezember 1814.

Andrew Young, weiterhin freundlich um mich besorgt, läßt eine Runde von Besuchen folgen, damit ich sehe, wie hier die Leute leben. Nicht schlecht, ganz im Gegenteil, ausgesprochen gut, sofern man für ihr Dasein die Maßstäbe unserer Großeltern anlegt. Sie, lieber Leser, und ich würden vieles vermissen, was für uns zum Ablauf fast jeden Tages gehört, zur anregenden Abwechslung wie zur Teilnahme am Weltgeschehen. Zum Beispiel ist Bargeld so knapp, wie es sich bei uns niemand vorstellen kann. Macht aber nichts, hat man doch fast alles »in natura«, kann es vom Nachbar eintauschen oder bekommt es in Gestalt öffentlicher Dienstleistung oder Steuerfreiheit von der grundgütigen Regierung geschenkt, sei es jene in Wellington oder die noch darüber schwebende in London. Auf naive Weise ist man dafür Elisabeth II. persönlich dankbar. Deshalb auch die zahlreichen Bilder Ihrer Majestät und der Königlichen Familie im Community Centre.

Die Häuser und Wohnungen der Pitcairner sind nur sparsam möbliert. Gerade das Nötigste an Bänken, Stühlen, Tischen, Betten und sonstigem Hausrat ist vorhanden. Nirgends habe ich Wandschränke gesehen, man hebt die Kleider, auch die Bettwäsche, in Truhen auf. Gar nicht passend zu den dürftigen, meist selbstgezimmerten Möbeln der Pitcairner ist das in jedem Haus installierte Telefon, ebenso der Lichtschalter für den gleichfalls gratis gelieferten Strom. In fünf der 23 Haushalte stünde eine elektrische Waschmaschine versichert mir Freund Andrew. Manche seiner Inselmitbewohner hätten auch einen so weit reichenden Radioempfänger, daß sie Neuseeland, Australien und sogar Europa vernehmen könnten. Einige von den jungen Leuten seien im Besitz von Transistors und Kassettenspielern.

Woher das bare Geld dafür? In der Hauptsache durch den Verkauf von Souvenirs. Da erweist sich als Segen, daß die meisten Pitcairner geschickte Handwerker sind, auch sein müssen. Schnitzer vor allem und Bastler mit verschiedenstem Material. Alles mögliche stellen sie her, von Spazierstöcken aus Miraholz bis zu Mini-Modellen der »Bounty«. Verschiedene Arten von Fischen werden geschnitzt. Taschen und Sonnenhüte aus Pandanuspalmstreifen geflochten und Tischdecken aus Baststoffen bemalt. Kommt ein Schiff mit Passagieren oder nur ein Frachter auf Abwegen, finden die Pitcairner Handarbeiten reißenden Absatz. Es steht nämlich auf jedem Stück haltbar geschrieben, wer es gemacht hat und daß derselbe in soundsovielter Generation der direkte Nachkomme eines bestimmten Bounty-Meuterers ist. Andenkenhändler in neuseeländischen wie australischen Hafenstädten kaufen den Krimskrams en gros. So hat sich der Handel mit selbstgemachten, namentlich angereicherten Souvenirs zu einer wenn auch nur bescheiden sprudelnden Quelle für bares Geld entwickelt.

Natürlich beziehen der Lehrer, der Funker, die Krankenschwester und der Gemeindeschreiber regelmäßiges Gehalt. Bei uns würden ihre Berufe kaum zur Ernährung eines Vorschulkindes reichen, auf Pitcairn jedoch enthebt auch solch minimaler Betrag die Empfänger aller materiellen Sorgen. Der in jedem Jahr neugewählte Inselchef, genannt Magistrat, bezieht ein Gehalt von umgerechnet rund 2000 DM und die beiden Ratsherren knapp 500 DM, nicht etwa monatlich, sondern fürs ganze Jahr!

Nomineller Gouverneur der Kolonie ist der in Auckland residierende britische Hochkommissar, der in Neuseeland formell die britische Königin vertritt, praktisch aber kaum etwas zu sagen hat. Wirklich kompetent für Pitcairn, so scheint mir, sind die sachlich zuständigen neuseeländischen Behörden. Jedoch treten sie fast nie in Erscheinung, abgesehen von der Bewilligung und Bezahlung notwendiger Ausgaben. Im übrigen, das heißt so gut wie in allen Angelegenheiten, regieren sich die Pitcairner selber. Eigentlich können sie alles so tun, wie es ihnen beliebt. Die meisten Streitigkeiten werden nicht vor Gericht ausgetragen, sondern durch gutes Zureden oder Vergleiche erledigt. An den Nutzen, gar an die Notwendigkeit einer Gefängniszelle hat bisher niemand gedacht. Politische Parteien gibt es nicht, nur Personen stehen zur Wahl.

Sofern man weiß, wie leidenschaftlich, teilweise wie gewalttätig die englischen Frauen ein halbes Jahrhundert lang um ihr Wahlrecht gekämpft haben, sind wahrlich Pitcairns Männer zu bewundern. Sie bewilligten den weiblichen Mitbürgern das Wahlrecht schon zu einer Zeit, als die Frauen noch in keiner anderen Region des Britischen Weltreichs gleichberechtigt waren. Was erst vor kurzem in der Bundesrepublik erreicht wurde, hatten die Pitcairner schon hundert Jahre früher, nämlich das Wahlrecht aller Bürger mit 18 Jahren!

Aber es gibt Einschränkungen, freiwillige Beschränkungen der Lebensweise. Seit dem Jahre 1890 nämlich sind alle Pitcairner strenggläubige Adventisten. Sie heiligen nicht den Sonntag, vielmehr den Sabbat, lassen demnach am Samstag alle Arbeit ruhen. Sie trinken keinen Alkohol, nicht einmal Bier. Sie rauchen nicht, angeblich fluchen sie auch nicht. Schweinefleisch ist für sie tabu, und deswegen wurden alle Schweine der Insel, auch die wildlebenden, restlos ausgerottet. Zu allen Superlativen, die ohnehin einmalig sind, kommt noch hinzu, daß Pitcairn als frömmste Ortschaft im gesamten Bereich des Britischen Commonwealth gelten kann. Nur selten soll vorkommen, daß ein Pitcairner lügt, vielleicht gar betrügt. Demgemäß hoch steht die Moral. Jedes Mädchen, so wird kühn behauptet, schreitet als Virgo intacta zum Traualtar.

Als ich beim Gespräch mit Lucy Young das Pitcairn-Buch von Jan M. Ball erwähne, der mit Frau und Kind ein ganzes Jahr auf der Insel gelebt hat, dank einer ganz besonderen Sondergenehmigung des »Magistrats«, macht die füllige Frau keinen Hehl aus ihrer Abscheu gegen Mr. Ball. Habe doch dieser leichtfertige, von schmutziger Phantasie besudelte Mensch an bestimmter Stelle seines voluminösen Buches angedeutet, es könne ein gewisses Zelt am Ortsrand möglicherweise für sittenlose Zusammenkünfte von Jugendlichen dienen!

Wie dem auch sei, ist vielleicht doch der Wunsch mancher junger Leute verständlich, in die weite Welt auszuwandern.

Am Kaffeetisch mit den beiden Youngs komme ich ganz nebenbei zur Frage, ob es eventuell nicht ganz unmöglich wäre, einen Splitter vom Wrack der »Bounty« zu erwerben, vielleicht ein fingernagelgroßes Stück Kupferblech vom Schiffsboden, gegebenenfalls sogar ein winzig kleines Nägelchen.

Nun ja, meint Andrew, das muß er sich mal überlegen. Da drunten liege noch so manches, nur Kleinigkeiten natürlich, die seinerzeit der amerikanischen Suchaktion entgangen sind. Aber hier oben, sagt Lucy Young, hat wohl keiner so was aufgehoben. Natürlich, ihr Sohn . . . da würde wohl niemand widersprechen, der ist einer der besten . . . vielleicht sogar der beste Taucher überhaupt. Er kennt das Wrack genau, hat auch das richtige Gerät, um so weit zu tauchen. Das Gerät stamme noch von der »Yankee«, die damals den Anker herausgeholt hat.

Mir wird langsam warm ums Herz, denn ich sammle solche Dinge, besonders Relikte von berühmten Schiffen. In dieser Hinsicht haben es mir Nägel besonders angetan. Ich habe, besser gesagt, ich hatte welche von der »Vega«, von der berühmten »Maud« und von Graf Luckners »Seeadler«, auch von Andrées Ballonhütte auf Spitzbergen und noch andere Kostbarkeiten in rostüberzogener Nagelgestalt. Fast alles bekam schon das Schiffahrtsmuseum in Bremerhaven, der Rest wird eines Tages dorthin folgen.

Freund Andrew ist kurz hinausgegangen und kommt jetzt wieder mit einer Blechdose. Ohne vorerst zu ahnen, was sich darin befindet, wird mir heiß ums Herz.

»Also hier hätte ich so ungefähr ein Dutzend plattköpfiger Nägelchen«, sagt er, »damit war der Kupferbelag am Boden befestigt. Die können Sie haben . . .«

Fast fehlt mir der Atem, um zu danken.

Dem Aussehen nach gleichen die etwa drei bis vier Zentimeter langen Dinger den Teppichnägeln bei uns, sind aber mit grünechter Patina überzogen.

»Hier noch ein Stück vom Kupferblech, mein Boy hatte allemal Mühe, es loszubrechen. Aber hier, was meinen Sie . . . was das ist . . .?«

Eine grünrotbraune Eisenkugel, größer als ein Golfball, kleiner als ein Tennisball. Allzu gering an Größe für eine Kanonenkugel. Jedoch hatte die »Bounty«, wie schon erwähnt, zwei ziemlich kleine Kanonen an Bord. Daraus wurden bei passender Gelegenheit auch drei oder vier entsprechend kleine Eisenkugeln gemeinsam verschossen. Ob das runde Ding in Andrews Hand zu dieser Sorte gehörte, war hier auf Pitcairn nicht zu klären.

Danach kommt ein Nagel zum Vorschein, meines Erachtens der herrlichste aller Nägel! Bedeutend dicker als mein Daumen ist er, besteht aus solidem Kupfer, ist in der Mitte fast rechtwinklig gebogen, alles in allem etwa 30 Zentimeter lang.

»Wirklich von der ›Bounty‹ . . .?«

»Von der ›Bounty‹, ich sagte schon, mein Junge hat ihn 'raufgeholt.«

Wie schon erwähnt, die frommen Pitcairner lügen nicht! Davon abgesehen, wer sollte alte Kupfernägel, rostige Eisenhaken und ähnliches nach Pitcairn bringen. Derartige Schwindelmanöver lassen sich dort nicht durchführen . . . nicht auf Pitcairn.

So frage ich zaghaft nach dem Preis. Andrew Young versteht nicht, wie das gemeint ist. Meinerseits brauche ich Zeit zu verstehen, daß er die wertvollen Sachen verschenken will. Kann ich unmöglich annehmen. Jedoch Andrew Young, der Nachfahre eines Meuterers, nebst Lucy, seiner Gattin, wollen schnödes Geld nicht haben, auf keinen, auf gar keinen Fall!

Als meine Gastgeber durchs Fenster auf die Nachbarkinder schauen, die irgend etwas tun, was sie nicht sollen, schiebe ich einen nicht kleinlich bemessenen Dollarschein unter den nächstliegenden Blechteller. Frau Lucy sieht es wohl und lächelt mild, protestiert aber nicht. Frauen sind nun mal stärker im Nehmen.

Dagegen darf ich einen Holzfisch, vom Hausherrn fein säuberlich geschnitzt, mit drei Dollar fünfzig bezahlen. Das ist ein normales Geschäft, solche Beträge gehören zu seinen ehrlichen Einnahmen.

Bei so viel Gastfreundschaft, wie sie Passagiere und Besatzung auf der Insel Pitcairn genossen haben, läßt sich auch die »Explorer« nicht lumpen. So wird die gesamte Bevölkerung zur Abschiedsfeier an Bord unseres Schiffes geladen. Die Senioren ebenso wie der unlängst geborene Säugling.

In beiden Langbooten rauschen sie heran, wobei sich niemand, gleich welchen Alters, vom recht beachtlichen Seegang stören läßt. Pitcairner sind das gewohnt, vielleicht merken sie es gar nicht.

Sie laufen die schwankende, naßglatte Gangway hinauf, als wäre sie eine solide Treppe auf festem Boden. Droben in der Lounge verharren alle wie festgewurzelt, die Augen weit geöffnet und manche mit offenem Mund.

Nur wenige haben schon ein Schiff mit ähnlicher Einrichtung für Passagiere gesehen. Wie der Anblick vom Innenleben der »Explorer« auf sie wirkt, ist nicht auszudenken. Der weißgedeckte Speisesaal, im Pinguin-Room die Sesselreihe und Kinoleinwand. Sodann die Bar mit so vielen Flaschen, wobei man sich des Pitcairner Alkoholverbotes erinnert. Die Bücherei, das Schreibzimmer, der kleine, wenn auch enge Swimming-pool an Deck sowie unsere Kabinen, die wir gern zeigen.

Sicher hat die »Explorer« mit dem raffinierten Luxus eines Ozeanriesen nichts zu tun. Dennoch ist sie für die Inselmenschen eine völlig fremde, nie für möglich gehaltene Welt. Die Offiziere, die Stewards und Passagiere erklären so gut wie möglich, was es mit diesem oder jenem auf sich hat.

Die drei deutschen Köche haben sich wiederum selbst übertroffen. Kaffeetafel und kaltes Buffet, die feinsten Kuchen, das köstlichste Gebäck und süße Schlagsahne in Mengen.

Selbst muß ich für Andrew und Lucy Young die Teller anhäufen, damit sie zugreifen. Aber unsere größte Freude sind die Kinder, die als herzerfrischend normale Kinder keine Hemmungen haben. Doch man muß auch an kommende Tage denken, weshalb wir manche Plastiktüte bis zum Bersten füllen. Jenes kleine Mädchen mit blonden Zöpfen und niedlichem Näschen kann kaum die großen Tüten grapschen, die ich prall gefüllt habe für die Krabbe. Welch strahlende Augen, welch unvergeßlicher Tag!

Die Sirene heult, und der Lautsprecher sagt »Bitte alle Gäste von Bord«.

Es ist nicht gleich so ernst gemeint, aber in 15 bis 20 Minuten ist es soweit. Freundschaften, an diesem Morgen erst geschlossen, nähern sich ihrem Ende. Auf Nimmerwiedersehen trotz aller gegenseitigen, gutgemeinten Wünsche.

Mit Andrew und Lucy bin ich schon längst auf Vornamen und nehme an, daß alle Explorer mit ihren Pitcairner Gastgebern ebenso verkehren. So liebe, gute, herzliche, vor allem offenherzige Menschen habe ich an keinem anderen Ort der Welt erlebt.

Zweite Sirene . . . »Gäste bitte von Bord!«

Noch ein paar Ehrenwörter, sich nie zu vergessen, allgemeiner Austausch von Adressen. Noch eine Tüte Süßigkeiten für die niedliche Kleine, noch ein Brathuhn vom guten Koch Karl für meine Freundin Lucy. Noch viele bunte Postkarten der »Explorer« für Männer und Mädchen.

Dritte Sirene und zum dritten Mal »Gäste bitte von Bord«.

Dennoch will das Schütteln der Hände kein Ende nehmen.

»This Ship will sail within ten minutes.«

Eine Warnung, die nicht mehr zu bezweifeln ist. Auch die Pitcairner haben es begriffen und brechen auf.

Wir alle stehen an der Reling, manche der Explorer mit feuchten Augen . . . allen Ernstes meine Damen und Herren!

Die Anker rasseln empor aus der Tiefe, wo seit bald 200 Jahren die Reste der »Bounty« ruhen.

In den Langbooten wirft man die Leinen los, und Dunkelheit breitet sich aus. Vorn am Bug der Boote setzt man Laternen.

Was dann geschieht, ist unmöglich zu vergessen. Die Pitcairner singen, wobei alle Männer ihre Mützen vom Kopf ziehen und die Frauen ihre Hände zum Gebet falten.

»Lasset die Lichter leuchten«, ist der Text jener alten englischen Hymne. »Alle Lichter sollen leuchten auf eurem Weg nach Hause«, singen die Pitcairner tief ergriffen. Ein vielhundertjähriges Abschiedslied, das den Davonfahrenden gute Reise und gesegnete Heimkehr wünscht.

Ein Bild, eine Stimmung, die sich nicht beschreiben läßt. Langsam, ganz langsam beginnt sich die »Explorer« zu bewegen. Hinaus ins offene Meer, mit dem Kurs in weite Ferne. Die Sirene ruft dreimal . . . wieder dreimal und wieder dreimal . . . so ist das alter Brauch bei abfahrenden Schiffen.

Neben uns die Langboote, sich hebend auf jeder Woge und wieder tauchend ins

Wellental. Die singenden Menschen in beiden Booten, mit gefalteten Händen die Frauen und barhäuptig die Männer. »Lasset alle Lichter leuchten!«

Mit dem Boot sinken auf und nieder die Lampen am Bug. Auch unser Schiff hat auf festliche Beleuchtung geschaltet . . . dreimal und wieder dreimal tutet das Horn, und etwas rascher wird die Fahrt. Da bleiben allmählich die Pitcairner Boote zurück. Schwacher klingt die Hymne bei zunehmender Entfernung.

»Alle Lichter sollen leuchten auf eurem Weg . . . gute Reise . . . glückliche Heimkehr.«

Nun können wir nichts mehr hören, sehen nur noch die Lampen am Bug der Boote.

Wieder tutet unser Horn . . . dann klingelt die Schiffsglocke übers verdunkelte Meer.

Während wir mit rascher Fahrt davonrauschen, gleitet die Insel Pitcairn zurück in ihre Welt, in eine noch heile Welt.

Robinsons Insel

Zu jenen Inseln der Südsee, die drei und vier Namen tragen, gehört unter anderem »Juan Fernandez«, gelegen 650 Kilometer westlich von Santiago de Chile im Pazifischen Ozean. Gebirgig und vulkanisch ist die Insel, ziemlich feucht, ganz bewaldet und merklich kühler, als man sonst in der Südsee gewohnt ist. Die Ausdehnung umfaßt rund 100 Quadratkilometer, die Höhe reicht bis zu knapp 1800 Metern.

Der Seefahrer Juan Fernandez hat 1574 die nach ihm benannte Insel entdeckt. Menschen waren damals nicht vorhanden, auch keine Spur einstiger Besiedlung.

Ein kluger Kerl muß der Juan Fernandez gewesen sein, kam er doch von allein auf den gloriosen Gedanken, die so überaus lange Fahrzeit zwischen Panama und Chile zu verkürzen, besonders auf der so schwierigen Etappe von Callao in Peru nach Santiago oder Valparaiso in Chile. Da mußte man mit allen nur möglichen Segeln gegen eine starke Meeresströmung ankreuzen. Viel, sehr viel Zeit ging dabei verloren, Skorbut erfaßte Passagiere wie Besatzung, sogar Meutereien brachen aus. Schuld daran war fast immer die starke Strömung. Aus dem Südlichen Eismeer zog sie heran und rollte bis zum Äquator. Sehr viel später wurde sie nach dem deutschen Naturforscher Alexander von Humboldt der »Humboldt-Strom« genannt.

Juan Fernandez war der erste aller bisherigen Seefahrer im Pazifischen Raum, der nicht gegen den Humboldt-Strom ankämpfte, sondern in westlicher Richtung hindurchsegelte. Danach war er draußen, das heißt in der freien, von keiner Strömung behinderten Südsee. Alsdann nahm er wieder Kurs nach Süden, parallel zur Westküste von Südamerika, bis er abermals quer durch den Strom zum Festland steuerte. Bei der Erstfahrt auf diesem neuen Kurs geschah es, daß Fernandez zwei bisher unbekannte, hoch aus dem Meer steigende Inseln entdeckte. Erst die etwas kleinere, aber höher aufsteigende Insel Mas-a-Fuera (wie er sie nannte), sodann die breitere und größere Insel Mas-a-Tierra. Nur kurz hielt sich Fernandez dort auf, ja, er soll nicht an Land gegangen sein, weil ihm so sehr daran lag, möglichst bald in Santiago einzutreffen.

Tatsächlich gelang ihm das in der schier unglaublichen Rekordzeit von 30 Tagen . . . Nie zuvor war ein Schiff so schnell gewesen!

Aber hoch gelobt, rasch befördert und mit Orden behängt wurde Juan Fernandez deshalb nicht. Ganz im Gegenteil, die gefürchtete Inquisition ließ ihn verhaften, wegen schweren Verdachts der Hexerei. Wenn bisher die besten Schiffe der spanischen Flotte zumindest zwei Monate gebraucht hatten, manche sogar sieben Monate (!), konnte es bei den nur dreißig Tagen des Fernandez kaum mit rechten Dingen zugegangen sein. Hatte vielleicht der Satan dabei seine Krallen im Spiel? So drohte allen Ernstes dem tüchtigen Seemann die Hinrichtung auf dem Scheiterhaufen.

Was man damals nur höchst selten oder gar nicht erlebte, nämlich die Zurücknahme einer Anklage der Inquisition, wurde im Falle des Fernandez erstaunliche Tatsache. Nicht nur als freier Mann wurde er aus strenger Haft entlassen, sondern erhielt wegen seiner Verdienste vom spanischen Vizekönig ein Landgut zum Geschenk und wurde später mit dem jeweils nur einem Seefahrer verliehenen Titel »Chefpilot des Südmeeres« ausgezeichnet, aber der Beiname »el Brujo« – der Hexer – blieb ihm zeitlebens erhalten.

Gleich bemühten sich die spanischen Behörden, von Fernandez beraten, um eine Besiedlung der Insel durch Fischer, Landwirte und Handwerker. War es doch wichtig, die so günstig auf dem neu entdeckten Seeweg gelegene Insel vor fremden Ansprüchen zu sichern. Außerdem ergab eine Forschungsexpedition, an der Juan Fernandez selber teilnahm, daß die abwechselnd »San Felix«, auch »Todos los Santos«, »Mas-a-Tierra« oder »Juan Fernandez« genannte Insel so reich wie kaum eine andere mit Gaben der Natur gesegnet war, mit Gaben versteht sich, die sehr von Menschen geschätzt wurden. Am Strand lagerten dicht an dicht unabsehbare Mengen von Pelzrobben und Seelöwen. In den Buchten wimmelte es von Fischen, auch von Hummern in unschätzbarer Menge. Genauer gesagt von Langusten, die zu fangen ein Kinderspiel war. Wohlschmeckendes Wasser rauschte durch alle Täler, nach kühlen Quellen brauchte man nirgendwo lange zu suchen. Dichte Wälder reichten hoch hinauf, also gab es auch Brennholz wie Bauholz für die künftigen Siedler. Eßbare Früchte, genießbare Kräuter und Knollen, wilde Tauben und andere nahrhafte Vögel waren allenthalben vorhanden. Die sogleich auf der Insel ausgesetzten Ziegen ließen schon binnen kurzer Zeit rasche Vermehrung erwarten.

So schien die Insel bestens geeignet für Siedler. Auch für Segelschiffe war es der denkbar beste Platz, um sich mit Trinkwasser, Feuerholz und Frischfleisch zu versorgen, bald auch mit Gemüse und den Produkten der kommenden Viehzucht.

Aber lange dauerte es nicht, da hatten ganz andere Leute die Vorteile der Insel erkannt. Das waren die Seeräuber.

So verlief die Entwicklung von Juan Fernandez ganz anders, als von den Spaniern gedacht. Während der folgenden anderthalb Jahrhunderte ist die Geschichte der Insel eine Kette von verlustreichen Versuchen, dort eine Kolonie zu errichten, und ebenso vom energischen Bestreben der Piraten, einen festen Stützpunkt für ihr schändliches Gewerbe zu gewinnen. Wer das Buch von Lee Woodward* gelesen hat, das vor allem der Inselgeschichte gewidmet ist, wird am Ende nicht belehrt sein, sondern verwirrt. Geht es doch hin und her durch die Jahrzehnte, von einem Extrem ins andere, von völliger Verlassenheit der Insel bis zu ihrer Befestigung mit hundert Kanonen, von Strafkolonien, die sich empören und ihre Wächter ermorden, bis zu friedlichen Kolonisten, die sich besonders mit Hummerfang beschäftigen.

Nicht jeder kann sich für Seeräuber begeistern, doch es gibt über sie eine reiche,

* Ralph Lee Woodward »Robinson Crusoe's Island« 1969, Chapell Hill, University of North Carolina Press.

gern gelesene Literatur. Wer sie eingehend studiert, wird erfahren, daß so gut wie alle berühmten und berüchtigten, fast alle der erfolgreichsten, mörderischsten und kühnsten Seeräuber der sieben Weltmeere früher oder später die Insel Juan Fernandez besucht haben. Manche sogar viele Male. Nicht nur Trinkwasser, Feuerholz und Frischfleisch waren dort zu holen, auch noch vieles andere, was man an Bord jener engen, schnellen, mit Kanonen, Munition und Menschen vollgepackten Schiffe dringend brauchte. Erholung für Erschöpfte war zu finden und vielleicht Genesung für manche der Verletzten. Dort teilten die Piraten ihre Beute, Duelle wurden ausgefochten, Verräter hingerichtet und Gefangene untergebracht, bis das Lösegeld kam (kam das Lösegeld nicht, blieben die meisten Gefangenen nicht am Leben).

Wieder und wieder versuchten die Spanier, dem wüsten Treiben ein Ende zu machen. Aber es gelang nur vorübergehend, denn bald waren die Seeräuber wieder da. Schreckliche Namen werden genannt aus dieser barbarischen Zeit. Weltweit berüchtigte Halsabschneider feierten ihre mörderischen Siege auf Juan Fernandez, wie zum Beispiel Thomas Cavendish, Bartholomew Sharp, Henry Morgan, William Dampier und viele, allzu viele andere.

Erst zu Anfang des 18. Jahrhunderts waren allmählich die schlimmsten Piratenzeiten vorüber. Wohl zuerst war die beginnende Sicherheit entlang der Westküste Südamerikas zu spüren. Seltener tauchten dort Schiffe auf, die den Totenkopf in der Flagge führten.

Zu ihnen, zu den letzten großen, von der britischen Admiralität mit Kaperbriefen ausgestatteten Piraten gehörte William Dampier. Im Jahre 1703 machte er sich zum vierten Male auf, die spanischen Karavellen und Galeonen im südlichen Pazifik ihrer Fracht zu berauben. Gelegentlich war das eine sehr kostbare Fracht, sie konnte aus purem Gold bestehen. Weil auch Dampier den königlichen Kaperbrief besaß*, galt er bei seinen Landsleuten als ehrenwerter Gentleman.

Für seine Kühnheit, auch für seine navigatorische Erfahrung ist bezeichnend, daß sich Dampier für sein auf mehrere Jahre berechnetes Abenteuer mit nur zwei winzigen Schiffen begnügte, mit der »Cinque Ports« und »St. George«. Letztere erreichte kaum 100 Tonnen Wasserverdrängung, war aber mit 18 Kanonen bestückt.

Das Kommando der »St. George« übernahm Dampier selbst, zum Captain der »Cinque Ports« wurde Charles Pickering bestimmt, zu dessen Stellvertreter Thomas Stradley. Als dessen Vertreter, ebenso als zweiter Segelmeister, sollte Alexander Selcraig das gewagte, zeitlich unbestimmte Abenteuer mitmachen. Er war

* Damit durfte der Kaperkapitän alle Schiffe angreifen, berauben und versenken, die unter feindlicher Flagge fuhren, auch Gefangene machen und für sie Lösegeld erpressen. Da sich zu jenen Zeiten viele der seefahrenden Nationen miteinander im Kriegszustand befanden, waren beispielsweise englische Piraten fast immer berechtigt, spanische Schiffe zu überfallen. War gelegentlich Frieden geschlossen worden, konnte es Jahre dauern, bis die Piraten davon erfuhren. Selbstverständlich war es den Kapitänen mit Kaperbrief verboten, Schiffe der eigenen Nation anzugreifen. Das aber taten die »freien Piraten«, und deshalb hielt man sie ganz allgemein für Kriminelle. Im Falle der Gefangennahme wurde mit ihnen kurzer Prozeß gemacht, das heißt: Strick und Galgen waren ihnen sicher. Dagegen wurden Kaper-Kapitäne wie Sir Francis Drake, auch William Dampier, von ihren Landsleuten als kühne Seehelden und edle Abenteurer gefeiert, ausgezeichnet und gelegentlich zum Ritter geschlagen.

damals 28 Jahre alt, geborener Schotte aus dem Dorfe Largo am Firth-of-Forth und das siebente Kind eines Schuhmachers. In der Heimat war sein Ruf ausgesprochen schlecht. Trotz hoher Begabung fürs Rechnen, für Mathematik und Astronomie war Alexander der Schule entlaufen, hatte sich mit einer Rotte von anderen Halbstarken herumgetrieben, brave Bürger und kleine Mädchen belästigt und demgemäß seinen Eltern nur Schimpf wie Schande bereitet. Als gegen ihn, den gerade erst Sechzehnjährigen, Haftbefehl erging wegen »unanständigen Verhaltens in der Kirche«, lief Alexander Selcraig davon, um Schiffsjunge zu werden. Wohin ihn während der nächsten Jahre Wind und Schicksal trieben, ist nicht bekannt. Als er sich bei passender Gelegenheit wieder in Largo meldete, war Alexander dank seiner Intelligenz und Energie vom geschundenen Schiffsjungen zum Steuermann, sogar zum Navigator aufgestiegen.

Ebenso kühn wie abenteuerlich veranlagt, war Selcraig gerade der richtige Mann für William Dampier. So verließ er denn am 11. September des Jahres 1703 an Bord der »Cinque Ports« den Londoner Hafen. Die »St. George« mit Dampier an Bord folgte im Kielwasser. Sollten die beiden Schiffe durch Stürme getrennt werden, war Juan Fernandez der vereinbarte Treffpunkt.

Auf halbem Weg zum Südpazifik starb Captain Pickering, also ging das Kommando der »Cinque Ports« auf Leutnant Stradley über. Selcraig wurde als dessen Stellvertreter der zweite Mann an Bord. Insgesamt bestand die Besatzung aus 43 Männern. Welch drangvolle Enge muß während so langer Zeit auf dem winzigen Schiff geherrscht haben! Jedenfalls zu eng für Stradley und Selcraig, die nicht miteinander auskamen, aber keinen Platz hatten, sich aus dem Weg zu gehen.

Am gefürchteten Kap Hoorn ging die Verbindung zwischen den Schiffen verloren. Aber wie verabredet, trafen sie in einer »Puerto Ingles« genannten Bucht der Juan-Fernandez-Insel wieder zusammen. Dort entschloß sich die Mannschaft der »Cinque Ports« aus Widerwillen gegen Stradley zum Streik und begab sich an Land. Alexander Selcraig teilte ihre Meinung über Stradley, blieb jedoch aus Pflichtgefühl an Bord. Im übrigen lebten die Piraten wie Gott in Frankreich auf der mit natürlichen Gaben so reich gesegneten Insel.

Da erschienen, es war der 29. Februar 1704, drei französische Frachtschiffe am Horizont. Sofort entschloß sich Captain Dampier zur Jagd auf die fette Beute. Er wollte und konnte nicht warten, bis all seine Leute an Bord waren. Sechs Mann der »St. George« blieben zurück. Stradley auf der »Cinque Ports« ließ in großer Hast die Leinen kappen, weshalb ein Mann und der Schiffshund nicht mehr an Bord kamen. Indessen konnte Dampier mit seiner schnellen »St. George« den französischen 400-Tonnen-Frachter »St. Joseph« überholen, dann sogar zum Streichen der Flagge zwingen. Ein gewaltiger Gewinn für die Seeräuber war das vollbeladene Schiff und hatte noch Passagiere an Bord, für die hohes Lösegeld zu erwarten stand. Aber mit dem Teufel ging es zu, im Schutze der Dunkelheit entkam die scheinbar sichere Beute.

Weiter ging die Jagd an den folgenden Tagen. Wieder holte man die Franzosen

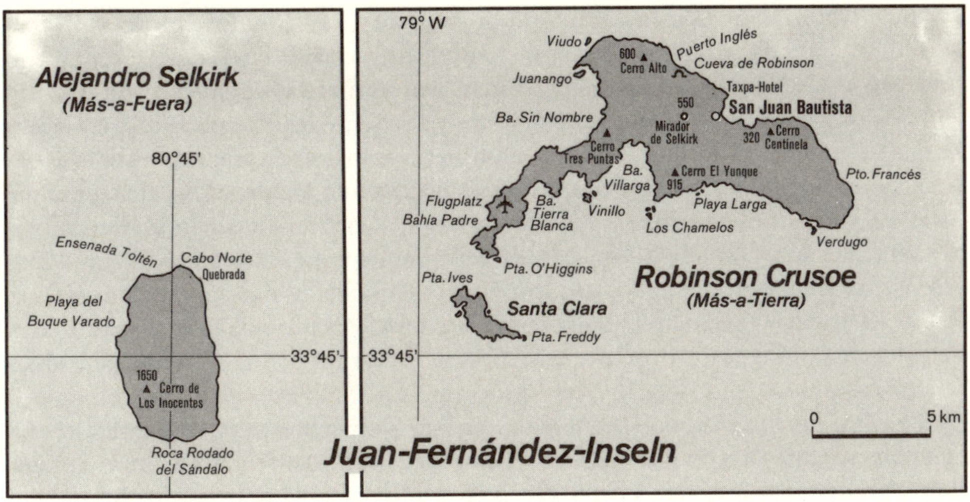

ein, und es kam mehrfach zu Feuergefechten. Jedoch ohne entscheidenden Erfolg für die britischen Piraten. Statt dessen gelang es den Frachtschiffen, der Küste so nahe zu kommen, daß sie von dort spanische Hilfe erhielten. So sah sich Dampier, fluchend und bitter enttäuscht, zur Rückkehr nach Juan Fernandez gezwungen. Es waren ja bei der überstürzten Verfolgung sieben seiner Leute dort geblieben.

Inzwischen hatten sich zwei andere französische Schiffe dort eingefunden, die »St. Esprit« und »Baron de Breteuil«. Vier von den sieben auf der Insel zurückgelassenen Seeräuber hatten sie eingefangen, während es den übrigen gelungen war, sich zu verbergen. Weil die Franzosen sogleich das Feuer auf »St. George« und »Cinque Ports« eröffneten, hielt es Dampier, seiner schwächeren Geschütze wegen, für besser zu verschwinden. Verzweifelt winkten die drei noch freien Piraten von einer Felsenkante, doch es war nicht möglich, sie an Bord zu nehmen. Weiter ging die Kaperfahrt der britischen Seeräuber.

Am 19. Mai, nahe der Küste von Panama, kam es zum Streit und zur Trennung der beiden Kapitäne. Dampier blieb nahe dem Äquator, Stradley segelte mit der »Cinque Ports« zurück nach Süden, wobei er als erstes wieder die Juan-Fernandez-Insel anlief. Sein Verhältnis zu Alexander Selcraig war unterdessen noch schlechter geworden. Kapitän und Stellvertreter standen sich in unverhohlenem Haß gegenüber.

Jene drei Männer wie auch der Schiffshund, die allen Versuchen, sie einzufangen, entgangen waren, befanden sich bei bester Gesundheit. Wieder an Bord, erzählten sie Wunderdinge von ihrem guten Leben auf der fruchtbaren, wildreichen, von Pelzrobben und Seelöwen umgebenen Insel, nicht zu vergessen die unerschöpfliche Menge leicht zu erbeutender Hummern.

Für Selcraig waren ihre Erlebnisse der letzte Anstoß, einen Plan auszuführen, der ihm schon lange vorschwebte. Rasch weg von der »Cinque Ports«, fort vom verhaßten Captain Stradley! Dieser war entzückt von dem Plan seines Stellvertreters, gab es doch keine bessere Gelegenheit, den immer aufsässigen, ewig unruhigen Selcraig loszuwerden. Gerne gab er ihm deshalb Kleider und Wäsche, Feuerzeug und eine Feuerwaffe mit Pulver und Blei, auch eine Sichel, mehrere Messer, Kessel und Kochtöpfe. Dazu Beil und Sägen, außerdem verschiedene Instrumente, nicht zu vergessen eine Bibel. Aber kaum stand der Schotte allein an der Küste, bekam es der sonst tapfere Mann mit der Angst zu tun. Er schrie hinüber zur »Cinque Ports« und flehte Stradley an, ihn wieder an Bord zu nehmen. Aber der, wie sich bei seinem schlechten Charakter denken läßt, machte sich einen Spaß draus, Selcraig frohe Jahre zu wünschen und recht bald den Besuch von hungrigen Menschenfressern.

Schlecht, hoffnungslos schlecht wäre es dem Gestrandeten ergangen, hätte ihn Stradley wieder aufs Schiff geholt. Nicht lange danach scheiterte die »Cinque Ports« an der peruanischen Küste. Wer von den Briten überlebte, verschwand auf Nimmerwiedersehen in einem der fürchterlichen Gefängnisse damaliger Zeit.

Wie schon erwähnt, war William Dampier einer der letzten großen Piraten der Südsee. Auch die Fernandez-Insel wurde kaum noch von Seeräubern besucht, auch nicht von spanischen Schiffen, deren Aufgabe es sein sollte, für die Sicherheit auf See zu sorgen. Alexander Selcraig erhielt keinen Besuch auf seiner Insel, sah lange kein Schiff vorübersegeln. Die Folge völliger Isolierung waren tiefe Depressionen und seine Suche nach religiösem Trost. Er studierte die Bibel, bis er fast jeden Satz auswendig konnte. Er jagte, fischte und sammelte für seinen Lebensunterhalt. Selcraig wanderte durch alle Regionen der immerhin 100 Quadratkilometer großen Insel. Er bestieg die Höhen und jeden Gipfel, auch den 915 Meter hohen Cerro El Yunque. Er wohnte in Höhlen und baute sich zwei Hütten, fest genug, um auch schweren Stürmen und Wolkenbrüchen standzuhalten. Für den Hausgebrauch zähmte er einige der wildlebenden Ziegen, legte Gemüsegärten an, bastelte sich Netze, Angel und Speere für den Fischfang. Als seine Kleider zerfielen, nähte sich der Einsiedler Ersatz aus dem Fell von Ziegen, Seelöwen und Pelzrobben. Um sein Pulver zu sparen, lernte er das Fallenstellen und die Schlingenjagd.

Darüber vergaß er seine Depressionen und führte fortan ein kerngesundes Leben. Seine Muskeln entwickelten sich so stark wie sonst nur bei Preisboxern. Es wurde ihm zur Gewohnheit, an jedem klaren Tag durch Bäche und schmale Schluchten bis zu einem Sattel im Gebirge hinaufzueilen, von dem er weit über den Ozean schauen konnte. Dort, bei diesem »Mirador«, entfachte Selcraig ein Feuer und nährte es mit frischen Zweigen, um möglichst starken Rauch zu erzeugen. Stunden, viele Stunden saß der Vereinsamte daneben, in der beständigen Hoffnung, ein Segel zu erblicken, das, vom rauchenden Feuer angelockt, den Kurs auf seine Insel nahm.

Auch ich bin zu dem »Mirador« aufgestiegen und kann versichern, daß es eine Schinderei von gut drei Stunden gewesen ist. Selcraig jedoch ist seiner Schilderung nach schnell wie der Wind und leicht wie ein Vogel zu dem himmelhohen Platz gelaufen. Er tat es an jedem klaren Tag der Woche . . . mehrere Jahre hindurch!

Mangels anderer Gesellschaft sprach der alleinige Bewohner der Fernandez-Insel mit seinen Ziegen, auch mit den ihm zugelaufenen Katzen. Sie waren seine Gefährten, und scheinbar hörten sie aufmerksam zu. Er sang ihnen fromme Psalmen vor, auch tanzte er im Kreis mit ihnen herum. Was Selcraig vor allem aufrechterhielt, war sein lebhafter Geist, besonders die rege Phantasie, um sich Geschichten auszudenken, worin er die frei erfundene Hauptperson war. Er muß ausgesehen haben wie einer der wildesten von den Wilden. Mit zerfransten Fellen bekleidet von der Sohle bis zum Hals. Gegen die grellen Sonnenstrahlen trug er einen Schirm, gleichfalls aus Ziegenfell genäht. Zum ellenlangen Haupthaar wuchs ihm ein wallender Bart bis zum Gürtel herab.

Mehrmals landeten Spanier an der Küste, um wie üblich Trinkwasser, Feuerholz und frisches Gemüse an Bord zu nehmen. Aber Selcraig versteckte sich vor ihnen, weil er Gefangennahme und Hinrichtung fürchten mußte. Für ihn kamen als Retter nur Seeleute unter britischer oder neutraler Flagge in Frage.

So verging die Zeit, so vergingen weit mehr als tausend Tage. Dann endlich . . . endlich kam der 10. Januar des Jahres 1709. Da segelten frühmorgens die beiden britischen Schiffe »Duke« und »Duchess« in die Bucht von San Juan Bautista. Kommandant beider Schiffe war Kapitän Wood Rogers. Zusammen verfügten »Duke« und »Duchess« über 56 Kanonen und hatten 333 Mann an Bord. Seit ihrer Abreise von Cork (Irland) waren sie zwanzig Wochen unterwegs. Als erfahrener Pilot, der schon mehrfach den weiten Weg um die Welt zurückgelegt hatte und gut die Insel Juan Fernandez kannte, war auch William Dampier an Bord.

Wie nun das erste Boot der »Duchess« das sandige Ufer berührte, lief ein wilder, in rohe Felle gekleideter Mensch aus dem Wald. Er schwenkte eine schmutziggraue Fahne und brüllte in englischer Sprache.

Erst nach geraumer Weile konnten William Dampier, Edward Cook und andere Freunde von früher in diesem von zerzaustem Haarwuchs bedeckten, so wild wirkenden Insulaner den Gefährten gemeinsamer Reisen, den ehemals Ersten Offizier auf der »Cinque Ports«, Alexander Selcraig, erkennen. Natürlich wurde der wiedergefundene Kamerad gleich an Bord genommen, sogar zum Segelmeister der »Duchess« befördert.

Alsdann begann aufs neue die gute, alte, ehrliche und schändliche Seeräuberei der Kaperkapitäne. Etwa dreißig Monate vergingen bei gutem, sogar glänzendem Erfolg. Als später in Bristol abgerechnet wurde, erreichten die Werte der eingebrachten Beute die für damalige Zeit ungeheure Summe von 170 000 Pfund. Davon betrug Selcraigs Anteil über 800 Pfund. Dieser nur scheinbar geringe Betrag genügte Anfang des 18. Jahrhunderts zum Erwerb eines stattlichen Bauernhofs, wo man Knechten und Mägden die Arbeit überlassen konnte, ohne selber viel zu tun. Auch Selcraig hatte das vor, reiste zu seinen beglückten Eltern und gedachte sich in deren Nähe niederzulassen.

Aber seine Erlebnisse auf einsamer Insel waren bekannt geworden, ja sogar Berichte darüber im Druck erschienen. Ein Mann namens de Foe wollte Alexander Selcraig sprechen, und das so bald wie möglich. Auch »Daniel Defoe« wurde der Name dieses Mannes geschrieben. Es kam damals auf die Schreibweise nicht so an, wenn nur die Aussprache stimmte. Damit, so nehme ich an, dürfte die Mehrzahl meiner Leser wissen, was der Daniel Defoe mit Alexander Selcraig im Sinne hatte.

Nur nebenbei sei erwähnt, daß man schon zu dieser Zeit in Kurzberichten über Selcraigs Erlebnisse dessen altschottischen Namen, damit er für die Engländer besser lesbar wurde, in *Selkirk* verwandelt hatte.

Daniel Defoe (1660 bis 1731) wird auch von den Lesern seines Hauptwerkes oft verkannt. Meist hält man ihn für einen Romancier, für den Verfasser höchst erfolgreicher Abenteuerbücher. Aber solche und ähnliche Schriften verfaßte Defoe nur als Nebensache, eigentlich erst im fortgeschrittenen Alter. Wirklich wollte er weit mehr, nämlich die freiheitliche Reformierung des in puritanischer Strenge erstarrten England. So schlimm aber konnten die Zustände nicht sein, es spricht geradezu für die sonst in Europa seltene Freiheit im damaligen England, daß Defoe in Wort wie Schrift predigen konnte, was er wollte. Zehn Jahre lang redigierte er die erste englische Zeitung und nahm dabei kein Blatt vor den Mund. Als es bei besonders schweren Ausfällen seinen Gegnern gelang, ihn an den Pranger zu stellen, wo man solche Leute gewöhnlich mit Dreck, Steinen und Kinderkot bewarf, genoß Daniel Defoe das Vergnügen, eine Volksmenge um sich zu sehen, die ihn hochleben ließ.

Lange Gespräche mit Alexander Selkirk erschienen ihm deshalb so wichtig, weil der heimgekehrte Einsiedler in jenen vier Jahren – wie der Reformer glaubte – die Entwicklung vom ganz gewöhnlichen zum idealen Menschen durchgemacht hatte. Nach Defoes Ansicht war das bei jedem Sterblichen zu erwarten, der sich lange genug, freiwillig oder erzwungenermaßen, in totale Einsamkeit zurückzog. Wann und wo Daniel Defoe mit Selkirk zusammentraf und wie häufig es geschah, wissen wir nicht. Jedenfalls entstand aus ihren Unterhaltungen, aus den Erlebnissen und Beobachtungen des Alexander Selcraig auf der Juan-Fernandez-Insel das erfolgreichste Buch des Jahrhunderts: *Robinson Crusoe.*

Vieles davon hat Daniel Defoe dichterisch ausgeschmückt, hat es im Sinne seiner Reformidee verwandelt. Denn es sollte sein Buch mithelfen, die Menschen zu bessern. Das meiste aber blieb so erhalten, wie es Selkirk geschildert, selbst erlebt und erlitten hatte. Die Gestalt der Insel (deren geographische Lage Daniel Defoe aus unbekannten Gründen vor die Mündung des Orinoko verlegt) blieb in »Robinson Crusoe« die gleiche wie in der Natur, ebenso Fauna und Flora, ebenso die vorhandenen Arten eßbarer Früchte. Die zahlreichen Höhlen, die wilden Ziegen, auch die Ratten, die Katzen, die Fischarten existieren in Wirklichkeit. Alles, was Robinson in Defoes Buch für seinen Unterhalt, für seine Sicherheit, auch fürs Zusammenleben mit seinen gezähmten Tieren getan hat, entspricht den Erfahrungen Alexander Selkirks. Auch Robinson entfachte Feuer und Rauch droben auf dem Mirador.

Selbst der »Mann Freitag«, Robinsons schwarzer Gefährte, hat existiert, nur lebte er nicht zur gleichen Zeit mit Selkirk auf der Insel. Allerdings war er kein Neger, sondern ein Mosquito-Indianer aus Mittelamerika namens Will, der die Abfahrt seines Schiffes verpaßt hatte. Dieser Will war schon abgeholt worden, bevor Selkirk auf Juan Fernandez erschien.

Defoe hat seinen sogenannten Tatsachenbericht romantisch ausgeschmückt. So dauerte der insulare Aufenthalt Robinsons 28 Jahre, also die gesamte (damalige) Aktivzeit eines Menschenlebens. Auch läßt Daniel Defoe nach den ersten Jahren vollkommener Einsamkeit andere Menschen auf Robinsons Insel erscheinen. Zuerst Kannibalen und deren Opfer, alsdann Schiffbrüchige, spanische Seefahrer, sowie Leute, die gern der Welt entsagen wollen, und andere, die Grund hatten, den Arm des Gesetzes zu fürchten. Es lag ja dem um liberale Reformen ringenden Defoe so sehr daran, am Beispiel des Robinson Crusoe und seiner zu ihm stoßenden Gefährten das Entstehen einer idealen Gemeinschaft zu schildern. Ein glückliches Utopia auf weit entfernter Insel wollte Defoe darstellen. Aber so haben nur wenige seiner Millionen Leser in mehr als hundert Ländern die Sache verstanden. Als Schilderung eines großen, spannenden, wildromantischen Abenteuers ist »Robinson Crusoe« in die Weltliteratur eingegangen. Das Buch machte den Begriff »Robinsonade« zu einer Kunstgattung *sui generis*. Unzählige Nachahmungen wurden geschrieben und mit fast gleicher Begeisterung gelesen.

Defoe war selbst sehr überrascht von seinem Erfolg, der auch ein Kassenerfolg war. Er schrieb weitere Bücher des gleichen Genres, die nichts mehr mit seinen Reformideen zu tun hatten. Jedenfalls genoß der schon betagte Mann einen recht behaglichen Lebensabend.

»Wo Sie Deutscher sind«, wurde ich einmal gefragt, »müßten Sie mir eigentlich sagen können, weshalb Daniel Defoe seinem Helden Robinson einen deutschen Vater gab?«

Ich wußte es nicht, hatte keine Ahnung mehr von dieser Stelle zu Beginn des Buches. Aber es stimmt, Daniel Defoe läßt seinen Helden Crusoe, der ja alles in der »Ich-Form« erzählt, unmißverständlich sagen, daß sein Vater in Bremen geboren wurde und erst als Erwachsener nach Schottland gekommen war. Weil man dort seinen deutschen Namen »Kreutzer« weder richtig schreiben noch aussprechen konnte, wurde »Crusoe« daraus.

Das Wetter scheint besser geworden, der Himmel hellt sich auf. Lange kann es bis zu unserer Landung auf Juan Fernandez nicht mehr dauern. Je näher unsere wetterharte Gemeinschaft der Küste kommt, desto höher hebt sich die Wolkendecke. Was man vorläufig erkennt, scheint recht erfreulich. Entlang der halbrunden Bucht säumt eine locker gebaute Siedlung die Wasserfront. Die meisten Häuser, Hütten, Schuppen und sonstigen Bauten sind nur ebenerdig, bestenfalls mit ausgebautem Dachgeschoß. Wie es scheint, hat man für alles vorfabrizierte Bauteile benutzt. Aber jedes Gebäude, auch die schiefen Schuppen, sind angemalt in hellen Farben, wozu besonders lichtes Blau und helles Rot gehören. Jedes Haus steht in einem gutgepflegten Garten, wo viele Blumen blühen. Wirklich ist es ein hübscher kleiner Ort, behaglich und gemütlich. Ein paar Menschen in Ölzeug wandern gemächlich zum Hafenpier. Sie werden neugierig sein auf die »Explorer«, denn nur selten erhalten sie den Besuch eines fremden Schiffes.

Wir müssen nicht in die schäumende Brandung steigen, um auf festen Boden zu kommen. Aber es wäre weniger gewagt als das Hinaufsteigen zum Pier über scheußlich glatte und glitschige Treppenstufen. Das vermorschte Holz biegt sich unter dem Gewicht eines Menschen. Die Insulaner begrüßen uns mit Handschlag, nehmen dabei sogar die Mützen ab. Weil ich genügend Spanisch spreche, ist es meine Sache zu erklären, wer wir sind und was wir auf der Insel wollen. Sichtbar freundlich wird das aufgenommen. Ältere wie auch jüngere Männer bieten sich als Fremdenführer an. (Keiner hat dafür etwas verlangt oder hinterher angenommen.)

Zur Zeit leben auf Juan Fernandez 520 Menschen. Diese nehmen nicht zu an Zahl, sondern sie werden alle Jahre um etwa ein halbes Hundert weniger. Ebenso wie auf vielen Inseln der Südsee wandern die jungen Männer, auch junge Ehepaare, zum Festland, weil ihnen das insulare Leben auf heimatlichem Boden zu wenig Möglichkeiten des beruflichen Fortkommens bietet. Hinzu kommt die Abgeschlossenheit, das immer gleiche Leben im kleinen Dorf. Es gibt kein Kino, keinen Tanzboden, erst recht keine Diskothek auf Robinsons Insel. Es fehlen Kneipe und Bodega, erst recht die Speiselokale, überhaupt jede Art von einfacher Zerstreuung. Wer auswärts essen will, kann bestenfalls am Familientisch der Señora Gallego speisen. Dort können sich zahlende Gäste melden, aber bitte schon am Tage zuvor.

Ein »Kaufladen für alles« ist zwar vorhanden, aber dessen Auswahl beschränkt sich auf notwendige Dinge, die allernotwendigsten. Trotz größten Bemühens kann ich hier keine Muschelkette erwerben.

Das Fundament der insularen Wirtschaft, wenn man so sagen darf, sind die »langustos«, die besondere Art der Juan-Fernandez-Hummer. Wenn die Menge auch nicht mehr so groß ist wie in vergangenen Zeiten, kann doch jeder Hummerfischer bei gutem Wetter pro Tag 25 bis 35 der wohlschmeckenden Schalentiere erbeuten. An Ort und Stelle bekommt er für jeden »langusto« einen US-Dollar. Verglichen mit den bei uns geltenden Preisen ist das geschenkt. Aber es läßt sich auf »Juan Fernandez« recht gut davon leben. Jedenfalls werden keine Klagen vorgebracht über den zu niederen Hummerpreis. Eine Handelsgesellschaft, sogar zwei konkurrierende Unternehmen sollen es sein, besorgt den Transport nach Santiago oder Valparaiso. Es geschieht entweder per Schiff oder auf dem Luftweg. Ein gutes Geschäft dürfte es sein, werden doch auf dem Festland frische Langusten mit je drei bis vier Dollar bezahlt. Der Gast eines guten Restaurants, und zwar noch in Chile, muß sechs bis acht Dollar, sogar zehn Dollar aufwenden, was die Verdienste des Zwischenhandels nicht nur verdreifacht, sondern mehr als vervierfacht. Wie ungerecht das dem Fischer gegenüber ist, braucht man nicht erst zu betonen.

Bis zum Transport nach dem Festland werden die frisch gefangenen Hummer in durchlöcherten Holzkisten aufbewahrt, die man im seichten Wasser versenkt.

Die Schiffsbeförderung nach Santiago oder Valparaiso dauert drei bis fünf Tage, durch die Luft nicht mehr als drei Stunden. Aber nur unregelmäßig verkehren die Schiffe, auch der Flugverkehr ist nicht zuverlässig.

Es läßt sich leben in San Juan Bautista. Es fehlt jeder Anlaß für Aufregung, so daß ich meine, auch unsereins könnte sich auf Robinsons Insel gut erholen vom Streß und hektischer Tätigkeit daheim. Dort auf der glücklichen Insel klingelt kein Telefon, da rumpelt kein Lkw und knallt kein Moped. Es gibt überhaupt keine motorisierten Fahrzeuge auf Juan Fernandez. (Sollte es doch eines geben oder auch zwei, entgingen sie meiner Aufmerksamkeit.) Nichts, was die Luft verpestet, ist spürbar. Ohne Gefahr für Leib und Leben überquert man die sandigen Straßen. Lasten werden auf Ochsenkarren befördert, auf dem Rücken kleiner Pferde oder in Schubkarren. Radio ist vorhanden, auch einige Fernsehempfänger, aber mit oft schlechtem Bild wegen der weiten Entfernung. Als Treffpunkt redseliger Frauen kann bestenfalls der schon erwähnte »Laden für alles« dienen. Männer begegnen sich auf der vor Regen geschützten Veranda des Postamtes, auch wenn das nur stundenweise offen ist. Im neu angelegten, bisher gutgepflegten Stadtpark laden rotgestrichene Bänke zum Verweilen. Doch habe ich niemanden erblickt, der sich dort niederließ. Man ist an den Bummel und die Bänke im Park noch nicht gewöhnt. So kann er nicht die »Plaza« der spanischen und südamerikanischen Städte ersetzen. In der Mitte das Denkmal eines gewiß hochverdienten Admirals und mit grüner Farbe bestrichen ein riesiger Rundkessel, wie er früher auf Walfangschiffen zum Auskochen des Trans verwendet wurde. Jetzt dient das Ding als überdimensionaler Blumentopf.

Für die kleine, verblaßte, protestantische Kirche fehlt schon lange der Pfarrer, auch besuchsweise kommt keiner her. Der Priester fürs katholische Kirchlein läßt sich alle vier bis sechs Wochen blicken. Aber die Schule, von drei Lehrkräften geleitet, ist voll in Betrieb. An bestimmten Stunden des Tages spendet ein noch bescheidenes E-Werk elektrischen Strom. Der Erzeuger ist ein Lkw-Dieselmotor, der früher auf dem Festland ganz anderen Zwecken gedient hat. Wenn man hört, daß auf der Robinson-Insel mit nur etwa 500 Bewohnern sechs Polizisten beschäftigt sind, könnte man glauben, daß dort viel gestohlen und vielleicht gemordet wird. Aber nein, auf Robinsons Insel leben nur ehrliche Leute. Es sind die vielen tausend Seelöwen und Pelzrobben, die beschützt werden. Nachdem Generationen von geldgierigen Robbenschlägern die Artophocas philippii, diese nur auf Juan Fernandez vorkommende Spezies der Pelzrobben bis auf wenige Exemplare erschlagen hatten, wurden 1935 die Inseln Juan Fernandez, Mas-a-Fuera und Santa Clara unter Naturschutz gestellt. Zwei Deutsche, Karl Block und Hugo Weber, die in San Juan Bautista lebten, wurden die ersten Inspektoren. Ehrenamtliche Inspektoren versteht sich, weil sie dafür keine Peseten bekamen. Ebenso mußte für die Erholung und Vermehrung bestimmter, nur auf Juan Fernandez lebender Vogelarten gesorgt werden, beispielsweise für Sephanoides fernandenses, für den Falco sparverios und den Buteo poliosoma exsul. (Erkennen könnte ich davon keinen.)

Wirklich haben wir es mit einer ganz besonderen Insel zu tun. Auch was Mas-a-Fuera betrifft und die nur kleine Insel Santa Clara. Es leben auf den isolierten Landflecken mitten im Südmeer nicht nur Vögel und Meeressäuger, die nirgendwo sonst existieren, auch bestimmte Fische und Pflanzen sind nur bei oder auf den drei Inseln vorhanden. Dazu gehören die sogenannten Steinlachse (Hectoria oxigenaios) und jene Hummer, die man besser und richtigerweise Languste nennt, weil ihnen die großen, kräftigen Scheren fehlen. Es handelt sich bei der nur um Juan Fernandez und Mas-a-Fuera heimischen Spezies um Jasus ferontalis. Früher, im vorigen Jahrhundert, waren sie im Durchschnitt acht bis neun Pfund schwer, bei durchschnittlicher Länge von vierzig bis fünfzig Zentimeter. Vermutlich infolge des übermäßigen Fanges werden die Jasus ferontalis heute nur halb so schwer und halb so lang, sind aber nach wie vor in großen Mengen vorhanden. Vorsichtshalber hat man bestimmte Laichgebiete für alle Hummerfischer gesperrt.

Was die gleichfalls im Humboldt-Strom gelegenen Galapagos-Inseln für die Tierwelt (und für Darwins »Ursprung der Arten«) bedeuten, das sind die Robinson-Insel und Mas-a-Fuera für die Pflanzen. Auch bei ihnen haben sich, der besonderen Umstände wegen, eigene Arten entwickelt, die nirgendwo sonst auf Erden existieren. Die Zahl der ureingeborenen Spezies soll in die Hunderte gehen. Der Botaniker kommt aus dem Verwundern nicht heraus, die Hortikulturisten fallen von einem Entzücken ins andere, und staunend steht der Dendrologe vor 30 Meter hohen Chonta-Palmen (Buanina australis). Bei nimmermüder Suche kann er das auch hier äußerst selten gewordene Sandelholz entdecken, und zwar die auf Juan Fernandez beschränkte Spezies Santalina fernandeziana!

So war es denn kein Wunder, daß 1935 die gesamte Inselgruppe zum Nationalpark erklärt wurde. Damit allein ist es, wie man weiß, aber nicht getan. Schutzgebiete müssen unter ständiger Kontrolle stehen. Dafür und nur deswegen walten auf der Robinson-Insel sechs Polizisten ihres Amtes und einer auf der Alexander-Selkirk-Insel (Mas-a-Fuera). Die Männer sind beritten, mit Maschinenpistolen ausgerüstet, auch ein starkes Motorboot steht zu ihrer Verfügung. Täglich, bei fast jedem Wind und Wetter, sind die Beschützer der Natur unterwegs, um wilden Robbenschlägern, illegalen Jägern, Naturstrolchen und ähnlichen Halunken das Handwerk zu legen. Mit dem Chef dieser Schutzmacht, einem Hauptfeldwebel, habe ich gesprochen, und mit Befriedigung sagte er, daß sich die stete Kontrolle insofern gelohnt habe, als kaum noch jemand versuche, sich an geschützten Tieren oder Pflanzen zu vergreifen. Die vor vierzig Jahren vor dem Verschwinden stehende Tierwelt wurde nicht nur gesichert, die Arten vermehren sich wieder, was erfreulicherweise besonders bei den inseleigenen Spezies der Fall ist.

Leider läßt sich nicht das gleiche von der ursprünglichen Pflanzenwelt sagen. Denn allzu schlimm sind seinerzeit die Verwüstungen durch Sträflinge und Seeräuber gewesen. Haben sie doch, um nur ein Beispiel zu nennen, allenthalben die Chonta-Palmen abgesägt, um möglichst mühelos an die wohlschmeckenden frischen Triebe in den Wipfeln zu gelangen. Ähnliches geschah den Sandelholzbäumen, von denen ja nur der Kern ausgewachsener Stämme gebraucht wurde. Die heute dicht zugewachsene, nur auf zwei schmalen Pfaden zu durchquerende Insel war damals, so ist zu vermuten, von zahlreichen Wegen erschlossen. Man hätte sonst die Ausbeute nicht abtransportieren können.

Wie dem auch sei, hat die eigenartige Pflanzenwelt, besonders die Fülle endemischer Blumenarten, relativ zahlreiche fremde Besucher angelockt. Besucherströme waren es allerdings nicht, nur Rinnsale. Es handelte sich in der Mehrzahl um Spezialisten, um passionierte Freunde und Kenner der Blumenwelt, denen sich mitunter Sportfischer anschlossen. Die erste Welle begann schon um die Jahrhundertwende, und es waren privat organisierte Gruppenreisen von drei Wochen Dauer.

Die Dampfschiffe kamen aus Santiago und Valparaiso, und je nach Wetterlage auf See hatten jene »Frühtouristen« zehn bis vierzehn Tage Zeit auf der Insel. Kost und Logis fanden sie in Privatquartieren. Der Inklusivpreis für die Seefahrt betrug in der Ersten Klasse 60 Dollar und 40 Dollar in der Zweiten Klasse. Uns erscheint das billig, war aber für damalige Verhältnisse ein teures Vergnügen. Warum in den Jahren 1935 diese Gruppenreisen aufhörten, konnte ich nicht erfahren.

Die zweite Welle touristischen Interesses für Juan Fernandez hat erst vor kurzem begonnen, seit Fertigstellung des Flugfeldes im fernen Westen der Insel. Die angeblich alle Tage, in Wahrheit nur bei Bedarf verkehrende Minimaschine befördert binnen knapp drei Stunden (zur Zeit) bis acht Passagiere. Aber Chartermaschinen, von Klubs und Freundeskreisen gemietet, schaffen auf einem Flug bis 60 Besucher auf die Insel. Aber so viele auf einmal können nur dann untergebracht werden, falls man lange im voraus sämtliche Quartiere belegt hat.

Seit neuestem, seit dem vorigen Jahr erst, gibt es das »Taxpa-Hotel«. Ein hübsches, geschmackvoll eingerichtetes, fast luxuriös zu nennendes Hotelchen, das bei voller Belegung bis dreißig Personen aufnehmen kann. Es liegt aufs schönste, etwa fünfzig Meter hoch über dem Meer in einem nach oben strebenden Tal. Gleich daneben rauscht ein Wildbach hinab zum steinigen Strand. Jedoch hat das »Taxpa« den Nachteil allzu einsamer Lage. Nur über einen Fußweg von etwa 20 Minuten gelangt man von San Juan Bautista dorthin, weshalb man sich für gewöhnlich eines Motorbootes bedient. Der Sinn so abseitiger Lage dürfte sein, den Blumenfreunden gleich rings ums Haus den Anblick der seltensten Blumenarten unserer Welt zu bieten.

Hinter dem Hauptdorf öffnen sich im vulkanischen Tuffgestein sechs bis sieben ziemlich große Höhlen. Ob Brandung, ob Springfluten im Verlauf von Jahrmillionen diese Höhlen ausgenagt haben oder ob sie von Menschenhand geschaffen wurden, darüber gingen die Antworten auf meine Frage auseinander. Jedenfalls haben diese Grotten noch bis gegen Ende des vergangenen Jahrhunderts den Menschen als Behausung gedient. Für Seeräuber waren sie genau das richtige, ebenso für die Geretteten eines Schiffbruchs. Auch Siedler, Soldaten und Sträflinge haben sich so lange darin aufgehalten, bis ihre Hütten oder Holzhäuser fertig waren. Man sagt, daß sich zur Zeit des kalifornischen Goldrausches, von 1848 bis etwa 1853, in diesen Höhlen der Umschlagplatz für Schmuggelwaren und sogar eine Whiskybrennerei befunden haben. Mußten doch zu jener Zeit alle von Europa, auch von der amerikanischen Westküste nach Kalifornien dampfenden oder segelnden Schiffe den Kurs ums Kap Hoorn nehmen. So war damals Juan Fernandez der beste Platz zur Versorgung mit Trinkwasser, Feuerholz, Frischfleisch und anderem mehr. Wilde Zeiten sind es gewesen, mit Besuchern von der gleichen Art, wie sich solche während jener Jahre in den Häfen und Goldfeldern von Kalifornien herumtrieben. So weit kam es, daß sich vorübergehend eine »freie Republik« auf der Insel etablierte – gegründet, regiert und terrorisiert von einer Verbrecherbande aus den USA. Eine sogenannte Robinson-Höhle, die – wenn überhaupt – nur Alexander Selkirk bewohnt haben könnte, liegt so abseits von Juan Bautista und ist zu Fuß so schwierig zu erreichen, daß man sich fast nur im Motorboot dorthin begibt. Zu sehen ist darin nichts außer mannstiefen, gewiß mit großer Mühe aus dem Stein gehauenen Gräben. Dort haben vor langer Zeit hoffnungsvolle Schatzgräber nach jenen kostbaren Kisten gesucht, die angeblich Francis Drake auf der Insel ausgerechnet in dieser Höhle versteckt haben soll. Gefunden wurde nichts, der berühmte Drake hat die Fernandez-Insel nie betreten.

Andererseits könnte, wer »Robinson Crusoe« aufmerksam gelesen hat, nach Lage dieser Höhle, angesichts ihrer Umgebung nebst Vegetation, Alexander Selkirk, wenn auch nur zeitweise, darin gehaust haben. Aber beweisbar ist das nicht.

Die Bewohner Juan Bautistas, ebenso die Landkarten bezeichnen die hinter der Ortschaft sich öffnenden Grotten als »Cuevas de Patriotas«. Denn es lebten darin Sträflinge, richtiger ausgedrückt politische Verbannte während der wechselvollen Zeit des langen, blutigen Unabhängigkeitskrieges zwischen Chile und dem spanischen Mutterland. Wer von den kämpfenden Parteien gerade die Macht in Händen hielt, schickte seine festgenommenen Gegner ins Exil auf die entlegene Insel. Da waren in spanischen Augen die chilenischen Freiheitskämpfer »verdammungswürdige Rebellen«, jedoch für ihre eigenen Landsleute heldenhafte Patrioten. Deshalb »Cuevas de Patriotas«. Später wurden königstreue Spanier hier festgehalten, da sie nach chilenischer Meinung »Ausbeuter und Reaktionäre« waren. So ging es denn auch weiter, nachdem sich Chile seine Freiheit von Spanien erkämpft hatte. Nach dem Machtwechsel von Partei zu Partei, von Präsident zu Präsident schaffte man die soeben Entmachteten nach Juan Fernandez, wo sie so lange blieben, bis wieder ihre Gesinnungsfreunde die Oberhand gewannen. Steigt man auf breiter, teilweise zementierter Straße gleich hinter der Ortschaft höher hinauf, erblickt man rechter Hand die Reste eines wahrhaft erstaunlichen Bauwerks. Es sind die mächtigen Mauern der einst unbezwingbaren Zitadelle. Nach dem für Spanien äußerst verlustreichen Raubzug der Piratenflotte des britischen Seefahrers George Anson* entschloß sich 1742 der Vizekönig Villagarcia zur bestmöglichen Befestigung der Insel.

* Auch George Anson besaß einen Kaperbrief der britischen Regierung und galt bei seinen Landsleuten als großer Seeheld. Gewaltige Schätze brachte er mit nach England. Obwohl er zwei Drittel seiner Mannschaft verloren hatte, belohnte man seine Leistung mit Beförderung zum Admiral, und »Lord Anson« wurde er auch.

Die Robinson-Insel großenteils in Nebel gehüllt. Früherer meist gebrauchter Name Juan Fernandez. Auf dieser Insel verbrachte Alexander Selkirk, das historische Vorbild für Daniel Defoes Robinson-Buch, vier Jahre in völliger Einsamkeit.

Etwas vernebelte Ansicht von Juan Bautista, der einzigen Ortschaft auf der Robinson-Insel.

Menschenleer, aber herrlich schön ist auf fast allen der polynesischen Inseln das Landesinnere. Es fehlen die Wege, nur wenige Fremde dringen vor bis zu den rauschenden Wasserfällen, die hoch von dicht bewaldeten Felsen stürzen.

Nur die Küsten sind bewohnt und für den Verkehr erschlossen. Eine alpine Ausrüstung und entsprechende Erfahrung sind notwendig, um hinauf in die Bergwelt zu gelangen. Einige der Gipfel wurden meines Wissens bis heute nicht bestiegen.

Nur wenige Inseln sehen so viele Besucher wie Bali, und für sie liegen am Strand von Samur die Auslegerkanus mit den bunten Segeln bereit. Sonst aber, und das sogar auf Bali, findet man noch die alte Welt der Südsee unberührt von den zweifelhaften Fortschritten der jüngsten Zeit.

An allen drei Buchten, wo Schiffe einigermaßen sturmgeschützt ankern konnten, ließ er Bastionen errichten. Die größte und stärkste natürlich in der Cumberland-Bucht, wo sich die Ortschaft Juan Bautista befand und noch befindet. Gewaltige Summen wurden aufgebracht, mehrere hundert Sträflinge unter Führung erfahrener Architekten mußten sich plagen, von strengen Aufsehern scharf bewacht. Sechs Jahre später, nach ungewöhnlich kurzer Zeit für ein so großes Vorhaben, war das Bollwerk fertiggestellt. Mit zunächst 22 schweren Geschützen, später sogar mit 41 Kanonen wurde es bestückt. Nicht weniger als 7500 Kanonenkugeln lagen bereit, und zeitweise 200 Soldaten dienten zur Verteidigung der Insel gegen Seeräuber und andere Feinde. Jedoch als Kuriosum der Geschichte darf man es bezeichnen, daß von dieser starken Festung niemals ein Schuß abgefeuert wurde, es sei denn zur Ausbildung der Kanoniere oder zur Begrüßung eines hohen Gastes. Als 1838 während des chilenisch-peruanischen Krieges ein feindliches Geschwader erschien, war das früher so furchteinflößende Bollwerk derart verlottert, daß der chilenische Inselkommandant ohne Versuch der Verteidigung die Flagge sinken ließ!

Wenn manche der Mauern geborsten und die Tore eingestürzt sind, haben das verschiedene Erdbeben getan. Was heute noch auf dem grünen Rasen über den einstigen Kasematten zu sehen ist, sind elf große, von Rost und Grünspan überzogene Kanonenrohre mit altspanischem Wappen. Wo früher der Gouverneur und seine Offiziere gewohnt haben, stehen grüngestrichene Holzbaracken. Darin leben und amtieren einige chilenische Sergeanten und Korporale zur Bedienung der Funkstation, ebenso zur Beobachtung des Wetters.

Leider wurde das Wetter wieder schlecht. Fadendünner Nieselregen, tiefer sich senkende Wolken und empfindlich kühler Wind. Dennoch wollte ein gutes Dutzend tüchtiger Explorer hinauf zum »Mirador« des Alexander Selkirk. Der lag, hatte man uns gesagt, knapp 600 Meter hoch, und der Anstieg wäre in ungefähr zwei Stunden zu schaffen. Als kundige Führer hatten sich schon zwei junge Leute angeboten. Zunächst ist der Weg ganz gut, denn er führt schon nach wenigen hundert Metern in eine Art Villenkolonie. Nur klein, aber besonders hübsch sind hier die buntgestrichenen Häuslein und sorgsam gepflegt die Blumengärten. Sie sind die letzten Vorposten der Zivilisation. Von hier bis auf Bergeshöhe keine Spur mehr von menschlicher Gegenwart. Überhaupt gibt es außer Juan Bautista keine andere Stelle auf Robinsons Insel, wo irgend jemand wohnt, sei es auch nur vorübergehend. Nur wenn der Fremde einen zuverlässigen Führer findet, kann er auf verschlungenen, oft kaum noch sichtbaren Pfaden die Bucht »Puerto Francés« oder »Puerto Inglés« nach einem halben Tag erreichen, auch das Flugfeld am Westende der Insel. Was unseren Pfad betrifft, der mitten hinein in die Wildnis zu führen scheint, so wird er schlechter, enger und übler, je weiter wir kommen.

Reichlich und immer reichlicher strömt der Regen. Was unter anderem dazu führt, daß sich unser Pfad streckenweise in ein Bachbett verwandelt. Ob Stein oder Schlamm, Gras oder Kraut, alles wird zur Rutschbahn. Und das ist eine Rutschbahn, die wir *hinauf* müssen. Da kommt uns gelbbraunes Wasser entgegen, da gleiten wir in morastige Tümpel, stoßen mit Knien und Schienbein an scharfe Kanten.

So selten wird allem Anschein nach der Weg zum »Mirador« begangen, daß wir uns beiderseitig durch üppig wuchernde Vegetation drängen. Dauernd schlagen uns die Zweige ins Gesicht. Nicht nur steil hinauf geht es, sondern streckenweise steil hinab. Wir zwängen uns durch Schluchten. Man greift in Dornen, reißt sich an Disteln, wird auch im Gesicht zerkratzt. Nur mit Hilfe beider Hände kommen wir über die Felsblöcke nach oben. Ausrutschen und wieder aufraffen, stolpern in Wasserlöcher und mit gewagtem Sprung wieder heraus. Anderthalb Stunden sind längst vorüber und die zweite auch schon überschritten. Nichts zu sehen, außer den grünen, dichten, feuchten Wänden des Wildwaldes. Wir sind darin eingetaucht, als gebe es kein Sonnenlicht auf der Welt.

Dann sind wir . . . an die letzte Wegstrecke habe ich keine Erinnerung mehr . . . völlig überraschend . . . mit einem Male sind wir beim »Mirador«! Nur als Waschküche kann ich den Platz beschreiben, ebenso naß und dicht wie dort ist hier der Nebel. Aber keineswegs warm wie Wasserdampf in einer Waschküche alten Stils, sondern kalt, durch die Kleider dringend, durch die Haut bis aufs Knochenmark. Wer hier drei Meter weit sieht, muß gute Augen haben. Schließlich entdecken, besser ertasten wir eine Zementtreppe von vielleicht sieben Stufen und steigen hinauf. In einer Ausbuchtung des Felsgesteins soll das Rauchfeuer Alexander Selkirks gebrannt haben. Rechts am Felsen eine etwa quadratmetergroße Bronzetafel, die auf Selkirk, auf sein Feuer und das Robinson-Buch hinweist. Vor mehr als hundert Jahren haben Offiziere und Mannschaft eines britischen Kriegsschiffes die Tafel angebracht.

Alles, was zuvor Erde, Boden oder sandiger Grund gewesen ist, hat sich zu gleitendem Schlamm verwandelt. So ungemein scheußlich ist es, daß gar nicht mehr zu schildern ist, was wir durchmachten. Hauptsache, daß wir alle mit noch heilen Gliedern unten ankommen. Teils werden wir dort bewundert, teils verspottet von jenen, die auf ihren Besuch des »Mirador« verzichtet haben. Welch Hochgenuß bieten danach Kultur und Zivilisation, nämlich das warme Bad und mollige Bett auf dem guten Schiff »Explorer«.

Wie leicht zu begreifen, hat unser ebenso sparsamer wie erstklassiger Küchenchef, Karl Miculka mit Namen und Deutscher von Geburt, die gute Gelegenheit des Hummerkaufes bis zur Neige genützt. So gibt es heute abend Hummer Thermidor mit Hummer-Cocktail als Vorspeise. Weil er mir besonders wohlwill, hat der gute Karl noch einen Extrahummer mit Eis und Zitrone in meine Kabine gestellt. Worauf ich nicht so recht weiß, was aus dem schönen Hummer werden soll, den ich mir (in unserer Währung berechnet für 2,20 DM) gekauft habe. Damit nicht genug, flüsterte mir im Vorbeigehen der gute Benno zu: »So gegen zehn bei uns in der Kabine . . . ganz privates Hummeressen . . . entre nous!«

Für das von Mrs. Evelyn Tucker zu mitternächtlicher Stunde arrangierte Souper

»homard au champagne« bleibt nur noch dankende Absage. Jedoch reicht man zum Frühstück Hummer in Tassen, wahlweise auf Toast mit Kresse garniert usw. Wie schon früher gesagt: »Hummer ist der beste Koch«.

Zwar hielt sich auch am zweiten Tag der Himmel bedeckt, aber vorläufig regnete es nicht. Also auf zu weiteren Unternehmen, solange das im Bereich von Robinsons Insel noch möglich ist. Was ich dabei versäumte, war eine Visite im Hause der Familie von Rodt. Verschiedene Explorer hatten per Zufall ein Mitglied der ehemals schweizerischen Familie getroffen, waren zur Kaffeetafel gebeten worden und konnten hernach viel erzählen. Obwohl ich das nicht selber kann, weil anderweitig unterwegs, scheint mir die alteingesessene Familie von Rodt des Erwähnens wert. Das um so mehr, als die von Rodts gerade das Fest ihres hundertjährigen Aufenthalts in Juan Bautista feierten. Damals war Alfred von Rodt nach der Teilnahme an mehreren europäischen Kriegen, wobei er des öfteren verwundet wurde, hier eingetroffen. Ein wohlhabender und welterfahrener Mann, jedoch mit abenteuerlicher Ader von Jugend auf. Obwohl in der Schweiz geboren, hatte Alfred von Rodt als österreichisch-ungarischer Offizier am Kriege von 1866 gegen die Preußen teilgenommen, danach auf französischer Seite am Kriege von 1870/71 sowie anschließend an einem oder zwei südamerikanischen Kriegen. Alsdann konnte er für eine nicht gar so hohe Summe den größten Teil der zu jener Zeit fast völlig verlassenen Insel Juan Fernandez erwerben. Eine Weile blühte das auf Fischfang und Holzexport beruhende Unternehmen, zumal Alfred von Rodt auch Siedler und Arbeitskräfte nebst Familien vom Festland hergebracht hatte. Aus irgendwelchen mir nicht bekannten Gründen geriet aber eines schlechten Tages das Familienunternehmen in rote Zahlen. Die Rodts mußten aufgeben, konnten aber in bescheidenerem Rahmen Haus und Hof, Geschäft, Kinder und Enkel erhalten. Zufrieden, sogar sehr zufrieden dürften die Nachkommen sein, daß keine der vorhergehenden Generationen ihr Glück in der großen Welt gesucht, sondern auf Robinsons Insel gefunden hat.

Noch eine stattliche Reihe deutsch klingender Namen existieren auf der Insel, ungefähr zwanzig habe ich im Verzeichnis der Post gezählt. Der Grund dürfte sein, daß gegen Ende des vorigen, auch zu Beginn dieses Jahrhunderts mehrere Firmen von deutschen oder deutschstämmigen Geschäftsleuten gegründet worden sind. Immer wieder versuchten sie den Fang von Hummern und Fischen im großen Stil zu organisieren, auch die Landwirtschaft zu intensivieren. Aber nichts davon ist bleibend gelungen. Zu gering an Zahl war die Bevölkerung*, zu eng die Verhältnisse und zu genügsam waren die meisten Bewohner. Im Grunde so zufrieden mit ihrer auskömmlichen Existenz, daß sie nichts anderes wünschten, als daß es so bleiben möge.

Wer es nicht gleich von selber sieht, den machen Einwohner San Bautistas auf den deutschen Namen ihrer Hauptstraße aufmerksam, die »Calle Dresden« ge-

* 1877: 64 Einwohner, 1879: 147 Einwohner, 1885: 82 Einwohner, 1890: 150 Einwohner, 1900: Insel fast völlig verlassen, 1978: 520 Einwohner.

nannt ist. Eine überaus breite Straße mit gepflasterten Bürgersteigen am Rand, aber mit Sand, Gras und niederen Sträuchern auf der nur selten benützten Fahrbahn. Wenn Sie etwa dreihundert Meter weit nach rechts gegangen sind, vorbei an kleinen Häusern in großen Grundstücken, erreichen Sie nach einer Wendung zum Meer hin den wohlgepflegten Friedhof der Robinson-Insel. Ein Denkmal, ebenso der Grabstein für drei Seeleute, muß jedem Besucher auffallen. Denn es befinden sich auf einem aus Blech nachgeahmten Rettungsring die ehemals deutschen Farben. Schwarz-Weiß-Rot. Die Inschrift unter dem Eisernen Kreuz des Grabsteins lautet:

»In treuer Pflichterfüllung für das deutsche Vaterland starben den Heldentod:

Ing. Asn. Lärche
Ing. Matr. Hunger
Heizer Reuter
S.M.S. DRESDEN
14. März 1915

Der Sachverhalt ist folgender: S.M.S. »Dresden«, ein nur kleiner Kreuzer, gehörte bei Kriegsbeginn im August 1914 zum Ostasiengeschwader des Deutschen Reichs unter Vizeadmiral Graf von Spee. Weil an einen Durchbruch in die Heimat nicht zu denken war, erhielt der Geschwaderkommandant per Funkspruch die Anweisung der Obersten Seekriegsleitung, so lange wie möglich Kaperkrieg gegen die feindliche Schiffahrt zu führen. In der durch Zufall herbeigeführten Seeschlacht bei Coronel vor der südchilenischen Küste am 1. November 1914 gelang den an Zahl und Feuerkraft unterlegenen deutschen Kräften die Versenkung von zwei schweren britischen Kreuzern, der »Monmouth« und »Good Hope«. Außerdem wurde ein dritter Kreuzer mit Namen »Glasgow« erheblich beschädigt. Jedoch für das von der Heimat abgeschnittene Geschwader war früher oder später das Ende vorbestimmt. Es kam bei den Falkland-Inseln am 8. Dezember 1914, wo eine fast dreifach stärkere britische Flotte auf das deutsche Geschwader stieß. Nach erbittertem Kampf sind alle deutschen Schiffe mit wehender Flagge gesunken. Vizeadmiral Graf von Spee und seine beiden Söhne fanden den Tod.

Wie gesagt, alle deutschen Schiffe wurden versenkt, mit nur einer Ausnahme. Das war der Kleine Kreuzer »Dresden«, dem es durch geschickte Manöver gelang, der Vernichtung zu entkommen. Nach ausgedehnter Irrfahrt suchte und fand die »Dresden« Zuflucht in der Cumberland-Bucht von Juan Fernandez, also in chilenischen und damit neutralen Gewässern. Infolge Überbeanspruchung der Maschinen war das Schiff kaum noch manövrierfähig. Außerdem fehlte es an Brennstoff. Der sollte aber demnächst von einem getarnten Transporter auf hoher See übernommen werden. Da jedoch erschienen am 14. März die drei Schweren Kreuzer »Kent«, »Orama« und »Glasgow«. In flagranter Verletzung des für alle Nationen geltenden Kriegsrechtes, in diesem Falle unter Mißachtung der chilenischen Neutralität, eröffneten die Briten sofort das Feuer. Obwohl die »Dresden« bewegungsunfähig vor Anker lag, erwiderte sie den Beschuß. Unterdessen protestierte der chilenische Inselkommandant gegen diesen Bruch der Neutralität, aber ohne Erfolg.

Angesichts der völlig hoffnungslosen Lage entschloß sich Kapitän Lüddecke zur Selbstversenkung. Alle Mann in die Boote und so rasch wie möglich an die Küste, um der britischen Gefangennahme zu entgehen. Zuvor hatte Lüddecke dafür gesorgt, daß kurz nach Ablegen der Boote die Munitionskammern der »Dresden« explodierten. So versank das letzte Schiff des Ostasiengeschwaders, ohne die Flagge zu streichen. Offiziere und Mannschaften der »Dresden« fielen nicht in britische Hand. Sie wurden erst auf Juan Fernandez interniert, später in Chile selbst. Unter ihnen befand sich der Oberleutnant zur See, Wilhelm Canaris. Auf höchst abenteuerlichen und gewagten Wegen hat sich dieser äußerst geschickte, sprachbegabte Offizier während des zweiten Kriegsjahres bis nach Deutschland durchgeschlagen. Später wurde er Chef und Organisator des militärischen Geheimdienstes, genannt »Abwehr«. Das blieb er bis weit in den Zweiten Weltkrieg hinein. Admiral Canaris beteiligte sich am Widerstand gegen Hitler, wurde nach dem Attentat des 20. Juli 1944 verhaftet und wenige Wochen vor Kriegsende auf grausame Weise hingerichtet.

Mas-a-Fuera

Dieser Inselname bedeutet ganz einfach »Weiter draußen«. Für jene, die auf einer guten Karte danach suchen, liegt »Mas-a-Fuera« ungefähr 150 Kilometer westsüdwestlich von Juan Fernandez. Ebenso wie Fernandez hat auch Mas-a-Fuera im Jahre 1966 von der chilenischen Regierung einen neuen, historisch bedeutungsvollen Namen erhalten, und zwar »Alexander Selkirk«-Insel. Dies, obwohl Selkirk die nach ihm genannte Insel nie betreten hat. Aber er hat immerhin existiert und vier Jahre lang ganz in der Nähe gelebt, auf Juan Fernandez, wie man weiß. Dagegen ist Robinson Crusoe lediglich eine geniale Erfindung, aber weil der durch Daniel Defoes phantasievoll ausgeschmückte Tatsachenbericht in geradezu konkurrenzloser Weise weltberühmt wurde, hat man Juan Fernandez in »Robinson-Crusoe«-Insel umgetauft. Dagegen mußte sich das Vorbild des Robinson, der echte Einsiedler, mit Mas-a-Fuera begnügen. In beiden Fällen mag es die Absicht der Umtaufe gewesen sein, baldmöglichst die Erinnerung ans Elend der Sträflinge, an die weltweit berüchtigten Strafkolonien auszulöschen, die auf Juan Fernandez bis 1913 und auf Mas-a-Fuera bis 1934 bestanden haben.

Welch angenehme Überraschung, als unser Kapitän über Bordradio verlauten ließ, daß wir dank eines gewonnenen Tages auch noch die Selkirk-Insel anlaufen werden.

Niemand wußte etwas von der Insel. Das schon öfter zitierte, weil unentbehrliche Pacific Island Year Book erwähnt die Insel »Weiter draußen« mit knapp drei Zeilen ohne informativen Inhalt. Deutlicher spricht die Seekarte des Kapitäns, besser gesagt deren Anmerkung. Diese teilt mit, daß die unbewohnte Insel 85 Quadratkilometer groß ist und bis auf 1850 Meter steigt. Also ist Mas-a-Fuera nur wenig kleiner als Juan Fernandez und mindestens ebenso hoch. Es fehlen aber sichere Ankerplätze und geschützte Buchten. Eine Stelle namens *Quebrada* habe früher zur Versorgung der Strafkolonie gedient, jedoch sei selbst dort das Ausbooten von Menschen und Material nur bei ruhigem Seegang möglich gewesen. Mehr war auch bei bestem Willen nirgendwo zu erfahren. Keiner der Passagiere kannte einen Menschen, der je mit eigenen Augen einen Zipfel der Selkirk-Insel erblickt hatte.

Was wir sahen, noch im Bereich von Juan Fernandez alias Robinson-Crusoe-Insel, war kurz bevor die Sonne unterging die kleine, karge, felsige Insel Santa Clara. Nur 5 Quadratkilometer groß und nicht von Menschen bewohnt, nicht einmal vorübergehend. Auch Santa Clara gehört zum Nationalpark. Alles einheimische Getier, leider auch die seit Jahrhunderten verwilderten Ziegen, vermehrt sich ungestört. Ich sehe im Glas die Pelzrobben und Seelöwen am steinigen Strand der Buchten.

Nur mit halber Kraft bewegt sich unser Schiff während der Nacht. Am frühen Morgen zeigt sich im ruhig atmenden Meer ein dunkler Klotz. Unheimlich sieht er aus, der Inselberg, fremdartig und abweisend. Als sei es nicht aus unserer Welt, so wirkt das Gebilde. Als wir uns vorsichtig nähern, erblicken wir weitverbreiteten Wald auf der Felseninsel. Droben auf den vom Wind beherrschten Höhen dehnt sich grünes Wiesenland. Feucht wie Juan Fernandez muß auch Mas-a-Fuera sein, denn es rinnen viele weiße Fäden durch tiefe Täler, die vermutlich rauschende und schäumende Bäche sind. Einer fällt, in wehende Schleier aufgelöst, von hoch droben an senkrechter Wand bis unmittelbar in die rollende See.

»Ein Boot, ein Ruderboot . . .!« ruft einer, und gleich hat jemand anders noch zwei entdeckt. Jetzt sehe ich sie auch, und bald sind es fünf. In jedem sitzen zwei Männer mit Mützen. Der eine rudert, der andere holt an langer Leine aus der Tiefe einen Drahtkorb. Hummerfischer müssen das sein. Hier an der gleichen Stelle haben sie vor drei bis vier Tagen den Drahtkorb mit Köder versenkt und dessen Lage tief drunten durch eine droben schwimmende Boje gekennzeichnet. Die vom Köder angelockten Hummern kriechen in den Korb und können ihn nicht mehr verlassen. Das ist, mit wenigen Worten ausgedrückt, die ganze Hummerfischerei.

Jetzt sind es sieben Boote, die wir entdeckt haben. Also kann doch Mas-a-Fuera keine unbewohnte Insel sein!

Lebhaft winken die Leute, wollen uns bestimmt etwas sagen. Wahrscheinlich auch Hummer verkaufen. Gleich senkt sich von der »Explorer« ein Schlauchboot aufs Wasser und schnurrt mit einem der Schiffsoffiziere davon. Noch bevor dieser junge Mensch wieder an Bord steht, wissen wir über Sprechfunk Bescheid.

Während der Fangsaison für Hummer, die sechs bis acht Monate dauert, begeben sich rund zwanzig Familien mit Kind und Kegel von der Robinson-Insel zur Selkirk-Insel. Dort sind die erwachsenen Männer bei entsprechendem Wetter von früh bis spät in den Booten unterwegs. Frauen und Kinder bleiben an Land, wo sie mit der Hauswirtschaft, mit ihren Haustieren und Gemüsegärten beschäftigt sind. Die Ortschaft, besser gesagt der nur vorübergehend bewohnte Platz, liegt auf der anderen Seite von Mas-a-Fuera. Dort seien wir herzlich willkommen, haben die Hummerfischer erklärt. Seit Menschengedenken habe kein so großes Schiff die Insel besucht. Noch niemals hätten Touristen den Strand von Mas-a-Fuera betreten. Meines Erachtens muß man das glauben. Wann und bei welcher Gelegenheit und zu welchem Zweck sollten wildfremde Leute die Selkirk-Insel ansteuern? Also wird beschlossen, die derzeitige Bevölkerung zu besuchen.

Ein paar Damen sind entsetzt, weil eben zwei der Fischerboote gesunken sind. Nichts ist mehr von ihnen zu sehen, auch kein Mensch, der im Auf und Ab der Wogen um sein Leben ringt! Jedoch . . . Gott sei es gedankt, schon sind die beiden Boote mit den Männern wieder da. Statt dessen verschwindet ein anderes und noch zwei gleich danach. Aber nur scheinbar hat das rollende Meer sie verschlungen, gibt es doch bald schon seine Beute wieder her. Vollkommen ist die Täuschung, wenn auch einfach zu erklären.

Mit der hellen Sonne kommt die klare, die weite Sicht. So erscheint vor meinen Augen, die leider nicht genug zur gleichen Zeit erfassen können, ein Panorama von ebenso unbeschreiblicher Schönheit wie Wildheit. Man stelle sich vor, einen oben abgerundeten Kegel, dessen abfallende Hänge in zahlreiche Falten geteilt sind. Droben alles hellgrün, dagegen alles dunkelgrün in den mehr oder minder tief eingeschnittenen Schluchten. Wo Sonnenstrahlen hingelangen, blitzen und glitzern die steil nach drunten strebenden Wasserläufe. An der Küste schäumende Brandung, die meines Erachtens kein Ausbooten erlaubt.

Die Selkirk-Insel lebt für sich, so möchte ich es sagen. Wäre Mas-a-Fuera, diese eindrucksvolle Gestalt im Südmeer eine Person, könnte sie meines Erachtens die Anrede »Majestät« beanspruchen. Eine Ausstrahlung ähnlicher Art habe ich von keiner anderen Insel, auch von keinem Gipfel der Alpen, der Anden oder des Himalaja erlebt.

Wo nicht senkreche Wände, auch nicht Riffe und Klippen die Küste begleiten, lagern auf grauen Felsblöcken dicht nebeneinander die Säugetiere des Meeres. Sie lagern gottlob in Frieden und nicht mehr gestörter Freiheit. Staatlicher Schutz und ausreichende Kontrolle haben es möglich gemacht. Der Wohnplatz Quebrada, was dem Sinne nach Schlucht, Durchbruch, im vorliegendem Fall wohl eine Lücke in der Felsenbarriere bedeutet, dieses Quebrada ist ein Konglomerat von ganz neuen und sehr alten Behausungen. Die neuen, das sind buntbemalte, recht unsolid wirkende Holzhütten, die man aus herbeigebrachten Brettern zusammengenagelt hat. Teerpappe drauf, Glasfenster darin und Gerümpel drum herum. Ganz im Gegensatz dazu können die alten Unterkünfte gar nicht solider, stärker und beschützender sein, als sie es sind. Handelt es sich doch um klotzartige, vierkantige, einst von Sträflingen aus roh behauenen Steinblöcken aufgemauerte Gebäude. Manche der Fenster sind noch mit rostigen Eisenstäben vergittert. Aber keine Gefangenen bewegen sich dort an klirrenden Ketten, sondern junge Frauen. Auch muntere Kinder laufen ein und aus.

Die schlanken Mädchen, die vollbusigen Frauen, auch flinke Jungen sind mit allen möglichen, offenbar nur leichten Arbeiten beschäftigt. Zunächst, als wir in wirbelnder Brandung aus den Schlauchbooten sprangen, waren sie alle sprachlos vor Staunen, manche der Kinder sogar starr vor Schrecken. Doch ist es bald unserem freundlichen Grüßen, dem friedlichen Grinsen und ein paar albernen Scherzen gelungen, die Befangenheit der Selkirker zu brechen und die Scheu zu überwinden. Nun reicht uns jeder die Hand. Alle reden durcheinander, wollen uns zum Tee, zu Fruchtsaft oder sonst etwas unter ihre Dächer bitten. Ein Kontrast neben dem anderen! Die neuen, die wenig widerstandsfähigen Hütten neben den ewig haltbaren, nach Art der alten Römer hingestellten Steinbauten. Keine Spur einer Planung natürlich, alles in unordentlichem Durcheinander, wie es sich eben gerade ergeben hat.

Unnötig zu sagen, daß es hier nichts von allem gibt, was wir für die selbstverständlichste Versorgung auch in der kleinsten Landgemeinde halten. Keine Post, kein Strom, keine Art von Schule, auch keine Krankenschwester und erst recht kein Arzt. Ebenso fehlt das Funkgerät, um notfalls Hilfe herbeizurufen.

Kein Kirchlein, auch nicht die kleinste Kapelle. Nur ein zerfallener Heiliger aus Gips steht am Dorfrand. Daneben liegt ein winziger, mit vermodertem Holzpfosten eingezäunter Friedhof für Ertrunkene. Wie ein Hummerfischer sagt, ist das hier nicht nur die häufigste Todesart, sondern die einzig vorkommende. Wenn das stimmt, könnte man lange suchen, um eine gesündere Insel zu finden.

Einmal, bei gutem Wetter auch zweimal in der Woche, kommt von der Robinson-Insel ein mittelgroßes Motorboot nach Mas-a-Fuera, um all die frisch gefangenen Hummer zu holen. Bis dahin werden sie in den Fangkörben am Leben erhalten, die man so lange im Seewasser läßt, bis der Abtransport möglich ist. So schnell wie nur möglich werden sodann die Schalentiere von Juan Fernandez zusammen mit den dortigen Fängen nach Santiago oder Valparaiso gebracht. Mit einer Chartermaschine, sofern es das Wetter gestattet, sonst mit dem Schiff in drei bis vier Tagen. Wobei man nur hoffen kann, daß kein Sturm so lange anhält, daß weder ein Transport über See noch durch die Luft möglich ist. Der Tagesverdienst eines Fischers auf Selkirks Insel erreicht etwa 30 US-Dollar im Durchschnitt. Für chilenische Verhältnisse ein überaus hoher Verdienst, obwohl er nur für die Fangsaison gilt. Kein Wunder, daß die Menschen zufriedene Gesichter machen und selber sagen, Mas-a-Fuera sei für sie eine glückliche Insel. Aber sechs bis acht Monate sind mehr als genug, danach sehnt man sich, wieder unter Menschen zu sein.

Bei der Ortschaft gehen, stehen oder zupfen im Gras ein paar Esel, Pferde, Rinder und Maultiere, ebenso Schafe und Ziegen. Auch Federvieh läuft herum, Gänse, Enten, Hühner und sogar Truthühner gehören zum Bild von Quebrada nebst Umgebung. Werden sie mitgebracht oder leben sie immer auf Selkirks Insel? Es sind völlig freie Tiere, sagt man, und verbreitet über die ganze Insel. Aber einige Tiere von jeder Art suchen aus unbestimmten Gründen die menschliche Nähe, sobald wieder die gleichen Familien für die Fangsaison eintreffen. Die Hauskatzen finden sich von selber wieder ein. Welche Kuh von welcher Frau gemolken wird, wo die Hühner ihre Eier legen, wo sich diese oder jene Katze am wohlsten gefühlt hat, das hat sich irgendwie eingespielt. Keiner kann mir das erklären, es ist eben so. Nur bei den Hunden ist alles klar, denn sie kommen und gehen wieder fort mit den Ihrigen.

Bis gegen Abend haben wir Zeit. Mit ein paar Leuten der Besatzung wandere ich auf ganz gutem Weg in ein Tal, das allmählich ansteigt. Ein Bach, wie er in jede Schlucht gehört, begleitet uns mit seinem Gemurmel. Nicht gerade üppig, aber sehr verschiedenartig ist die Vegetation. Busch und Wald, Weide und verwilderte Kulturpflanzen wechseln ab. Da gibt es blühende Sträucher und duftende Blumen, deren Namen mir nicht bekannt sind, und manche Blüten, die ich schon irgendwo sonst gesehen zu haben glaube. Wie ist wohl der alte, so hochgewachsene Eukalyptusbaum hierhergekommen, der ursprünglich nur in Australien zu finden war? Wer hat vor wie langer Zeit die Kalla und Iris nach Mas-a-Fuera gebracht, die nun in verwildertem Zustand großartig gedeihen? Sogar ein Brotfruchtbaum hat sich auf die Insel verirrt. Vielleicht hat man ihn angepflanzt, um die Sträflinge mit seinen Früchten zu ernähren. Ziegen wollen uns mit Gemecker eine Mitteilung machen und scheinen enttäuscht, weil passende Antwort ausbleibt. Ein Bulle geht drohend in Stellung, als wir seinem Harem zu nahe kommen. Kleine zottige Pferde lassen sich streicheln und den Hals klopfen.

Als sich einer unserer Köche auf den nächstbesten Pferderücken schwingt, läßt sich der Gaul das gefallen, sogar mit den Füßen lenken. Das muß ich auch versuchen, und wirklich geht es ganz gut. Das Tier trabt an, wenn man mit den Fersen seine Flanken berührt, es läßt sich durch Griff in die Mähne gutwillig steuern. Alle drei müssen das gewohnt sein, denn sie trappeln ohne Widerstand tiefer ins Tal hinein, höher in die Schlucht hinauf.

Der Weg bleibt weiter gut, erstaunlicherweise. Wäre nicht das dichte, oft dornige Unterholz, man könnte den Pfad mit einem Jeep befahren. So sind wir bald auf einer Anhöhe, der allerdings noch andere folgen. Aber noch höher zu streben, könnte zu weit führen. Leider ist ja die Zeit begrenzt. Ich sehe von dieser Geländestufe nicht nur einen, sondern mehrere Wege, die weiter und immer weiter steigen. Da sind Reste von Steinöfen, sogar noch gut erhaltene Reste gemauerter Hütten im wuchernden Gestrüpp. Welch wunderbare Insel! Welch großartige Wanderungen sind hier zu machen, tageweit bis hoch hinauf und hinüber zur anderen Seite. Welche Möglichkeiten, so manches zu entdecken. Wie abenteuerlich wäre es, hier mit einem Tragtier zu wandern und am Lagerfeuer zu kampieren?

Wir müssen leider umkehren, und glücklicherweise machen es die Pferdchen mit. Als ich gerade absteige, steht vor mir ein freundlich grüßender, adrett uniformierter Mann von etwa dreißig Jahren. Bald sind wir im Gespräch, und ich höre, daß er Wildhüter ist, Polizeibeamter im Dienste des Naturschutzes. Seitdem Präsident Alessandro 1935 alle drei Inseln der Fernandez-Gruppe zum Naturschutzpark erklären ließ, konnten sich die nur noch wenigen Pelzrobben, hier »lobo de los dos Pelos« genannt, auf über 2000 vermehren. Auch noch andere Tiere und Pflanzen gilt es zu schützen, allerdings nur während der Hummersaison, weil sonst niemand die Insel betritt oder von Ferne erblickt. Der Wildhüter versieht seinen Dienst zu Pferde, er kann von oben durchs Fernglas alle vier Buchten beobachten, wo sich die Meeressäuger aufhalten. Es wäre schon möglich, daß sich die Hummerfischer an der fetten Beute vergreifen, zumal Pelzrobbenfelle von illegalen Aufkäufern hoch bezahlt werden. Nun aber genügt die Anwesenheit dieses einen Beamten, daß hier nichts Böses mehr geschieht oder versucht wird.*

»Wie kam die Insel zu ihren guten Wegen, die so weit und offenbar bis hinüber reichen?« frage ich den Polizeimann.

»Alles noch die Arbeit von Sträflingen, in vielen Jahren und Jahrzehnten gelei-

* Alten Berichten zufolge hat man ursprünglich für Mas-a-Fuera eine Gesamtzahl von etwa 30000 Pelzrobben geschätzt, fast alle wurden schon vor der Mitte des 19. Jahrhunderts von Robbenschlägern bis auf wenige Exemplare vernichtet, wobei sich vor allem die Walfänger unrühmlich auszeichneten. Mit der Zeit dürfte der vorhandene Bestand wieder die alte Zahl erreichen.

stet. Es sollen zeitweise bis zu tausend Gefangene auf Mas-a-Fuera gewesen sein. Sie sollten und mußten sich durch eigene Landwirtschaft ernähren.«

Der Beamte meint, so schlecht, wie oft geschildert, sei es ihnen nicht ergangen. Nur nachts wurden die Strafgefangenen eingesperrt, waren aber frei, sogar unbewacht während des Tages. Felder und Äcker hatte es gegeben, auch Gärten, Gemüsebeete sowie Schafzucht und Hühnerhöfe. Aus den wenigen, vor bald hundert Jahren eingeführten Rindern waren große Herden geworden, die man gar nicht alle nützen konnte. Die meisten sind verwildert, und nach Art von wilden Tieren leben ihre Nachkommen noch heute in den höheren Lagen. Dort hinauf führten und führen die Wege, auch Wege für zweirädrige Karren. Wer sich von den Sträflingen zum Hirten hochgedient hatte, durfte droben in einer der Steinhütten leben, von Milch, Käse und wilden Früchten. Solche Männer waren praktisch freie Männer.

»Es gab Leute, die keinen Wert mehr auf Entlassung legten, sondern am Ende ihrer Strafzeit um die Gnade baten, ihr Leben auf Mas-a-Fuera zu beschließen.«

Unter den damaligen Verhältnissen, wie sie in angeblich zivilisierten Staaten geherrscht haben, ist das zu verstehen. Aber warum, fragt man sich, ist letzten Endes aus der Selkirk-Insel nicht mehr geworden als nur der vorübergehende Aufenthaltsort für zwanzig Fischerfamilien?

Drei-Tage-Tanz auf Tanna

Im wahrsten Sinne des Wortes ein Tanz auf dem Vulkan. Der Boden bebte, und der Yasur feuerte Salve auf Salve rotglühender Lava in den Nachthimmel. Ein gespenstischer Anblick, sicher das stärkste, das unheimlichste Erlebnis meiner sieben Reisen durch die Südsee.

Dreitausend losgelassene Melanesier haben den rabenschwarzen Körper in grellen Farben bemalt. Alle sind behängt mit Eberzähnen, Vogelfedern und Schlangenhäuten, mit Silberlametta, Muschelketten und Christbaumkugeln. So stampfen sie pausenlos in vorlaufenden und zurückweichenden Wellen über den Tanzplatz von Yinwayin auf der Insel Tanna.

Sie haben das während des ganzen gestrigen Tages getan und auch in der Nacht nicht geruht. Sie werden weiter tanzen, weiter auf den widerhallenden Boden stampfen, bis zum Morgen des dritten Tages.

Das Tokap-Fest der Tannesen! Es wird gefeiert mit stammverwandten Besuchern aus Erromanga, Aneityum, Futuna und anderen Inseln der Neuen Hebriden. Es kommen Sippen und vollzählige Familien aus allen Dörfern und Winkeln der volkreichen Insel Tanna. Sie kommen mit Kind und Kegel, mit Hunden, Schlafmatten und mit Vorräten für viele Tage. Sie bringen lebende Schweine und Ferkel mit fürs große Schlachtfest am dritten Tag. Beim Tokap geht's ja nicht nur um den Tanz der drei Tage, es findet außerdem eine große Brautschau statt, ebenso die lange wieder gewünschte Begegnung mit den Bundesgenossen aus der wilden Zeit und der Austausch von Geschenken. Es ist alles, fast alles so wie früher.

Die Tannesen gehörten zu den letzten Bewohnern der Neuen Hebriden, die sich von todesmutigen Missionaren bekehren ließen, und als erste haben sie den nur äußerlich angenommenen Christenglauben abgestreift. Das Tokap-Fest ist ein Heidenfest, der vollständige Rückfall in die wilde Welt der Vorfahren. John Frum ist auch dabei, und er tanzt im Geiste mit. John Frum, der unsichtbare, der nicht zu erklärende Frum ist das neue, das fremde Element im Durcheinander der seit dem Pazifischen Krieg auf vielen der melanesischen Inseln entstandenen Vorstellungen. John Frum der Befreier, der Beschenker, der von den Weißen schamlos betrogene Verteiler aller guten Gaben.

Wir halten uns im Hintergrund, bleiben im Schatten der Banyanbäume. Beim Tokap-Fest sind ungebetene Gäste, vor allem solche mit heller Haut, nicht gern gesehen. Überhaupt mag man auf Tanna die Weißen nicht. Man hat uns gewarnt!

Der Himmel ist blasser geworden, die Nacht hat sich fortbewegt. Jedoch die Morgenröte, bald danach das Sonnenlicht, kommen nicht an gegen die Staubwolken. Sie verhüllen nach wie vor den weiten, breiten Tanzplatz. Was der leichte Wind davonträgt, wirbeln an die sechstausend Füße wieder auf. Der umherschwebende Staub dringt ätzend in Augen, Ohren, Nase und Mund. Er klebt am Körper, legt sich auf die Zunge. Man fühlt ihn zwischen den Fingern, sogar auf den Handflächen. Dazu hängt Schweißgeruch in der Luft. Ein penetranter, süßlicher Geruch, den die vielen stampfenden, tanzenden Körper absondern.

Unmöglich, alle Menschen der wogenden Menge zu sehen. Ich erkenne lediglich, und das auch nur schemenhaft, solche Gruppen, die vor meinen Augen heranstampfen und wieder zurückweichen, ähnlich den Wellenschlägen am Meeresstrand. Heiser rufende Männer und junge Mädchen, muskulöse Burschen und wohlgenährte Frauen. Ihre weit offenen Augen sehen nichts. Das rhythmische Gestampfe nach vorn und wieder rückwärts. Es ist immer die gleiche Massenbewegung. Das Gesicht bleibt stets nach vorn gerichtet. Sie heben die Hände waagerecht hoch und senken sie wieder zur Hüfte. Die Köpfe werden im unveränderten Takt bis fast auf die Brust geworfen und wieder zurück in den Nacken. Mit den Schultern zuckt der ganze Körper ohne Rast und Ruhe.

Je näher die Tannatänzer uns kommen, desto eindringlicher ihr Gestank. Schweiß . . . Urin . . . ranziges Fett und frische Farbe. Aus dem wolligen Kraushaar rollen Tropfen über Gesicht und nackte Brust bis hinab zum geflochtenen Gürtel. Schweißfäden und Ölstreifen durchziehen die Bemalung. Die Farben lösen sich auf, fließen durcheinander und verwandeln manche der Gesichter in komisch wirkende Masken, andere in furchteinflößende Fratzen. Die Federquasten, die Zähne von Hai und Eber, die Amulette aus Rattengebiß und Schlangenkopf, all der Firlefanz von Silberlametta und Christbaumschmuck, mit dem sich die Tannesen verschönt haben, hüpft an den zuckenden Gestalten auf und nieder, fliegt den Leuten um die Ohren.

Zahlreiche Trommeln dröhnen ohne Pause. Die mit Ziegenfell bespannten Kesselpauken produzieren ohrenbetäubendes Getöse. Heller hallen die kleinen, möglicherweise noch (oder wieder) mit Menschenhaut bezogenen, nur mit den Fingerspitzen geschlagenen Handtrommeln. Auf die Dauer fährt das auch mir in die Glieder. Es ist natürlich keine Melodie. Nicht das geringste hat der Lärm mit irgend etwas zu tun, das unsere Ohren an Musik oder ähnliches erinnert. Alles nur Rhythmus, nicht mehr als sechs bis sieben Takte, die sich ständig wiederholen, stundenlang, tagelang. Beim Tokap-Fest drei Tage lang und drei Nächte hindurch. Meines Erachtens sind die Tänzer in Trance. Sie bestampfen den Boden bis zum Umfallen, wenn ich auch keinen bemerkt habe, der umgefallen ist. Vor und zurück . . . vor und zurück . . . dabei in stetig gleichem Rhythmus den ganzen Platz umkreisend.

Gefährlich sieht es aus . . . und könnte es allen Ernstes sein. Haben doch die Männer Keulen in den Händen und Speere. Mit drohender Gebärde und verzerrten Gesichtern, heulend und brüllend gehen sie gegen die erste Reihe der Zuschauer vor. Eine wütend wirkende Woge, eine Welle von Gestank, ein Bild von zerfließender Farbe und Geläut von klingelndem Schmuck. Ein fingierter Angriff soll es sein, gewissermaßen ein Imponiergehabe, wie Verhaltensforscher diesen Vorgang nennen. Aber könnte es nicht sein, daß unsere hellen Gesichter inmitten der sonst dunkelhäutigen Menge den Tötungstrieb auslösen?

Gerade hier auf Tanna, ebenso auf Erromanga und den dicht benachbarten Inseln, hat sich seinerzeit die Menschenjagd der weißen Blackbirders besonders übel ausgewirkt. Nicht länger als drei Generationen liegen die Untaten zurück. Viele hunderte, sogar mehrere tausend Tannesen wurden von peruanischen und chilenischen, von amerikanischen und australischen Menschenjägern betrogen und betrunken gemacht. Im willenlosen Zustand hat man sie aufs fremde Schiff gelockt, in Fesseln gelegt und als Arbeitskräfte nach Queensland, auf die Fidschis, nach Neukaledonien und zu den schrecklichen Guano-Inseln verschleppt. Nur wenige kehrten eines Tages zurück. In den meisten Fällen waren die Heimkehrer verbraucht, krank und nicht mehr fähig, sich zu erholen. Statt dessen wurden viele der Daheimgebliebenen von ihnen angesteckt.

So ist zu verstehen, daß zu jener Zeit und noch Jahrzehnte danach kein weißer Mann auf den von Blackbirders heimgesuchten Inseln seines Lebens sicher war. Auch wirklich wohlmeinende Missionare wurden umgebracht, mitsamt ihren Frauen. Auf Tanna und Erromanga hat damals die London Mission Society nicht weniger als sechs Ehepaare zu beklagen, die man nach erfolgtem Totschlag, entsprechend dortigem Brauchtum, gesotten und gegessen hat.*

Daran muß ich jedesmal denken, wenn wieder eine keulenschwingende, grell bemalte, gräßlich grölende Horde auf mich zuläuft.

Doch alles geht gut. Nichts Böses haben die Keulenschwinger im Sinn, wahrscheinlich bemerken sie gar nicht die wenigen Bleichgesichter in der dunklen Menge.

Der kreisrunde Tanzplatz, viel weiter und breiter als ein Fußballfeld, bleibt auch tagsüber bedeckt und teilweise verborgen im stets aufs neue hochgewirbelten Staub. Aber die Menge ringsum wird nicht davon betroffen. Ein paar Tausend melanesischer Zuschauer müssen es sein, die zum Tokap-Fest gekommen sind, mindestens ebenso viele, wie sich als Tänzer im Dunstkreis des Platzes bewegen. Die auf natürliche Weise entstandene Arena von Yinwayin ist auf allen Seiten vom fast geschlossenen Ring einer Hügelkette umgeben. Die schräg nach vorn abfallenden Grashänge sind wie die Ränge von Sitzreihen in einem unserer Theater. Darauf haben sich die Zuschauer mit Tragtaschen und Freßkörben, mit Kindern und Kleinkindern niedergelassen. Auch sie festlich aufgeputzt, allerdings nicht so grell und vielfarbig bemalt wie die Tänzer. Erst nach geraumer Weile fällt mir auf, daß nicht einer in der mehrtausendköpfigen Menge irgendwelche Kleidung nach Art und Mode der Weißen trägt. Natürlich gibt es Stoffe aus europäischer oder ameri-

* In dem Buch »Sandlewood« von Dorothy Shineberg, Melbourne Uni. 1967, das sich in erster Linie mit der wildromantischen Geschichte des Sandelholz-Handels in der Südsee beschäftigt, der von ungefähr 1820 bis 1850 geblüht, aber auch gewütet hat, berichtet die Verfasserin von bestimmten, bei der Jagd auf Arbeitskräfte üblichen Praktiken. Wollte der Blackbirder-Chef ein aufsässiges Mitglied seiner Besatzung loswerden, vielleicht auch einen weißen Mitarbeiter, so schickte er ihn mit besonderem Auftrag irgendwo an Land, verständigte aber vorher den Chef des nächstliegenden Kannibalendorfes. So konnte der Anstifter sicher sein, daß der von ihm verratene Landgänger in den vorbereiteten Hinterhalt geriet und durch Verzehr spurlos verschwand.

kanischer Produktion, jedoch mit bunten Farbmustern bedruckt, entsprechend dem Geschmack von Südseemenschen. Auch der Schnitt von Blusen, von Pareus und Lava-Lavas wie auch der männlichen Kniehosen ist nach polynesischer, melanesischer Art verändert. Manche Muster erinnern an die traditionelle Bemalung der Tapas, besonders jener von Tonga, Fidschi und Samoa. Niemand, wirklich gar niemand trägt lange Hosen, Blue jeans oder gar eine Jacke westlichen Schnitts.

Wie stark muß gerade in den eben vergangenen Jahren die Besinnung auf die eigene Art geworden sein, um eine so deutliche, geradezu demonstrative Rückkehr in altgewohnte Lebensformen zu veranlassen, fast möchte man sagen, zu erzwingen! Wobei sich die Leute selbst wohl gar nicht des Wandels nach Rückwärts bewußt sind. Schon möglich, daß sie statt dessen einen Fortschritt darin sehen. Es ist ja die Freiwerdung von mancherlei Überfremdung.

Die Grashänge reichen nicht für so viele Menschen. Auch die Strohdächer einiger Hütten sind voll besetzt, wobei man sich wundern muß, daß die nicht zusammenbrechen. Menschentrauben hängen und sitzen im Astwerk der Banyanbäume. Manche stehen auf mitgebrachten Kisten, und Kinder werden von ihren Vätern auf den Schultern getragen.

Verständlich wird der Zudrang und so reges Interesse, wenn man weiß, daß solch ein Tokap-Fest nur alle sieben Jahre einmal stattfindet.

»Den Höhepunkt«, sagt mir Marcel Trochu, »den Höhepunkt erleben Sie erst morgen gegen Mittag. So lange wollen Sie bestimmt nicht hier 'rumsitzen?«

Nein, es ist mir zu staubig, und bestimmt wird es später erdrückend heiß. Außerdem habe ich Hunger, natürlich auch Durst, und den Aufstieg zum Krater des Yasur möchte ich nicht verpassen. Etwa 40 Minuten zu Fuß geht man zu dem von uns gemieteten Jeep. Sein Fahrer ist Marcel Trochu, ein Halbfranzose, der uns bei dunkler Nacht bis hier nach Yinwayin gefahren und dann geführt hat.

Wie es dazu kam, welch einmaliges Erlebnis wir dem reinsten aller Zufälle verdanken, ist rasch berichtet.

Mit Benno und seiner Frau Christel, passionierten Freunden der Südsee und Seefahrer an Bord der »Explorer«, hatte ich seinerzeit in Samoa beschlossen, vor der nächsten gemeinsamen Reise auf dem uns lieb gewordenen Schiff eine ganz und gar private Woche auf diversen Inseln der Neuen Hebriden zu verbringen. Als wir in Port Vila in dem sagenhaft schön gelegenen, nach polynesischer Art erbauten, von einem französischen Ehepaar geführten »Hotel du Lagoun« auf der Terrasse beisammensaßen, wollte es der schier unglaubliche Zufall, daß der Chef des Hauses nicht nur elsässischer Herkunft war, wie auch ich es bin, sondern gar aus Rappoltsweiler stammte und außerdem seine Großeltern die engsten Freunde der meinen gewesen waren. Auch wir selbst waren uns als etwa siebenjährige Buben schon begegnet. Wie nun bei dem Vierergespräch ein Wort das andere gab, erwähnte Benno so nebenbei unsere Absicht, auf die Insel Pentecost zu fliegen, weil wir hofften, dort jene tollkühnen Männer zu sehen, die von riesig hohen Türmen springen, nur durch Lianenstricke am Fußgelenk festgehalten. Kaum war dies gesagt, enttäuschte uns der geborene Rappoltsweiler, indem er bekanntgab, daß die »Freifaller« von Pentecost nur zu bestimmten Zeiten springen und sie angeblich kein Geld der Welt dazu bewegen könne, dies extra für uns zu tun.

»Aber wissen Sie denn nicht, daß morgen auf Tanna das Tokap-Fest beginnt?«

Nein, das wußten wir nicht. Hatten auch nie von einem Fest dieses Namens gehört.

Es wäre eine Sünde, das Tokap-Fest zu verpassen, meinte der elsässische Freund. So viele phantastisch geschmückte, in schreienden Farben bemalte Melanesier zusammen, könnte man an keinem anderen Fleck der Welt erleben, auch in Tanna nur an drei Tagen in sieben vollen Jahren. Die Tänzer und alle Zuschauer mitgerechnet, wären eine Versammlung von sechs- bis siebentausend Menschen. Das letzte Fest lag schon so weit zurück, daß es kaum noch wahr sei. Ganz bestimmt würde es diesmal besonders sehenswert, hatten doch die Vorbereitungen ein ganzes Jahr gedauert. Gerade zum richtigen Zeitpunkt seien wir gekommen, ein Glück sondergleichen würde uns beschert!

Sogleich wollten wir für die nächste Maschine nach Tanna unser Flugticket holen. Jedoch war in diesen Tagen jede Maschine längst ausgebucht. Für gewöhnlich fliegen sie nach Bedarf, wenn es sein muß sogar täglich, die Friendship Fokker's von Port Vila nach Tanna. Bis zu 15 Passagiere können sie mitnehmen. Wir aber dürfen nur auf Charter einer viersitzigen Cessna hoffen, sofern es dem Piloten möglich ist, noch drei Tannareisende zwischen seine fest vereinbarten Flüge zu schieben. Also rasch zum Flugplatz, um auf diese Chance zu warten!

Welch schier unglaublicher Anblick bietet das dortige Publikum! Was bei uns kaum ein Mensch mehr für möglich hält, ist bei der Air Melanésie selbstverständlich. Ich meine das Nebeneinander von Steinzeit und Flugverkehr. Da stehen Leute und warten auf ihren Abflug, die nur mit Blättern zum Bedecken ihrer Blöße bekleidet sind. Sie tragen Vogelkrallen in den Ohren und Schweinezahnketten um den Hals. In der natürlichen Frisur à la Afrolook stecken neben Kugelschreibern noch ein paar herrlich schöne Federn vom Paradiesvogel. In der rechten Hand fehlt nicht der angsteinflößende Speer mit geschliffener Steinspitze. Was aus dem letzten Viertel des Zwanzigsten Jahrhunderts stammt, ist das Flugticket nach Tanna. Vorsorglich haben es Angestellte der Air Melanésie mit einer Büroklammer am Hundezahnarmband des Passagiers befestigt. Natürlich sind auch steinzeitliche Frauen dabei, mit frischem Grasrock und buntem Pareu. Manche haben sich schon festlich mit Christbaumschmuck, Glitzerketten und Buntperlen verschönt. Alles in allem ein Gesamtbild, wie man es in unseren Breitengraden nur von Weihnachtsbäumen kennt. Allerdings hängen am Christbaum bestenfalls Marzipanschweinchen, während hier nicht wenige der melanesischen Frauen unruhig quiekende, dunkelfarbige Minischweine mit sich führen. Hin und wieder holen sie ihr Ferkelchen aus der Tragtasche, um ihm die schwellende Brust zu reichen. Eine Fürsorge, die auf melanesischen Inseln ganz gewöhnlich ist. Sogar die gruppenreisenden Touristen sehen das bei fast jedem Aufenthalt in den Dörfern von Neuguinea.

Jedoch, das Ende der liebevoll versorgten Ferkel ist ein trauriges und steht nahe bevor. Zum Abschluß des Tokap-Festes werden alle Schweine, die großen wie die kleinen, geschlachtet und mit mancherlei Zutaten freudestrahlend verspeist. Eigentlich sollte man denken, daß die Vorzeitmenschen dem blitzschnellen Flug in der Luft schreckensbleich entgegensehen. Aber nein, sie schwatzen und lachen und machen sich offenbar gar nichts daraus. So leichtfüßig steigen sie übers Treppchen in den Riesenvogel, als würden sie das auf dem Weg zur gewohnten Feldarbeit zweimal täglich tun.

Gar nicht lange müssen wir warten, da hat es ein privater Pilot außer der Reihe möglich gemacht, uns mit seiner Cessna zu befördern. Weil wir darum bitten, steigt er viel höher, als das sonst für den etwa einstündigen Flug nach Tanna üblich ist. Möchten wir doch von den Neuen Hebriden so viele Inseln sehen, wie es sich aus etwa 4000 Metern bei weithin klarer Sicht machen läßt.

Die in großen Umrissen runde Insel Efate, die zentralste, aber keineswegs größte der Hebriden, mit der neuhebridischen Hauptstadt Port Vila können wir ganz übersehen. Graugrün bis Tiefgrün ist die vorherrschende Farbe, denn fast ganz bedeckt mit tropischem Regenwald sind Täler, Gipfel und Bergrücken von Efate. Weiter nördlich ruhen im Meer ein halbes Dutzend kleine, ebenfalls tiefgrüne Inseln. Noch weiter im Norden sind die schattenhaften Umrisse der großenteils noch unerforschten, ziemlich großen Insel Malekula zu erkennen. Vor drei Jahren bin ich schon für wenige Stunden dort gewesen, erlebte aber nur den privaten Flugplatz Northup einer weit ausgedehnten Kokosplantage an der Küste. Damals war es noch möglich, gegen großzügige Belohnung in Naturalien eine Tanzgruppe der »Kleinen Nambas« aus ihren unwegsamen Bergwäldern im Westen nach Northup an die Küste zu locken. Neuerdings kommen sie nicht mehr. Wie man sagt, haben sie ihre kannibalischen Gebräuche wiederaufgenommen. Wohlwissend, daß dies behördlicherseits verboten ist, fürchten die »Little Nambas«, zwergwüchsige Wilde des Negrito-Typs, den vermeintlich langen Arm des Gesetzes. Heutzutage eine unbegründete Sorge, dieser Arm ist lahm und lässig geworden.

Noch weiter nördlich, jedoch schräg nach Westen hin sich ausdehnend, sehe ich gerade noch einen Streifen der Insel Espiritu Santo. Sie ist, mit fast 4000 Quadratkilometer, die größte aller Neuen Hebriden. Östlich davon, eine hinter der anderen und aus weiter Entfernung kaum zu unterscheiden, liegen die nur selten besuchten Inseln Maevo, südlich davon Pentecost, die Heimat der todesmutigen Turmspringer.* Weiter südlich ist die Insel Ambrym zu erkennen, den Bewunderern primitiver Kunst wegen ihrer bis sieben Meter langen hölzernen Schlitztrommeln bekannt. Noch etwas südlicher liegt das hochaufragende Epi, umgeben von einem Kranz kleiner Inseln.

Zwei Fahnen haben fast fünfzig Jahre lang über den Neuen Hebriden geweht, die französische Trikolore und der britische Union Jack. Ein Anachronismus son-

* Während eines kurzen Besuches der britischen Königin ist einer der Springer vor ihren Augen tödlich verunglückt.

dergleichen beherrschte die Inselgruppe, erst in diesen Jahren erleben wir das Ende des Unikums. Auf der ganzen Welt gibt es nichts mehr, das sich mit diesem *Kondominium* vergleichen läßt. Weil man sich gegen Ende des vorigen Jahrhunderts nicht einigen konnte, welche der seefahrenden Nationen auf den Neuen Hebriden für Ordnung sorgen sollte, aber feststellen mußte, daß die häufigsten Hilferufe von französischen und britischen Missionaren, Händlern und Pflanzern kamen, ziemlich gleichmäßig verteilt auf Angehörige beider Nationen, da blieb – wohl oder übel – den Regierungen in London und Paris nichts anderes übrig, als gemeinsam die Verwaltung zu übernehmen. Von Anfang an wußten die beiden – in diesem Fall unwilligen – Kolonialmächte, daß die Inselgruppe kein Gewinn bedeuten, sondern nur Geld verschlingen und Schwierigkeiten machen werde. So ist es gekommen und bis heute dabei geblieben. Beispielsweise übertreffen noch immer die Einfuhren ums Doppelte die Ausfuhren. Weshalb gut zu begreifen ist, daß beide Schutzmächte so schnell wie möglich die Neu-Hebriden-Belastung loswerden wollen. Schon für 1977 war deren Entlassung in volle Freiheit geplant. Aber was dort die militanten Politführer vorhatten, nämlich die totale Enteignung und Vertreibung aller Bewohner, die selber oder deren Vorfahren von anderen Inseln stammen, vielleicht gar aus Europa, ließ die restlose Freigabe des Britisch-Französischen Kondominiums vorläufig nicht zu. Es würden wahrscheinlich mehrere tausend Familien ins Elend gestürzt und zur Heimatlosigkeit verdammt. Wo sollten denn die Leute hin, die seit Generationen nichts anderes kennen als die Neuen Hebriden?

Davon abgesehen fordern die künftigen Regenten hoch bemessene Entwicklungsgelder von ihren bisherigen Schutzmächten, wollen aber gleichzeitig – wie man hört – die Franzosen, Briten und sonstigen Weißen enteignen. So geht es nun doch nicht! Aber wie es gehen soll, weiß auch niemand.

Wie es bisher ging, mit dem Kondominium, kann es gewiß nicht weitergehen. Ein dickes Buch habe ich mir beschafft, das sich mit der Praxis und den Problemen der Doppelregierung beschäftigt. Nachdem ich es von Anfang bis Ende gelesen, ja versucht habe, es zu studieren, komme ich mir vor wie ein Verlorener im Labyrinth. Da gibt es nicht nur zwei getrennte Verwaltungen, sondern drei! Außer den englischen und französischen Ämtern besteht noch eine »gemeinsame« Kommission. Neben der französischen und englischen Polizei, ebenso uniformiert wie in London und Paris, gibt es noch eine gemeinsame aus Eingeborenen bestehende Polizeitruppe mit abwechselnd einem französischen oder britischen Kommandeur. Zwei Gerichte urteilen nach oft verschiedenen Paragraphen der französischen und englischen Gesetze. Darüber steht ein Berufungsgericht, das »gemischt« besetzt ist. Der Vorsitz wechselt von Fall zu Fall.

Selbstverständlich gibt es französische und englische Schulen, mit englischen, französischen und eingeborenen Lehrkräften. Nicht weniger als vier fremde Sprachen werden von vielen Bewohnern größerer Orte verstanden: Französisch und Englisch, Pidgin-English und Bichelamare, das französische Gegenstück zum Pidgin-English. Beide dienen so weit wie möglich als Lingua franca zur Verständigung der Eingeborenen untereinander. Die sind aufgespalten in mehr als hundert Stämme mit jeweils verschiedener Sprache! Wie daraus ein funktionierender Staat, ein einheitlich organisiertes Staatsvolk werden soll, ist für keinen vernünftigen Menschen vorstellbar. Ausländische Besucher des Kondominiums müssen sich bei ihrer Ankunft entscheiden, welche der beiden Schutzmächte sie bevorzugen. Je nachdem lassen sie ihren Paß von einem französischen oder englischen Beamten

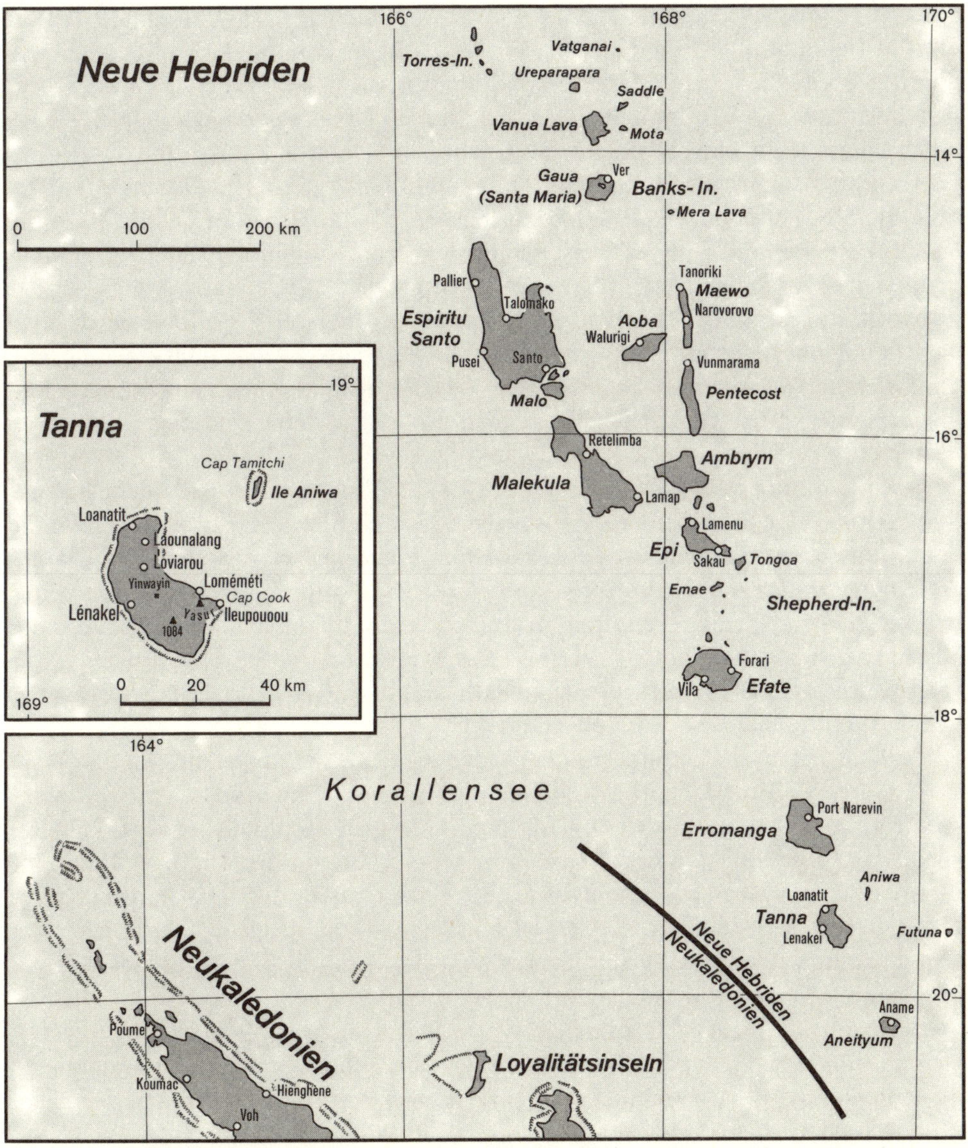

stempeln. Auch fremde Staatsangehörige, die sich für Jahre auf einer Insel der Neuen Hebriden aufhalten, haben gleich zu erklären, welche der beiden Schutzmächte sie bevorzugen. Wer sich aus irgendeinem Grund vor Gericht verantworten muß, kann wählen, was ihm lieber ist. Die Liste solcher Beispiele bürokratischen Unfugs läßt sich unendlich fortsetzen. Weshalb man gut begreift, daß bei den drei Verwaltungen nach einer im September 1973 veröffentlichten Statistik nicht weniger als 2814 Personen beschäftigt sind.

Die negativste Folge des Kondominiums für die Eingeborenen ist, daß sie keine Staatsangehörigkeit besitzen! Also können sie auch keinen Reisepaß erhalten. Statt dessen gibt man ihnen ein von beiden Gouverneuren abgezeichnetes Dokument. Wobei es jeder fremden Paßbehörde überlassen bleibt, ob sie den dubiosen Paß-Ersatz anerkennt oder nicht. In Australien, in Neuseeland weiß man Bescheid, ob aber damit ein Neu-Hebrider die Grenze zwischen Salzburg und Freilassing überschreiten kann, dürfte fraglich sein. Es steht nämlich in dem Dokument nichts über die Staatsangehörigkeit des Betreffenden. Er hat ja keine! Lassen Sie mich bitte für solche Leser, die es wissen möchten, noch erwähnen, daß die gesamte Landfläche aller 80 Neu-Hebriden-Inseln knapp 12000 Quadratkilometer beträgt, wobei auf die Hauptinsel Efate nur 915 entfallen. Die südlichste Insel der Gruppe ist von der nördlichsten etwa 800 Kilometer entfernt, was ungefähr der Distanz von München nach Hamburg entspricht. Verhältnismäßig hoch sind die Gebirge, auf Espiritu Santo erreicht der Tabwemasano 1877 Meter und der Lairiri 1652 Meter.

Rasch nimmt die Bevölkerung zu, mit rund 2,6 Prozent Geburtenüberschuß pro Jahr. Zur Zeit (1979) schätzt man insgesamt 110000 Bewohner fürs gesamte Kondominium. Knapp 5000 davon sind Franzosen und Engländer. Sonstige Ausländer erreichen nur die Kopfzahl von etwa 300. Was die Zukunft in Freiheit so problematisch macht, sind farbige Fremdrassen auf den Inseln, nämlich Chinesen, Inder und Vietnamesen, dazu Filipinos, Fidschis, Samoaner und andere Insulaner wie beispielsweise von den Gilberts, den Marshalls und so weiter. Alle sind äußerst unbeliebt bei den melanesischen Neu-Hebridern.

Vielfach haben die »Fremdrassigen« den Handel, das Gewerbe, die Ladengeschäfte und Kleinbetriebe in den Händen. Würde man sie vertreiben, wäre wirtschaftlicher Zusammenbruch auf den Neu-Hebriden die unausbleibliche Folge.

Kaum vierzig Minuten in der Luft, sehen wir schon vor uns die Insel Tanna mit ihrem aktiven Vulkan namens Yasur. Eine Rauchfahne quillt aus seinem Krater, bildet droben in der hellen Luft einen graugelben Pilz, der sich auflöst und vom Wind dahintragen läßt. Gleich folgt eine neue Rauchfahne, die sich ebenfalls in eine absegelnde Wolke verwandelt. Am Fuß des Vulkans liegt ausgespannt ein hellblauer See in farbloser Landschaft.

An Tanna vorbeischauend, sehen wir die große, gebirgige, ganz mit graugrünem Wald bedeckte Insel Erromanga. Obwohl sie ausgedehnter ist als Tanna, leben nur etwa 400 Menschen in der kaum gestörten Einsamkeit.

Statt dessen hat Tanna zwischen 10 000 bis 12 000 Einwohner, darunter weniger als ein Dutzend Weiße. Ortschaften in unserem Sinne gibt es nicht. Abgesehen von vielen Eingeborenendörfern im Hinterland, bestehen an der Küste nur drei kleine Handelsplätze und Verwaltungsstellen, nämlich Lenakel, White Sands und Port Resolution, wo wieder einmal der oft genannte Captain Cook einige Wochen vor Anker lag. Nach seinem Schiff, der »Resolution«, ist jene Stelle denn auch genannt. Bei den Tannesen heißt sie Loanatit.

Unser freundlicher Pilot kurvt so tief wie gerade noch möglich über ein steppenartiges Gebiet. »White Grass« wird es genannt. Dort leben keine Menschen, wie der Mann am Steuerknüppel sagt, statt dessen große Herden wilder Pferde. Der Sage nach gelang es ihren Vorfahren, beim Scheitern eines Schiffes trotz hohen Wellengangs und stürmischer Brandung an Land zu schwimmen. Hundert Jahre oder mehr sind seitdem vergangen, ohne daß jemand versucht hat, die Pferde zu fangen oder sie wegen des Pferdefleisches zu bejagen. Irgendwelcher Aberglaube spricht dagegen, meint unser Pilot. So leben die völlig verwilderten Tiere in nie gestörter Freiheit. Wir sehen sie galoppieren, in Wolken von Staub.

Nach unserer Landung in Lenakel besorgt uns der Pilot gleich Privatquartiere bei Madame Paul, die zusammen mit ihrem Gatten ein Geschäft für alles betreibt und etwaige Touristen betreut. Madame Paul stellt uns als Mietwagen ihren Jeep zur Verfügung, mit Marcel Trochu am Steuer. Dieser beherrscht nicht nur Englisch und als Halbfranzose die französische Sprache, er weiß auch über Land und Leute von Tanna aufs beste Bescheid. Wie sich am zweiten Tag herausstellt, verrät uns Marcel noch dieses oder jenes, das eigentlich nicht für fremde Ohren bestimmt ist.

»Nach Yinwayin zum Tokap-Fest?« wiederholt er das Ziel unserer Fahrt, »das hat Zeit. Erst morgen früh . . . eigentlich erst morgen spätabends kommt das so richtig in Schwung. Ich schlag' vor, Sie steigen erst mal in aller Ruhe auf den Yasur und spucken vom Rand des Kraters gemütlich in die kochende Lava.«

Freund Benno, Frau Christel und ich brauchen nicht lange zu überlegen. Alle sind wir einverstanden mit Marcels Vorschlag. Von den Straßen auf der relativ dicht bewohnten Insel wäre vor allem zu sagen, daß sie vorhanden sind. Eine ringsherum, eine mitten hindurch und verschiedene zu den volkreichsten Dörfern. Aber sonst ist an den Straßen nichts zu loben. Sie bestehen aus Sand und Staub, aus tiefen Rinnen und engen Kurven. Sie verwandeln sich nach Regenfällen ganz gewiß in Schlamm, Sumpf und strömende Bäche. Nur gute Geländewagen mit Vierradantrieb können durchkommen. Im übrigen ist die Fahrbahn so eng, daß beiderseits Dornbüsche und Baumäste am Wagen entlang streifen. Begegnet uns ein von Ochs oder Esel gezogener Karren, muß umständlich manövriert werden, damit einer am anderen vorbeikommt.

Jedoch ist unser Marcel ein Meister der Fahrkunst à la Tanna. Wir sind, nach Überwindung zahlreicher Serpentinen, schon bald auf dem Col de Loanvalu, wo sich unseren Augen ein Panorama bietet, das meines Erachtens zu den schönsten Weitblicken der Welt gehört. Allerdings kein Blick ins Paradies, auch ist nichts zu sehen vom vielgepriesenen Zauber der Südsee. Statt dessen rauhe, romantische Wildnis. Nach allen Seiten sind die Täler und Gebirgsketten von Tanna zu sehen. Aus den Wäldern steigen zahlreiche Rauchfäden, sehr viele Dörfer müssen dort verborgen sein. Wo die meisten Feuer ihren Rauch nach oben senden, ist der Tanzplatz von Yinwayin zu vermuten, wo schon länger das Tokap-Fest im Gange ist. Schaut man schräg nach links, so steigt gar mächtig der Yasur zu seinem Krater empor. Von hier gesehen hat er zwei Gipfel auf seinem langen, etwas eingebogenen Rücken. Aber nur aus der linken Erhebung strömt Rauch, wird zum Riesenpilz und löst sich auf.

Weiterblickend, hinaus übers blauschimmernde Meer, sehe ich wohl ein Dutzend kleine, bucklige, grüne und auch dunkle Inseln, ihrerseits von Inselchen umgeben. Auf der Karte sind davon nur Futuna und Aniwa mit Namen genannt. Unwirklich, sogar geheimnisvoll sehen sie aus. Landstriche sind es, die man zwar aus der Ferne sehen kann, aber selber nie betreten wird.

In tollem Tempo, obwohl wir Zeit zum Verschwenden haben, braust auf gewundenen Wegen der Geländewagen durchs Waldgebirge der Inseln. Kinder flüchten, Hunde bellen und Männer fluchen, während Frauen gellend kreischen. Das sei nur Spaß, meint Marcel, echte Angst hätten sie nicht.

Da rumpeln wir überraschend aus dem Wald ins Freie. Gleich schaltet Marcel auf den zweiten Gang und drosselt noch mehr das Tempo. Durch eine Sandwüste nach Art der Sahara rauschen wir über die Fläche. Hinter uns eine kilometerlange Staubfahne. Zur Rechten der schon aus der Luft erkannte, hellblaue, ziemlich weite und breite Siwi-See. Kein Schilf steht an seinem Ufer, er ist allenthalben eingefaßt von graugelbem Sand. Direkt vor uns erhebt sich der Vulkan, dessen Kraterhöhe ich auf gut 1000 Meter schätze, obwohl es nur 400 sind.

Binnen dreiviertel Stunden wären wir oben, auch bei ruhiger Gangart, versichert Marcel. Allerdings müsse man bei Unruhe des alten Rumplers darauf achten, nicht von glühenden Steinen getroffen zu werden.

»Danke . . . ohne mich«, meint Frau Christel, sich ihrem Gatten zuwendend, »und du, mein bester Benno, gehst auch nicht 'rauf!«

Weil meine Frau in München weilt, mich also an gar nichts hindern kann, bitte ich die Freunde, sie mögen am Fuße des Vulkans auf meine Rückkehr warten. Nicht achtend der Proteste, die Bennos Frau in Stellvertretung der meinen vorbringt, beginne ich den Anstieg.

So einfach, wie Marcel versichert hat, ist aber das Besteigen des Yasur nicht. Bei jedem Schritt im Lavageriesel rutscht man um einen halben zurück. Außerdem ist die Sache eintönig, denn es gibt am Hang nicht die geringste Abwechslung.

Gut die Hälfte habe ich geschafft, als mir statt der Langeweile erregende Kurzweil geboten wird.

Mit unheimlicher Urgewalt schlägt drinnen im Berg ein mächtiger Hammer gegen die Außenwand, auf der ich emporsteige. Es geschieht so plötzlich, daß mir sekundenlang der Halt unter den Füßen verloren geht. Drunten rufen die Freunde unverständliche Worte, während Marcel nonstop die Hupe vom Jeep heulen läßt. So ist mir klar, ich soll eilends herunterkommen.

Versuchen Sie das oder ähnliches, wenn beiderseits dicke Lavabrocken an Ihnen vorbeirollen, wenn Sie auf einem Schüttelrost stehen und sich über Ihnen der Himmel verdunkelt!

Gott sei es gedankt! Der Yasur beruhigt sich wieder, und schnellstens versuche ich tiefer zu kommen. In einem Ablauf gelingt es mir nicht. Vier, fünf neue Stöße unter meinen Füßen muß ich abwarten, mich sogar auf beide Hände stützen, um nicht längelang zu fallen. Als ich unwillkürlich den Kopf hebe und zum rauchumwölbten Gipfel schaue, wird mir recht seltsam zumute. Da fliegen, sausen und schießen vielhundert rotglühende Funken aus dem Krater.

Jeder davon dürfte ein höllisch heißer Klumpen Lava sein, der sich droben auflöst und beim Niederfall zerfließt. Wird davon ein Mensch getroffen, geht es ihm schlecht.

Aber so weit kommt es nicht. Die vieltausend Grad heiße Lava fällt zurück in den Krater oder zerspringt an seinem Rand.

»Wer nicht hören will auf Warnungen des gesunden Menschenverstandes«, sagt kopfschüttelnd Frau Christel, als ich drunten bin, »kann bei so viel Unverstand das liebe Leben verlieren.«

Marcel hätte mich warnen müssen! Er ist im Anblick des Yasur zu Hause, wußte also, daß mit einer Eruption zu rechnen war.

»Nur so 'ne Art Voranmeldung war das«, erklärt der Fahrer gleichgültig. »Völlig harmlos das bescheidene Gespucke ... heute Nacht wird's etwas besser. Aber ich glaub' erst morgen in der Nacht geht's richtig los!«

Na also, mir hat's gereicht!

Als wir weiterfahren, frage ich beiläufig, ob wir irgend etwas von John Frum zu sehen bekommen. Statt einer Antwort wirft Marcel fast den Wagen um.

»Taisez vous, Monsieur ... erwähnen Sie um Gottes Willen nicht dies Wort ... ça peut vous couter cher ... dieser verbotene Name ...«

Ich hebe und senke die Schultern.

»Was soll dabei so schrecklich sein?«

»Was daran so schrecklich ist ...! Mir selbst jagt's keinen Schrecken ein. Aber wissen Sie denn nicht, hier auf Tanna ist das Zentrum des Cargokults. Fast alle glauben dran und warten auf die Ankunft von dem, dessen Namen Sie eben erwähnt haben.«

Um was es ginge, wollen Benno und Christel erfahren, von was für einem Johnny dürfe man nicht reden?

Ich lege rasch den Finger auf die Lippen, und sofort hält die kluge Frau den Mund. Leise vertröste ich die Freunde auf später. Jetzt und hier geht das nicht, weil doch Marcel Trochu so dringend gewarnt hat, von *John Frum* zu reden.

»Gleich sehen Sie was von dem nicht zu nennenden Geisternamen«, flüstert Marcel, »aber bitte steigen Sie nicht aus. Wenn Sie gar das Kreuz berühren, haben

Sie alle Hexen der Hölle auf dem Hals ... ich meine, wenn's einer von den fanatischen Cargokultisten sieht!«

Was er meint und was ich schon von weitem erkenne, ist auf der anderen Seite des blaßblauen Sees. Ein tiefrot bemaltes Holzkreuz, weiter nichts. Ich kenne es von Beschreibungen, auch von bestimmten, offenbar in Angst und Eile aufgenommenen Bildern.

Es ist *das Kreuz des John Frum*, das hochverehrte und vielgefürchtete Symbol des melanesischen Cargokults. Ganz allein steht es im Gelände, etwa drei Meter hoch und zwei Meter breit.

Die seinerzeit dick aufgetragene Farbe ist stellenweise abgeblättert. Aber das stört die Gläubigen nicht. Gemäß ihren fanatischen Vorstellungen ist das Kreuz von großer Kraft erfüllt, dem sogenannten »mana«, die es beständig aus dem vulkanischen Boden zieht. Reste von schlecht verstandenem christlichen Glauben stekken mit darin. Soviel ich weiß, können auch überzeugte Anhänger des Cargokults, selbst die getreuesten Jünger des John Frum die Zusammenhänge nicht erklären. Sie wissen es vermutlich selber nicht, so geheimnisvoll ist der Kult.

Wir haben den Blausee umfahren und sind im Begriff, am Frum-Kreuz vorbeizurollen.

Ich stelle die Blende ein, messe die Entfernung und richte meine 6 × 6 Spiegelreflex aufs tiefrote Symbol.

»Monsieur, je vous en prie ..., ne faites pas cela!« warnt Marcel in fast flehendem Ton, »ich sehe da hinten Leute, wenn die was merken, haben Sie's ... haben wir's alle mit dem Zorn von ganz Tanna zu tun ... gerade beim Tokap-Fest verstehen sie absolut keinen Spaß!«

Also gut, sage ich, dann solle er aber so dicht wie möglich an dem Ding vorbeirollen.

Marcel gibt Gas, schaltet auf den zweiten, gleich danach auf den dritten Gang. Bei der Hast, möglichst rasch von hier fortzukommen, kann er kaum bemerken, daß ich beim Vorbeirollen doch geknipst habe.

Ein gutes Bild konnte es nicht werden, erstens die rasche Fahrt und zweitens der Staub. Dennoch finden Sie die Aufnahme des John-Frum-Kreuzes in diesem Buch zwischen den Seiten 128/129. Sie erkennen dahinter einen Streifen des hellblau schimmernden Siwi-Sees und darüber den Yasur in einem relativ ruhigen Augenblick. Von der Seite gesehen, wirkt er langgestreckt und hat zwei Buckel. Davon ist der linke jener mit dem aktiven Krater.

Wer war nun John Frum? Leider entzieht sich der seltsame Heilige jedem Versuch, ihn zu definieren. Er selbst ist so wenig zu fassen wie allgemein der Cargokult. Umfangreiche, leider nur wenig gelesene Bücher wurden darüber geschrieben, sogar in deutscher Sprache. Aus jenen, die von ernsthaften Autoren verfaßt wurden, erfährt man, daß der »Kult« in sehr vielen, ganz verschiedenen Erscheinungen auftritt. Ein ebenso politisches wie religiöses Phänomen, das von den tiefen Tälern Neuguineas bis zu den Salomonen reicht, von den Neuen Hebriden bis zu entlegenen Fidschi-Inseln. Dazwischen jedoch liegen weite Gebiete, wo man vom Cargokult erst recht von John Frum nichts gehört hat.

Wann und wo der »Kult« entstanden ist, vermag mit Sicherheit niemand zu sagen. Sehr wahrscheinlich schon gegen Ende des vorigen Jahrhunderts, um sich danach langsam durch die ganze melanesische Welt auszubreiten.*

Wenn auch in unseren Augen der Cargokult als ansteckende Geisteskrankheit erscheint, beruht er doch auf logischer Überlegung.

Haben doch die Eingeborenen jahrelang, sogar jahrzehntelang fasziniert mit angesehen, wie fremde Schiffe im Hafen eintrafen, später auch Flugzeuge auf melanesischem Boden gelandet sind, aus denen eine für primitive Menschen unglaublich reiche Fracht zum Vorschein kam. Die schönsten Kleider und feinsten Nahrungsmittel wurden vor ihren Augen entladen. Geschirr aus schimmerndem Porzellan und durchsichtige Gläser kamen nach dem Auspacken zum Vorschein, ebenso feuerfeste Pfannen und Töpfe, scharfe Messer in Mengen, dazu Schaufeln, Äxte, Sägen und Harken. Auch Schreibmaschinen, Fahrräder, Kameras sowie bunte Stoffe kamen übers Meer und aus dem Himmel nach Melanesien. Sogar Kühlschränke, Gasherde und elektrische Apparate, die wahre Wunder bewirkten. Alles war für die Weißen bestimmt, die dafür keine Arbeit geleistet hatten und nichts bezahlten! Ja, so war es in den Augen der Eingeborenen. Als echte Arbeit kannten und anerkennen sie nur körperliche Arbeit. Wer am Schreibtisch sitzt, der ruht sich aus, wer geschäftlich verhandelt, auch durchs Telefon, der plaudert mit Freunden. Wer nicht gleich mit barem Geld bezahlt, erhält nach ihrer Meinung die gelieferte Ware umsonst. Wie bargeldloser Verkehr funktioniert, das verstehen sie nicht.

Aber was die Weißen von ihren übers Meer geschwommenen, aus der Luft gelieferten Schätzen an die Insulaner verkaufen, das muß sofort mit Geld bezahlt werden, und für dieses Geld müssen die Eingeborenen körperliche Arbeit leisten!

Weil nach Meinung der Melanesier alles, was nicht sichtbar zu erklären ist, auf Hexerei beruht, besaßen und besitzen die Weißen bestimmte Zaubermittel. Sie können sich damit mühelos alle Schätze dieser Welt beschaffen. Das taten sie, und teilweise tun sie es noch, ohne die geringste Rücksicht auf hart arbeitende Menschen dunkler Hautfarbe.

Wie jeder weiß, wird alles Gute, Schöne und Kostbare von den Verstorbenen im Jenseits hergestellt, und zwar für ihre noch auf der Erde weilenden Nachkommen. Leider haben es jedoch die ruchlosen Weißen durch Hexenkunst fertiggebracht, all diese Kostbarkeiten an ihre eigene Adresse umzuleiten. In Wahrheit jedoch war und ist aller »Cargo« für die Eingeborenen geschaffen worden von ihren treusor-

* Die albernste Erklärung des »John-Frum-Cargokults« findet man in dem überaus snobistischen, oft einfältig geschriebenen Buch »South Seas« eines Deutschen namens Peter Zeller, der auf Seite 49 erklärt, daß Jon (!) Frum wahrscheinlich eine Erfindung der Deutschen Kriegsmarine sei (probably an invention of the German Navy). Das undefinierbare Buch, als dessen Herausgeber (Editor) sich Peter Zeller bezeichnet, erschien meines Wissens nur in englischer Sprache. Verlag, Verlagsort und Erscheinungsjahr werden nicht genannt.

genden Vorfahren im Jenseits. Nur werden die rechtmäßigen Empfänger auf die schändlichste Art von den Weißen bestohlen!

Das kann den infamen Schurken heller Hautfarbe nur gelingen, weil sie den Zaubertrick der »Umleitung« beherrschen. Wenn nur die Eingeborenen herausfänden, wie es gemacht wird, käme aller »Cargo« auf dem rechten Weg zu ihnen.

Vieles kam hinzu, was diese »logische« Überlegung der Melanesier zu bestätigen schien. So auch das Bestreben aller Missionare, den Heidenglauben zu vertreiben. Damit wollte man die Eingeborenen den eigenen, angestammten Göttern und Geistern entfremden. Die verstanden es nämlich, der weißen Hexerei entgegenzuwirken. Gerade deshalb sollte man nicht mehr an sie glauben. Die bekehrten Melanesier mußten ihre nackte Haut bedecken, durften nicht mehr nach gewohnter Art tanzen. Auch sämtliche Sitten und Gebräuche, die aus unerklärlichen Gründen den Missionaren mißfielen, wurden verboten, sogar mit strengen Strafen belegt.

Warum nur?

Damit die Vorfahren im Jenseits böse wurden und ihre abtrünnigen Nachkommen nicht mehr mit guten Gaben beschenkten. Als gar melanesische Studenten in den Museen von Sidney, Wellington, ja sogar in London und vielleicht New York zu ihrem maßlosen Erstaunen die von Weißen verschleppten Götzenbilder, Idole und sakralen Gegenstände aus ihrer Heimat sahen, schien der Betrug vollkommen klar! Hatten doch Missionare, Kolonialbeamte und andere Weiße die Heiligtümer nur deshalb gestohlen, weil sie mächtiger waren als ihr eigener Gott. So hatte man diese Heiligtümer, diese Träger des »mana«, in streng bewachte Riesenhäuser jenseits des Meeres gesperrt. Auf so infame Weise war der richtige Glaube der Eingeborenen vernichtet worden. Statt dessen hatte man ihnen den viel schwächeren Christenglauben aufgezwungen. Alles übrige hing damit zusammen, die Abschaffung ihrer altgewohnten Sitten und Gebräuche, das Bedecken des Körpers mit fremden Kleidern, das Erlernen der weißen Sprache, auch Lesen, Schreiben und Rechnen. Erst damit hatten die Weißen gewonnenes Spiel. Die im Jenseits weilenden Vorfahren wollten den ihrer Art völlig entfremdeten Nachkommen auf Erden nicht mehr helfen. Allen »Cargo« konnten die Weißen entgegennehmen und damit machen, was ihnen beliebte.

Also erklärten neue Propheten aus den eigenen Reihen, so rasch wie nur möglich müsse man sich wieder auf den alten Glauben besinnen. Zurück zu den früheren Gewohnheiten und zur Lebensart der Vorfahren!

Weshalb man nun auf vielen Inseln, besonders deutlich auf Tanna, den Rückfall ins Heidentum, die Wiederkehr fast vergessenen Brauchtums und das Verschwinden westlicher Kleidung erlebt.

Weil dennoch all das schöne, das heißbegehrte »Cargo« nicht zu den Melanesiern, sondern weiter zu den Weißen kam, fehlte offenbar noch immer das rechte Verhalten gegenüber den Vorfahren. Da erschien nun, vermutlich kurz vor dem Zweiten Weltkrieg, John Frum, der nicht zu erklärende, nicht zu definierende Prophet des Cargokults. John Frum sagte die Ankunft unglaublich reicher Wohltäter voraus, auch solcher mit dunkler Hautfarbe. Ihre Schiffe wären die größten, ebenso riesig würden auch die Flugzeuge sein, die endlich sehr viel »Cargo« an die richtige Adresse brächten.

So war es tatsächlich. Es kamen die amerikanischen Truppen, es kam die Kriegsmarine der USA und Transportmaschinen der US-Airforce in großer Menge. Viele der melanesischen Inseln, manche der Hafenstädte von Neuguinea wurden Sammelplatz für Truppen, Kriegsmaterial und sonstiges Material der Vereinigten Staaten. So nachlässig und großzügig wie die Amerikaner zu fast allen Zeiten sind, ist dabei für die Eingeborenen sehr viel abgefallen. Weil noch vor dreißig Jahren jeder Kochtopf, jede Taschenlampe, auch jede Büchse Corned beef für die meisten Bewohner melanesischer Inseln große Kostbarkeiten waren, glaubten die beglückten Insulaner felsenfest an die Spendierfreude ihrer Ahnen. Dies um so mehr, weil sich unter den gutwilligen, großmütigen Amerikanern viele mit schwarzer Haut befanden.

Diese hatten die Hexerei der Weißen durchschaut, hatten den rechten »Cargo«-Kult gelernt und profitierten davon aufs beste.

Welche Hautfarbe John Frum besaß, darüber gehen die Meinungen auseinander. Viele seiner Anhänger sagen, er habe sie beliebig wechseln können. Sogar sieben Schattierungen seien ihm möglich gewesen, wird behauptet. Von Frum persönlich soll die Anweisung stammen, das Verhalten der Amerikaner so weit wie möglich zu imitieren. Das nämlich sei der Zaubertrick, um alles »Cargo« an die allein richtigen Adresse zu leiten. Die Vorfahren im Jenseits, die heidnischen Götter und hilfreichen Geister hätten sich daran gewöhnt, das Cargo im Bauch von Flugzeugen zu schicken und damit auf Flugfeldern zu landen. Sie würden gern marschierende Truppen sehen und Soldaten beim Exerzieren!

Nach dem Abzug der Amerikaner, als die Inseln in die früher herrschende Kargheit zurückfielen, versuchte man mit großer Mühe und Sorgfalt, den Rat des John Frum zu befolgen. Wirklich, man imitierte die Amerikaner nach besten Kräften. Allen Ernstes wurden Flugplätze angelegt, nachempfundene Uniformen hergestellt und Fahrwege für Jeeps gebaut. Die so hoffnungsvollen Melanesier exerzierten und präsentierten mit Holzgewehren, marschierten in Reih und Glied, dies alles zu Befehlen in amerikanischem Slang.

Die Anhänger des Cargokultes, die Verehrer des John Frum, haben es an vielen, an sehr vielen Tagen getan und tun es noch heute . . . besonders auf Tanna!

Nicht weit vom Kreuz des John Frum haben sie ein Flugfeld planiert, mit Randsteinen versehen und lassen über Nacht ein paar Fackeln leuchten. Sie strapazieren sich stundenlang nach militärischem Muster. Sie tragen Papphelme und selbstgemachte Uniformen, entfernt ähnlich amerikanischem Schnitt. Wenn Motorgeräusche vernehmbar sind, eilen sie zum Flugfeld, stellen sich auf in Formation, präsentieren ihre selbstgemachten Gewehre und sind bereit zum Empfang des Cargo. Mag es auch lächerlich für die Begriffe der meisten zivilisierten Menschen sein, ich finde es rührend und traurig zugleich.

Wenn trotzdem die Erfolge ausbleiben, sind eben unbewußte Fehler schuld daran. Was dazu geführt hat, daß selbst auf Tanna die Frum-Gläubigen untereinander verfehdet sind. Die starke Gruppe von der Sulphur Bay hält die Leute von Lenakel für Versager. Die ihrerseits behaupten, jene an der Sulphur Bucht machten vieles falsch. Bedauerlicherweise muß darunter die ganze Insel leiden!

Aus diesen und anderen Gründen hat sich der Cargokult in viele Sekten gespaltet. Manche sind mit Elementen christlichen Glaubens gemischt, haben davon auch äußere Formen angenommen. Nicht wenige wurden politisch unterwandert. Sie lassen das Wirken marxistischer, auch moskowitischer Agenten erkennen. Einige Gruppen wurden mehrfach so aggressiv, daß Anwendung von Gewalt notwendig erschien. Mehrere Anführer kamen vorübergehend ins Gefängnis. Sogar politische Parteien sind aus Sekten des Cargokultes entstanden.

Was Tanna betrifft, haben der »Kult« und die angeblichen Ermahnungen John Frums zur weitgehenden Wiederaufnahme des alten Brauchtums geführt, auch zum Leerstehen der Kirche, zur Verzweiflung der Missionare und zur Verschmelzung des Cargokults mit dem Tokap-Fest.

Erst am späten Nachmittag rollt unser Wagen wieder nach Yinwayin. Die Trommeln hört man von weitem, und mir kommt es vor, als sei der Rhythmus rascher geworden. Noch immer sind Scharen von Menschen unterwegs, die kommen oder gehen. Sie tragen Körbe mit Lebensmitteln, auch ganze Bananenstauden. Auf längeres Verweilen hat man sich eingerichtet. Andere wieder mußten sich aufs neue versorgen. Die armen Schweine tun mir leid, deren Füße man zusammengebunden hat, um sie an Stangen zu tragen. Kopf und Körper hängen nach unten. Das Quietschen der fürs Festmahl morgen mittag bestimmten Tiere erregt bei uns Fremden machtloses Mitleid. Aber nicht bei den Tannesen, obwohl sie ihre Schweine hegen und pflegen, sogar individuell gern haben. Aber wenn Feste zu feiern sind, ist es soweit, die wohlgenährten Lieblinge müssen unters Messer!

»Wären Sie vor fünfzig oder sechzig Jahren gekommen«, sagt uns Marcel, »hätten Sie noch gesehen, wie man auf die gleiche Weise Menschen . . . ich meine noch lebende Menschen zum Tanzplatz getragen hat.«

Ich frage, ob ganz im verborgenen heute noch Kannibalismus möglich ist? Worauf Marcel den Kopf schüttelt und meint, daß er nichts von solchen Vorkommnissen gehört habe. Wäre dergleichen letzthin geschehen, irgendwie hätte es sich herumgesprochen.

»Aber ich nehme an, Monsieur, wenn über kurz oder lang die Neuen Hebriden vollkommen frei sind von der weißen Verwaltung . . . nun ja, dann wird wahrscheinlich . . . hier oder dort bei passender Gelegenheit der Menschenverzehr wiederkommen.«

Wer sollte es auch verhindern? Handelt es sich doch um die Wiederaufnahme altüberlieferten Brauchtums. Die landfremden Missionare hatten es untersagt, von den bis dahin verjagten Kolonialherren wurden Menschenfresser streng bestraft, falls man von ihren Missetaten erfuhr und die Schuldigen einfing. Die Polizei wird später nur aus Eingeborenen bestehen, kommandiert von eingeborenen Offizieren. Eingeborene Richter befinden über den Tatbestand. Was soll, was kann die künftige Selbstregierung gegen die Verspeisung von Menschen machen? Wie werden, wenn überhaupt, die Strafen ausfallen?*

Wir erreichen die Stelle, wo der Wagen bleiben muß. Zu Fuß geht es weiter zum Tanzplatz. Wir brauchen dafür eine dreiviertel Stunde, obwohl die Entfernung meines Erachtens nicht mehr als zwei Kilometer beträgt. Aber man bewegt sich auf schmalen, feuchten, rutschigen Pfaden hinauf und hinab. Wir stapfen durch rauschende Bäche und enge Hohlwege. Marcel Trochu geht mit, weil es des öfteren Abzweigungen gibt und sich der Weg mehrmals teilt. Dabei kann sich der Unkundige leicht verirren.

Eben waren die Trommeln noch laut zu hören, sind nun aber wieder leiser, je nachdem ob eine Hügelkette die Schallwellen behindert oder nicht.

Das müßten wir sehen, sagt Marcel und führt uns auf einen Nebenweg. Während wir ihm durch dichten dämmergrauen Regenwald folgen, wird das Quietschen zahlreicher Schweine deutlich vernehmbar. Sogar das Dröhnen der Trommeln wird davon überdeckt. Bald betreten wir eine Lichtung, wo stark rauchende Feuer flakkern und Funken sprühen. Viele Menschen sitzen, liegen und laufen herum. Erschöpfte Tänzer, triefend naß geschwitzt und aufgelöst ihre Bemalung, kehren zurück, während andere sichtbar froh beschwingt zum Tanzplatz eilen. Am Rand der runden Lichtung stehen behelfsmäßige Hütten aus Ästen, Laub und Zweigen. Davor beschäftigen sich ältere Frauen mit dem Bemalen junger Männer und Mädchen.

»Die kommen aus Dörfern im Norden von Tanna . . . die anderen dort hinten stammen von der Küste im Süden«, erklärt unser Begleiter, »es sind auch welche von anderen Inseln dabei. Aber was ich Ihnen zeigen wollte . . . sind die Schweine!«

Abseits vom Getriebe der stark erregten Menschen warten hundert oder noch mehr schwarze Schweine auf ihre Schlachtung. Sie liegen auf dem Bauch oder haben sich seitlich ausgestreckt. Doch sind bei allen die Beine zusammengebunden und eine Tragstange hat man hindurchgesteckt. Jederzeit können zwei Männer das Tier aufheben und davontragen. Vorerst spielen noch die Kinder mit den Schlachtopfern, stopfen ihnen Futter ins Maul oder turnen auf ihrem Rücken herum. Kaum wochenalte, gewiß sehr zarte Ferkel ruhen wie Kleinkinder in gepolsterten Taschen. Die sind, wie uns Marcel sagt, als Leckerbissen für Sippenchefs und Stammeshäuptlinge gedacht.

Wir sind gleich danach wieder am Tanzplatz und können uns fast an der gleichen Stelle niederlassen wie gestern. Auf den ersten Blick bietet sich das gleiche Bild.

* In der »Welt« vom 23. August 1978 fand ich folgende Meldung der AP aus Port Moresby:
Drei junge Männer sind wegen Kannibalismus zu 15 Monaten Gefängnis verurteilt worden. Die Jugendlichen hatten in einem abgelegenen Teil des Landes vom Tod zweier Bewohner eines Nachbardorfes erfahren und waren zum Zeitpunkt der Beerdigung dort eingetroffen. Gegen den Widerstand der Verwandten, verlangten sie die Herausgabe der Leichen. Sie schnitten Teile der Körper ab und verzehrten sie in gekochtem Zustand.

Aber je länger man hinschaut, um so deutlicher wird das gesteigerte Tempo, auch die wachsende Erregung. Sicher wären die meisten längst zusammengebrochen, würde nicht doch ein gewisser Wechsel stattfinden. Man muß ja die zerfließende Bemalung erneuern, den quälenden Durst löschen, gewiß auch Bedürfnisse erledigen.

So manches über das Tokap-Fest erfahre ich von einem sich betont zurückhaltenden, in Zivil gekleideten Beamten der britischen Verwaltung. Von sich aus hat er den Kontakt mit uns Fremden gesucht. Tagsüber, sagt der Landeskenner, wird der »Nao« getanzt. Auch wenn es unseren Augen entgeht, ist doch der Nao ein Massentanz von zwei Seiten, von zwei großen Gruppen. Was dem Betrachter wie das Wogen von Meereswellen erscheint, ist das Entgegenströmen und Auseinanderfließen der beiden Einheiten, besser gesagt von zwei Völkern. Das eine Volk ist Gastgeber beim Drei-Tage-Fest, demnach besteht die andere Seite aus geladenen Gästen. Beim nächsten Mal, nach sieben Jahren, wird es umgekehrt sein. Jeder Teil versucht den anderen zu übertreffen, sowohl in der Kunst und Ausdauer beim Tanzen wie an Stärke der Stimmen, ebenso was die Menge und Qualität der ausgetauschten Geschenke betrifft. Vor allem wichtig ist die Bewirtung. Da stürzen sich die Gastgeber in Schulden, an denen sie jahrelang abtragen, um womöglich noch mehr zu bieten als beim letzten Tokap-Fest die andere Seite aufgebracht hat. Die Gäste dieser Tage notieren in Gedanken recht genau, ob ihre Bewirtung zumindest dem entspricht, was von ihnen beim letzten Fest den anderen geboten wurde. Sollte es bei diesem Tokap noch großzügiger sein, verlangen Ehre und Ansehen der gegenwärtigen Gäste, daß sie beim folgenden Fest noch freigiebiger sind. Etwa 500 Schweine, schätzt unser Informant, werden morgen vertilgt.

»Auch bei Kenntnis der Sprache könnten wir kein Wort verstehen«, sagt der Beamte des Kondominiums, »aber was die Leute so lautstark grölen, sind Gedichte und Gesänge, die man eigens für dieses Fest erfunden hat. Das müssen immer neue Gesänge sein, bisher unbekannte Schöpfungen beliebter Dichter und Komponisten. Auch das ein Wettstreit zwischen beiden Gruppen!«

Weiter erfahren wir, daß die Teilnehmer während des Tanzfestes nichts essen. Sie trinken nur Wasser und vermeiden jeden Sex, weshalb auch Frauen und Mädchen räumlich getrennt von den Männern schlafen.

Weiter geht es, weiter und immer noch weiter in der mehr oder minder gleichen Art. Staub und Schweiß, Stampfen und Tanzen, Singsang ohne Pause. Es rascheln die Röcke, es dröhnen die Trommeln, Fäden von Schweiß und Farbe rinnen herab an den Leibern keuchender Menschen. Die Erde bebt, weil sie – so nehme ich an – vom unablässigen Gestampfe der ungefähr sechstausend Füße in Schwingungen versetzt wird.

»Der Yasur rührt sich wieder«, sagt Marcel, »spüren Sie's nicht unter den Fußsohlen?«

Ja wirklich, leichtes Zittern ist zu spüren. Anscheinend harmlose Stöße sind ebenfalls zu fühlen. Ein banger Blick hinauf zum Kegel des Yasur zeigt deutlich, daß er sich zur Eruption bereit macht. Die Rauchfahne steigt und steigt, wird breiter und weiter. Hin und wieder fahren feurige Striche aus dem Krater. Es sind die Flugbahnen hochgeschleuderter Lava.

Das könne gut werden heute nacht, bemerkt der Brite, und Marcel Trochu fügt hinzu, daß uns ein herrliches Schauspiel bevorstehe. Wir drei Fremden finden es seltsam, daß ausgerechnet gegen Ende des Tokap der Vulkan so heftig demonstriert.

»So, als wolle er am Drei-Tage-Tanz teilnehmen«, vermutet Christel.

Warum auch nicht? Die Tannesen hielten es sogar für selbstverständlich, erläutert uns der Beamte, weil doch der Yasur im alten Heidenglauben eine wesentliche Rolle spielt. Er soll die Wiege, nach anderer Lesart der bevorzugte Aufenthaltsort mächtiger Dämonen sein. Die Anhänger John Frums sind festen Glaubens, daß eine gut ausgerüstete Armee von genau 6000 Mann in der brodelnden Lava bereitsteht. Sie erwartet den Befehl ihres Meisters Frum, um kampfesmutig hervorzubrechen. Alle Weißen, ebenso alle sonstigen Fremden werden vertrieben. Aber vorher wird man ihnen den Cargo-Zauber entreißen. Sodann werden alle Kostbarkeiten nach Tanna dirigiert.

Die dritte und letzte Nacht ist gekommen. Da verkündet eine Reihe rascher Trommelschläge den Wechsel beim Tanz. Für etwa ein Minute ist alles still, man hört nur den pfeifenden Atem erschöpfter Menschen. Sie alle, so sieht man noch im Halbdunkel, laufen durcheinander, ordnen sich aufs neue und sind bereit für den Napé-Napé. Dieser Tanz ist gemeinsam. Er besteht aus der Massenbewegung von allen ungefähr 3000 Teilnehmern. Sie bewegen sich erst in der einen, nach rascher Kehrtwendung sodann in der anderen Richtung. Jeder Reihe von Männern folgt eine Reihe von Frauen, wobei mir scheint, daß bestimmte Altersgruppen zusammenhalten.

An langen, in den Boden gestoßenen Stangen, hat man harzgetränkte Fackeln gebunden. Sie können zwar nicht den ganzen Platz mit der wildbewegten Menge ausleuchten, verbreiten aber flackernde Lichtkreise auf beschränktem Raum.

Der Napé-Napé beginnt mit Getrappel und Getöse. Sein Rhythmus ist so exakt und abgehackt, daß er auch mir in die Beine fährt. Benno sagt, daß sein Blut in Wallung geriete. Es fehlt gar nicht viel, daß wir mitmachen.

»Schauen Sie dort drüben . . . gerade unter der hellsten Fackel«, stößt mich der britische Beamte an, »sehen Sie den Kerl mit der weißen Haut?«

Tatsächlich, der junge Weiße macht nicht nur mit, er hat sich dazu fast völlig ausgezogen. Schweiß oder Kokosöl oder beides glänzt auf seiner ziemlich fetten Haut. Er trägt Amulette wie ein echter Tannese, ist auch sonst mit allerhand Firlefanz behängt. Ebenso wie die anderen Tänzer hat auch er einen krummgebogenen Stab in der Hand, von dem helle Bastbänder flattern.

»Wer ist denn das?« frage ich, »kennen Sie den?«

»Ein dänischer Anthropologe namens Sören Lundt . . . kam vor zwei Jahren nach Tanna und soll enge Verbindung zu den John-Frum-Leuten haben.«

Der Tonfall des Briten läßt Mißbilligung erkennen. Marcel ist weniger zurückhaltend. Er nennt den weißen Tänzer einen Spinner, einen konfusen Kerl und rügt sein Verhalten als wahre Schande. Meines Erachtens ist es Sache der Tannesen zu befinden, ob ihnen der hellhäutige, allzu gut genährte Anthropologe gefällt, der sich als Eingeborener verkleidet, richtiger gesagt, entkleidet hat.

Ich muß mich bemühen, die Füße ruhig zu halten. So berauschend wirkt allmählich das Gedröhn der Trommeln und der immer gleiche Singsang. Hinzu kommt schon bald das Gerumpel des Yasur. Es bebt auch der Grasboden, auf dem wir sitzen, und mir scheint, daß sogar die Palmstämme schwanken. Bis hier nach Yinwayin hört man das Zischen, wenn aus dem Krater die geballten Rauchsäulen steigen. Schwefelgeruch hängt über der Versammlung und mischt sich in den Staub des Drei-Tage-Festes. Als die Sonne ganz versunken ist, beginnt der Feuerzauber des Yasur. Erst sind es nur rotgoldene Kometen, die er in den blauschwarzen Himmel schleudert. Dann sausen Strahlenbündel empor, werden zu feurigen Fontänen und erhellen den gesamten Kegel des Vulkans. Bei keinem künstlichen Feuerwerk habe ich jemals ähnliches gesehen.

Ins Dröhnen der Trommeln mischt sich vulkanisches Gepolter. Verstärkt wird das Beben im Boden durchs Gestampfe vieltausender Füße. Schwefel und Schweiß, flackernde Fackeln, leuchtende Lava und grauschimmernder Rauch – welch phantastische Kombination fürs Auge, die Ohren und Nase!

Lang, sehr lang sind die Nächte auf Tanna. Wir schauen Stunde für Stunde hinab ins Gewühl und Gebrodel, liegen im Gras, um etwas zu schlafen. Stehen gestärkt wieder auf, bewegen uns bummelnd durch die Menge. Trinken Fruchtsaft aus Büchsen, kauen an kaltem Huhn, ruhen wieder auf zitterndem Boden, starren erneut ins funkelnde Feuerwerk des Yasur. Und warten . . . warten auf den Morgen.

Im Osten wird die Nacht ein wenig blasser, und ruhiger ist der Vulkan. Aber keineswegs ruhiger der Tanz der Dreitausend auf dem Platz. Der feine Staub, den sie immerzu aufwirbeln, erscheint im fahlen Morgengrau als kompakte Wolke. Ein rosaroter Strich schimmert am Horizont.

»Wenn die Sonne aufgeht, erleben wir den Höhepunkt«, meldet sich der Beamte wieder zu Wort, »dann kommen die Tokaps.«

Was das sei, möchte ich wissen.

»Sie werden's schon sehen und bestimmt erraten.«

Wirklich, es ist keine Täuschung. Die Trommel dröhnt noch schneller, und demgemäß rascher wird das Tempo der Tanzenden. Grellrot leuchtet die hochsteigende Sonne, fast alle Zuschauer erheben sich.

Während der Vulkan verstummt, ertönen schrille Rufe aus der Menge. Bald schreien alle zusammen in etwa der gleichen Lautstärke.

»Da sehen Sie, Monsieur«, ruft Marcel sichtlich erregt, »regardez, voila les Tokaps qui viennent.«

Sogar der sprichwörtlich kühle Brite steht und starrt äußerst gespannt in jene Richtung, aus der man die Tokaps erwartet.

Der Siedepunkt des Festes ist gekommen, die Fetische der Fruchtbarkeit erscheinen.

Zweimal hundert Menschen müssen es sein, die ganz dicht zusammengedrängt einen etwa sieben Meter hohen Pfahl umkreisen.

Es ist ein beweglicher Pfahl, der an Querstangen getragen wird, der sich dreht und steigt und sinkt. Droben ist er halbkugelförmig abgerundet, mit Blumen bekränzt, mit bunten Bändern geschmückt. Der ziemlich dicke, gewiß auch schwere Pfahl wird von starken Muskelmännern sechs, acht, zehn Schritte vorwärts getragen, dann wieder ein paar Meter zurückgeschleppt. Es ist, als würden und wollten widrige Kräfte seinen Weg behindern. Mit ohrenbetäubendem Jubel oder Wehgeschrei quittiert die Menge jeden Gewinn und Verlust im Gelände. Doch bei allem Hin und Her kommt das Ding dem Tanzplatz jedesmal etwas näher.

Desgleichen der zweite Tokap, ein Zwillingsbruder des ersten. Ebenso sieht er aus und genauso wird er bewegt.

Die Menge scheint wie von Sinnen. Frauen und Mädchen kreischen, Männer und Buben grölen vor Begeisterung.

»Verstehen Sie die Begeisterung?« erkundigt sich der Gewährsmann.

Daran ist nicht zu zweifeln. Was die Tokaps bedeuten, ist vollkommen klar. Es sind überdimensionale Darstellungen des männlichen Gliedes, zwei Phalli in entsprechender Bewegung. Bei allen Völkern der Welt, besonders in den antiken oder heidnischen Zeiten auch unseres Erdteils, galt der Phallus als Sinnbild für Fruchtbarkeit. Man erhoffte sich von seiner Verehrung die gute Ernte, den reichen Fischfang und nahrhafte Jagdbeute. Ebenso war es Symbol für gesunde Nachkommen und ein glückliches Familienleben. Nicht nur das Erntedankfest war damals und ist heute noch dem Menschen so wichtig, mehr noch das Bittfest um reiche Ernte auf dem Feld, im Wasser und in der Wiege.

Was wenig später folgt, ganz im Sinne eines Bittfestes um Fruchtbarkeit, vermag meine Feder (die Betonung liegt auf »meine«) nicht zu schildern. Sind doch die drei Tage der Keuschheit vorüber, und ganz im Sinne der Tokaps sind die Paare um intensive Vereinigung bemüht!

Durch Vermittlung des guten Marcel werden wir zur Schweinemahlzeit geladen, wobei auch Palmbier verschwenderisch fließt und Kawa gereicht wird.

Bei der Rückfahrt zu unserem Quartier in Lenakel übernimmt freundlicherweise Frau Christel das Steuer. Weil sie der Meinung ist, man könne zur Zeit keinem von uns Männern das Fahrzeug anvertrauen.

Osterinsel

Ein ungelöstes Rätsel der Südsee, sagt man. In geheimnisvolles Dunkel gehüllt sei die Herkunft der Osterinsulaner, so liest man. Die nur auf wenigen Holztafeln erhaltene Bilderschrift könne niemand entziffern, heißt es. Was bedeuten die bis zwölf Meter hohen Menschenbilder aus Lavastein, Moais genannt? Zu welchem Zweck hat man die breiten Steinterrassen, die Ahus, geschaffen, und wer hauste in den 48 massiven Rundhäusern von Orongo im Südwesten der Insel? Ein Mysterium, wird vielfach behauptet, seien die prähistorischen Bauwerke und erst recht die mächtigen Mauern aus vieltonnenschweren Lavablöcken, die man haargenau, ohne Bindemittel zusammengefügt hat. Wie war es möglich, mehr als 500 Skulpturen ohne stahlharte Werkzeuge aus dem Gestein zu meißeln? Und wie konnte man die bis zu fünfzig Tonnen schweren Moais über weite Entfernungen von zehn bis zwanzig Meter bewegen? Alles Fragen, die Kopf und Verstand des Besuchers verwirren.

Ja, so ist es, das Geheimnis der Osterinsel erregt und bewegt die Gemüter seit mehr als hundert Jahren. Es besteht aus Rätseln, von denen eines so unlösbar erscheint wie das andere.

Glauben Sie das nicht, verehrter Leser! Sind doch in Wahrheit die angeblich größten Geheimnisse längst gelöst oder nie welche gewesen. Aber es war so schön, von der Isla de Pascua geheimnisvoll zu berichten, vielleicht selber daran zu glauben. Begreiflich allerdings ist die starke, die bezwingende Wirkung der so ausdrucksvollen, scharfgemeißelten Gesichter jener Moais, denen schon die ersten Europäer auf der Osterinsel schaudernd oder verschüchtert gegenüberstanden. Sicher steckte in jedem der Steinköpfe ein mehr oder minder bedrohliches Geheimnis!

Jedoch wurden in Wahrheit während der letzten drei Jahrzehnte die meisten Rätsel gelöst. Was so manche Menschen, darunter auch mich, gar nicht freut. Ich bin gegen restlose Aufklärung, ich hab's lieber rätselhaft.

Zweimal bin ich über die Osterinsel gelaufen, gefahren und geritten. Das erste Mal vor zwölf Jahren und nur wenige Stunden. Wobei es meine Aufgabe war, eine Reisegruppe von dreizehn einigermaßen gebildeten Leuten rings um die Welt zu führen. Gewiß, ein paar Dutzend Moais konnten wir sehen und knipsen, auch sonstige Reste der Vorzeit. Ebenso die Steinterrassen, die angebliche Inkamauer und von weitem die Steinbrüche im Rano-Raraku-Krater. Doch war es nur ganz wenig von sehr vielem.

Nachdem ich daheim in Büchern ungefähr alles gelesen hatte, was in Münchner Bibliotheken zu finden war, verblaßte der flüchtige Eindruck, den ich während so weniger Stunden auf der Insel gewonnen hatte. Jedoch beim zweiten Mal, ausgerüstet mit allem angelesenen Wissen, mit genügend Zeit und zudem in Gesellschaft meines hochverehrten Freundes Bengt Danielsson, lag eine völlig andere Osterinsel vor mir.

Der holländische Seefahrer Jacob Roggeveen, der sich auch sonst beim Erforschen der Südsee hervorgetan hat, war dem Vernehmen nach 1722 der erste weiße Mann auf Rapa Nui.*

Weil die Insel der Steinköpfe am Ostersonntag des Jahres 1722 auftauchte, nannte sie Roggeveen, entsprechend dem Brauch seiner Zeit, »Isla de Pascua«, also die Osterinsel. Von den Eingeborenen selbst wird sie Rapa Nui genannt, in älterer Zeit auch Te-Pito-te Henua (»Nabel der Welt«). Roggeveen schätzte damals die Zahl der Einwohner auf ungefähr 5000. Er sah natürlich die seltsamen Skulpturen und konnte beobachten, daß man ihnen göttliche Ehren erwies. Desgleichen geschah bei den Rundhäusern von Orongo und auf den Steinterrassen am Meer. Sonst allerdings hatte Jacob Roggeveen nicht viel über die Isla de Pascua zu berichten.

Die Osterinsel liegt rund 3500 Kilometer westlich der chilenischen Küste im südlichen Pazifik. Was sich nur wenige Menschen klarmachen, auch wenn sie Isla de Pascua besucht haben, ist die geographische Einsamkeit der Insulaner, denen es mangels seetüchtiger Boote nicht möglich gewesen ist, andere Menschen oder Inseln zu erreichen. Das nächstliegende, von Menschen bewohnte Stück Erde ist Pitcairn, weltberühmt durch die Meuterei auf der »Bounty«, 1700 Kilometer weit im Westen.

Winzig wie ein Sandkorn ist die Osterinsel, verglichen mit der grenzenlosen Weite des sie umgebenden Meeres. Nicht gar so klein erscheint die Osterinsel, wenn man sie durchquert. Da haben 190 Quadratkilometer eine beachtliche Ausdehnung, mit 23 Kilometer erreicht die Insel ihre maximale Länge, mit 17 Kilometern die größte Breite. Bis auf knapp 615 Metern erheben sich die Bergrükken. Die einzige Ortschaft der Insel ist Hanga Roa. Alle Bewohner leben dort beisammen. Sie werden angesichts ihrer raschen Vermehrung heute auf mehr als 1000 geschätzt. Die letzte im Jahr 1961 durchgeführte Zählung ergab nur 615 Personen. Wie sich denken läßt, sind die Osterinsulaner unserer Tage nicht mehr jenen Menschen gleich, die Captain Roggeveen vor mehr als 250 Jahren gesehen hat. Schon seit ungefähr fünf Generationen haben die alten, seinerzeit noch ganz echten Insulaner enge Bekanntschaft mit hellhäutigen Walfängern gemacht, haben auch Schiffbrüchige und Deserteure bei sich aufgenommen. Einige Polynesier, Melanesier und Mikronesier von anderen Inseln des südlichen Pazifik kamen gleichfalls

* Wobei nie auszuschließen, sondern durchaus möglich ist, daß dem offiziellen Entdecker einer oder mehrere andere vorangegangen sind, von denen man keine Kenntnis hat. Mag sein, daß sie danach in Stürmen, an schroffer Küste oder durch Kannibalenfraß zugrunde gingen. Denkbar ist auch, daß sie nicht imstande waren, eine Karte zu zeichnen und darin die Lage der von ihnen gefundenen Inseln richtig zu bestimmen. Letzten Endes ist häufig vorgekommen, daß Berichte mancher Seefahrer bei Krieg und Brand, durch Staub oder Mäusefraß zerstört wurden. Im übrigen zögert jedesmal meine Feder, wenn ich das Wort »Entdeckung« schreibe. Haben doch die Insulaner ihre Küsten, Halbinseln und Inseln längst gekannt, auch sonst die Menschen der näheren und weiteren Umgebung. Also muß man in Gedanken stets hinzufügen: »Für die Weltkenntnis der Europäer entdeckt.«

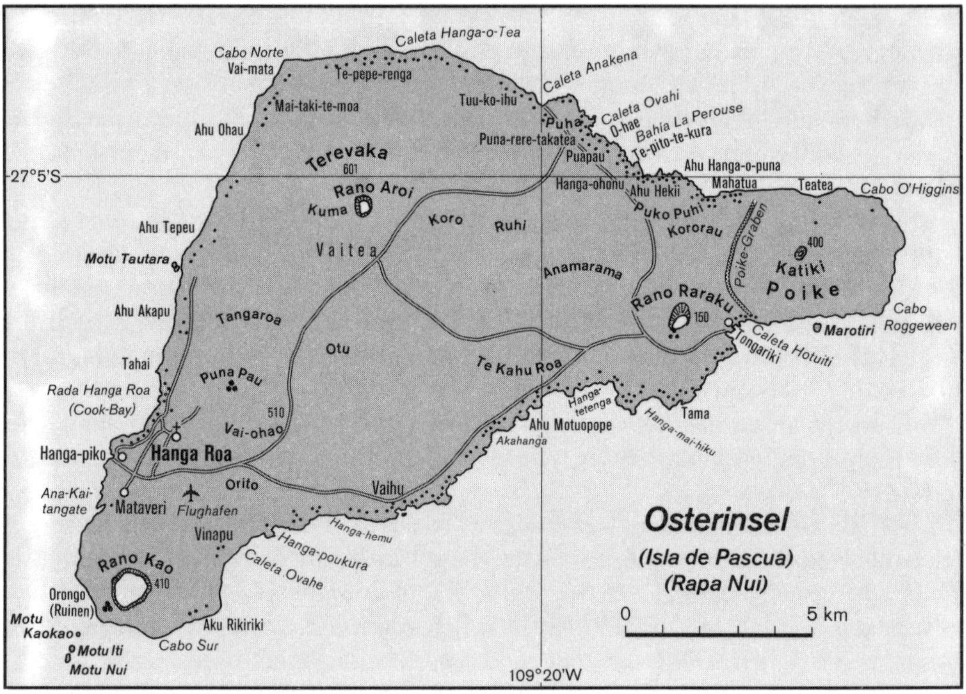

zu verlängertem Besuch. Auf spanischen Schiffen gelangten südamerikanische Indios, später noch Chinesen, Filipinos und in neuester Zeit auch Japaner auf die einsame Insel.*

Seit 1888 gehört die Osterinsel auch amtlich zu Chile, wurde aber schon zuvor häufig von Chile aus angesteuert. Dank medizinischer Fürsorge und sonstiger Hilfe seitens der Regierung konnte man die schlimmsten Folgen der von fremden Seefahrern eingeschleppten Krankheiten, darunter auch Lepra, mildern oder beseitigen. Vom erschreckenden Tiefstand des Jahres 1872, als nur noch 175 Osterinsulaner am Leben waren, haben sich die Eingeborenen wieder auf etwa ein Viertel der ursprünglich geschätzten Bevölkerungszahl vermehrt.

Als Jacob Roggeveen die Insel am Ostersonntag 1722 entdeckte, waren alle Hügel und Hänge von Wald bedeckt. Nur bei den damals noch zahlreichen Siedlungen gab es Felder, Gemüsebeete und Obstgärten. Heute sieht man auf Rapa Nui nur ein paar Dutzend graugrüne Waldinseln in der sonst gelbgrauen Landschaft aus Gras, niederem Gestrüpp und eingezäunten Weiden. Auch dieser nur bescheidene Waldbestand ist neueren Datums, ist die Folge planmäßiger Aufforstung. Zahlreich sind die Eukalyptus-Bäume, deren Vorfahren bekanntlich allein in Australien zu Hause waren. Was gegenwärtig die Osterinsulaner anbauen und exportieren, sind relativ geringe Mengen von Kaffee, Zuckerrohr und subtropische Früchte. Besonders be-

* Zählt man alle Menschen mit, die als Beamte und so weiter nur vorübergehend dort leben, und setzt voraus, daß der rapide Geburtenzuwachs anhält, werden es bald 2000 sein.

liebt und begehrt sind bei Kennern die Orangen der Osterinsel. Was sonst noch Gartenbau und Landwirtschaft produziert, dient exklusiv dem eigenen Bedarf.

Die Osterinsel, um es gleich zu sagen, ist für fremde Besucher teilweise auch für ihre ständigen Bewohner ein teures Pflaster. Muß doch alles, was der eigene Boden nicht hergibt und was nicht in Hanga Roa produziert wird, über eine Entfernung von 3500 Kilometer eingeflogen werden. Mit dem nur zweimal im Jahr eintreffenden Versorgungsschiff dauert es zu lange, und billiger werden die Sachen dabei auch nicht. So können die Preise in dem relativ großen Hanga-Roa-Hotel, wie auch in den bescheideneren Gasthöfen und Privatquartieren nicht anders als gesalzen sein, besonders was bessere Getränke betrifft.

Leichter zu ertragen sind die Kosten in Privatquartieren, wenn auch immer noch höher, als man es normalerweise gewohnt ist. Davon abgesehen gibt es ein paar Kaufläden, wo man sich selbst mit Lebensmitteln eindecken kann. Campingplätze sind vorhanden, weshalb ich denke, daß es sich lohnt, wenn längerer Aufenthalt geplant ist, die komplette Campingausrüstung einzufliegen. Was man vor allem mitbringen sollte, besonders wenn man mehrere Wochen bleiben will, sind Vorkenntnisse, also das theoretische Wissen um die Probleme, Erkenntnisse und große Bedeutung der Osterinsel.

Die Besucher können Fahrräder mieten, ebenso Mopeds und Kleinwagen. Auch Ponies und sogar richtige Reitpferde sind zu haben, was meines Erachtens die Ausflüge auf der Insel erst richtig reizvoll macht.

Nach Orongo zu fahren, ist nicht möglich, weil dazu die Wege fehlen. Aber die knappe halbe Stunde von der Stoppstelle an einer Straße, diese kurze Wanderung auf schmalem Fußweg, durch hohes Gras im hügeligen Gelände, das lohnt sich schon wegen des herrlichen Weitblicks. Zur linken Hand schaut man in den Rano-Kao-Krater mit verschilftem See. Nur ein schmaler, steiler Bergrücken trennt den Süßwassersee vom tiefblauen Salzmeer. Zur rechten Seite sieht man schräg voraus drei winzige, schroffe, graugelbe Inseln, an deren Küste sich die Brandung schäumend bricht. Moto Nui, Moto Iti und Motu Kaokao. Eigentlich sind es nur Klippen, ohne Spur von Vegetation, dunkel, felsig und arg zerrissen. Vogelinseln werden sie genannt. Kaum zu glauben, daß Menschenfüße imstande sind, einen solchen Ort zu betreten. Aber kühne Männer sind durchs aufgewühlte Wasser dorthin geschwommen. Dabei soll es von hungrigen Haifischen nur so wimmeln!

Dennoch oder gerade deshalb wurde es in alten Zeiten einmal im Jahr gemacht. Es war die freiwillige Mutprobe junger Männer. Einmal im Jahr versammelten sich hier in Orongo die Tapfersten der Tapferen, um vor aller Augen ihr Leben zu riskieren. Waren die Schwimmer drüben angelangt, eilten sie so schnell wie möglich zu den am Felsen klebenden Nestern, worin während jener Jahreszeit immer ein paar Eier lagen. Wer als erster eines davon zurückbrachte, unzerdrückt versteht sich, dem standen nicht nur die höchsten Ämter offen, er bekam eine garantiert echte Jungfrau zur Gemahlin.

Die dafür vorgesehenen Mädchen wurden in Orongo sorgfältig erzogen, und bevor man die Auserwählte dem Sieger übergab, wurde von strengen Priestern ihre Jungfernschaft handgreiflich geprüft. Wie das geschah, ist noch heute auf einer in den grauen Fels gemeißelten Darstellung zu sehen.

Auch sonst ist Orongo ein erstaunlicher Ort. Auf der schmalen, weit vorspringenden Halbinsel hoch über dem tosenden Meer liegt der geheiligte Platz und dahinter, tief drunten der Kratersee. Die eng zusammengebauten, stahlgrauen dichtbemoosten Steinhäuser sind kreisrund. Sie berühren sich und bilden zusammen ein vielbuckliges Gebilde. Durch eine niedere, kaum schulterbreite Öffnung konnte ich hineinkriechen und mich innen aufrichten. Es war trocken in dem bienenkorbartigen Raum, war geisterhaft still und meines Erachtens nicht ganz geheuer.

Man sagt, nur die Priester und hohen Häuptlinge hätten dort gewohnt, aber nicht während des ganzen Jahres, sondern nur während der »heiligen Zeit«. Sonst, nimmt man an, hausten in den Steinhütten von Orongo nur die bedauernswerten Jungfern mit ihren Wächterinnen.

»Die Anlage ist einmalig für die Südsee«, erklärt mir Bengt Danielsson, »aber rätselhaft ist sie nicht. Die ersten Weißen haben noch gesehen, daß dort oben stark rauchende Feuer brannten und sich viel Volk versammelte. Einige alte Insulaner können sich noch erinnern, was ihre Großväter von den Festen in Orongo erzählt haben . . . vielleicht ihrerseits auch nur vom Hörensagen. Aber so unendlich lange, wie die meisten Forscher vermutet haben, liegen die großen Tage von Orongo nicht zurück!«

Tatsächlich hat die sogenannte Heidenzeit auf der Osterinsel noch bis über die Mitte des vorigen Jahrhunderts gedauert. Erst in den Jahren nach 1863 konnte der französische Missionar Eugéne Eyroux die Insulaner für den christlichen Glauben gewinnen. Wie weit das nur äußerer Anstrich war, darüber gehen die Meinungen auseinander. Leben doch selbst bei uns im sogenannten Aberglauben viele heidnische Vorstellungen bis zum heutigen Tag fort. Als Thor Heyerdahl 1953/54 auf der Osterinsel forschte und suchte und in tiefe Höhlen eindrang, als er das Vertrauen wichtiger Leute gewonnen hatte, zeigte sich sehr deutlich, wie stark, ja teilweise wie beherrschend scheinbar längst verschüttete Überlieferungen noch waren.

Wann und von wem wurde die so ganz allein im Weltmeer liegende Insel besiedelt? Der Sage nach vom edlen Häuptling Hotomatua, einem Mann mit enormen geistigen Kräften, dem »mana«, der mit seinen Gefolgsleuten beiderlei Geschlechts in zwei großen Kanus aus dem Westen kam. Seine Nachkommen sollen noch vor etwa einem halben Jahrhundert imstande gewesen sein, aus dem Gedächtnis zweiundzwanzig von ihm abstammende Oberhäuptlinge zu zitieren. Eine Aufzählung, wie sie in der Südsee nicht selten ist. Soweit Nachprüfung aus anderen Quellen möglich war, hat bisher noch immer die historische Wahrheit solche mündlichen Überlieferungen bestätigt. Legt man der Berechnung die durchschnittliche Regierungszeit von Inselkönigen zugrunde, das heißt rund dreißig Jahre, so erfolgte die Landnahme Hotomatuas im 13. Jahrhundert unserer Zeitrechnung. Aus Sagen und

Legenden der Osterinsulaner ergibt sich mit großer Wahrscheinlichkeit, daß schon vorher Menschen auf Rapa Nui gelebt haben. Wenn es so war, müssen es sehr primitive Menschen gewesen sein, da sie keine Spur hinterließen, auch nicht in der Sprache. Soweit sich die Osterinsulaner später nicht mit anderen Rassen vermischt haben, waren sie typische Polynesier, auch was ihre Sprache, bestimmte Rituale und den Nahrungserwerb betrifft.

Die Eindrücke auf der seltsamen Insel steigern sich von Stufe zu Stufe. Jedenfalls richte ich es so ein und besuche erst eine mächtige, wenn auch nicht sehr hohe und lange Mauer, die aus sicher tonnenschweren, gewaltigen Lavablöcken zusammengefügt wurde. So eng und kunstvoll hat man die Blöcke vereint, daß ich die Spitze meines Kugelschreibers in keine der Spalten schieben kann. Reste von Verteidigungswerken müssen meines Erachtens diese Mauern sein. Kernstücke von Festungen wahrscheinlich, die sonst aus Erdwällen und tiefen Gräben bestanden haben. Aber gegen wen, so möchte wohl jeder fragen, gegen wen haben sich die Insulaner zur Wehr gesetzt? Angriffe oder Überfälle eines mächtigen, auch an Zahl bedeutenden Feindes, muß man befürchtet haben, um ein derart massives, zeitraubendes, enorme Anstrengung erforderndes Bollwerk zu errichten.

Für die meisten Erforscher der Osterinsel (allzu viele sind es nicht gewesen) war die Zweckbestimmung dieser Mauer eine äußerst wichtige Frage und ist es für manche bis heute geblieben. Man war von der falschen Überlegung ausgegangen, daß es sich um auswärtige Feinde gehandelt habe, um beutelustige Seefahrer oder heimatlose Landräuber. Neueste Forschungen nach dem Dia-Carbon-Verfahren, der Pollenanalyse und den Blutgruppenvergleichen kamen zu einem anderen Ergebnis, das deshalb so überzeugend ist, weil es auch viele der sonstigen Rätsel logisch löst. Heyerdahl hat daran mitgewirkt. Besondere Glücksfälle haben ihn dabei begünstigt, die er vor allem seiner gewinnenden Menschlichkeit verdankt. Ihm hat man Verstecke im ausgehöhlten Fels zugänglich gemacht, die zuvor keinem Fremden bekannt waren.*

Auch der fast vierzig Jahre lang bis 1969 auf Rapa Nui wirkende katholische Geistliche, der aus Bayern stammende Pater Sebastian Englert, kam aufgrund eigener, intensiver Forschung zum fast gleichen Ergebnis.

Nicht zwei verschiedene Rassen, die man üblicherweise »Langohren« und »Kurzohren« nennt, haben erbittert um die Herrschaft auf der Osterinsel gekämpft, sondern zwei Klassen ein und desselben Volkes.

Bei der fast vierstündigen Wanderung vom Hanga-Roa-Hotel zum Rano-Raraku-Vulkan, folgte ich dem Ratschlag meines Freundes Bengt. Das heißt, ich ging zu Fuß, blieb ohne Begleitung und wählte einen drittklassigen, nur selten begangenen Weg. Der führte nicht gleich zu Sehenswürdigkeiten weltweiter Berühmtheit, sondern steigerte mein Staunen allmählich. Erst am Ende der ziemlich weiten Wanderung, am westlichen Hang des Rano Raraku, erlebte ich große,

* Lesen Sie darüber in seinem Buch »Aku Aku«, Ullstein Verlag, Berlin.

auch den ganz großen und wirklich überwältigenden Anblick. Der ist zwar von sehr vielen Fotos bekannt, aber dennoch verschlägt es dem selbst davorstehenden Betrachter den Atem.

Woran jeder denkt, wenn die Osterinsel erwähnt wird, sind natürlich die Moais, sind die starren und strengen, sind die immer gleichgeformten Steinskulpturen mit den scharfgeschnittenen Gesichtern, den weit vorgewölbten Nasen und tief herabhängenden Ohrlappen. Bei den meisten Moais ragen nur Kopf und Hals aus dem Boden, jedoch bis zur Leibesmitte wurden seinerzeit die Moai-Männer gemeißelt. Der untere Teil aber, von den Schultern bis zu den über dem Bauch gefalteten Händen, ist nicht zu sehen. Der steckt im Boden, es sei denn, die Moais wurden auf die drei Meter hohen, festgemauerten Plattformen gestellt, auf die sogenannten Ahus. Damals trugen sie noch auf ihrem Kopf höchst merkwürdige Gebilde, Pukuao genannt. Nach Größe und Form erinnern sie an Zylinderhüte, sollen aber eine Art von Haarknoten darstellen. So war, sagt man, die männliche Frisur in der alten, der großen, hochzivilisierten Zeit der Osterinsel. Zu beweisen ist das allerdings nicht. Von weit her hatte man die bis sechs Tonnen schweren Pukuaos gebracht, nur ganz besonderer, rotfarbener Tuffstein wurde dafür verwendet. Der Moai selber besteht aus grau bis graubrauner Lava, die irgendwann einmal die Vulkane ausgestoßen haben.

Als Roggeveen, sodann Felipe Gonzalez, Captain Cook (er kann nicht fehlen!), La Perouse, Kotzebue und Beedet nach Rapa Nui kamen, standen noch die meisten Moais auf ihren Ahus, und einige trugen noch die rosaroten Zylinder. Wenige Jahrzehnte später waren die meisten Moais von ihren Ahus gestürzt. Nur vier oder fünf trugen ihre Pukuaos. Besucher, die noch später die Inseln betraten, nach der Mitte des vorigen Jahrhunderts, sahen auf den Ahus keine stehende Figur. Alle hatte man inzwischen umgeworfen. Nur die bis zu den Schultern eingegrabenen Moais hielten sich noch aufrecht. Aber auch sie hatten ihre Kopfzier verloren. Was sich heute von den Moais wieder auf den Ahus erhebt, verdankt die Wiederaufrichtung dem Interesse und der Mühe weißer Männer. Aber nur nahe der befahrenen Hauptstraße ist es geschehen. An meinem nur selten begangenen Pfad, liegen alle Moais mit Gesicht und Bauch auf dem Boden. Gleich beim ersten Ahu sind es ein halbes Dutzend nebeneinander. Da jeder fünf bis sechs Meter lang ist und bestimmt viele Tonnen schwer, müssen die Bilderstürmer viel Arbeit aufgewandt haben. Weil der Unterkörper noch droben auf der Plattform ruht, liegen Kopf, Hals, Brust und Leib bedeutend tiefer. Das Gesicht eines jeden Moai hat sich in den Boden gesenkt, und so können seine toten Augen nichts mehr sehen.

Vermutlich war genau das die Absicht der Zerstörer! Scheint doch hinreichend bewiesen, daß es Aufgabe der Moais gewesen ist, die vor ihnen, auch unter ihnen liegenden Wohnsitze zu schützen, sie zu stärken und zu beleben durch die magische Kraft ihres »mana«. Nach dem Glauben des alten Herrenvolkes der Hanau-eepe, hatten Götter und Naturgeister dieses »mana« in die Steinkörper der Moais fließen lassen zugunsten der »Langohren« allein. Es strömte durch lebenschaffende Erde in den Moai, und dieser strahlte das »mana« durch seine Augen zu den Menschen aus, und zwar in Richtung der Wohnsitze, wo sich bei Tage und natürlich bei Nacht die »Langohren« am häufigsten aufhielten. Wer im Blickfeld der steinernen Augen lebte, den segneten Geister und Naturgewalten mit Kraft, Glück, Sieg und Herrschaft über andere Menschen, die keinen, so mana-mächtigen Schutzgeist besaßen. Weshalb jeder Feind danach trachten mußte, die Moais dergestalt umzustürzen, daß aus ihren Augen kein Blick mehr möglich war. Wo das nicht gelang, weil die Skulpturen viel zu tief im Boden steckten, wurden die davor liegenden Wohnplätze zerstört und niemandem gestattet, dort zu leben. So strahlten fortan die Augen der Moais ins Leere.

Ich ging um die gestürzten Gestalten herum, versuchte darunter zu schauen. Stieg über ihren Rücken, konnte jedoch keine bildhauerische Arbeit erkennen. Die Moais sind nur frontal zu betrachten.

Zwischen den Tuffsteinblöcken, wo die Brandung brodelte, lagen zwei oder drei jener Gebilde, die eigentlich auf den Kopf der Moais gehörten. Weiter weg vom Ufer zwischen dem Steppengras lagen einzelne Skulpturen, wie hingestreut auf dem Boden.

Wenn ursprünglich die ganze Osterinsel mit Wald bedeckt war, ergab sich jedoch gegen Mitte des vorigen Jahrhunderts ein völlig anderes Bild. Denn völlig verschwunden war der Wald, vermutlich durch höchst unvernünftige Abholzung zugunsten von Brennholz. Ein norwegischer Schafzüchter namens Brandner, der es zunächst auf Tahiti mit Schafzucht versucht hatte, erkannte seine weit bessere Chance auf der Osterinsel. Bald besaß er dort einen frei herumziehenden Bestand von fast 20000 Schafen. Womit sich die wirtschaftlichen Verhältnisse, die Ernährung der Insulaner, letzten Endes auch die soziale Struktur auf Rapa Nui weitgehend veränderte. Heute sollen es, vor der jährlichen Schur und Schlachtung, bis zu 50000 Schafe sein, die sich von dem Steppengras der Osterinsel ernähren. Kilometerlange Zäune müssen dafür sorgen, daß die Schafe nicht auch Gärten, Gemüsebeete und sonstige Kulturen durch Überweidung vernichten. Nicht mehr Privatbesitz sind die Schafe, sondern sie gehören einer staatseigenen Gesellschaft der Chilenischen Republik. Wie dem auch sei, in unseren Tagen sieht man nicht mehr die gleiche Landschaft wie damals die Osterinsulaner während ihrer »großen Zeit«. Ihre Umgebung, ihre ganze Welt ist damals eine völlig andere gewesen.

Mein Pfad führt wieder vorbei an einer der mächtigen Mauern, deren gewaltigen Blöcke keinen Spalt offenlassen. Wer die Bauten der Inka bei Cuzco, Sacsahuman und Macchupicchu in Peru gesehen hat, wird glauben, daß auch hier peruanische Baumeister am Werke waren. Vorbei an zerfallenen Gehöften und neuen, vorgefertigten Bungalows. Ich begegne Touristen zu Pferde, die offenbar ans Reiten gewöhnt sind. Doch gibt es andere Fremde auf Ponys, die sich im Sattel nicht so sicher fühlen. Insulaner transportieren ihre Körbe mit Souvenirs in Tragtaschen auf dem Rücken geduldiger Esel. Es sind immer die gleichen Sachen, die man Touristen anbietet, meist Moais in Miniatur aus Lavastein angefertigt. Wenn auch die Technik des Steinschnitzens weiterlebt auf der Insel, die kreative Zeit scheint erloschen. Keine Eingebung neuen Datums kommt hinzu.

Scharenweise auftretende Touristen sehe ich nicht. Sie rollen im Bus, im Pkw und auf Mopeds über die relativ kurze Strecke asphaltierter Straße, gern bleiben sie in der Nähe von Hanga Roa, wo es ja auch einiges zu sehen gibt.

Es ist heiß und staubig, und der Weg ist weiter, als ich gedacht habe. Aber endlich, im Sonnenglanz am Westhang des Rano Raraku sehe ich sie, die bisher für so geheimnisvoll gehaltenen Steingesichter der Osterinsel. Mehr als hundert müssen es sein, verteilt über den baumlosen Abhang des knapp 500 Meter hohen Vulkans. Manche liegen, aber die meisten stehen. Viele halten sich weit vornübergeneigt, während andere so tief in den Boden gesunken sind, daß nur der Kopf oberhalb vom Kinn ins Freie ragt.

In so vielen Büchern und Berichten ist zu lesen, daß alle Moais aufs Meer schauen. Gerade das tun sie nicht! Ihre Blicke waren stets auf bestimmte Siedlungen gerichtet, von denen bis heute keine erhalten blieb. Geblieben aber ist die Blickrichtung der noch stehenden Steinbilder, nämlich landeinwärts.

Da stehen sie und starren vor sich hin. Immer gleich ist der Ausdruck ihres Gesichtes, eines markanten und fesselnden Gesichts. Weder hat es polynesische noch melanesische Merkmale, schon gar keine negroiden. Auch an etwaige indogermanische Einflüsse, wie seinerzeit behauptet wurde, erinnert nichts. Statt dessen ein Gesicht *sui generis*, ein Typ eigener Art, energisch, einprägsam, unvergeßlich. Die Nase stark und vorgeschoben, die dünnen Lippen fest zusammengepreßt. Durchdringend scheint der Blick, und von Energie geladen ist der Ausdruck insgesamt. Bis fast auf die Schultern hängen die durchlöcherten Ohrlappen herab.

Es ist, als würde jeder Moai wissen, wann ein ehrlich interessierter Mensch vor ihm steht. Aber den zu beachten besteht kein Grund. Die von innen heraus belebten Steinbilder haben anderes zu tun. Was es ist, kann keiner von uns verstehen, auch nicht im geringsten ahnen. Das »mana« muß wirken aus der eigenen Kraft. Dafür wurden die Moais geschaffen, und damit hat sie göttlicher Wille ausgestattet. Irgendeine Aufgabe haben sie weiterhin, auf irgendwelche Art wirken ihre magischen Kräfte noch immer. Nie wird ein moderner Mensch ergründen, wie das und für wen es geschieht.

Da steht schon seit Jahrhunderten eine Versammlung, wie es auf Erden keine zweite gibt. Geht man hindurch, steigt man höher hinauf, wendet sich nach rechts oder links oder tiefer hinab, immer wieder sind dort andere Moais, mit dem gleichen starken Ausdruck des Gesichts. Die größten ragen bis sechs Meter aus dem Boden, andere nur zwei oder drei Meter. Da gibt es welche, wo sich der eine dem anderen zuneigt. Aber kein Kopf ist vorhanden, der einem anderen in die Augen blickt.

Ich werde nicht müde, sie zu umkreisen, von allen Seiten möchte ich die Moais betrachten. Vom tiefsten drunten stapfe ich wieder zum höchsten hinauf. Sie faszinieren mich, zeigen mir einerseits die kalte Schulter, wollen mich andererseits nicht aus ihrem Bannkreis entlassen. Je länger und intensiver ich in eines der Gesichter schaue, desto mehr bilde ich mir ein, darin Leuchtpunkte zu sehen, noch deutlicher gesagt, Strahlenkraft zu spüren.

Ich weiß nicht, was andere Menschen am Westhang des Rano Raraku empfinden. Es kann schlichtes Erstaunen sein, vielleicht sind andere enttäuscht oder fühlen sich vom Hochmut der Moais abgestoßen. Sicher gibt es auch Betrachter, die wegen ihrer eigenen Leere nichts empfinden. Was ich deutlich zu spüren glaube, ist das vom Lavakopf ausgestrahlte Kraftfeld. Viele werden sagen, es sei absolut nichts dahinter und wer behauptet, da wäre so etwas wie Magie und »mana«, der spinne!

Na schön, meinetwegen, dann gehöre ich zu den Spinnern!

Auf einem schmalen, staubigen Pfad, der sich in Serpentinen nach oben windet, erlebe ich eine durchaus nicht erwartete Überraschung. Da sitzt eine voll ausgearbeitete Steinfigur, verschieden in jeder Weise von allen Moais auf der Osterinsel. Der norwegische Forscher Thor Heyerdahl, weltberühmt durch seine ozeanüberquerenden Floßfahrten, hat 1954 einen nur knapp herausragenden Teil der ungewöhnlichen Plastik entdeckt und sie mit seinen Gehilfen ausgegraben. Aber eine Erklärung, wer die sonderbare Plastik für welchen Zweck geschaffen hat und weshalb nur diese eine grundverschieden von allen übrigen ist, auch darüber konnten sich bisher die Experten nicht einigen. Die auf ihren Fersen hockende Gestalt hat ein ziemlich breites Gesicht und kompakten Körperbau. Den Augen fehlt der geheimnisvolle Blick, sie schauen ins Leere. Nichts, gar nichts an der Figur läßt erkennen, aus welchem Kulturkreis, aus welchem Zeitalter sie stammt.

In nördlicher Richtung gehe ich weiter bergauf und habe schon bald den Rand des Kraters erreicht. Der Blick hinab zeigt mir eine völlig andere Landschaft. Anstelle von Staub, Sand und Strohgras erweist sich die Innenseite des Rano Raraku um so grüner und feuchter, desto tiefer man schaut. In der Mitte füllt ein kreisrunder, dunkelglänzender See den Grund des Kraters. Etwa zwei Drittel seiner Fläche ist dicht bewachsen mit übermannshohem Schilf.

Das Schilf im Kratersee, so liest man bei Heyerdahl* und so sagt mir auch Bengt Danielsson, diese bis über zwei Meter hohen Schilfgewächse waren in der alten, der goldenen Zeit der Insel Rapa Nui das Material für den Bau von Binsenbooten. So federleicht, so haltbar und dennoch elastisch waren die Schilfstengel im getrockneten Zustand, daß selbst die kleinen Zwei-Mann-Boote glatt durch die Brandung glitten und draußen dem stärksten Seegang widerstanden. Damals, 1954/55, während seiner ausgedehnten Expedition und Forschungsarbeiten auf der Osterinsel, fand Heyerdahl noch einige alte Insulaner, die zu seiner Freude fähig waren, zwei kleine Schilfboote nach altüberlieferter Methode herzustellen. Sie haben sich bei Versuchsfahrten aufs beste bewährt, ja die kühnsten Erwartungen übertroffen.

Weil Professor Heyerdahl alten Höhlenzeichnungen, auch den Darstellungen auf Steinschnitzereien zu entnehmen glaubte, daß man in vorgeschichtlicher Zeit

* »Aku Aku«, Ullstein Verlag, Berlin.

verstanden hat, auch sehr große Schilfboote zu bauen, mit einer geschätzten Tragfähigkeit bis zu hundert Personen, nahm er an, daß seinerzeit die Vorfahren der Osterinsulaner auf solchen Booten nach Rapa Nui gekommen sind. Wie auch sonst die Suche nach Siedlungsland auf polynesischen Inseln vor sich ging, brachten die Einwanderer alles mit, was fürs Leben in der neuen Heimat unentbehrlich war. Es gehörte dazu ihre Tradition und Zivilisation, also auch ihr handwerkliches Können.

Vermutlich brachten sie auch den Samen oder die Setzlinge des für den Bootsbau notwendigen Süßwasserschilfes mit. Es wurde in allen drei Kraterseen angepflanzt, sorgsam gepflegt und zu gegebener Zeit nach Plan geschnitten.

Wie dem auch sei, es ist eine hochinteressante Theorie. Sie könnte auch Heyerdahls Annahme bestätigen, daß die Vorfahren der Osterinsulaner – und nicht nur diese – aus Südamerika gekommen sind. Dort nämlich gibt es die gleiche Schilfart, und noch heute benutzen die indianischen Fischer auf dem 3800 Meter hoch gelegenen Titicacasee Schilfboote derselben Art. Während des vergangenen Jahres habe auch ich die dortigen Fahrzeuge beim praktischen Gebrauch gesehen. Nach wie vor werden die eigenartigen Schiffe von den dortigen Indios zum Fischfang verwendet.*

Weil die Innenseite des Kraters um vieles feuchter ist als die Hänge draußen, gedeiht auch kniehohes, tiefgrünes Gras, eine Weide für die zahlreich dort herumziehenden Pferde. Dazu haben sie noch Süßwasser im See. Weil kein Mensch zu sehen ist, weil die Pferde kein Halfter tragen und scheu vor uns Fremden zurückweichen, nehme ich an, daß sie herrenlos sind und im erloschenen Krater lebenslängliche Freiheit genießen.

In alten Zeiten, das sieht man allenthalben heute noch, lebten und schafften im gleichen fast kreisrunden Raum sehr viele fleißige Menschen. Lag doch in dem erloschenen Krater, so darf man es wohl nennen, das Zentrum der Zivilisation.

Im Krater des Raraku wurden aus dem längst erkalteten Lavagestein die Moais gemeißelt, hier wurde danach auch die Feinarbeit geleistet. Von hier aus bewegte man die fertiggestellten Kolosse zu den Stellen ihrer Bestimmung. Sicher gab es im Rund des Kraters auch zahlreiche Wohnplätze, schon wegen des fruchtbaren Bodens. Heute wohnt dort niemand, keine Hand rührt sich mehr. Wo einst die Luft erfüllt war vom Geknatter zuschlagender Steinbeile, wo Rufe hallten, Befehle erteilt wurden und Gelächter erklang, wo der Rauch von vielen hundert knisternden Holzfeuern aufstieg, herrscht heutigentags Totenstille.

Der bayrische Pater Sebastian Englert, der ebenso als Seelsorger wie unermüdlicher Forscher den größten Teil seines Lebens auf der Osterinsel verbracht, auch Thor Heyerdahl wertvolle Hilfe geleistet hat, dieser graubärtige Kapuzinermönch hat sich seinerzeit die Mühe gemacht, möglichst alle Moais der Insel zu zählen und mit Ölfarbe zu numerieren. Bis zum Ende seines Lebens konnte der umherwan-

* Ganz ähnliche Boote habe ich vor zirka 20 Jahren auf dem innerafrikanischen Tschadsee nicht nur gesehen, sondern bin darin über das fischreiche Wasser gefahren.

dernde Priester mit Pinsel und Farbtopf annähernd 500 Skulpturen feststellen, kennzeichnen, vermessen und in seinem Katalog aufnehmen. Viele hat erst Pater Englert entdeckt, weil davon nur ein geringer Teil aus dem Boden ragte. Der verdienstvolle Bayer erkannte an der Art des gelbbraunen, mit schwarzer Körnung durchsetzten Gesteins, daß es aus dem Raraku-Krater stammte. Dort aber war der einzige Steinbruch der alten Insulaner gewesen, einzig und allein in jenem Krater hatten die Bildhauer an den Moais gearbeitet. Im Atelier unter freiem Himmel!

Wer sich darin umsieht, wird von allen Seiten angestarrt. Aus den noch unfertigen Augen von Moais, die von drunten bis droben die Innenseite des Kraters bevölkern. Sie harren aus am Ort ihrer Entstehung, seit anderthalb Jahrhunderten oder länger noch warten sie auf ihren Abtransport zum Wohnplatz, den ihr »mana« schützen und stärken sollte. Aber niemand kommt mehr, um sie zu holen!

Nur die Schar der Wartenden wurde fertiggestellt. Mit Ausnahme der Augen versteht sich, weil das erst geschah, wenn die Moais am Ort ihrer Bestimmung standen. Aber viele gibt es, die nur halbfertig sind oder wo die Arbeit erst begonnen hatte.

Nach Thor Heyerdahls Zählung haben seinerzeit die Bildhauer und Steinmetze nicht weniger als 150 angefangene oder fast fertige Steinbilder liegenlassen, mitten in der Arbeit. Alle Künstler, alle ihre Mitarbeiter sowie deren Gehilfen liefen davon. So wie es aussieht, kam keiner von ihnen zurück.

Bei manchen der damals entstandenen Gestalten sind nur die ersten in den Fels gemeißelten Umrisse zu erkennen. Bei anderen wurde der halbe Körper ausgehauen, und wieder andere sind nur noch durch einen »Kiel« auf ihren Rücken mit dem gewachsenen Fels verbunden. Manche, die schon losgelöst waren, liegen am Hang. Dort ruhen sie auf dem Gesicht oder schauen mit ihren noch blinden Augen gen Himmel. Das Abschreiten der liegenden Moais ergibt eine Körperlänge zwischen vier bis sieben Meter. Heyerdahl hat andere mit der Länge von zehn Metern gefunden. Sogar eine noch mit dem Lavafels verbundene unfertige Skulptur von 22 Meter Länge. Das entspricht der Höhe eines siebenstöckigen Hauses, während das Gewicht dieses Kolosses, den ich selber nicht gesehen habe, etwa 50 Tonnen betragen dürfte. Dazu käme noch der rosarote Tuffsteinhut, das Pukuao, mit dem Volumen von zirka sechs Kubikmeter, schätzungsweise zehn Tonnen schwer!

Die alten Osterinsulaner kannten kein Metall. Erst recht hatten sie keine Werkzeuge fürs Steinbohren oder sonst technische Hilfsmittel, die auch nur entfernt den unseren vergleichbar waren.

Dennoch haben sie mehr als 500 bisher bekannte Statuen aus Stein hergestellt, manche davon zehn Meter hoch und höher, deren Gewicht überaus gewaltig ist. Als sicher wird angenommen, daß noch viele Moais unentdeckt im Boden liegen, die man – wenn überhaupt – nur durch Zufall finden wird. Wie gesagt, alle die bekannten wie noch unbekannten Moais stammen aus dem Krater des Raraku. Bis zu 17 Kilometer weit hat man sie von dort zu jenen Stellen befördert, wo sie ihre Funktion als Schutzgötter ausüben sollten . . . bis in alle Ewigkeit. Damit nicht unterwegs ihr »mana« verschwendet wurde, vielleicht gar Unwürdigen zugute kam, deshalb hat man ihnen erst an Ort und Stelle die »Augen geöffnet«.

Wenn es galt – aus welchen Gründen auch immer – die vieltonnenschweren Schutzgeister auf eine Terrasse, auf ein Ahu zu stellen, war wieder schweißtreibende Schwerarbeit zu leisten. Zuerst kam der Aufbau des grundsoliden Ahu, sodann die Aufstellung des Moai auf der bis drei Meter hohen Plattform. Damit nicht genug, mußten noch die rosaroten Zylinder herangeschafft werden. Die Entfernung betrug auch in diesem Fall vom Ort der Herstellung bis zum Bestimmungsort bis zu zwölf Kilometer. Beim Ahu eingetroffen, mußte man dem Moai das riesige Pukuao aufs hohe Haupt setzen.

Wie all das mit primitiven Mitteln möglich gewesen war, galt bisher als eines der größten Rätsel von Rapa Nui. Kein noch so erfahrener Bildhauer konnte das Gelingen von derart mühevoller Arbeit erklären. Kein Stabsoffizier der Pioniertruppen war imstande, die Methode der Lastenbeförderung in der alten Zeit der Osterinsel zu erraten. Kein Fachmann vom Transportgewerbe hätte ohne Seilwinden, Hochleistungskräne und motormächtige Tieflader solch einen Auftrag übernommen.

Was den befragten Experten fehlte, war einzig und allein der kühne Entschluß zum Versuch!

Auch Sie, verehrter Leser, werden vorerst nicht glauben, wie relativ einfach die Lösung gewesen ist, und zwar in drei anscheinend unlösbaren Fällen. Thor Heyerdahl hat mehrfach die praktikable Möglichkeit seiner Theorien durch die Tat bewiesen und sein Leben dafür gewagt. Zu weltweitem Ruhm gelangte er dank erfolgreicher Überquerung des südlichen Pazifiks auf dem Balsa-Floß »Kontiki«. Damit bewies er auch den schärfsten Gegnern seiner Lehrmeinung, daß eine Besiedlung der polynesischen Inseln mit einem Fahrzeug vorgeschichtlicher Art von Südamerika aus *möglich gewesen ist.* (Nie hat Heyerdahl behauptet, daß es wirklich so war. Er wollte nur beweisen, daß es möglich gewesen wäre.) Nicht weniger kühn und überzeugend war später seine Fahrt in einem aus Papyrus gebauten Floß namens Ra, alsdann im Jahr 1977 seine gewagte Reise von der Euphrat-Tigris-Mündung durch den Persischen Golf bis zur Straße von Bab-el-Mandeb, also bis zur Einfahrt ins Rote Meer.

Bei den gerade ihrer Einfachheit wegen so genialen Versuchen auf der Osterinsel stand nicht des Forschers Leben auf dem Spiel, doch immerhin ging es um die Lösung von drei Rätseln, worum sich die Fachwelt länger als hundert Jahre vergeblich bemüht hatte. Hielten doch die Osterinsulaner selbst ihre Moais für Wunderwerke der Heidengötter. Das erste Rätsel war, wie man die Moais geschaffen hatte. Zweitens, wie man die Steinriesen an den Ort der Bestimmung gebracht, und drittens, auf welche Weise man sie aufgestellt hatte.

Jeder Besucher kann beim Betrachten der begonnenen, halbfertigen wie auch fast fertigen Steingestalten im Krater des Rano Raraku sehen, welche Werkzeuge man verwendet hat. Es sind schlichte Faustkeile aus hartem Stein verschiedener

Art. Jedenfalls ist das Steinbeil-Material bedeutend härter als vergleichsweise die versteinte Lava, woraus die Moais bestehen. Droben in den Steinbrüchen liegen Faustkeile in solchen Mengen herum, daß sich jeder Fremde zwei oder auch drei davon in die Tasche stecken kann, ohne daß es auffällt. Es ist meines Wissens nicht einmal verboten. Auch der Abfall von den Arbeiten, die Masse winziger Lavasteinsplitter, türmt sich zu Haufen.

Was Thor Heyerdahl zur Lösung der jahrhundertealten Rätsel getan hat, ohne großen Aufwand mit nur geringen Kosten, wäre jedem möglich gewesen, auch Ihnen und mir. Er holte sich aus Hanga Roa sechs freiwillige Helfer, die dank seiner Kunst der Menschenbehandlung gerne bereit waren, bei der kurzfristigen Belebung alter Steinhauerei mitzumachen. Von einigen betagten Gewährsleuten, die sich aufgrund von Erzählungen ihrer Vorfahren noch an Methoden erinnern konnten, die drei bis vier Generationen zurücklagen, machten sich die sechs Männer an ihre Arbeit. Sie taten es mit bewundernswerter Ausdauer, auch mit denkbar bestem Einfühlungsvermögen. Wobei es zunächst darum ging, die Umrisse eines Moai in den gewachsenen Fels zu meißeln. Alles geschah mit Faustkeilen wie auch mit Wasser, das man von Zeit zu Zeit auf die Steinfläche spritzte. Weil die Skulptur eine ungefähre Länge von sechs Metern erreichen sollte, erlaubte der vorhandene Platz, daß sechs Steinhauer nebeneinander schafften. Wirklich schafften sie acht Stunden ohne Unterbrechung.

Was sie am ersten Tag erreichten, mußte Heyerdahl enttäuschen. Die Umrisse des Riesen waren kaum einen halben Fingernagel tief ins Gestein geschlagen. Dennoch wurde der Versuch fortgesetzt, wenn auch nur mit einer Schicht, also weiter mit denselben sechs Mann, acht Stunden am Tag. Wogegen anzunehmen ist, daß seinerzeit die autoritären Beherrscher der Osterinsel ihre Arbeitsknechte gezwungen hatten, in drei Schichten zu schaffen. Natürlich leisteten, wenn es so gewesen war, 18 Steinmetze in 24 Stunden dreimal mehr.

Als auch der dritte Acht-Stunden-Tag vergangen war, hatte man die Konturen immerhin bis zur Breite eines Daumens vertieft. Nach einer Woche so weit, daß man den kleinen Finger hineinstecken konnte, nach vierzehn Tagen sogar die Hand. Weil ja nur ein Versuch zu machen war, nicht aber die ehrgeizige Absicht bestand, einen kompletten Moai anzufertigen, genügte das bisher Erreichte für die ungefähre Berechnung der Arbeitszeit für die fertige Skulptur.

Was dabei herauskam, war so überraschend, daß es zunächst auch die Forscher, ja selbst die eingeborenen Helfer nicht glauben wollten. Mit nur einer Arbeitsschicht pro Tag wäre der Moai binnen neun Monaten, sagten die einen, binnen 12 Monaten, sagten die anderen, fertig geworden! Selbst die Schätzung eines ausgesprochenen Pessimisten, der glaubte, volle 15 Monate seien notwendig, änderte nichts an der Tatsache, daß eines von den drei Geheimnissen gelöst war. Zur Herstellung eines mächtigen Steinriesen brauchte man nicht die Hilfe von Gespenstern, auch nicht von Geistern und heidnischen Göttern, dafür braucht man nicht mehr als die etwa einjährige Arbeit von sechs fleißigen Männern.

Wie man zu wissen glaubt, haben die alten Osterinsulaner spätestens im 13. Jahrhundert mit der Aufstellung der Moais begonnen. Weil schon Pater Englert mehr als 500 fertige Steinriesen numeriert hat, dazu noch die Existenz von vielleicht 400 vermutet wird, gibt das für die Bauzeit aller Moais bis zum plötzlichen Ende der Produktion um das Jahr 1840 den langen Zeitraum von mehr oder weniger einem halben Jahrtausend. Demnach wurden, wenn man es sich recht überlegt und den groben Durchschnitt zugrunde legt, in jeweils 18 Monaten nur ein Moai angefertigt!

Für ein Volk von ungefähr 5000 Menschen war das weder ein technisches Wunder, noch hat es übermäßige Anstrengung erfordert. Das konnten die Beteiligten in aller Ruhe zu Ende bringen, mehr als 12 Mann in zwei Schichten wurden nicht benötigt!

Als das Forscherteam nahe beim Lager der Expedition einen bisher nicht bekannten Moai freigelegt hatte, einen mit noch toten Augen, entschloß sich Heyerdahl zur Lösung des zweiten Rätsels, nämlich des Transportes solcher Giganten.

Das Steinbild war, dem Anschein nach, kaum zehn Tonnen schwer und nur knapp fünf Meter lang – zählte also eher zu den kleinen Moais. Aber das machte nichts, konnte man doch durch relativ einfache Rechnung den Arbeits- und Zeitaufwand für den Transport eines Moai von doppelter, auch von dreifacher Länge und Gewicht feststellen.

Zuvor erklärten fast alle befragten Insulaner, in der großen alten Zeit hätten sich die Steinriesen aus eigener, ihnen von den Göttern verliehener Kraft ans Ziel bewegt. Aber zwei oder drei alte, von den Langohren abstammende Männer gab es noch, die mehr wußten. Sie rieten zu Stricken aus der Rinde von Hau-Bäumen sowie zu Unterlagen aus Miro-Stämmen, und zwar zu einer Art Schlitten, der geformt war wie ein Y.

Wie nun alles im Sinn ihrer Ratschläge vorbereitet war, gab Heyerdahl ein großes Fest. Mehrere Ochsen wurden in Erdöfen zubereitet, auch an sonstigen Genüssen fehlte es nicht. Durch eingeborene Freunde und Mitarbeiter ließ Heyerdahl ungefähr 200 Mann einladen. Als die Stimmung gestiegen war und heitere Laune herrschte, bat der Gastgeber, es möchten doch bitte die starken Männer an den Stricken ziehen, die schon vorher seine Gehilfen um das zehn Tonnen Trumm gelegt hatten. Sport und Spiel schien es zu sein, also eilten mit frohem Gelächter 180 muskulöse Männer herbei. Nachdem erst mal die Zugseile gerissen waren und man sie daraufhin verdoppelt hatte, begann unter viel Geschrei die Bewegung des Kolosses. Zunächst rutschte er nur ein paar Zentimeter weiter. Die Männer schnauften und zerrten, worauf der Steinriese zügiger vorwärts kam. Einmal in Schwung, glitt er noch rascher dahin und bald so schnell wie ein Schlitten auf Schnee. Als schließlich die Leute losließen, hatten sie den Koloß binnen ungefähr 30 Minuten einen halben Kilometer weit befördert. Woraus sich ergibt, daß man für den schwersten aller bisher bekannten Moai, das heißt für zirka 50 Tonnen, über dieselbe Entfernung tausend Mann gebraucht hätte. Ohne Überanstrengung wäre es ihnen möglich, den Supergiganten in nur wenigen Tagen, vielleicht sogar an ein und demselben Tage, bis ans Ende der Osterinsel zu ziehen. Als Rapa Nui noch dicht bevölkert war, standen für solche und ähnliche Transportzwecke mehr starke Männer zur Verfügung, als gebraucht wurden. Und nur ein bis höchstens zweimal im Jahr wurden sie gebraucht.

So blieb noch das dritte Rätsel zu lösen, das Aufstellen eines Riesen. Für seinen Versuch wählte Thor Heyerdahl den größten Moai von Anakena. Wie alle übrigen Steinriesen auf einem Ahu hatten die Kurzohren auch diesen von seiner Terrasse gestürzt. Die Schulterbreite des Moai betrug drei Meter, und sein Gewicht schätzte Heyerdahl auf mehr oder minder dreißig Tonnen. Weil der Koloß über die Plattform gefallen war, lagen Kopf und Körper tiefer als seine Standfläche. Also mußte die Wiederaufrichtung des 30-Tonnen-Steins äußerst schwierig werden. Auch in diesem Fall verließ sich der Forscher auf das über drei, vier oder gar fünf Generationen zurückreichende Erinnerungsvermögen der früher schon bewährten alten Männer. Besonders Don Pedro wußte noch viel von den damaligen Methoden. Er war der amtierende, in direkter Linie vom letzten der echten Langohren abstammende Bürgermeister der Osterinsel. Der einzigartige Pedro kam nicht nur mit guten Ratschlägen, sondern auch mit zwölf Gehilfen.

»Da wird nichts draus«, sagten selbst die Optimisten unter Heyerdahls Mitarbeitern, »zwölf Mann sollen dreißig Tonnen heben . . . das können sie nicht, unter keinen Umständen!«

Sie konnten es doch!

Mit nur drei starken Balken und einem Haufen von Steinen unterschiedlicher Größe erfüllten die zwölf Mann ihre anscheinend unmögliche Aufgabe. Allerdings brauchten sie dafür 18 Tage.

Auch hier war die Methode ebenso einfach wie genial. Während zehn Leute zentimeterweise starke Stangen unter den Rücken des Moai schoben und ein Eckchen davon um einen halben Fingerbreit anhoben, stießen die beiden anderen Männer nußgroße Kieselsteine in den frei gewordenen Spalt zwischen Boden und Moai. Viele hundertmal am Tag wurde das Manöver wiederholt. Dennoch hatte sich bis zum Abend das Ungetüm nicht mehr als einen Zentimeter gehoben. Am folgenden Tag waren es anderthalb Zentimeter, danach schon drei und dann fünf Zentimeter. Indessen war jedesmal der Zwischenraum ein wenig weiter geworden. So konnte man von einem zum anderen Mal etwas größere Steine unterschieben. Bald waren es faustgroße Klumpen, dann paßten kopfgroße Felsbrocken in die Lücke, und so ging es weiter und weiter.

Zur Abkürzung des Berichtes soll genügen, daß sich der Riese in 18 Tagen, als er schräg nach oben auf dem mächtig angewachsenen Steinhaufen lag, mit einem Male – als sei er plötzlich aus tiefem Schlaf zum Leben erwacht – ganz von selbst erhob. Während Helfer und Zuschauer schreiend davonliefen, hob der Moai den Kopf so hoch, wie es seiner Größe entsprach. Er schwankte noch einige Sekunden vor und zurück, beruhigte sich dann und verharrte auf der gleichen Stelle, von der ihn die boshaften Kurzohren in der ersten Hälfte des vorigen Jahrhunderts gestürzt hatten.*

So war auch das dritte Rätsel gelöst, mit dem überraschenden Ergebnis, daß zwölf Mann nur achtzehn Tage brauchten, einen Koloß dieser Größe und solchen Gewichts aufzustellen.

Wie schon erwähnt, liegt die Geschichte der Osterinsel im dunkeln. Theorien und Meinungen über die Herkunft der Osterinsulaner gibt es viele. Aber nur drei davon sind ernsthaft diskutabel. Zufolge der ersten sind die Bewohner von Rapa Nui – vor ihrer Entdeckung durch Roggeveen – reine Polynesier gewesen. Vermutlich waren sie wegen drohender Überbevölkerung der Marquesas von dort auf die noch menschenleere Osterinsel ausgewandert. Nach der zweiten, besonders von Thor Heyerdahl vertretenen Überzeugung waren indianische Einwanderer aus Südamerika lange vor den Polynesiern nach Rapa Nui gekommen. Von ihnen sollen die inkaähnlichen Mauern stammen, ebenso alle Steinbauten auf der Insel, die Terrassen und die Moais, überhaupt die weit fortgeschrittene Zivilisation auf der Osterinsel. Dank ihrer höheren Entwicklung konnten die peruanischen Indios den polynesischen Teil der Bevölkerung beherrschen und sich dienstbar machen. Falls diese Annahme zutrifft, sind damit die scharfen Klassengegensätze erklärt, die zwischen den »Hanau-momoko«, auch Kurzohren genannt, und den Langohren, auch »Hanau-eepe« genannt, bestanden haben. Die künstlich herabgezogenen Ohren der Hanau-eepe waren – so würden wir sagen – eine Modesache. Männer wie Frauen und Mädchen hängten sich Muscheln und anderen Schmuck in die Ohrläppchen. Deren beachtliches Gewicht hatte zur Folge, daß im Laufe der Zeit die Ohrlappen jener Leute bis auf die Schultern hinunterhingen. So ist es bei allen Moais zu sehen, die offenbar dem Erscheinungsbild der herrschenden Klassen entsprachen.

Eine dritte, erst neuerdings entstandene Theorie, aufgestellt von dem australischen Historiker Robert Langdon in seinem wissenschaftlich ausgerichteten Buch »The Last Caravel«, spricht von der vollzählig geretteten Besatzung eines im Jahre 1526 bei der Osterinsel gestrandeten Schiffes aus dem französisch-spanischen Baskenland. Demnach sollen auch Basken zu den Stammvätern der Insulaner gehören, besonders zu den Vorfahren der Oberschicht, also der Hanau-eepe. Wenn Robert Langdons Behauptung stimmt, könnte sie die wiederholten Berichte früherer Besucher von Rapa Nui erklären. Jene Berichte nämlich, die noch in der ersten Hälfte des vorigen Jahrhunderts ihr Erstaunen darüber zum Ausdruck brachten,

* Auch andere naturnahe Völker sind, besser gesagt waren, mit teilweise primitivsten Mitteln zu Leistungen fähig, die den modernen Menschen als wunderbar oder höchst rätselhaft erscheinen, und dies besonders beim Bewegen schwerster Gewichte. Gerade in diesen Tagen stieß ich in dem 1960 erschienenen Buch »Fifty Years below Zero« (Dodd-Mead und Company, New York) von Charles Brower auf jene Stelle, wo er eine Walfischjagd nach alter Eskimomethode im Jahre 1884 beschreibt. Die Eskimo hatten den toten, ungefähr 20 Tonnen schweren Wal bis an eine mindestens meterhohe Eiskante geschleppt und wollten ihn nun auf das Eis hinaufschaffen. Das gelang den 20 Polarmenschen, die Hälfte davon Frauen, binnen weniger Stunden. Auch in diesem Fall geschah alles ohne moderne Werkzeuge, allein mit Hilfe der Hebelkraft und Gebrauch einer an Ort und Stelle aus Walknochen und Walroßhaut hergestellten Winde. Auch das dürfte eine Methode sein, die heute vergessen ist.

daß angeblich die Osterinsulaner ausgesehen haben wie Europäer. Die meisten von ihnen sollen hellhäutig und rothaarig gewesen sein.*

Welche der drei Theorien den Tatsachen am nächsten kommt, darüber sollen sich die Gelehrten streiten, wir tun es nicht.

Woran nach bisherigen Erkenntnissen kaum zu zweifeln ist, was auch den Überlieferungen der Insulaner entspricht, ist die Herrschaft der einen Klasse oder Rasse über die andere. Die Mehrheit der Kurzohren wurde von den Langohren unterdrückt, von einer Minderheit wurden sie ausgebeutet.

Weil die Hanau-momoko ganz gewiß in der Überzahl waren, fürchteten fast immer die Hanau-eepe den Aufstand der Unterdrückten. Deshalb sorgten sie für eine »Fluchtburg«, und zwar im äußersten Osten der Insel. Dort gibt es einen erloschenen Vulkan, Katiki mit Namen, und auch dessen Krater ist am Grund von einem See bedeckt. Diese Ostregion von Rapa Nui liegt auf einer spitz zulaufenden Halbinsel, die nach allen Seiten hin steil, mitunter senkrecht ins Meer abfällt. So blieb für den Ernstfall der Verteidigung gegen die Kurzohren nur die etwa drei Kilometer breite Westflanke offen, dort wo die Halbinsel an der übrigen Insel hängt.

Weil schon ein natürlicher, von vulkanischer Eruption geschaffener Graben dort vorhanden war, der sogenannte Poike-Graben, gingen die Langohren daran, diese natürliche Verteidigungslinie auszubauen. Ihre Zwangsarbeiter, die Hanau-momoko, mußten den Graben bis auf vier Meter vertiefen und auf zehn Meter verbreitern. Alsdann wurde der Poike-Graben bis zum Rande mit brennbarem Material gefüllt. Falls eine Revolte der Kurzohren ausbrach und dabei die Rebellen so unklug sein sollten, die Fluchtburg ihrer langohrigen Herren frontal anzugreifen, gedachten die Hanau-eepe den Poike-Graben in einen Feuerstrom zu verwandeln. Also mußten die Angreifer in den Flammen verbrennen oder wurden vom Rauch erstickt.

Aber nichts dergleichen geschah. Sehr wahrscheinlich sind, nach Einrichtung der Fluchtburg, nach dem Bau des Poike-Grabens noch Jahrhunderte in relativem Frieden vergangen. Weiterhin lebten die Langohren in ihren über die ganze Insel verstreuten Siedlungen, angestrahlt vom magischen Blick der Maois, gestärkt in Geist und Körper vom »mana« ihrer Beschützer. Nichts Ähnliches durften die Kurzohren genießen, ihr Los war Arbeit für die Hanau-eepe.

Jedoch es kam die Zeit, da den Hanau-momoko die Schinderei zuviel wurde. Hin und wieder gab es Revolten, schon dabei wurden viele der Steinriesen von den Ahus gestürzt. Etwa im Jahre 1840 muß es gewesen sein, als die Herren der Insel merkten, daß sich eine Revolte großen Stils zusammenbraute. Sie zogen sich in die Fluchtburg hinter den Poike-Graben zurück. Dort waren sie unangreifbar, konnten jahrelang von ihren Vorräten leben.

* Das jedoch behaupten frühe Entdecker nicht nur von Rapa Nui, sondern von vielen anderen polynesischen Inseln. Es kann jedoch sein, daß die spanischen oder portugiesischen Entdecker selber ziemlich dunkelhäutig waren, sei es von Natur aus, sei es infolge fast beständiger Sonnenbestrahlung oder wegen mangelhafter Hygiene. So dürfte der Unterschied zwischen ihrer Hautfarbe und jener der Polynesier nicht gar so groß gewesen sein.

Aber einer der ihren hatte, was äußerst selten war, ein Mädchen der Kurzohrklasse geheiratet. Sie verriet den streng geheimen Plan der Hanau-eepe. Falls es zum Angriff auf den Poike-Graben kam, wollten nämlich die Langohren auf verborgenen Wegen, vermutlich durch unterirdische Gänge, in den Rücken der Rebellen gelangen. Wenn die sodann gegen den Poike-Graben vorgingen, gedachten die Hanau-eepe sie plötzlich von hinten zu attackieren. Der Rückweg war ihnen damit abgeschnitten, das Ende im flammenden Graben war ihnen sicher.

Genau das Gegenteil geschah, weil ja die Kurzohren die Absicht ihrer bisherigen Fronherren kannten. Anstelle der Hanau-momoko wurden die Hanau-eepe in den Feuergraben gejagt, wo fast alle auf schreckliche Weise verbrannten. Sollte die Überlieferung aus jenen dramatischen Tagen auf Wahrheit beruhen, haben die Kurzohren während der Siegesfeste nach und nach fast alle Frauen, Mädchen und Kinder der Langohren verspeist.

Unter einem der umgeworfenen Moai fanden die Forscher dreißig weibliche und kindliche Skelette, woran zweifellos Menschenzähne genagt hatten.

Nur ein Mann der Langohren, dessen Name mit »Ororoina« angegeben wird, konnte sich so lange verstecken, bis bei den Hanau-momoko der schlimmste Zorn vorüber war. Er wurde begnadigt, ehelichte ein Mädchen aus dem Volk der Selbstbefreier, hatte mit ihr viele Kinder und wurde solcherart zum Ahnherren aller Osterinsulaner, die noch etwas Blut der Langohren in sich tragen.

So groß aber war noch immer die Furcht der Kurzohren vor dem »mana« der Moais, so groß noch die Angst vor der magischen Strahlkraft ihrer Augen, daß die Sieger unter großer Mühe sämtliche Steinbilder von den Ahus stürzten. Wo aber die Moais an Berghängen standen, konnten sie nach Ansicht der Kurzohren kein Unheil mehr anrichten. Es gab in der Blickrichtung ihrer Augen keinen Wohnplatz mehr. Hatten doch die Kurzohren alle Behausungen vernichtet, und niemandem wurde erlaubt, sich dort anzusiedeln.

Jedoch waren mit den Langohren auch ihre Kunst und ihre Kenntnisse, war mit den Hanau-eepe die gesamte trotz aller Fronherrschaft bewundernswerte Zivilisation der alten Osterinsulaner untergegangen. Die Bevölkerung sank zurück auf die Stufe einfachster, um nicht zu sagen primitivster Lebensführung. Sechs Jahrhunderte kultureller Entwicklung waren ausgelöscht.

Aber das noch größere Unheil, die fast völlige Ausrottung aller Inselbewohner, sollte erst kommen.

Diese Katastrophe begann im Jahre 1862, als eine Flotte peruanischer Blackbirder vor der Insel erschien, um Menschen zu jagen. Arbeitskräfte für die Bergwerke in Peru, für die Guanoinseln vor der chilenischen Küste wurden gebraucht und von Rapa Nui geholt. Nicht besser war deren Schicksal, sondern womöglich schlechter als etwa zur gleichen Zeit das Los schwarzer Sklaven in den amerikanischen Südstaaten. Weil die Bevölkerung nichts von der Absicht der drei Schiffe ahnte, wurden schätzungsweise tausend Männer eingefangen und verschleppt. Bei der vermutlichen Gesamtzahl von damals noch ungefähr 3000 Menschen auf der Insel ging somit der größte Teil aller im aktiven Alter stehenden männlichen Einwohner der Insel verloren. Damit nicht genug des Unheils, kam es noch schlimmer. Ausgerechnet waren gute Absichten der Großmächte dafür der äußere Anlaß. Deren Vertreter in Peru und Chile, auch die hohe Geistlichkeit protestierten so heftig und wiederholt gegen den Menschenraub, daß die betroffenen Regierungen alles versuchten, um die Verschleppten ausfindig zu machen und heimzusenden.

Aber es war nur noch ein trauriger Rest, nur etwa ein Zehntel der so brutal Geraubten, die Rapa Nui wiedersahen. Was sie aus der Fremde mitbrachten, waren ansteckende Krankheiten, gegen die es im Blut der Insulaner keine Abwehrstoffe gab. So geschah es, daß vor allem die Pocken den größten Teil der noch verbliebenen Bevölkerung unter die Erde brachten.

Weiter und noch länger grassierten die eingeschleppten Krankheiten, bis 1890 der absolute Tiefpunkt erreicht wurde. Da waren von den ursprünglich auf 5000 geschätzten Bewohnern der Osterinsel nur 110 noch übrig. Von ihnen waren lediglich 15 Ehepaare imstande, lebensfähige Nachkommen hervorzubringen. Alle heutigen Osterinsulaner, sofern sie nicht gemischter Rasse oder später eingewandert sind, verdanken ihr Dasein diesen 15 Elternpaaren.

Erst gegen Ende des vorigen Jahrhunderts besserte sich die Lage, auch die wirtschaftliche Lage der Insulaner. Sie nahmen an Zahl wieder zu. Das volle Tausend war schon 1950 erreicht, und heute sind es, all jene mitgerechnet, die nur vorübergehend auf Rapa Nui leben, nicht ganz 2000.

Seit vor zehn Jahren der große Flugplatz gebaut wurde und eine direkte Verbindung zwischen Tahiti und Valparaiso einerseits und der Osterinsel andererseits besteht, erlebt die angeblich so geheimnisvolle Insel viele Besucher. Die meisten von ihnen bleiben nur für einen Tag, was bestimmt viel zuwenig ist. Andere jedoch verbringen auf Rapa Nui eine ganze Woche. Mir war auch das nicht genug, aber es gibt so viele Inseln der Südsee, daß sieben Tage für nur eine fast zu viel sind.

Wenn auch Heyerdahl vor einem Vierteljahrhundert die drei größten Rätsel gelöst hat, behaupten die Werbetrommler sowie zahlreiche Journalisten nach wie vor, die Osterinsel sei geheimnisvoll. In Wahrheit ist sie das nicht, schon lange nicht mehr. Von einer Ausnahme abgesehen.

Drei Rätsel sind gelöst. Jedoch ein viertes bleibt bestehen. Nicht gar so viele Menschen haben davon gehört, weil es keine imponierenden Reste hinterließ wie vergleichsweise die Riesenköpfe und Steinterrassen. Die Ahus, erst recht die Moais, wird kein Besucher übersehen. Von dem vierten, noch ungelösten Rätsel ist auf Rapa Nui selber nichts geblieben. Dennoch freut es mich, daß die Osterinsel eines ihrer Geheimnisse behielt, wahrscheinlich für immer behalten wird.

Es sind die *rongorongos*, die bisher nicht entzifferten Schrifttafeln. Auf flachen, fingerdicken Brettern, meist so lang wie eines Mannes Arm und halb so breit, befinden sich mit Haifischzahn oder Steinsplitter eingeritzte Zeichen. Trotz jahrzehntelanger Versuche war es auch den besten und erfahrensten Schriftgelehrten nicht möglich, den Text der rongorongos zu entziffern oder auch nur zu deuten.

Erst 1864 wurden in Höhlen und anderen Verstecken eine nicht mehr bekannte Menge solcher Tafeln entdeckt, aber davon nur ein geringer Teil gerettet. Engstirnige Missionare, auch bekehrte Insulaner haben die »Heidenbretter« hundertfach ins reinigende Feuer geworfen. Nur 21 Stück blieben erhalten, leider verteilt auf verschiedene Museen in Europa und den USA.* Natürlich wurden sie aufs genaueste in Originalgröße fotografiert und stehen für die Arbeit der Dechiffreure zur Verfügung.

Es handelt sich bei den Zeichen um die nur schematische Darstellung von Menschen, Vögeln, Fischen, Krebsen und Muscheln, auch von Pflanzen, von rituellen Gegenständen und geometrischen Figuren. Diese Schriftzeichen, wenn man überhaupt den Begriff Schrift dafür verwenden kann, diese an Hieroglyphen erinnernde Zeichen stehen nebeneinander in waagerecht verlaufenden Zeilen. Aber, was sonst bei alten Schriften äußerst selten ist, muß die darunter folgende Zeile in entgegengesetzter Richtung betrachtet werden. Damit noch nicht genug, stehen dort die Bildzeichen auf dem Kopf. Also muß der »Lesende« die Tafel immer herumdrehen, wenn er mit einer Zeile zu Ende ist. *Bustrophedon* nennt man das erstaunliche System, weil auch der pflügende Ochse am Rande des Ackers mitsamt dem Pflug gewendet wird.

Nur auf wunderbare Weise dürfte es möglich sein, eines Tages die Texte zu enträtseln. Sie bestehen ja nicht aus Worten, schon gar nicht aus Buchstaben, sondern sind mnemotechnisch gemeint. Es sind lediglich Gedächtnisstützen. Die Symbole erinnern den Lesenden an Begriffe und Ereignisse, die er gehört, gesehen oder miterlebt hat. Wer aber zuvor nie etwas von jenen Ereignissen, von den erwähnten Menschen, Göttern und Geistern gehört hat, dem können die besten Ideogramme nicht helfen. Vermögen wir uns doch nur an das erinnern, wovon Reste in unserem Kopf geblieben sind.

Mitunter eilen durch die Weltpresse frohe Meldungen, wonach es endlich gelungen sei, die Osterinsel-Schrift zu entziffern. Drei russische Forscher, mehr noch der Tübinger Ethnologe Thomas Barthel, gelten oder galten als Dechiffreure der rongorongo. Leider widersprechen sich die von ihnen vorgelegten Texte. Immerhin hat zumindest Barthel gewisse Grundbegriffe des rongorongo-Schriftsystems fertiggestellt, einer »archaischen Partialschrift«. Sehr wahrscheinlich handelt es sich um die Ritualtexte von heiligen Gesängen, und nur dieser Sänger, vermutlich im Range eines Priesters stehend, genannt Tangata rongorongo, vermochte den Inhalt der Schrifttafeln zu begreifen. Hin und wieder taucht ein alter Osterinsulaner auf, der glaubt, er könne die auf den Tafeln festgelegten »heiligen Lieder« absingen. Auch Bengt Danielsson, der fehlerfrei Tahitisch spricht, damit auch die Rapa Nui-Sprache einigermaßen versteht, hat sich mit den Tafeln beschäftigt. Zweimal war er so glücklich, auf Tahiti alte Osterinsulaner ausfindig zu machen,

* Eines befindet sich im Berliner Völkerkundemuseum. Es ist mit 103 Zentimeter Länge bei nur 13 Zentimeter Breite in der Form ungewöhnlich. Von dem Rest eines Kanus soll die Tafel stammen. Leider ist dieser Kokau rongorongo nur schlecht erhalten, gelangte aber schon 1883 nach Berlin.

die glaubhaft versicherten, ihnen sei die Bedeutung der rongorongo vollkommen klar. Sowohl der eine wie später der andere nahmen die Fotokopie verschiedener Tafeln in die Hand und sangen mit verklärten Augen die uralten Lieder auf Tonband. Sie drehten auch, wie es sich gehört, nach jeder Zeile das rongorongo herum. Als nicht lange danach der andere Sänger mit gleicher Tafel dasselbe tat, war es nicht das gleiche. Weder die Worte noch der volltönende Gesang des einen Rapa Nui-Mannes hatten Ähnlichkeit mit dem, was der andere von sich gab.

So war es, weil sich keiner von beiden an das erinnern konnte, was schon zu Anfang des vorigen Jahrhunderts verlorenging, als im Poike-Graben die Langohren von den Kurzohren verbrannt wurden. Es waren eben nur die Hanau-eepe Träger der Tradition, damit auch Verfasser und Kenner der Schrifttafeln gewesen.

Auch wenn Forscher und Fachgelehrte noch so gern wissen möchten, was auf den rongorongo verzeichnet ist, hoffe und wünsche ich, die Osterinsel behält ihr letztes Geheimnis.

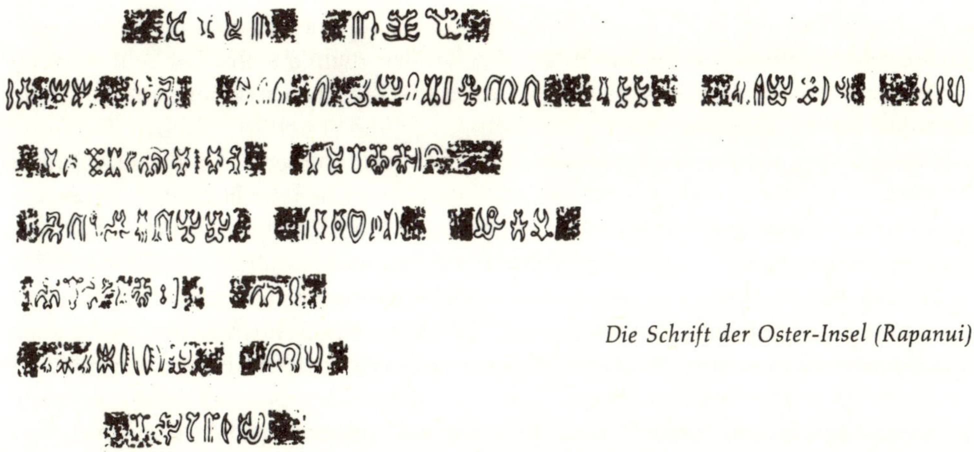

Die Schrift der Oster-Insel (Rapanui)

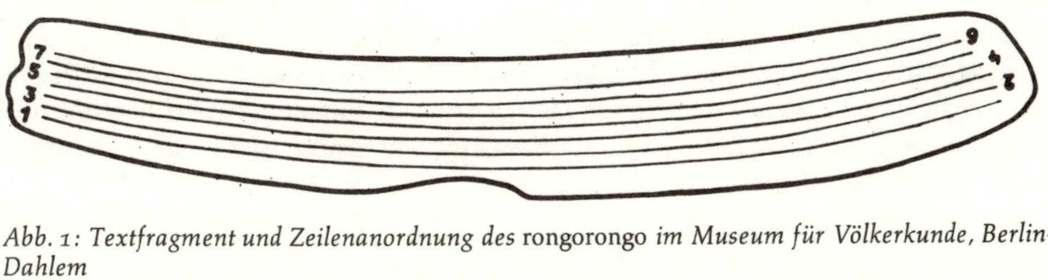

Abb. 1: Textfragment und Zeilenanordnung des rongorongo *im Museum für Völkerkunde, Berlin-Dahlem*

Die Südsee ein Paradies?

In den letzten Tagen einer langen Fahrt durch den südlichen Pazifik kam mehrfach die Sprache darauf, welch großes Glück auf Erden es sein müsse, könnte man all den Sorgen, Problemen und Gefahren der sogenannten Zivilisation entfliehen, um wie Robinson auf einsamer Insel zu leben.

Allerdings sind weder Robinsons Insel noch Mas-a-Fuera als ideale Orte freiwilligen Exils zu empfehlen. Dort wehen die Winde gar kühl, der Regen fällt reichlich, und schlüpfrig sind die Pfade. Statt dessen schwärmt dieser oder jener von Faralop, Ulithi, Mopelia, Map und Taaha, auch von Tikopia, Vanikoro und Fatuhiva sowie anderen Eilanden der Südsee. Alle genannten und noch viele mehr schwimmen in der Lagune von Atollen, sind gegen Stürme geschützt durch Korallenriffe, und ihre Strände bestehen weitgehend aus rosarotem Sand. Dahinter grünes Land und bewaldete Hügel. Ihre fruchtbare Natur läßt Nahrung in Hülle und Fülle von alleine wachsen. Bei jedem Einholen des Netzes zappeln darin schmackhafte Fische. Laue Luft, aromatischer Duft und belebender Wind. Die halbdunklen Wälder, die Kokospalmen, die Blumen und Blüten des Landes werden ergänzt von der Wunderwelt im Wasser. Wie glücklich wäre unsereins, könnte er ständig in solch einem Paradies leben!

Freundliche, gastfreie Menschen ohne sichtbare Sorgen, lieblich lächelnde, samtbraune Mädchen, die gerne müde Männer verwöhnen. Ein ruhig sanfter Tag folgt dem anderen. Nichts mehr hören, sehen, fühlen von Streß, Steuern und Terminen. Nichts mehr weiß man von Nachrichten, die meistens schlecht sind. Wie herrlich wäre es, jahrelang hier zu leben? Wäre es das?

Träumen sind keine Grenzen gesetzt, weder bei Tage noch bei Nacht. Sicher träumen Millionen Menschen vom paradiesischen Leben auf einsamer Insel. Sei es mit einer geliebten Gefährtin, dem zuverlässigen Freund oder in Gemeinschaft einer gleichgesinnten Gruppe. Ganz allein werden es ja nur wenige wagen.

Selbstverständlich bin auch ich den Eskapisten begegnet, wie dort die europamüden und amerikageschädigten Zeitgenossen genannt werden. Ich habe jene gesehen, die entschlossen versuchen, in stillen Tälern der tahitischen Halbinsel Taiarapu vom Obstbau und dem selbstangelegten Gemüsegarten zu leben. Nur illegal ist das möglich, weil die dortigen Behörden nur höchst selten eine Aufenthaltsgenehmigung für länger als drei Monate bewilligen.

Kaum zu übersehen waren die ausgeflippten hirnverbeulten Trantüten unbestimmbaren Geschlechts, die als faule Parasiten den Polynesiern zur Last fallen. Sie gingen bis auf weiteres bei den Seezigeunern in den Buchten von Halmahera vor Anker, beim schlichten Fischervolk auf Eilanden in Ulithi, sogar bei Steinzeitmenschen im Hochland von Neuguinea.

Auch solchen bin ich begegnet, die auf ihren eigenen, längst nicht mehr seetüchtigen Booten am Ende von Fjorden das tägliche Leben fristen.

Gewiß, es haben sich auch gut vorbereitete, sogar mit genügend finanziellen Mitteln versorgte Weltflüchter zu den Inseln der Südsee begeben. Sie machten sich keine falschen Illusionen, waren vielmehr entschlossen, ganz so zu leben, wie es landesüblich ist. Sie lernten die auf ihrer Insel übliche Eingeborenensprache, waren medizinisch so weit ausgebildet und mit Medikamenten versehen, daß es ihnen gelang, dem Befall tropischer Krankheiten vorzubeugen. Wer ein Handwerk gelernt hat oder mit seinen Händen nebst dem notwendigen Werkzeugen sehr geschickt ist, kann nicht nur in den Augen der Eingeborenen wahre Wunderdinge vollbringen, sondern erfreut sich größter Beliebtheit. Gern wird man ihn mit allem Notwendigen fürs tägliche Leben versorgen.

Es ist nämlich so, daß die Eingeborenen (wie die meisten Menschen auf der Welt) für ihre Gastfreundschaft, auch für jede Art von Hilfeleistung dementsprechende Gegengabe erwarten. Der Inselfremde wird diese Selbstverständlichkeit bei relativ kurzem Besuch nicht verspüren. Bei längerem Aufenthalt jedoch wird sich die anfangs herzerfrischende Stimmung der Inselbewohner wesentlich ändern, sogar in krasse Ablehnung umschlagen, wenn der Fremde keine Gegenleistung bietet, wenn er auch bei bestem Willen nichts zu bieten hat! Was dem obenerwähnten Parasiten gegenüber erfolgt, ist abgrundtiefe Verachtung, auch wenn man ihm weiter das Mitessen erlaubt. Wer aber bereit war, die Gastfreundschaft und überhaupt die Hilfeleistung der Eingeborenen angemessen zu entlohnen, und zwar durch kleine Geschenke, welche bekanntlich die Freundschaft erhalten, konnte und kann seinen Aufenthalt im (sogenannten) Paradies bis zu einem Jahr ausdehnen. Solange nämlich, bis er zur unvermeidlichen Erkenntnis kommt, daß man trotz allen Annehmlichkeiten auf der Trauminsel *anderswo* besser lebt, vielleicht sogar in der vor Jahresfrist noch vielgescholtenen eigenen Heimat.

Ich habe viele neue wie alte Bücher, Berichte und Geschichten durchgelesen, die Erlebnisse von Leuten behandeln, die sich entweder dem eigenen Wunsch folgend auf einer Südseeinsel niederließen oder infolge von Schiffbruch dorthin gelangten. Vorübergehend hatte ich sogar die Absicht, ein Buch über zwölf oder zwanzig solch ausgewählter Schicksale zu schreiben. Gab jedoch das Projekt wieder auf, weil insgesamt der Verlauf dieser Abenteuer mehr oder minder der gleiche war. Falls jene Weltflüchter oder Schiffbrüchige nicht ohne weiteres bereit waren, sich ganz und gar den Eingeborenen anzupassen, ein vollintegriertes Mitglied ihrer Gemeinschaft zu werden, mit eingeborener Frau und bald folgenden Kindern, blieb ihnen nur die traurige Existenz von Ausgestoßenen. Auf sonst unbewohnten Inseln wurden viele der Einsiedler zu Geisteskranken. Sie starben hilflos in der selbstgebauten Hütte. Scharen von Ratten störten ihren Schlaf, waren sogar eine Gefahr fürs Leben. Wer noch ein seetüchtiges Fahrzeug besaß, mußte früher oder später die Flucht ergreifen. Einige wurden von zufällig die Insel besuchenden Perlentauchern, Koprasammlern oder Yachtbesitzern gerettet.

Zur leider nur engbegrenzten Gruppe der gut ausgerüsteten und mit ernsthaft angelesenen Kenntnissen der Südsee versehenen Suchern nach dem Glück auf polynesischer Insel gehörten auch Thor Heyerdahl und Bengt Danielsson. Zusammen mit seiner jungen Frau verbrachte Heyerdahl ein volles Jahr auf der herrlich schönen Insel Fatuhiva und Bengt Danielsson, gleichfalls mit seiner Frau, fast zwei Jahre in einem idyllisch gelegenen Tal auf der Marquesas Insel Hiřaoa.

Beide habe ich gefragt: »Haben Sie während Ihrer vielen Reisen irgendwo in der Südsee einen Eskapisten getroffen, der sein Glück . . . der wirklich sein Paradies gefunden hat?«

Die Antwort war in beiden Fällen dieselbe.

»Nein . . . nirgendwo! Solche Leute gibt es nicht . . . ich jedenfalls kenne keinen.«

Nach dem Grund gefragt, weshalb nicht einer von den Weltflüchtern das Paradies in Polynesien gefunden hat, erhielt ich die Antwort: »Weil eben auf der ganzen Welt kein Paradies vorhanden ist, und weil jeder Mensch, auch wenn er's absolut vermeiden möchte, doch erhebliche Reste von der Denkungsart, den Gewohnheiten und Bedürfnissen seiner daheim gebliebenen Landsleute mitbringt. Auch wenn er noch so fest entschlossen ist, sich ganz und gar polynesischen Verhältnissen anzupassen . . . er bringt's doch nicht fertig. Sollte ihm das, von außen gesehen, scheinbar gelingen, ist und bleibt er ein zerrissener Mensch!«

Weshalb die mir oft gestellte Frage berechtigt ist, warum ich denn gerade eben zum siebenten Mal durch die Südsee gereist bin. Darauf die einfache Antwort: »Ich bin *gereist.*« Es war nicht meine Absicht für immer, für lange Dauer zu bleiben. Vor allem habe ich weder dort noch sonstwo auf der Welt das Paradies gesucht. Ich bin *gereist,* und jedesmal wieder war es eine wunderbar schöne, äußerst interessante und sogar von kleinen Abenteuern erfüllte Reise, wenn auch keine wirkliche Gefahr mein Leben bedroht hat. Nun ja, ein Reiseparadies ist die Südsee, wenn man absolut nicht auf den phantasievollen Begriff »Paradies« verzichten will. Wer fleißig schafft und tüchtig spart, womöglich zwei Jahresurlaube zusammennimmt, der kann auf einer oder auf vielen der polynesischen, mikronesischen oder melanesischen Inseln die vielleicht besten Ferienwochen seines bisherigen Daseins verbringen. Weil man sich nur vorübergehend von dem daheim gewohnten Leben löst, weil man nicht der unerfüllbaren Vorstellung vom Paradies in der Südsee nachjagt, wird so gut wie kein Ferienreisender das bitter enttäuschte Opfer jener Nachteile, denen kaum einer der Eskapisten entgeht.

Die längste Zeit im südlichen Pazifik, nämlich sechs Monate, haben Marianne und ich vor etwa zwanzig Jahren auf der Insel Bali verbracht. Wir lebten am damals noch stillen, nur selten besuchten Strand von Sanur in einer palmbedeckten Hütte neben einem uralten balinesischen Tempel. Allerdings, wir hatten fließendes Wasser, elektrischen Strom und ein kleines Hotel mit Restaurant in der Nähe. Wir kannten die wichtigsten Worte der Landessprache, außerdem hatten wir von zu Hause einen VW mitgebracht. Demgemäß waren wir sehr zufrieden mit unserem balinesischen Dasein. Nach etwa drei Monaten dachten wir an unseren Hof in den bayrischen Bergen, nach vier Monaten hätten wir gerne wieder ein paar Tage in unserer Münchener Wohnung verbracht. Sehnten uns im fünften Monat nach kühlem Regen und kaltem Wind, erst recht nach den verschneiten Tannen vor dem Berghaus. Als der sechste Monat kam, hatten wir das Glück, eine Zweibettkabine auf dem guten HAPAG-Schiff »Dortmund« nach Hamburg zu finden.

Nach einem halben Jahr daheim, nach sechs Monaten in anderen Regionen der Welt, spürte ich aufs neue den südpazifischen Bazillus im Blut. Wer ihn einmal hat, den läßt er nicht mehr los!

Ich jedenfalls kann von den Inseln der Südsee nicht genug bekommen. Aber nur ein Bruchteil meiner Inselerlebnisse kann in Buchform erscheinen, nicht mal ein Prozent der fotografischen Ausbeute kann ich verwenden. Hawaii, Galapagos, Samoa, Tahiti, die Fidschis und die Salomonen, vielleicht auch Neuguinea und Neukaledonien würden ein zweites, wenn nicht sogar ein drittes Buch füllen, und es kann sein, daß ich diese Folgebände noch schreibe. Das ist ein Zeitproblem, also ein großes, sogar entscheidendes Problem. Die nächste Südseereise ist schon geplant.

Wirklich, wer einmal vom Südsee-Bazillus befallen wurde, leidet daran sein Leben lang, besser gesagt, genießt die Passion, solange es möglich ist.

Im März kommenden Jahres . . ., das heißt in dieser, der dritten Auflage des vorliegenden Buches, muß gesagt werden . . ., im März des jetzigen Jahres war ich aufs neue zwei Monate unterwegs im südpazifischen Raum. Wieder Samoa und Savaii, wieder Tutuila, Yap Palau und Ponapé, zum dritten Mal die Fidschis und zum vierten Mal die Gruppe von Hawaii. Aber zum ersten Mal die Tokelau-Inseln, Nukunono und deren Atolle, sodann zwei der unbewohnten Phoenix-Inseln. Weiter war ich auf Funafuti, Nanumea im Tuvalu-Archipel (früher Ellice-Inseln genannt), danach auf den Gilbert-Inseln, die nach dem Erlangen ihrer Selbständigkeit Kiribati genannt werden. Dort gehörten zu meinen Besuchen die Nukunau-Insel, die Kuria-Insel, das Tarawa wie auch das Butaritari-Atoll. Weiter ging es zu den Marshall-Inseln, die drei Jahrzehnte lang zum deutschen Kolonialbesitz gehörten. Von dieser Gruppe habe ich die Atolle Madjuro und Yaluit besucht, darauf einige der Karolinen-Inseln, die mir bis dahin fremd gewesen waren, nämlich das Pingelap-Atoll, die Insel Tulawat und vor allem das Satawall-Atoll, vielleicht der interessanteste Landgang von allem. Es folgten, in den Karolinen, das Wolai-Atoll, die Inseln Sorol und zu meiner Freude wieder die Insel Yap. Danach die Palau-Inseln, Koror und Rock-Islands. Zum zweiten Mal stand die Insel Merir auf dem Programm, doch wegen starken Seegangs war keine Landung möglich. Zum Schluß noch der Besuch von vier oder fünf Inseln der Philippinen, von denen mir Sicogon und Puerto Galera unvergeßlich bleiben. Meinen Sie nicht auch, daß diese Inseln und Atolle hübsche Namen tragen? Viele sind noch immer für weitere Seefahrten übriggeblieben. Viel gibt es noch zu tun!

Ihnen, verehrter Leser und liebe Leserin, wünsche ich von Herzen, daß Sie es bald ermöglichen, irgendwo in der Südsee meinen Spuren zu folgen.

Literaturverzeichnis

Barrow, Sir John: The Eventful History of the Mutiny, London 1839.

Beechey, Capt. F. W.: Narrative of a Voyage to the Pacific, London 1832.

Benoist, Hubert: Le Condominium des Nouvelles-Hebrides et la Société Mélanésienne, Editions Pedone Paris 1970.

Blamires, Gwen: Little Island Kingdom of the South, London 1927.

Bligh, William: A Voyage to the South Sea, London 1792.

Brower, Charles D.: Fifty Years below Zero, Dodd, Mead und Compagny, New York 1960.

Brower, Charles D.: Pacific Island Year Book 1977 and 1978, Pacific Publication, Sydney.

Buck, Sir Peter: Vikings of the Sunrise, Auckland 1954.

Canstatt: Fürst Bismarcks kolonialpolitische Initiative; in: Zeitschrift für Kolonialpolitik 1908.

Clar, Sydney: All the Best in the South Pazific, New York 1961.

Danielsson, Bengt: What Happened on the Bounty, Unwin Ltd., London 1962.

Danielsson, Bengt: Moruroa mon amour, Stock Edition, Paris 1974.

Danielsson, Bengt: Tahiti Guide. Les éditions du pazifique, Papeete 1976.

Dernburg, B.: Zielpunkte des deutschen Kolonialwesens, Berlin 1907.

Fischer, J.: The Eastern Carolines, Behavior Science, New Haven 1957.

Gifford, Edward W.: Tongan Society, New York 1971.

Heyerdahl, Thor: Kon Tiki, Wien 1949.

Heyerdahl, Thor: Aku-Aku, Frankfurt–Berlin 1957.

Heyerdahl, Thor: Fatu Hiva, Bertelsmann, Gütersloh 1974.

Kenneth, P.: Myths and Tales from Kapingamarangi; in: Journal of American Folklore 1949.

Klingman u. Green: His Majesty O'Keefe, Invincible Press 1952.

Krug, Werner G.: Paradies mit kleinen Fehlern, Hamburg 1957.

Laval, Honoré: Memoires de Mangareva, Paris 1968.

Lessa, William: Drake's Island of Thieves, Univers. of Hawaii 1975.

Mackaness, George: Life of Vice-Admiral W. Bligh, Sydney 1951.

Marden, Luis: I Found the Bones of the Bounty, Washington 1957.

Michener, James A., and Grove Day: Rascals in Paradise, New York 1958.

Nordhoff, C., and J. N. Hall: Mutiny, London 1933.

Robson, R. W.: Queen Emma, Sydney 1965.

Sachse, Günther: Die Meuterei auf der Bounty, Bertelsmann, München 1963.

Shineberg, Dorothy: They Came for Sandalwood, Melbourne Univ. 1967.

The Earl: South Sea Bubbles, London 1895.

Townsend, M. E.: Macht und Ende des Deutschen Kolonialreiches, Schulz Verlag, Leipzig 1932.

Woodward, Ralph: Robinson Crusoe's Island, Chapel Hill 1969.

Register